"리더는 앵커처럼 먼저 뛰어드는 사람이다"

이순신 닻 리더십

* Seaman's Eye로 통찰하다

이순신 닻 리더십

초판 1쇄 인쇄 | 2025년 11월 11일
지은이 | 국정호
펴낸이 | 이재욱(필명:이승훈)
펴낸곳 | 해드림출판사
주　　소 | 서울 영등포구 경인로82길 3-4(문래동1가 39)
　　　　　센터플러스빌딩 1004호(07371)
전 화 | 02-2612-5552
팩 스 | 02-2688-5568
E-mail | jlee5059@hanmail.net

등록번호　제2013-000076
등록일자　2008년 9월 29일

ISBN　979-11-5634-658-6

"리더는 앵커처럼 먼저 뛰어드는 사람이다"

이순신 닻 리더십

"Seaman's Eye로 통찰하다"

국정호 지음

세종국가경영연구원   해드림출판사

충무공 이순신 영정

차례

프롤로그　심연에 잠든 닻을 끌어올리자　10
감수의 글　박재훈(충무무공훈장 수상자, 초대 해군충무공리더십센터장)　20
환영사　김진형(전 해군 소장, 피지 등 남태평양 6개국 특명전권대사)　24
격려사 1　손 욱(세종국가경영연구원 이사장, 전 농심 회장, 전 삼성종합기술원장)　28
격려사 2　최병순(전 국방대 리더십 전공교수, 전 동국대 경영대학원 석좌교수)　31
추천사 1 박현모(세종국가경영연구원 원장)　34
추천사 2 김오현(서울사이버대학교 교수, 전 국방대 및 성신여대 교수)　36
추천사 3 류효상(전 해군 소장, 전 해군 2함대사령관, 국방부 첨단전력기획관)　40

제1부　임진왜란

[칼럼 01] 이순신이 지킨 '당초의 약속'　46

[칼럼 02] 전라좌수사 이순신의 경상도 출전 준비　53

[칼럼 03] 이순신의 첫 싸움 '옥포해전' 승리 비결　65

[칼럼 04] 제2차 출전에서 적의 흉탄에 맞은 이순신　76

[칼럼 05] 한산대첩의 비밀 (1)　88

[칼럼 06] 한산대첩의 비밀 (2)　96

[칼럼 07] 적들이 기겁한 안골포해전　　　　　　　　　　104

[칼럼 08] 심리전의 승리, 부산포해전　　　　　　　　　　113

[칼럼 09] 계사년 이순신의 선택, 한산도 이진　　　　　　123

[칼럼 10] 〈난중일기〉로 본 이순신의 진중생활 (1)　　　　132

[칼럼 11] 〈난중일기〉로 본 이순신의 진중생활 (2)　　　　142

[칼럼 12] 류성룡과 이원익의 무한신뢰　　　　　　　　　149

❋ 이순신 리더십 에피소드(1) : 왜란 이전의 이순신　　　　157

❋ 별지 1. 〈전수기의〉를 통해 본 이순신의 전쟁술　　　　　183

❋ 별지 2. 참고문헌　　　　　　　　　　　　　　　　　　215

제2부 정유재란

[칼럼 13] 정유년 이순신의 파직과 투옥, 백의종군	219
[칼럼 14] 칠천량해전의 복몰과 이순신의 수습	227
[칼럼 15] 이순신이 전선 12척을 말한 진짜 이유	235
[칼럼 16] 절망의 순간, 조선 수군을 일으켜 세운 이순신의 말	242
[칼럼 17] 전의를 상실한 배설의 탈영	249
[칼럼 18] 명량해전이 일어나기 전, 이순신의 몰입	258
[칼럼 19] 명량해전, 그 숨 가쁜 순간들 (1)	265
[칼럼 20] 명량해전, 그 숨 가쁜 순간들 (2)	277
[칼럼 21] 사랑하는 아들 면(葂)의 죽음	289
[칼럼 22] 명량해전 이후 역경을 뚫고 수군 재건	295
[칼럼 23] '독송사'를 일기에 적은 이순신의 심경	303
[칼럼 24] 무술년 새해 첫 업무, 판옥선 진수식	309
[칼럼 25] 무안현감을 곤장 친 이순신	317
[칼럼 26] 8개월 이상 일기를 쓰지 않은 이순신	325
[칼럼 27] 진린이 본 동방의 대장별	335
[칼럼 28] 결사전, 노량해전과 이순신의 죽음	340

[칼럼 29] 이순신의 후계자 352

[칼럼 30] 이순신 닻 리더십 357

❊ 이순신 리더십 에피소드(2) : 이순신의 예하 장수 391

❊ 별지 3. 이순신의 해전에 대한 현대적 해석 404

에필로그 - "당신의 바다에 가장 먼저 닻을 던져라" 418

서평 423

참고자료 - 소서(素書) 434

참고문헌 457

미주 462

프롤로그

심연에 잠든 닻을 끌어올리자

[갑오일기] 1594년 5월 9일, 비가 계속 내렸다. 하루 종일 홀로 빈 정자에 앉았으니 온갖 생각이 가슴에 치밀어 마음이 어지러웠다. 어찌 이루 다 말할 수 있으랴. 정신이 혼미하기가 꿈에 취한 듯하니, 멍청한 것도 같고 미친 것도 같았다.

[갑오일기] 1594년 5월 10일, 비가 계속 내렸다. 새벽에 일어나 창문을 열고 멀리 바라보니, 많은 배들이 온 바다를 가득히 채웠다. 적이 비록 침범해 온다 해도 능히 섬멸할 수 있을 것이다. 늦게 전라우수영 우후 이정충과 충청수사 입부 이순신(立夫 李純信, 동명이인)이 와서 둘이서 수박희(手搏戱, 맨손으로 승부를 겨루는 무예)를 겨루었다. 도원수 권율 장군의 군관 변응각도 함께 점심을 먹었다. 보성군수 안흥국이 저물녘에 왔다. 비가 종일 걷히지 않았다. 큰아들 회(薈)가 바다에 나간 것이 걱정이다. 소비포 권관 이영남이 약을 보내왔다.

이순신의 〈난중일기〉 중 필자가 뽑은 가장 극명한 감정의 차이를 보이는 "극한대비", 두 이어진 날짜의 일기이다. 비가 계속 내린 첫날은 온갖 감정이 일어나서 주체할 수 없는 혼란함을 보여주다가 둘째 날도 비가 계속 내리지만, 어느새 이순신은 마음가짐이 달라진다. 함선이 가득한 바다를 내다보며 전투에서의 자신감이 뿜뿜 일어나면서, 장수들의 수박희를 보고, 상급부대 참모와 함께 식사를 하는 등 하루의 일과들이 부담 없이 지나가고, 바다에 나간 아들을 걱정하는 아버지 이순신의 모습을 보게 된다. 이 짧은 간극(間隙) 속에는 한 인간이자 장수로서의 이순신, 흔들리되 무너지지 않고, 두려움과 결심을 동시에 품은 리더 이순신이 있다.

갑오년(1594년) 삼도수군통제사였던 이순신 제독도 우리와 같은 감정의 기복이 있는 한 사람이었고, 바다에 빼곡한 함선을 보며 적을 섬멸하고자 하는 전투력이 생기는 참 군인이며, 바다에 나간 자식을 걱정하는 한 아버지였다. 우리가 범접할 수 없는 성웅 이순신이 아닌 여느 전장의 평범한 리더의 모습이다. 그래서 '성웅'이라는 호칭 뒤에 가려진 한 인간 이순신을 마주한다. 흔들리지만 무너지지 않고, 두려움 속에서도 다시 결심하는 리더의 실루엣을 본다. 하지만 우리는 이순신의 저 평범한 실루엣 속에서 모든 해전에서 승리한 그의 비범함을 찾아내야 한다. 과연 이순신의 리더십에는 어떤 비밀이 숨어있는 것인가? 필자는 해군의 시각으로 이를 밝혀보고자 한다.

필자는 해군 복무 중에 2006년 해군충무공리더십센터가 새로이 만들어질 당시에 창설멤버로서, 해군본부에서 선발되어 3급 함장 보직을 뒤로 미루고 전방함대에서 진해로 내려갔다. 간첩선을 때려잡은 실전 영웅 박재훈 센터장님과 센터 내부의 최두환, 제장명 교수님, 외부(해사교)의 이민웅 교수님의 충무공 말씀을 새겨듣고, 충무공 이순신 제독의 일생을 통해 리더십 차원에서 공부, 연구, 강의할 기회를 가졌다. 그러나 시간이 흐를수록 자꾸 이런 질문(質問)이 커졌다.

"왜 나는 다른 사람이 연구한 결과를 전달하고 있는가? 해군 항해과 장교의 눈, 즉 Seaman's Eye로 바라본 해상전투지휘관 이순신을 전해야 하지 않을까?"

이런 필자의 고민과 문제의식은 오랜 시간이 흘러 임관 30주년을 맞는 2022년이 되어서야 〈세종과 이순신, K 리더십〉이라는 책으로 출간하기에 이르렀다. 그해 여주대학교 박현모 교수의 권유로 현재의 세종국가경영연구원(전.한국형리더십개발원)에서 발행하는 [세종칼럼]에 '이순신의 리더십 이야기'를 게재할 행운을 얻었고, 세종칼럼 필진 5명과 이순신칼럼 필진 1명이 릴레이로 칼럼을 기고하였다. 이때 필자는 이순신의 어린 시절과 임진왜란 이전 상황은 제외하고, 해상전투지휘관 이순신이 치른 임진왜란 주요 해전과 정유재란 주요 해전 및 변고를 3년간 기고하였다. 다행히 세종칼럼 독자들의 호평이 있었다. 하지만 그때는 책으로 엮을 생각을 하지 못했다.

그러다가 필자의 마음속에서 오랫동안 닻처럼 가라앉아있던 질문을 다시 꺼냈다. '해군 항해과 장교의 Seaman's Eye를 통해 임진왜란과 각종 해전을 살펴야 한다'는 생각이었다. 이제 그 닻을 끌어올려 책을 쓰려고 한다. 게다가 이순신의 리더십을 '닻(Anchor)'에 견주어 풀 것이다. 이에 따라 이 책, "〈이순신 닻 리더십〉 - 부제 ; Seaman's Eye로 통찰하다."의 전체 목차를 설정하고, 기고 순서대로 편집하면서 몇 개의 칼럼은 제목을 바꾸고, 병법서의 내용을 현장 리더 이순신의 행동과 견주어 보고, 또 논리적인 순서 전개를 위해 끝에 몇 개 칼럼은 추가 작성하였다.

"닻(Anchor)은 바다에서 먼저 내려 배를 해저에 고정한다. 리더 역시 위기의 바다에 가장 먼저 뛰어드는 닻과 같은 존재이다."

〈이순신 닻 리더십〉이라고 하니, 독자들은 '닻(Anchor)'에 대해 생소할 것이다. 통상 선박에서 운용하는 닻은 정박(碇泊)이 필요한 해역에서 배를 해저에 고정하도록 설계된 크고 무거운 기구물이다. 배의 선수(船首, 이물) 또는 선미(船尾, 고물)에서 조출된 닻은 해저(sea beds)에 파고들어 배를 빨리 고정함으로써 바람과 조수, 해류에 의한 배의 표류(漂流)를 차단하는 역할을 한다. 앵커는 "Seamanship의 표상(表象)"으로, 바다 항해자가 새로운 정박지에 도착했을 때 맨 먼저 내려 배를 묘박(錨泊)하는 도구이지만, 종종 어떤 일에 맨 먼저 뛰어드는 리더를 상징한다(Leader leads like an Anchor). 또 '방송사의 뉴스 진행자'를 '앵커'라고 부르는데, 새로운 정보를 가장 먼저 시청자에게 전달하는 사람이라는 뜻일 것이다. 우리가 잘 아는 뽀빠이(Popeye) 팔뚝의 앵커 문양[⚓]은 남성미 넘치는 바다 사나이, 마도로스들의 문신(紋身, Tatoo)으로 크게 애용되고 있으며, 세계적인 해운 회사들의 CI 도안으로도 많이 쓰이고 있다.

"심연(深淵)에 잠든 닻을 끌어올리자." 이 책 〈이순신 닻 리더십〉 - 부제 : Seaman's Eye로 통찰하다."를 만들겠다는 생각은 화약이 타들어 가듯이 최근에 갑작스럽게 불꽃처럼 일어났다. 해군 장교의 Seamanship과 Seaman's Eye(함정의 조종과 항해술을 이해하여 가지는 판단력)를 통해 이순신의 리더십을 다시 정리하자는 생각이 드디어 내부 폭발한 것이다. 병법에 능한 지략가이자 해상전투지휘관으로서의 이순신을 현장감 있게 드러내야겠다는 생각을 그간 계속 되새김질하였으며, 잘 안 풀릴 때는 생각을 미루어두었다가 몇 달 후 다시 꺼내어 또 헤아렸다. 그렇게 같은 생각을 거듭하며 장기간의 몰입(沒入)이 있었고, 아이디어가 확장되는 결정적인 경발(警發)과 통찰(洞察)은 우연히도 재미있는 MLB 야구 중계를 보면서 자연스럽게 만들어졌다. "유레카!" 이날은 마침내 좋은 꿀을 찾은 꿀벌처럼 빙빙 제자리를 돌면서 날갯짓하며 즐거워했다. "자 이제, 닻을 감아올리고 출항이다."

그리하여 〈이순신 닻 리더십(Admiral Yi's Anchor Leadership)〉은 "리더는 앵커처럼 먼저 뛰어드는 사람"이라는 이끎의 생각

(Thought of Leading)과 "항해자가 새로운 정박지에 도착했을 때 맨 먼저 앵커를 내려 배를 묘박(錨泊)"하는 앵커의 기능(Function of Anchor)에서 아이디어를 얻었고, 앵커 부품의 구성은 가장 기본적인 앵커인 'Fisherman's Anchor(어부의 닻)'에서 가져왔다. 이것은 '성웅 위인전의 새로운 패러다임 전환(New Paradigm Shift)'을 의미한다.

〈이순신 닻 리더십〉은 10개의 리더십 핵심요인(10 Leadership Key Factor)으로 구성된다. ① 기욕(嗜慾), ② 충의(忠義), ③ 담략(膽略), ④ 인내(忍耐), ⑤ 성실(誠實), ⑥ 진심(眞心), ⑦ 소통(疏通), ⑧ 창의(創意), ⑨ 몰입(沒入), ⑩ 통찰(洞察)이 그것이다.

이 10개의 리더십 핵심요인은 필자가 30년 넘게 충무공 이순신 제독의 리더십과 그 인생의 우여곡절을 반추(反芻)한 결과이며, 우리 바다에서, 전투함 위에서, 그리고 육지에서 교육훈련을 통해 해군 항해과 장교로서 검증해 온 것들이다. 또 필자의 책, 〈세종과 이순신, K 리더십〉의 이순신 리더십 DNA 분석 결과를 토대로 재구성하였다. 독자들은 이순신의 〈난중일기〉와 〈장계〉, 그리고 동시대 사람들이 남긴 〈고 통제사 이공 유사〉, 〈선묘중흥지〉 등을 통해 우리 역사 속의 지략가이자 해상전투지휘관 이순신에게 다가갈 것이며, 그 안에서 ① 기욕이 넘치는 이순신, ② 충의로운 이순신, ③ 담략 있는 이순신, ④ 인내에 찬 이순신, ⑤ 성실맨 이순신, ⑥ 진심 어린 이순신, ⑦ 소통 케미 이순신, ⑧ 창의 경발 이순신, ⑨ 몰입 젖은 이순신, ⑩ 통찰 장원 이순신을 감각적으로 만나게 될 것이다.

   리더십의 영역은 결국 인간의 마음과 연결된다. 그 사람이 인생을 살아갈 때 어떤 마음가짐을 가지고 가는가에 따라 좌지우지되기 마련이다. 그 인생의 길에 "작은 가능성도 놓치지 않는 긍정의 화신, 이순신"을 좋은 친구삼아 함께 가는 것은 어떠한가? 그리고 독자 여러분도 상상하고 새로운 시도를 해보라. 필자가 Seaman's Eye로 이순신을 통찰하듯이 자신의 관점과 패러다임으로 이순신을 바라보고, 그의 리더십을 한번 재단해보라. 그리고 자신의 리더십 맥락과 비교해보고, 자신의 리더십 요인과 강점이 이순신의 리더십과 일치하는 부분에 주목하라. 이 책은 이순신을 통해 독자 여러분의 '리더십의 닻'을 점검하고 리더십 핵심요인을 찾아가는 의미 있는 여정(旅程, Journey)이 될 것이다. 그래서 흔들리는 인생의 바다에서도 당당히 나아갈 용기를 얻게 되길 바란다.

   우리 젊은이들은 어떤 사람이 되어야 하는가? 늘 필자를 따라다니는 질문이다. 필자는 우리 젊은이들이 "떳떳하고 당당한 신사"가 되었으면 좋겠다. 그렇다면 과연 신사(紳士)란 어떤 사람인가 궁금해진다. 영화 "젠틀맨 시리즈"가 떠오르기도 하지만, 대체로 신사란 점잖고 예의 바른 선비(士)나 젠틀맨 정도로 알고 있을 것이다. 언젠가 필자는 〈세종실록〉을 읽다가 '신사의 어원(語源)'을 찾게 되었는데, 기쁜 마음으로 여기에 옮긴다.

세종 18년(1436년) 3월 26일, 판중추원사 허조(許稠)가 사직상소(辭職上疏)를 올리니 세종이 윤허하지 않고 비답(批答, 상소에 대한 임금의 대답)을 내려주었는데, 세종의 비답 중에 허조는 "진신(縉紳)의 모범(模範)"이라는 말이 나온다. "진신의 모범"이란 어전(御前, 임금의 앞)에 나아갈 신하들의 모범이라는 말이다. 신(紳)은 옛날 관리들이 예복을 입고 허리를 묶는 큰 띠이며, 진신(縉紳)은 이 큰 띠에 홀(笏)을 꽂은 관리라는 뜻이다. 곧 어전에 나아갈 수준의 지성을 겸비한 관리를 '진신지사(縉紳之士)'라 하는데, '신사(紳士)'라는 말은 '진신지사'에서 나온 것이다. 결국 신사는 한 나라의 리더 앞에서도 떳떳하고 당당하게 자신의 의견을 말할 수 있는 문리(文理, 사물이 이치를 깨달아 아는 힘)를 갖춘 선비라는 말이다. 그렇다고 젊은이들에게 나중에 이 나라의 공무원이 되라고 추천하는 것은 아니다. 장차 우리 젊은이들이 '떳떳하고 당당한 신사'가 되고, 또 '이순신 닻 리더십'을 갖추고, 한반도를 포함한 글로벌 이슈를 토론하고, 부지런히 역동적인 생각과 행동을 펼치는 지행모범(知行模範)의 진신지사이자 국제신사의 모습을 떠올려본다. UN에서 연설하는 BTS처럼 우리 젊은이들이 떳떳하고 당당한 신사가 되어 세계를 무대로 활동하는 희망적인 미래 말이다.

　필자 또한 해군 복무 시절, "해군 장교는 국제신사여야 한다"는 말을 자주 들었고, 그런 사람이 되려고 노력했다. 또 해군창설기념일은 '선비 사(士)' 두 개를 풀어 쓴 11월 11일이다. 그만큼 해군 장교들은 신사의 품격을 갖추어야 한다. 그런고로 위의 진신지사의 생각과 국제적 감각을 갖춘 International Gentleman 해군 장교를 함께 감안한다면, 참으로 해군 장교는 세계 어느 나라의 리더 그룹과도 같이 토론할 수준의 지적 능력을 갖춘 떳떳하고 당당한 선비(士, 文)이자 장교(官, 武)여야 한다고 생각한다. 물론 이순신 닻 리더십의 10개 핵심요인을 장착한 리더로서 말이다.

끝으로, 이 책을 준비하면서 필자는 해군 제대 후 10년 넘게 다녔던 한화에어로스페이스(주) PGM연구소 책임연구원 생활을 마감하고, (사)세종국가경영연구원 교육팀장으로 새 인생을 출발하는 기로(岐路)에 있다. 바야흐로 제3의 인생 항해가 시작되었다. 새로운 장도의 길에 용기를 내도록 도와주신 주변의 많은 지인들께 진심으로 감사의 말씀을 올린다. 그리고 물심양면으로 책의 출간을 지원해주신 (사)세종국가경영연구원 손욱 이사장님과 박현모 원장님께 머리 숙여 감사드린다. 또한 흔쾌히 책의 감수를 해주신 나의 영웅 박재훈 전.해군충무공리더십센터장님, 그리고 최근 피지공화국 대사 직책을 마치고 귀국하시어 기꺼이 환영사를 해주신 필자의 해상전투지휘관 김진형 제독님과 추천사를 써준 필자의 동기생인 국방부 첨단전력기획관 류효상 제독에게도 감사를 드린다. 그리고 국방대학교 리더십학과 은사님이신 최병순 교수님과 김오현 교수님께도 감사드린다. 옛 시절 두 분의 리더십 지도와 격려가 있었기에 지금의 필자가 있을 수 있었다.

이 책의 조속한 출간을 위해 줄곧 힘써 주신 지성(至誠)의 효자 해드림출판사 이승훈 대표님과 기도의 어머니 임영숙 편집부장님께도 심심한 감사의 말씀을 드린다. 필자에게는 사랑하는 아내와 늠름한 두 아들이 있다. 사랑하는 가족이 있었기에 삶의 어려움 속에서도 굴하지 않고 힘을 내어 글을 쓰고 다듬을 수 있었다. 가족들에게 감사하고, 특히 젊은이의 감성으로 책을 두루 살편 둘째 승혁이에게 고마움을 전한다. 이 책은 비단 해군 장병들을 위한 책이 아니다. 새로운 가능성을 찾아 자신의 분야에서 땀 흘려 노력하는 대한민국 모든 젊은이에게 권하는 책이다. 물론 마음이 젊은이에게도 이 책을 권한다. 우리 젊은이들이 이 책에서 이순신을 새롭게 만나 자기 삶의 터전에서 떳떳함과 당당함을 가졌으면 하는 바람이다.

2025년 11월 11일, 80주년 해군창설기념일에,
如海 국정호 적다.

감수의 글

까맣게 잊고 있었던
해상전투지휘관 이순신을 만나다

박재훈
(충무무공훈장 수상자, 초대 해군충무공리더십센터장)

　필자와의 인연은 2006년 해군 교육사령부 예하에 '해군충무공리더십센터'가 개원하면서 시작되었습니다. 그 당시 새로운 리더십 풍토를 조성한다는 차원에서 각 군에 리더십센터를 설치하고, 본격적으로 군 장병들에게 리더십에 대한 교육을 시작하는 시점이었습니다. 필자는 우리 센터의 리더십 교육담당관으로 임무를 수행하면서 여타 3명의 리더십 강사(이주용, 김석봉, 강윤진)와 함께 "리더십 F4"의 역할을 톡톡히 했습니다. 국방대학교와 일반 대학에서 리더십(석사)을 전공한 이 젊은 장교들은 군복이 아닌 정장을 입고 리더십을 가르치는 파격적인 행동으로 해군의 주목을 받았습니다.

　우리는 야외에서 몸과 몸을 부대끼며 체득하는 팀워크 리더십(T2L 프로그램)을 도입하여 고급장교에서부터 군무원, 말단 수병들에 이르기까지 강의실과 운동장에서 호연지기를 기르며 새로운 리더십 이론을 함양하는 기회를 제공하였습니다. 또한, 충무공 이순신께서 임진왜란과 정유재란에서 왜군들을 격멸했던 격전지(激戰地)를 답사하며 이루어진 현장학습도 교육생들에게는 생생한 체험이 되었습니다. 돌이켜 보면, 제가 고속정 근무 시 남해에 침투한 간첩선을 격침시킨 공로로 받은 훈장이 충무무공훈장(忠武武功勳章)이었기에 제게는 해군충무공리더십센터장이란 직책이 엄청난 부담감과 함께 제 사명(使命)이 되었다고 생각됩니다. 가끔 가슴 뛰던 그때가 그립습니다.

최근 필자는 저와의 인연을 소중하게 생각하여 이 책, 〈이순신 닻 리더십〉의 감수를 요청하였습니다. 다른 해군 제독에게 감수를 의뢰하지 않고, 제게 부탁한 것이 다소 의외였습니다. 저는 2019년 마산대학교 외래교수 직분을 그만둔 이후 학문적 사고를 하지 않은지도 좀 오래되었고, 관련 책들을 접하고 읽을 기회가 거의 없어서 저의 피드백이 도움이 되려나 하는 생각이 먼저 들었습니다. 그래서 다분히 빛바랜 조언이 되지 않을까 걱정이 앞섰지만, 해군 후배 덕분에 모처럼 좋은 내용의 책을 읽을 기회를 얻게 된 셈으로 생각했습니다. 그래서 저는 제 해군 시절을 회상하고 이순신 제독을 떠올리며 3번을 정독하였고, 필자에게 조언을 해주었습니다. 먼저 독자들의 이해를 고려한 닻에 대한 설명, 닻의 용도를 리더십 덕목에 적절히 접목하도록 보완해달라고 했습니다. 그리고 글이 생각의 깊이를 그대로 담으려다 보니, 문장이 길고 쉼표도 자주 등장하는데, 요즘 젊은 독자들은 짧은 문장과 리드미컬한 구성에 익숙한 것을 감안하여 짧은 문장으로 수정할 것을 주문하였습니다.

 여러분도 짐작하시겠지만, 〈이순신 닻 리더십〉은 단순히 이순신이라는 위인을 다시 쓴 책이 아닙니다. 해상전투지휘관 이순신의 감정과 고뇌, 전장의 현장감까지 살아 있는 방식으로 풀어낸 점이 특히 인상 깊었는데요. 제가 본 이 책의 핵심은 "Seaman's Eye"입니다. 여타 다른 매체들은 이순신을 위인, 성웅으로 다루는 데 그친다는 느낌이 있는데 반해, 이 책, 〈이순신 닻 리더십〉은 현장 리더로서의 이순신을 바라볼 수 있는 시선을 독자들에게 제공하여 그를 보다 가까운 존재로 느끼게 해 줍니다.

 〈난중일기〉나 〈장계〉 같은 사료를 단순히 해설하는 것이 아니라, 그것을 읽는 현재의 시선을 명확히 가지고 글을 썼기 때문에 독자로서도 훨씬 몰입해서 따라갈 수 있도록 만들었습니다. 마치 해군에서의 실전 경험이 있는 사람만이 쓸 수 있는 땀과 노력, 긴장의 감각이 담긴 책입니다. 해상전투지휘관 이순신의 움직임을 설명할 때마다 마치 전장 한복판에서 그를 옆에서 관찰하는 느낌이 들었고, 그 점이 해군 출신인 제게도 무척 신선하게 다가왔으니 말입니다.

그래서 일반적인 평전이나 학술서에서 느끼기 어려운 감각적인 리더십 묘사가 이 책의 가장 큰 강점 중 하나라고 생각합니다.

이런 종류의 책은 흔치 않습니다. 당장 해군리더십센터, 해군사관학교, 해군대학, 국방대학교, 그리고 충무공 이순신에 대한 연구 및 교육기관에 필독서나 교재로 사용을 권하고 싶을 정도로 좋은 내용이 풍부합니다. 물론 해군을 지망하는 우리나라 젊은이들과 대한민국을 넘어 이순신의 리더십을 배우고자 하는 글로벌 젊은이들에게도 충분히 매력적인 책이 될 것이라 확신합니다.

끝으로, 독자 여러분들이 〈이순신 닻 리더십〉을 통해 해상전투지휘관 이순신과 함께 미지의 바다를 헤쳐나가는 즐거운 독서 항해가 되기를 바랍니다. 감사합니다.

감사의 마음을 담아, 박재훈 적다.

환영사

우리의 길을 밝혀줄 빛, "이순신 닻 리더십" 발간을 환영합니다

김진형 제독
(전 해군 소장, 피지 등 남태평양 6개국 특명전권대사)

    우리나라 역사에 위대한 영웅을 말하자면 누구나 충무공 이순신 제독을 가장 먼저 꼽을 것입니다. 이순신이란 인물은 전쟁의 신, 민족의 영웅으로 칭송해도 전혀 어색하지 않습니다. 우리나라는 물론 미국, 심지어 일본에서도 이순신이라는 인물과 리더십은 연구의 대상입니다. 그리고 지금까지 수많은 책이 발간되었습니다.

    이번에 발간되는 『이순신 닻 리더십』은 인간 이순신, 해상전투지휘관 이순신에 대하여 이야기하고 있습니다. 전투 현장의 지휘관으로서 승리의 불확실성에 고민했고, 엄정한 군 기강을 위해 부하의 목을 벨 때도 있었으며, 전쟁에 고통을 겪는 백성을 보살폈습니다. 그리고 한 인간으로서 자신의 불안정한 운명, 가족의 안위로 노심초사하는 모습을 이야기하고 있습니다. 육체적 부상과 질병으로 고통 속에 신음하면서도 전쟁터에 가득 찬 죽음의 그림자 가운데에서 느끼는 두려움은 여느 군사들과 다를 바 없는 한 사람의 인간이었음을 잘 알 수 있습니다. 그러나 무거운 책임감에서 오는 고독함과 정신적·육체적 고통 속에서도 이순신은 지휘관으로서 부하들 앞에서 늘 거대한 산과 같은 의연한 모습으로 보였습니다.

특히 많은 전투장면을 소개할 때, 저자가 해군 장교로서 해상 근무 때 경험을 바탕으로 때로는 이순신을 빙의한 듯한 묘사로 전투장면을 현장감 있게 설명해 주고 있습니다. 부제로 설정한 "Seaman's Eye로 통찰하다."라는 말의 'Seaman's Eye'는 말 그대로 '뱃사람의 눈'입니다. 바다에서는 일반인의 눈으로는 보지 못하는 것이 있는데, 오랜 시간 바다에서 생활하며 터득하여 생긴 뱃사람의 눈에만 보이는 것이 있습니다. 그래서 저자는 일반인이 해석하지 못하는 상황을 해군 장교로 근무하며 쌓은 해상 경험을 바탕으로 뱃사람의 시각으로 이해하고 이야기해 주어서 우리에게 흥미롭게 다가옵니다.

우리는 충무공 이순신을 23전 23승 불패의 신화를 만들어 낸 전쟁영웅이란 표현을 서슴지 않습니다. 『이순신 닻 리더십』에서는 하나하나의 전투 과정을 자세히 설명하면서 "어떠한 전투도 쉽게 치른 적이 없었다"는 것을 여실히 보여주고 있습니다. 전체적인 책의 흐름은 본연의 임무에만 충실한 한 군인의 모습에 대해 이야기하고 있습니다. 이 책은 이순신의 〈난중일기〉에 '활쏘기' 다음으로 많이 나오는 말이 '약속'이라고 이야기합니다. 신뢰의 리더십과 전투에 임하는 이순신의 엄정한 원칙을 이해할 수 있습니다. 또한 이순신의 모습은 자신의 공(功)을 이용하여 더 나은 후일을 도모하는 모습을 찾아볼 수 없습니다. 두만강 끝자락 녹둔도 둔전관 시절부터 삼도수군통제사에 이르는 동안 공직자로서 올바른 몸가짐으로 오로지 자신의 임무에만 전념하는 모습을 볼 수 있습니다.

그리고 군인으로 문(文)과 무(武)를 고루 갖추기 위해 꾸준히 노력하고 엄격한 절제(節制)를 했던 인간 이순신의 삶을 알 수 있습니다. 전술가로서 전략가로서 이순신은 분명 무인(武人)이었습니다. 그러나 〈난중일기〉와 많은 〈장계〉에서 보듯이 그는 문인(文人)으로서의 충분한 역량을 갖춘 위대한 리더였다는 것을 새삼 알 수 있습니다.

대다수의 국민은 우리 군(軍)을 매우 걱정스러운 눈으로 바라보고 있습니다. 핵과 미사일로 무장한 적이 바로 앞에 있는데, 병역자원 감소, 기강의 문란 등 군의 전투준비태세에 대한 걱정의 목소리가 큽니다. 이러한 때에 『이순신의 닻 리더십』은 바로 우리 군인들과 군의 리더들에게 유용한 지침서가 될 것입니다. 그리고 『이순신 닻 리더십』에서 말하는 10개의 리더십 핵심요인은 군 조직뿐만 아니라 크고 작은 조직의 리더가 갖추어야 할 자세가 어떤 것인지를 생각할 수 있는 소중한 "인생의 나침반"이 되어 줄 것입니다.

지금 디지털혁명, AI 혁명의 시대에 우리 군과 사회는 많은 갈등과 혼란을 겪고 있습니다. 이 순간에 우리에게 길을 가르쳐 줄 빛과 같은 "Seaman's Eye로 통찰한『이순신 닻 리더십』" 발간을 환영합니다. 거친 파도 속에서도 큰 배를 안정적으로 유지해 주는 닻(Anchor)처럼 지금 시대에 이 한 권의 책이 우리 군과 나라의 리더들에게 영감을 주는 '마음속 닻(Anchor)'이 되어 주기를 소망합니다. 감사합니다.

남태평양의 한가운데서, 김진형 쓰다.

격려사 1

이순신 닻 리더십, 추락하는 대한민국을 일으켜 세울 또 하나의 기적을 기대하며

손 욱
(세종국가경영연구원 이사장, 전 농심 회장, 전 삼성종합기술원장)

"리더는 앵커처럼 먼저 뛰어드는 사람"이라는 부제처럼, 이 책의 저자인 국정호 팀장은 이순신 장군의 리더십을 해군 장교의 시선인 'Seaman's Eye'로 심층적으로 분석하고 있습니다. 대부분의 사람이 임진왜란 23전 23승이라는 기적의 주인공인 이순신에 대해 막연한 존경심만 가지고 있을 뿐, 그의 리더십 본질을 제대로 알지 못하는 경우가 많습니다. 그러나 이 책은 이순신 장군이 전투의 중심에서 함께 싸우는 듯한 생생한 느낌을 주며, 그의 리더십을 구체적이고 상세하게 기록하고 분석하여, 우리가 이순신의 리더십을 올바르게 인식할 수 있도록 돕습니다.

저자는 이순신 장군을 단순히 위대한 성웅으로만 보는 것이 아니라, 우리와 같은 감정의 기복을 느끼는 한 인간으로 묘사합니다.

1594년 5월 9일, 비가 계속 내리던 날 온갖 생각에 마음이 어지러웠던 이순신은 다음 날인 5월 10일에도 비가 내렸지만, 창밖의 수많은 배를 보며 "적이 비록 침범해 온다 해도 능히 섬멸할 수 있을 것"이라는 자신감을 드러냅니다. 또한 그는 아들을 걱정하는 평범한 아버지의 모습도 보여줍니다. 이처럼 저자는 이순신의 평범함 속에서 그의 비범함을 찾아내어, 독자들이 그의 리더십에 더 가까이 다가갈 수 있도록 합니다.

이 책은 '이순신 닻 리더십'을 10가지 리더십 핵심요인으로 나누어 설명합니다. 그것은 바로 기욕(嗜慾), 충의(忠義), 담략(膽略), 인내(忍耐), 성실(誠實), 진심(眞心), 소통(疏通), 창의(創意), 몰입(沒入), 통찰(洞察)입니다. 저자는 이 핵심요인들을 통해 독자들이 이순신 장군을 '기욕이 넘치고, 충의로우며, 담략 있고, 인내하며, 성실하고, 진심 어리고, 소통하는, 창의적이고, 몰입하며, 통찰력 있는' 리더로 만나게 될 것이라고 말합니다. 저자는 해군 항해과 장교의 'Seaman's Eye'를 통해 임진왜란의 주요 해전과 정유재란의 주요 해전을 심도 깊게 살폈습니다. 이러한 저자의 관점은 독자들이 이 책을 통해 이순신 장군의 리더십을 자신의 관점에서 다시 바라보고 재정립할 수 있는 계기를 제공할 것입니다.

저는 한국인의 특성상 "위기에 강하고 신바람 나면 기적을 이루는 민족"이라고 생각해 왔습니다. 우리나라 역사 속에서 기적적인 순간들은 모두 한국형 리더십이 발현된 결과라고 생각합니다. 세종의 창조 왕국, 이순신의 해전 승리, 박정희의 한강의 기적이 바로 그것입니다. 현재 한국 경제는 안타깝게도 20세기 성장동력을 대부분 잃고 추락하고 있으며, 21세기에 필요한 새로운 성장동력을 제대로 찾지 못해 이미 '잃어버린 20년'이 되고 있는 듯합니다. 이러한 위기 상황에서 우리는 이순신 장군의 위기 극복 리더십인 '이순신 닻 리더십'이 절실히 필요한 시점에 와 있습니다.

이 책은 해군 장병만을 위한 책이 아닙니다. 새로운 가능성을 찾아 자신의 분야에서 노력하는 대한민국의 모든 젊은이들에게 권하는 책입니다. 이 책을 통해 독자들이 이순신 장군처럼 자기 삶의 터전에서 떳떳함과 당당함을 갖기를 바랍니다. 이순신 장군이 보여준 감동의 리더십이 해군을 먼저 변화시키고, 나아가 대한민국 전체의 변화와 혁신을 이끌어서 또 하나의 기적을 만들어 내기를 간절히 소망합니다.

감사합니다.

격려사 2

폭풍을 견디게 하는 약속,
다시 항해를 준비하는 의지

최병순
(전 국방대 리더십 전공교수, 전 동국대 경영대학원 석좌교수)

　리더십은 시대와 상황에 따라 다양한 모습으로 나타나지만, 그 본질은 변하지 않습니다. 그것은 리더가 공동체의 구성원을 진정으로 아끼고 사랑함으로써 모두의 마음을 하나로 모으고, 함께 목표를 이루며, 궁극적으로 모두를 행복하게 하는 힘입니다. 우리 역사 속에서 이를 가장 모범적으로 보여준 인물이 바로 충무공 이순신 장군입니다. 임진왜란이라는 국가적 위기 속에서 장군은 나라에 대한 충성과 헌신, 백성과 부하들에 대한 사랑, 그리고 창의적인 전략·전술을 바탕으로 거센 풍랑 속 닻처럼 절망의 순간에도 희망을 잃지 않도록 리더십을 발휘했습니다. 따라서 그의 리더십은 오늘날에도 여전히 큰 울림과 교훈을 줍니다.

　이번에 출간되는 『이순신 닻 리더십』은 이러한 장군의 리더십을 오늘의 시각에서 새롭게 비추는 뜻깊은 작업입니다. 저자는 해군 장교로서 국방대학교 리더십 석사과정 1기로 학문적 토대를 닦았고, 이후 충무공리더십센터 리더십 교관과 해상의 현장지휘관으로 복무하며 이론과 실제를 겸비했습니다. 전역 이후에도 리더십에 대한 관심과 열정으로 연구의 끈을 놓지 않고 『세종과 이순신, K 리더십』을 집필하여 발간하였습니다. 이러한 걸음걸음은 이번 저서가 단순한 역사 해설이나 위인 전기가 아니라, 학문과 실천을 아우르는 깊이 있는 리더십 탐구의 성과임을 잘 보여줍니다.

이 책에서 저자는 이순신 장군의 리더십을 '닻 리더십'이라는 독창적인 개념으로 풀어냈습니다. "닻은 단순히 배를 멈추는 쇳덩이가 아니라, 폭풍을 견디게 하는 약속이며, 다시 항해를 준비하는 의지입니다." 이순신 장군은 나라와 부하에 대한 사랑을 닻으로 삼아 절망의 바다에서도 리더십을 발휘하여 나라와 백성을 지켜냈습니다. 이 책은 그러한 리더십을 오늘의 독자들에게 전하며, "나는 어떠한 리더가 될 것인가"라는 물음을 던지게 합니다.

오늘날의 리더들에게도 위기 속에서도 흔들림 없는 필승의 신념, 공동체를 향한 사랑과 헌신, 창의적인 전략·전술은 여전히 절실히 요구됩니다. 『이순신 닻 리더십』은 이러한 장군의 삶과 리더십을 생생히 보여줌으로써 독자들이 자신의 삶과 조직, 더 나아가 우리 사회에서 진정한 리더십은 무엇인지를 성찰하고 실천하도록 이끌어줄 것입니다.

스승으로서 제자의 리더십에 대한 학문적 열정이 군과 사회에서의 소중한 경험과 깊은 통찰과 어우러져 이렇게 한 권의 책으로 열매 맺게 된 것을 진심으로 축하하고, 그 여정을 지켜본 사람으로서 무척 자랑스럽고 기쁘게 생각합니다. 아울러 『이순신 닻 리더십』이 널리 읽혀 현장에서 살아 숨 쉬고, 사회 곳곳에 퍼져나가기를 기대합니다. 또한 "우리 역사의 위대한 리더십 유산을 후세에 알린다"는 저자의 소명이 충실히 실현되기를 바라며, 앞으로 이어질 리더십 교육자의 길에도 늘 따뜻한 응원과 격려를 보냅니다.

감사합니다.

추천사 1

이순신의 닻, 흔들림 없는 구심점

박현모
(세종국가경영연구원 원장)

　이 책은 세종과 이순신의 리더십을 다룬 기존의 K 리더십 담론보다 한층 더 깊이 들어가, 인간 이순신의 내면(內面)을 섬세하게 드러내고 있습니다. 전장에서의 결단과 전략 뒤편에 숨은 그의 고뇌와 성찰을 보여주기에, 영웅이 아닌 인간 이순신을 새롭게 만날 수 있게 합니다.

　특히 이 책은 그간의 수많은 이순신 관련 저술과 달리, '닻'이라는 상징(象徵)을 중심축으로 삼아 이야기를 풀어냅니다. 흔들림 없는 구심점을 세움으로써, 단편적인 영웅 서사를 넘어 삶과 리더십의 본질을 꿰뚫는 통찰을 전합니다.

무엇보다도 저자가 직접 현장에서 경험하며 몸으로 익힌 Seaman's Eye로 바라본 시각이 이 책의 백미(白眉)입니다. 단순한 역사 해석을 넘어, 바다와 항해의 감각을 통해 이순신을 읽어내는 과정에서 독자는 한층 입체적인 이해와 생생한 울림을 얻게 됩니다.

임진왜란의 첫 승리에서 노량해전의 마지막 순간까지, 그리고 '닻 리더십'으로 집약되는 통찰에 이르기까지, 이 책은 인간 이순신의 궤적(軌跡)을 따라가며 독자에게 단단한 울림을 전합니다.

이순신을 다시 읽고 싶은 모든 이들에게 단단한 닻이 되어 줄 이 책을 추천합니다.

감사합니다.

추천사 2

현장지휘관 이순신의 비범함을 다시 찾다

김오현
(서울사이버대학교 교수, 전 국방대 및 성신여대 교수)

역사적 관점에서 "역사는 소수의 영웅이 이끌어 가는지, 다수의 대중에 의해 만들어 지는지"가 늘 논란의 주제가 되고 있습니다. 영국의 역사학자 E.H. Carr는 그의 명저 『역사란 무엇인가?』에서 역사를 해석하는 다양한 관점과 역사가와 사실의 관계, 그리고 개인과 사회의 역할 등을 통해 이 주제에 대한 통찰을 제공합니다.

역사의 진정한 주체는 이름 없는 다수의 대중이며, 그들의 삶과 투쟁, 그리고 집단적 행동이 역사를 움직이는 근본적인 힘이라는 '민중주도론'과 개인의 비범한 능력과 리더십으로 시대의 변화를 만들고 역사를 전진시킨다는 '영웅사관론'은 리더십 논의의 핵심으로서 늘 궁금했던 점인데, 최근 한국의 정치, 사회현상에서 이러한 논제가 두드러지게 부각되고 있습니다.

『이순신 닻 리더십』은 1590년대 임진왜란이라는 혹독한 태풍을 만나 일본의 침략에 의해 한 나라가 존망의 위기에 처했던 혼란스러웠던 상황과, 이를 극복하는 과정에서 이순신이라는 시대적 영웅이 장병들을 포함한 백성을 대상으로 어떠한 리더십을 발휘하였는가 하는 점을 해군의 현장지휘관을 역임하였던 저자의 시각으로 재조명한 의미 있는 서적입니다.

역사란 "과거와 현재의 끊임없는 대화와 성찰의 과정"을 통해 발전되고 있다고 봅니다. 이순신 장군이 활동했던 임진왜란 당시 상황은 역사학자 입장, 정치학자 입장, 군의 지휘관 입장 등 보는 사람의 관점에 따라 다르게 볼 수 있을 것입니다. 해군에서 현장지휘관을 경험한 저자가 이순신의 역사적 자료를 보는 입장은 어떠할까요? 이것은 저에게도 상당히 궁금한 점이었습니다.

해상에서의 현장지휘관을 경험한 저자였기에 이순신 장군의 당시 역할에 대한 동일시(同一視)가 강하게 있었을 것이고, 현장지휘관이면서도 리더십에 대한 연구와 저술 활동을 많이 하였던 저자였기에 더욱 깊이 있게 당시의 상황을 이해하고 해석할 수 있었을 겁니다. 그런 측면에서 본 서적이 독자들에게 더욱 설득력 있게 다가갈 수 있을 것이라 확신합니다.

리더십의 첫 출발은 어디서부터 시작될까요? 리더십을 연구하고 강의하면서 자주 접하는 질문입니다. 리더십은 리더와 팔로워의 관계 속에서 이루어진다고 보기 쉽지만, 사실 리더십은 나와 타인의 관계 이전에 나와 나의 관계 속에서 먼저 진행되는 것이라 믿고 있습니다. 개인의 삶은 자신이 설정한 목표를 달성하는 과정과 결과에 의해 평가받죠. 자신의 목표를 잘 설정하고 힘든 장애물을 잘 극복하는 사람에게 팀과 조직을 맡기면, 자기에게 적용하였던 방식과 유사한 방식으로 팀과 조직을 이끌어 가게 될 것입니다.

책의 가장 첫 번째 나오는 프롤로그에서 "이순신은 바다에 나간 자식의 안위를 걱정하는 평범한 아버지의 실루엣을 보여준다. 우리는 이순신의 저 평범한 실루엣 속에서 모든 해전에서 승리한 그의 비범함을 찾아내야 한다. 과연 이순신의 리더십에는 어떤 비밀이 숨어있는 것인가?"라는 질문과 함께 책을 시작하고 있습니다. 일상적 번민을 하는 이순신의 평범함 속에서 23전 23승이라는 비범한 전과를 낼 수 있었던 것은 이순신이 영웅적 자질과 역량을 가지고 "전투 장면에서 이기려 하기보다는 사전에 완벽한 준비로 이길 준비를 하고 전쟁에 임하였다"는 장군의 성실함과 철저한 자기관리가 기저에 있어서 가능하였다는 점을 읽을 수 있습니다.

국방대학교에서 선생과 학생의 관계로 만났던 저자 또한 매사에 철저하고 성실하게 자기관리를 잘하는 사람으로 기억됩니다. 특히 본 책을 집필하는 내내 건강상의 어려움을 겪고 있어서 웬만한 각오와 노력 없이는 완성하기 힘들었을 것인데, 철저한 자기관리의 노력 덕분에 책이 세상에 나올 수 있었다고 봅니다. 책의 출간을 진심으로 축하하며, 그간의 노력에 대해 찬사를 보냅니다.

감사합니다.

추천사 3

우리와 오롯이 함께할 소중한 자산, 이순신 닻 리더십

류효상 제독
(전 해군 소장, 전 해군 2함대사령관, 국방부 첨단전력기획관)

『이순신 닻 리더십』을 접하고, 지난 37년간 해군 장교로서 걸어온 저의 길을 되돌아보게 되었습니다. 우리에게 충무공 이순신 제독이 누구인가요? 해군사관생도 시절 한산도 제승당에서 처음 신고하고, 매년 제승당을 참배하며, 이순신 제독의 주요 전적지도 답사했습니다. 또한 충무공 리더십 수업도 받았지요. 우리는 해군장교로 근무하면서 하루라도 이순신 제독을 잊은 적이 없었습니다. 그러나 정작 지휘관으로서 참모로서 어떻게 리더십을 발휘해야 할지에 대한 답은 주지 못한 것 같습니다. 충무공 5대 정신과 위국헌신의 정신으로 23전 23승이라는 전과만을 떠올리는 범접할 수 없는 위인으로만 비춰진 것 같아요.

저의 자랑스런 해군사관학교 동기생인 국정호 작가의 『이순신 닻 리더십』 책을 마주하니, 지략가이자 해상전투지휘관 이순신 제독이 마치 나와 동시대의 해군 장교 선배이자 전우처럼 친근하게 느껴지게 되었습니다. 그가 싸운 전투에서 보여준 흥미진진한 리더십 스토리는 이제까지 우리가 읽었던 수많은 이순신 제독 관련 저작물과는 전혀 다른 형태로 다가옵니다. 전투 현장을 목격하고 지시를 내리는 장면이 그렇고, 적을 유인하여 학익진으로 협공하는 모습이 놀랍고, 적진 속으로 종심 깊게 침투하여 과감하게 해상 포격전을 벌이는 장면이 마치 다큐멘터리 영화처럼 계속 뇌리에 남아있습니다.

Sesmanship과 Seaman's Eye를 강조한 이 책은 해군 장병뿐만 아니라 우리나라 젊은이들의 가슴을 뛰게 할 것이고, 새로운 시각으로 충무공 이순신 제독을 재조명하는 계기가 될 것이라 믿어 의심치 않습니다. 다양한 리더십 이론과 책자가 넘쳐나는 이유는 그만큼 올바른 리더십을 발휘하기가 어렵기 때문이라고 생각합니다. 그런 의미에서 『이순신 닻 리더십』은 현재와 미래에 우리가 어떠한 새로운 인생의 닻을 내리더라도 오롯이 함께할 소중한 자산이 되리라 확신합니다.

감사합니다.

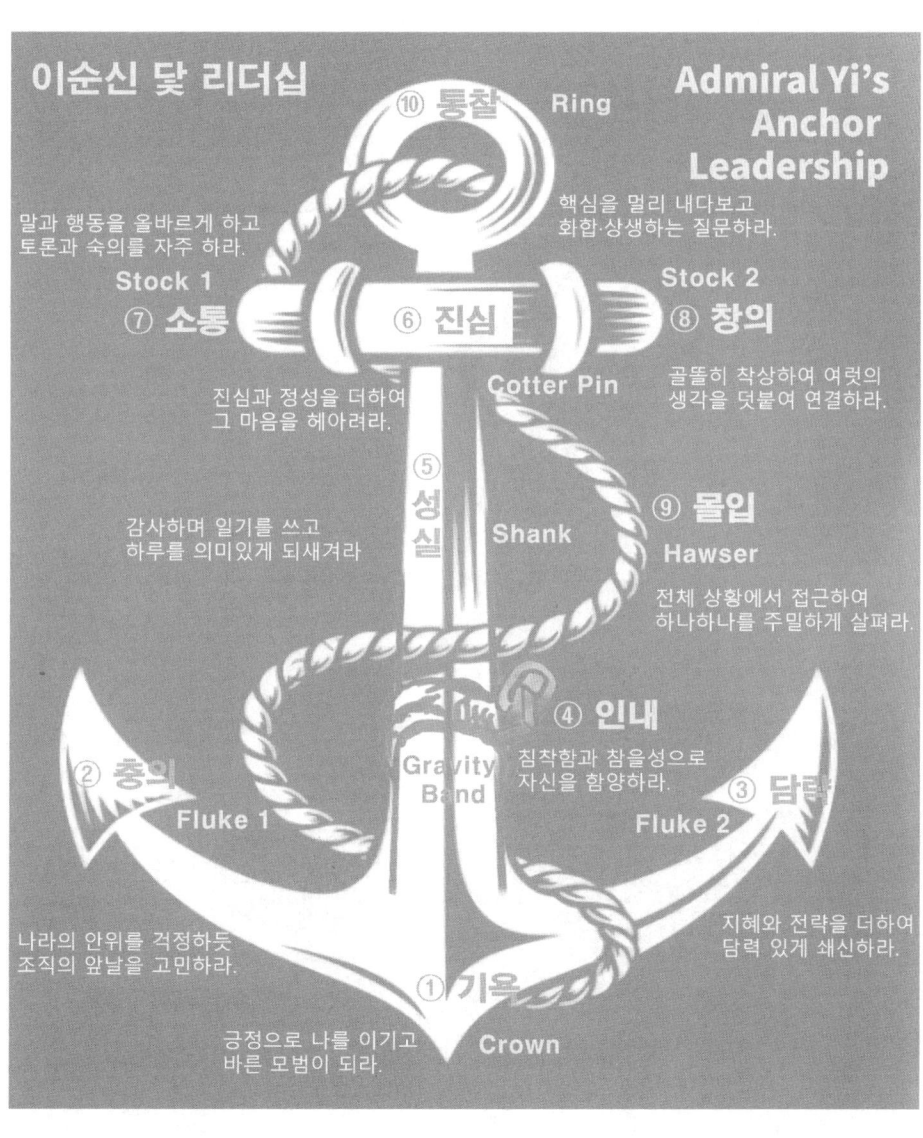

제1부
임진왜란

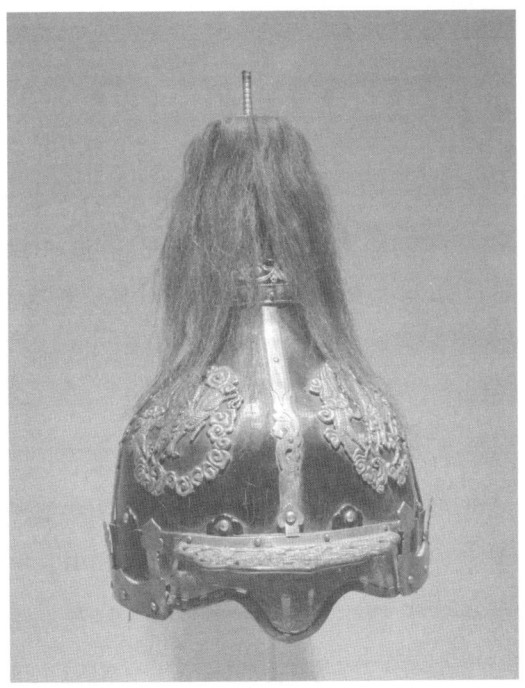

조선 시대 장수 투구 (국립해양박물관 소장)

[칼럼 01] 이순신이 지킨 '당초의 약속'
- 일상의 기적을 위한 작지만 소중한 일

임진왜란 발발 직전인 임진년(1592년) 음력 3월 5일, 언제 들이닥 칠지 모를 전쟁을 준비하기에 바쁜 전라좌수사 이순신은 때마침 좌 의정 류성룡이 보낸 〈증손전수방략〉을 보며 감탄한다.

임진년 3월 초5일, 맑다. 동헌에 나가 공무를 봤다. 군관들은 활을 쏘았다. 저물녘에 서울 갔던 진무(鎭撫, 해안기지의 관리)가 돌아 왔다. 좌의정 류성룡(柳成龍)의 편지와 〈증손전수방략(增損戰 守方略)〉이라는 책을 가지고 왔다. 이 책을 보니 수전·육전·화 공전 등 모든 싸움의 전술을 낱낱이 설명했는데, 참으로 만고에 훌륭한 책이다.

류성룡이 전해 준 〈증손전수방략〉은 과연 어떤 책이길래 이순신 이 만고에 훌륭한 책이라고 호평하고 일기장에 기록했을까 하는 궁 금증이 생긴다. 류성룡의 〈서애집(西厓集)〉을 살피다가 정확히 〈증 손전수방략〉의 내용과 일치하는지는 알 수 없으나, 그와 유사한 실 마리를 찾을 수 있었다. 그것은 바로 갑오년(1594년) 10월 류성룡이 임진년 난리 이후 겪은 내용을 다시 정리한 '〈전수기의(戰守機宜) 10조(十條)〉'이다.[1)]

〈전수기의(戰守機宜) 10조(十條)〉는 임진왜란이 일어나기 전, 신묘년(1591년)에 임금 선조가 비변사에 내린 **전수도(戰守圖, 전투와 방어에 대한 도해를 포함한 책)**를 류성룡이 가감(증손)하여 20여 조목의 책(증손전수방략)으로 만들었으나, 임진왜란 발발 후 원본을 잃어버려 다 기억할 수 없었다고 적고 있다. 여기에는 비록 일선 장수들에게 배포했다는 내용은 없으나 곧 왜란이 발발할 것을 감지하여 먼저 최일선 장수들에게 책자로 배포했을 것으로 추정되며, 전라좌수사 이순신에게도 전달된 것이다. 이리하여 〈증손전수방략〉은 남아있는 〈전수기의 10조〉와 같은 맥락이라는 것이 확인되었다.

왜란이 끝나고 〈징비록〉을 남긴 류성룡은 당대의 뛰어난 병법가였다. 그런 류성룡이 왜란 중 나라를 근심하는 마음에서 제장들에게 전투에서 적을 제압하고 수비하는 대책을 정리하여 '〈전수기의 10조〉'를 배포하였고, 그 내용은 1. 척후(斥候), 2. 장단(長短), 3. 속오(束伍), 4. 약속(約束), 5. 중호(重壕), 6. 설책(設柵), 7. 수탄(守灘), 8. 수성(守城), 9. 질사(迭射), 10. 통론형세(統論形勢) 등이다. 〈전수기의 10조〉의 내용을 보면, 류성룡이 전쟁과 전투에서의 전략·전술에 얼마나 밝았는지 알 수 있다.

이 〈전수기의 10조〉를 임진왜란 중 이순신이 실제로 수행한 해상전투, 전투준비태세, 군수지원 등과 견주어 살펴보는 시간을 가져보니, 이순신이 중요하게 적용한 것은 척후, 장단, 속오(조직 구성), 약속, 질사, 통론형세의 6가지였으며, 특히 약속은 이순신이 목숨과 같이 소중하게 생각한 분야이다(별지 1. 참조).

짧게나마 류성룡의 〈전수기의 10조〉에서 말하는 '**약속(約束)**'의 주요 내용과 이순신이 임진왜란 중 실천한 약속 중 몇 가지를 살펴보면서 그 의미를 되짚어 보자.

류성룡의 〈전수기의 10조〉 중 '약속' 요약

분수(分數, 편제 구성)가 평일에 명확한 뒤에는 또 진지에 임할 때의 약속(約束)은 더욱 명확하지 않으면 안 된다. 이른바 **'약속'이란** 즉 대장이 그 적세의 강약과 지형의 험난하고 평탄한 것을 살피고, 승패의 상황을 헤아려서 모든 장수들에게 분부해서 각각 통솔하는 바의 군대를 거느리는 것이다. 군대는 약속에 따라 혹은 앞서고 혹은 뒤서며, 혹은 복병(伏兵, 적을 기습하기 위해 요긴한 목에 군사를 숨겨 둠)이 되고 혹은 후계(後繼, 어떤 일이나 사람의 뒤를 이음)가 되며, 혹은 의병(疑兵, 적을 속이는 가짜 군사)이 되고, 혹은 유인(誘引)부대가 된다. 세 번 명령하고 다섯 번 거듭하여 반드시 그들로 하여금 감히 어기거나 넘지 못하게 하고, 한결같이 대장의 명령에 좇게 해서 모두 죽을힘을 다하게 하는 일이 바로 약속이다.

그러므로 약속이 명확하지 못해서 병사가 이를 범하는 것은 **장수의 죄**이고, 약속이 이미 명확한데도 불구하고 병사가 이를 범하는 것은 **병사의 죄**라고 할 수 있다. 무릇 죄가 병사에게 있고 장수에게 있지 않은 연후에야 목을 베고 형벌을 행하여도 군사들이 원망하는 말이 없게 된다. 그렇지 않으면 형벌이 더욱 엄할수록 죄를 범하는 사람은 더 많아져서 마침내 사람들이 수족을 둘 바가 없게 되어 흩어지는 사람이 많아지게 된다.

　대저 군사를 써서 적을 대적함에는 반드시 정(正)이 있고 기(奇)가 있다. 기와 정을 순환시켜서 임기응변(臨機應變)을 무궁하게 하는 자가 병사를 잘 부리는 훌륭한 장수이다.

　류성룡이 〈전수기의 10조〉에서 말하는 약속은 진지에서의 근무지침이요, 전투에서의 명령이다. 장수가 적세의 강약과 지형의 힘난하고 평탄한 것을 살피고, 승패의 상황을 헤아려서 부하들에게 하달하는 작전명령이다. 한편, 장수(리더)는 군사를 써서 적과 마주할 때에는 반드시 기(奇)와 정(正)을 순환시켜서 임기응변을 무궁하게 할 줄 알아야 한다(앞으로 살펴보겠지만, 이순신은 임기응변의 귀재였다).

이순신이 지킨 '당초의 약속'

　이순신의 〈난중일기〉에 '활쏘기' 다음으로 많이 나오는 것이 '약속'인 것을 보면, 전투에 임하는 이순신의 엄정한 원칙을 잘 알 수 있다. '활쏘기'는 적을 제거하는 방법이면서 자신의 흐트러진 몸과 마음을 집중하는 가장 좋은 수양기재이며, '약속'은 전쟁 시에 한결같이 대장의 명령에 따르게 해서 모두 죽을힘을 다하게 하는 것으로, 작전명령과 팀워크를 실천하는 가장 분명한 방법이다.

흔히 우리 역사에서 **세종과 이순신을 문무겸전(文武兼全)의 대가**라고 한다.[2] 세종은 평소 **경연(經筵)과 강무(講武)**를 통해 문무를 펼쳤다. 경연이 궁궐 안에서 문신들과 함께 역사를 공부하여 정책을 논하는 고도의 문리(文理)라고 한다면, 강무는 궁궐 밖 사냥터에서 말 달리며 활을 쏘고 무신들을 지휘하는 무략(武略)의 기회라고 할 수 있다. 한편, 이순신은 전·평시를 막론하고 **약속(約束)과 사예(射藝)**를 통해 문무를 아울렀다. 약속은 작전명령으로, 한산도의 운주당(현 제승당)이나 판옥선 선상에서 작전회의와 전술토의를 통해 작전계획을 수립하고 작전지침을 하달하는 등 예하 장병들과 같이 무재(武才)를 굳게 다져서 상황에 대비하였다. 또 바람을 느끼는 야외 사대(射臺)에서 부하들과 함께 사예(六禮 중 하나)로서 활쏘기 연습[習射, 습사]과 시합을 통해 실전과 같은 전투감각을 고양하면서 스트레스도 해소하고 심신을 수련하였다.

〈난중일기〉에 처음으로 예하 장수들과 '**약속했다**'는 **표현**이 나오는 날짜는 왜란 발발 소식을 듣고 첫 출항을 위해 해상에서 진형 훈련을 하던 임진년 5월 2일이다. 이날 오전 남해로 척후를 나갔던 군관 송한련이 돌아와서 남해의 경상 수군이 왜적이 왔다는 소문을 듣고 흩어진 형세를 보고한다. 이순신은 깜짝 놀라고 말았다. "**장수가 어찌하여 소문만 듣고 싸워보지도 않고 도망친다는 말인가.**" 척후의 보고를 받은 이순신은 정오에 출항하여 바다로 나가 진을 치고 해상훈련을 한 다음, 제장들을 불러 모아놓고 **경상 바다로의 출전을 약속한다.** 이순신의 첫 '약속'은 경상도로의 출전을 실행하자고 해상에서 부하 장수들과 결의를 다지는 순간이었다. 이 약속은 전날(5월 1일) '진해루의 결의'에 이어지는 강렬하고 흐뭇한 '**결전의 약속**'이며, 이순신의 '**전투명령**'이었다.

> 임진년 5월 초2일, 맑음. (전략) 정오에 배를 타고 바다로 나가 진을 치고, 여러 장수들과 약속을 하니, 모두 기꺼이 나가 싸울 뜻을 가졌으나, 낙안군수(신호)는 피할 뜻을 가진 것 같아 한탄스럽다. 그러나 군법이 있는데 설사 물러나 피하고자 한들 될 일인가. (후략)

이순신의 '약속'은 전투 결과보고서인 〈장계(狀啓)〉에도 나타난다. 이순신은 부하들과의 약속을 명확하게 반영하여 〈장계〉를 작성하였다. 임진년 최대 전과를 거둔 **한산대첩 후의** 〈**장계(견내량파왜병장(見乃梁破倭兵狀)**〉을 보면 '당초의 약속'을 이행하는 이순신의 진면목을 알 수 있다.

> (전략) 여러 장수와 군사 및 관리들이 제 몸을 돌보지 않고 처음부터 끝까지 여전하여 여러 번, 승첩(勝捷)을 하였다고 하지만, 조정이 멀리 떨어져 있고 길이 막혔는데, 군사들의 공훈 등급을 만약 조정의 명령을 기다려 받은 뒤에 결정한다면, 군사들의 심정을 감동케 할 수 없습니다. 그리하여 우선 공로를 참작하여 1등, 2등, 3등으로 별지에 기록하였으며, '당초의 약속'과 같이 비록 왜적의 머리를 베지 않았다 하더라도 죽을힘을 다해 싸운 사람들은 제가 본 것으로서 등급을 나누어 결정하고서 함께 기록하였습니다. (후략)

이순신이 말한 '당초의 약속'이란 무엇인가? 그것은 이순신이 늘 부하 장수들에게 강조했던 말이다. "적의 목을 베지 마라. 한 놈이라도 더 쏘아 죽여라. 너희의 논공(論功)은 내가 보는 바이다"라는 것이다. 해상전투에 임하기 전에 군사들과 나눈 약속이란 눈앞에 적을 한 놈이라도 더 쏘아 죽여서 국토를 참절한 왜적들에게 앙갚음하라는 것이다. 이순신은 '당초의 약속'대로 〈장계〉에 장수에서부터 사노(私奴)에 이르기까지 부하들의 전공을 낱낱이 적어서 상훈을 요청하여 군사들의 심정을 감동케 하고, 부하들과의 '당초의 약속'을 굳게 지켰다.

필자가 맨 첫 꼭지로 이순신의 '당초의 약속'을 언급한 것은 독자 여러분들이 이 책을 통해 이순신의 리더십인 이순신 닻 리더십의 개념을 이해하고, 이순신이 발휘한 10가지 리더십 핵심요인을 잘 습득할 수 있다는 약속을 드리고자 함이다. 이것이 필자가 독자 여러분에게 드리는 "당초의 약속"이다.

[칼럼 02] 전라좌수사 이순신의 경상도 출전 준비
- 대안을 준비하고 때를 기다리다가 트리거를 뽑다

이순신은 어떻게 임진왜란을 준비했을까?

〈손자병법〉이 추구하는 목표는 '부전승(不戰勝)', 곧 싸우지 않고도 적을 이기는 것이고, '속전속결(速戰速決)'로 장기전을 피하는 것이며, '만전지계(萬全之計)', 곧 어떠한 싸움에서도 이길 수 있는 만반의 준비태세를 갖추는 것이다. 이를 위해서는 평시 완벽한 전쟁 준비를 그 전제조건으로 하고 있다. 그래서 손자(孫子)는 〈손자병법〉 구변(九變) 편에서, "적이 오지 않으리라는 것을 믿지 말고, 나에게 적이 언제 오더라도 대비할 수 있다는 나의 준비태세를 믿어야 한다"고 평시의 주동적 태세를 강조하였다. 그만큼 평시의 준비상태를 살펴보면 조심스레 전쟁의 승패도 가늠해 볼 수 있다는 얘기이다. 어차피 전투는 평상시 싸움을 준비한 그대로 할 수밖에 없다.

임진왜란 전 이순신의 〈난중일기〉를 보면 박진감과 긴장감은 있으나 왜란 발발 이전의 전쟁 준비상황을 제대로 파악하기는 곤란하다. 이순신이 1591년(신묘년) 2월 13일 전라좌수사로 부임했으므로 만일 〈신묘일기〉가 있었다면 이순신의 출전 준비상황을 분명하게 알 수 있었을텐데, 애석하게도 남아있지 않다.

53

그렇다면 어떠한 관점으로 이순신의 출전 준비를 살펴봐야 할까? 동서고금을 막론하고 이제껏 전쟁은 인간(리더십)이 승패를 좌우했다. 그리고 늘 새로운 무기체계는 전략·전술의 운용에 깊은 영향을 미친다고 볼 수 있다. 전쟁은 리더십, 무기체계, 전략·전술이 혼재된 변화무쌍한 변란이고 온 나라의 총력전이란 점을 감안할 때, 전쟁과 관련된 역사적 사실을 ① **리더십**, ② **무기체계**, ③ **전략·전술**로 나누어 각각 살펴보면 복잡한 전쟁에 대한 실타래를 풀기가 좀 쉬워진다. 이 세 가지 요소를 **삼위일체(trinity)**로 보고, 여기서는 이 트리니티의 각 관점에서 이순신의 출전 준비를 살펴보려고 한다.

이 트리니티는 마치 손흥민 선수가 출전하는 축구 경기를 연상하면 이해된다. ① 리더십은 감독과 주장의 역할, ② 무기체계는 손흥민을 비롯한 선수들의 자질과 역량, 팀워크와 시너지, ③ 전략·전술은 4-4-2, 3-5-2 등의 전술 패턴과 공수 전환, 임기응변(기공법과 정공법) 등이다. 축구 경기를 보는 관중은 이를 살피고 열광할 뿐이다. 이제 전쟁을 바라보는 세 가지 관점에서 이순신의 14개월간 출전 준비를 살펴보자.

리더십 관점의 출전 준비

출전을 준비하는 해상전투지휘관 이순신의 리더십 키워드는 유비무환, 솔선수범, 동고동락, 현장경영, 태세점검, 진해루의 결의 등이다.

전쟁(戰爭)은 부하들을 생사가 불확실한 험지로 내모는 매우 어려운 의사결정이다. 그러므로 병사 개인보다는 군대 조직의 기율과 사기를 먼저 고려해야만 모든 병사들이 '약속'한 그대로 따라올 수 있다. 특히 조선시대의 수군은 **'신량역천(身良役賤)'**, 곧 신분은 양인이지만, 하는 일은 힘들여 노를 젓거나 위험한 화약을 만져야 하므로, 천민과 다를 바 없다고 꺼리는 것이 당시의 사회적 인식이었다. 북방 접적지역에서 훈련된 병력으로 거칠고 예측 불가한 여진족을 상대로 실제 전투를 벌였던 이순신에게 남방의 수군들은 오합지졸로 보였을 것이다. 그러나 이순신은 실망하지 않고 그들 안으로 들어가 병사들과 같이 일하고 훈련하였다. 때로는 활쏘기 시합을 붙이고, 포구로 들어온 숭어 새끼를 잡아 회식을 즐기는 등 병사들과 **동고동락**하며 사기를 진작시켰다. 엄정함을 준행하기 전에 정(情)을 먼저 펼쳐 부하들의 마음을 얻은 것이다.

이순신은 병법(兵法)에 능한 장수였다. 이순신의 신상필벌은 〈손자병법〉'행군(行軍)' 편의 실천 사례라고 할 수 있다. 곧 '병사들과 아직 친하기도 전에 벌을 주게 되면 그들은 따라오지 않는다. 따라오지 않으면 쓰기가 어렵다. 또 이들과 친해졌는데도 벌을 행하지 않으면 이 또한 위계가 없어져 쓰기가 어렵다. 그러므로 부하 선도는 덕(德)과 정(情)으로 하고, 무위(武威)를 가지고 기율(기강)을 정제하면 반드시 이긴다'는 것이다. 이순신은 먼저 그들과 동화되고, 그다음에 근무지침을 잘 따르도록 약속하여 군 기강을 가다듬어 나갔다.

이순신은 부임 1년 뒤인 임진년(1592년) 음력 2월 19일부터 27일까지 **예하 5포(여도, 녹도, 발포, 사도, 방답)의 출동 준비상태를 점검한다**. 지금은 여수에서 고흥 간 5개의 다리가 놓여 아름다운 다도해를 감상하며 사장교의 화양조발대교와 현수교의 팔영대교 등을 자동차로 수월하게 갈 수 있지만, 당시에는 뱃길과 육로를 번갈아 가야 하는 고생길이었다. 이순신은 여수 좌수영에서 노 젓는 배를 타고 화양면 백야곶과 이목구미를 거쳐 고흥반도의 여도에 도착하여 점검하고, 육로로 말을 타고 흥양(고흥)을 거쳐 녹도에까지 갔다가, 다시 배를 타고 발포에 들렀다가 사량까지 가서 뱃길로 사도를 점검하고, 다시 배를 타고 여수 돌산도 방답에 도착했다.

여도와 녹도의 준비상태가 양호하고, 사도가 많이 부족하며, 방답의 장전과 편전은 쓸만한 것이 없다고 걱정한다. 그나마 전선이 좀 온전하다고 기뻐한다. 이순신은 궂은 날씨 속에서도 바람 불고 비 오고, 파도가 높은 해상상태에도 현장경영을 통해 실태를 파악하고 그간의 노고를 격려하였다. 그러면서도 봄의 고흥, 팔영산의 아름다움과 녹도의 경치를 찬탄하고, 전에 근무했던 발포에서는 꽃비를 맞는 등 전쟁 전 〈난중일기〉 곳곳에는 낭만이 굴러다닌다.

그러나, 4월 이후 적정(敵情)을 예의주시하던 이순신은 분주하게 움직이기 시작한다. **4월 15일** 경상우수사(원균)의 통첩에 왜적 350여 척이 이미 부산포 건너편에 도착했다(4월 13일)는 내용을 보고 **이순신은 전쟁이 발발했음을 알게 된다**. 4월 18일 공석인 발포권관에 거북선을 만든 군관 나대용을 임명하여 진용을 갖추고, 4월 26

일 각 관포[3]에 공문을 돌려 전쟁을 준비케 하고, 4월 29일까지 전선을 이끌고 좌수영 앞바다(여수 장군도 해상)에 집결하도록 조치하였다(이때부터 해상전투지휘관 이순신의 면모가 서서히 보이기 시작한다).

5월 1일 전라좌수군 전선들이 모두 좌수영 앞바다에 모였다. 지금의 여수 돌산대교와 거북선대교 사이 장군도 인근 해상이다. 해전에 임하는 비장함이 흐르는 전선들의 대열이 진해루(鎭海樓, 현 진남관) 앞 해상에 가득하다. 전라좌수사 이순신은 진해루에 서서 이 장관을 바라보며 방답첨사 이순신, 홍양현감 배흥립, 녹도만호 정운 등을 불러들인다. 예하 장수들의 관심사는 "**과연 좌수사는 경상도로 출전할 것인가?**"였다.

이에 이순신은 의견일치를 보지 못하고 흩어져 있던 부하 장수들의 마음을 움직이려고 숨겨왔던 자신의 결의(決意)를 말하게 된다. **해상전투지휘관 이순신은 이 '진해루의 결의'를 통해 전쟁의 출사표(出師表)를 던진 것이다.**

① "적의 기세가 마구 뻗쳐서 국가가 위급한 이 때에 어찌 다른 도(道)의 장수라고 핑계하고서 물러나 제 경계만 지키고 있을 것이냐! ② 내가 (어찌할 것인가를) 물어본 것은 우선 여러 장수들의 의견을 들어보려고 시험 삼아 한 것이다. ③ 오늘 우리가 할 일은 다만 나가서 싸우다가 죽는 것밖에는 없다. 감히 반대하는 자가 있다면 그의 목을 베리라!"

그러자 진해루에 모인 정운 등 예하 장수들은 좌수사의 결의에 전의(戰意)가 불타오른다. 이 모습을 보고 이순신은 "모두 **씩씩거리며 분격(奮激)하여 제 한 몸을 잊어버리는 모습이 실로 '의사(義士)'들이라 할 만하다**"고 〈난중일기〉에 적고 있다.

이것이 해상전투지휘관 이순신의 현장리더십이고, 카리스마 리더 이순신의 소통방식이다. 이순신은 ① 공감, ② 상황 인식, ③ 의지 구현을 통해 가열차게 예하 장수들과의 소통을 달성하였다. ① 공감을 통해 부하들의 마음을 하나로 꽉 묶어버린다. ② 상황 인식을 통해 어떻게 할 것인지를 스스로 진단하도록 한다. ③ 리더의 의지를 강력하게 피력함으로써 팔로워들의 동조와 거침없는 행동을 발동시킨 것이다. 모든 리더십은 다른 사람들의 마음에 아이디어를 전달함으로써 발생한다. 해상전투지휘관 이순신의 출사표를 들은 예하 장수들의 눈빛은 반짝반짝 빛났을 것이다. 누구든 다른 사람의 마음을 움직이려면 자신의 견해를 진솔하게 전달하여 그들을 납득시켜야 한다. 이순신은 진해루의 결의를 통해 강력한 감화력으로 예하 장수들의 응집력과 결행력을 극대화하였다.

다음날인 5월 2일, 이순신은 정오 때에 배를 타고 바다로 나가 진(陣)을 치고 해상훈련을 실시하며, 예하 장수들과 경상도로의 출전을 바다에서 약속(約束, 전투명령)한다. 이순신은 부하들과 함께 해상훈련으로 팀워크와 역동성을 과시하면서 앞으로 있을 해상전투에서의 결의를 다시 한번 다진 것이다. 3일에는 중위장(방답첨사 이순신)을 불러 4일 새벽에 출항할 것을 약속하고, 달아난 여도 수군

황옥천을 잡아와서 효시했다. 자칫 도망치고 싶다는 생각으로 흐트러질 수 있는 군심(軍心)을 일신한 것이다. 드디어 5월 4일 새벽 2시 해상전투지휘관 이순신의 함대는 전라좌수영을 출항한다. 이는 한 치 앞도 모르는 혼돈(混沌)의 상황에서 전라좌수사로 부임한 이순신이 14개월 동안 솔선수범하면서 부하들과 피·땀 흘려 동고동락한 결과였다.

무기체계 관점의 출전 준비

출전을 준비하는 해상전투지휘관 이순신의 무기체계 키워드는 기공법과 심리전 무기인 거북선 건조, 판옥선의 견고함과 화력(천자·지자·현자·승자총통, 대장군전, 조란환, 피령전, 대완구 등) 운용의 다양함, 그리고 거북선의 해상시험이었다.

특히 **거북선 건조와 화포 시험**은 〈난중일기〉의 표현대로라면 매우 극적이었다. 거북선은 신묘년(1591년)에 건조를 시작하여 임진년(1592년) 3월 27일 거북선에서 대포 쏘는 것을 시험하였다. 왜란 발발 이틀 전인 4월 11일에는 비로소 베로 돛을 만들었고, 하루 전인 4월 12일에는 거북선의 지자·현자총통을 해상에서 발사시험하였다. 왜란 발발 하루 전의 '거북선 해상 발사시험'은 마치 앞날의 전투를 예견한 듯한 **남다른 통찰**이었다.

거북선은 이순신과 나대용이 처음으로 만든 창의의 산물이라고 보기는 어렵다. 하지만 조선 초 태종 시대 이후 200여 년이 흐르는 동안 아는 사람이 거의 없는 상황에서 다시 거북선을 만들 생각을 했다는 것이 바로 창의적인 사고였다. 거북선은 함대의 선봉에서 적을 기습하고 적의 진형을 깨트리는 '기공법(奇功法)의 변칙무기'였으며, 또한 혼자 있으면 도망치기 일쑤지만, 한 곳에서 같이 힘을 모으면 충분히 해낼 수 있는 우리나라 사람들의 심리를 절묘하게 응용한 '심리전선(心理戰船)'이었다. 그리고 적에게는 괴물체로 보이도록 하여 공포심을 심어주는 '심리전선(心理戰船)'이자 '벌모(伐謀)의 상징'이었다. 곧 적의 심리와 계획을 무참하게 깨부수는 최고의 무기체계였다.

한편, 왜 수군에 비해 **조선 수군의 장점**이 여럿 있다. 소나무로 만들어진 판옥선의 견고함, 해상에서의 빠른 선회를 통한 순간적인 진형 변화, 화포 발사가 가능한 판옥선의 전술적 운용성, 그리고 화포에 의한 원거리 타격 능력의 우수함, 우리는 적을 보면서 적은 우리를 쉽게 공격할 수 없는 거북선의 예측 불가능한 근접 전투력, 조총보다 원거리에서 정확히 적을 사살할 수 있는 사부(射夫)들의 활솜씨 등이 있었다. 특히 화약에 쓰이는 염초(焰硝, 질산칼륨) 만드는 법을 개발한 군관 이봉수(李鳳壽)의 노력이 화력의 증강을 가져왔다.

전략·전술 관점의 출전 준비

출전을 준비하는 해상전투지휘관 이순신의 전략·전술 키워드는 증손전수방략, 척후 및 정찰, 약속과 장단 등이다. 임진년 3월 5일, 이순신은 좌의정 류성룡의 편지와 〈증손전수방략〉이라는 책을 받아 읽고, 전쟁 기간 내내 곁에 두고 읽었다고 본다. 후대에 '조선의 유후(留侯, 장량)'라 불린 류성룡의 전수방략을, 이순신은 고스란히 임진년 해전에 적용하여 해상으로부터 왜적을 소탕·섬멸하였다.

이순신은 해전의 이점을 잘 알고 있었다. 전선(戰船)은 동요하는 군사들을 하나로 묶을 수 있고, 좁은 공간에서 서로 부대끼며 근무하지만, 서로에게 동병상련과 큰 위로가 되는 플랫폼(Platform)으로서 전선(함정)의 장점과 함포 운용의 이점이 있었다. 현대에도 함정(naval ship)은 가정과 직장, 전쟁의 도구로서 동시에 사용할 수 있는 유일한 플랫폼이다.

이순신은 출전하기 이틀 전까지 배를 타고 **바다에 나가 진을 치고 해상훈련을** 실시했다. 최근 조선 후기에 '수조규식(水操規式)'이라는 수군의 해상훈련지침서가 있었다는 것이 확인되었는데, 당연히 이순신의 시대에도 수조규식과 같은 해상훈련지침서가 있었을 것이다. 그래야 해상에서의 기본진형(첨자진, 경계진), 기동진형(장사진, 일자진), 전투진형(학익진, 장사진) 등 해상전투를 가정하여 충분히 훈련하고, 각종 화포의 발사훈련 등을 실시했을 것으로 짐작이 된다.[4] 그러면서도 이순신은 첫 출동 후에 적은 〈장계(옥포파왜병장)〉에서 미리미리 경상도 수군과 연합하여 훈련하지 못한 것을 통렬히 반성했다.

첫 출전 이틀 전(5월 2일) 이순신은 해상에서 여러 장수들과 약속했다. 이날 이순신의 약속은 우리가 아는 바대로 '결전의 약속'이며, '출전명령'이었다. 이날 저녁 이순신은 남해로 **척후(斥候) 정찰**을 나갔던 군관 송한련으로부터 "남해를 지키는 경상우수영 장수들이 흩어져 달아났고, 군비(軍備)도 남은 것이 없다"는 보고를 받는다. 이순신은 척후를 통해 경상우수군의 실태를 파악하고 앞으로 일어날 일들을 예측하고 있었다.

5월 4일 새벽 2시경, 출항 때에는 전라좌수영(여수)을 비우고 나오는 것이 적에게 뒤를 당할까 염려하여 정운, 김완 등 물불을 가리지 않는 장수와 어영담처럼 물길을 잘 아는 장수들의 배를 먼저 출항시켰다. 이 장수들은 돌산도, 개도, 금오도 등 여수 남쪽 앞바다를 **해상 정찰 및 기동탐색**을 하면서 남해 미조항에 가 있을 이순신 함대에 합류하였다. 물론 이에 대한 지시는 출항 이전에 이미 마쳤을 것이다. **현장지휘관 이순신의 주도면밀한 경계(警戒)**란 이런 것이다.

이제까지 당시의 급박한 상황을 정리해보자. 4월 15일, 경상우수사 원균으로부터 왜적들의 500여 척이 넘는 전선단(戰船團)이 4월 13일 부산포에 입항하여 왜란이 발발하였음을 알게 되었다. 잇따른 조정의 분부와 경상·전라 각 수뇌부들의 왜란 사실의 통보를 통해 경상도 출전으로 상황이 고조되었으며, 전라좌수사 이순신이 내린 결론은 경상우수사 원균과 합세하여 적선을 쳐부술 예정으로 출전을 결심한 것이었다. 하지만 수적인 열세를 극복하고자 전라우수영 수군을 기다리다가 다시 고민을 거듭한 끝에 더 이상 출전을 미루면 안 되겠다는 상황 판단이 섰다.

그 판단 근거는 '육지 안으로 향한 적들이 곧 서울을 육박한다'는 경보가 도착한 후 이순신 진영의 반응이 경상도 출전 감행으로 방향을 잡은 것이다. 적들이 한양을 육박한다는 말은 트리거(Trigger, 방아쇠, 특정 사건이나 행동을 유발하는 요소)가 되어 해상전투지휘관 이순신과 예하의 여러 장수들을 분발시켰다. 모두들 칼날을 무릅쓰고 사생결단할 각오를 다졌다. 더 이상 늦출 이유가 없다. 또 하나의 판단 근거는 (잘만 하면) 적들이 후방을 염려하게 만들 수 있다는 것이다. 적들의 돌아갈 길목을 막아 끊어서 적선을 깨뜨린다면 후방을 염려하여 바로 후퇴할 생각을 가질 수도 있다. 그래서 이순신은 전라우수사 이억기에게 얼른 뒤를 따라오라고 통보하고, 좌수영 함대 홀로 출전을 감행한 것이다.

여기서도 **종합적인 상황 판단**으로 결정적인 타이밍을 놓치지 않으려는 해상전투지휘관 이순신의 임기응변을 여실히 살필 수 있다. 필자는 우수영과의 연합함대를 구성하지 않고, 북방에서처럼 독자적으로 현군(懸軍)하는 과감한 현장지휘관 이순신을 본다. 〈손자병법〉은 이렇게 말한다. "독단활용(獨斷活用), 즉 독자적인 독단능력이 전제되어야 하며, 대국적·전략적 안목에서 무엇을 수행해야 할지를 명확히 분별하는 임무 분석능력이 요구되고, 사실상 불확실한 전장 환경 속에서 이를 정확하게 분석하고 행동하는 자는 그리 흔치 않을 것이다." 그만큼 경상 바다로 출전하는 해상전투지휘관 이순신은 전략적 임무 분석을 통해 결정적인 타이밍을 놓칠 수 없고,

그간의 전쟁 준비에 자신감이 있었으며, 한편으로는 앞으로의 전투에서 승리 가능성이 어느 정도 그려졌다는 얘기일 것이다.

이제 해상전투지휘관 이순신의 출전 준비는 모두 끝났다. 하지만 위에서 살펴본 리더십, 무기체계, 전략·전술의 트리니티 관점에서 이순신의 출전 준비는 당시 전쟁을 준비하는 이순신의 고민과 노고에 비하면 만분지일도 안 되는 겉으로 드러난 좁디좁은 생각의 굴레이다. 노심초사(勞心焦思) 몰입하는 이순신의 출전 준비가 어디 이것뿐이었겠는가! 해상전투지휘관 이순신의 실제 전투, 지휘결심과 임기응변, 그리고 솔선수범에 대해서는 앞으로 계속 살펴보기로 하겠다.

[칼럼 03] 이순신의 첫 싸움 '옥포해전' 승리 비결
- 나만의 감각과 관점으로 일과 사물을 살피다

  이순신은 공(公)과 사(私)를 구분하여 글을 적었다. 그래서 〈난중일기〉는 평문(平文, plain text)으로 전쟁 중의 일상생활과 준비상황을 중심으로 봐야 하고, 전투결과보고인 〈장계〉는 당시의 비문(祕文, secret)이므로 전쟁의 양상과 전과 및 교훈을 꼼꼼하게 살펴봐야 한다. 하지만 우리는 이제까지 임진왜란의 해전(海戰)을 살펴볼 때, 이순신이 쓴 〈난중일기〉와 그가 올린 〈장계〉를 가지고 이순신의 관점에서만 바라보았다. 그래서 해전에 대해 면밀하게 분석하기보다는 대부분 신기(神技)에 가까운 대첩(大捷)을 열렬히 찬탄하기에 여념이 없었다. 그러나 이러한 접근은 단지 한 방향의 견해이므로 **해전에 대한 이해를 확장**하고 전체적으로 조망하며 상상의 날개를 펴서 보다 깊이 있게 이해하는데 크게 제약되는 부분이다. 곧 다른 방도를 고민하여 좀 더 객관적으로 해전을 살펴볼 필요성을 느낀다.

  그래서 동시대 '이항복(李恒福, 1556~1618)'의 〈고 통제사 이공 유사〉[5], 반세기 후 '윤휴(尹鑴, 1617~1680)'의 **〈통제사 이 충무공 유사〉** 등을 살펴보았는데, 이를 통해 옥포해전의 전체적인 상황을 개관하고, 해전의 양상에 대한 실질적인 이해를 하기에는 뭔가 부족했다. 이 글들은 해상전투지휘관 이순신의 현장리더십 전체를 조망한 교훈을 얻기 어렵고, 사실의 전달도 디테일이 아쉬웠다. 통상 사람의 기억은 사건의 기록보다 덜 정확하다. 그래서 지금도 녹취록과 녹음파일에 적힌 내용으로 인해 빌미를 제공하거나 덜미를 잡히는 경우가 허다하다.

특히 이항복은 전쟁이 끝난 후 임진왜란 중 이순신 부하들의 생생한 증언과 기록들을 정리하여 제1차 출전에 따른 옥포해전을 기술하였는데, 여기에 송희립 등 하삼도의 장수들은 첫 싸움에 직접 출전하기는 했지만, 아무래도 현장지휘관 이순신의 관점과는 차이가 날 수밖에 없었다. 그래서 우선 이순신의 〈장계(옥포파왜병장)〉 중 **핵심 내용**만을 살펴보기로 하겠다.

이순신의 〈장계〉 속 "옥포해전"

임진왜란 발발 후 긴장감이 흐르는 첫 출전(1592.5.4.~9)에서는 옥포해전(5.7 정오, 거제 동쪽), 합포해전(5.7 오후 4시, 진해 추정), 적진포해전(5.8, 고성) 등 총 3번의 싸움이 있었으며, 그중에서 첫 출전의 최대 관심사였던 첫 싸움인 옥포해전을 중심으로 들어가 보자.

먼저 앞서 이순신의 〈난중일기〉에서 살펴본 대로, 임진년 5월 1일 이순신은 전라좌수영의 전 함선을 여수 본영 앞바다에 집결시켜 예하 장수들과 '진해루의 결의'를 한다. 5월 2일 이순신은 정오 때에 배를 타고 바다에 나가 진(陣)을 치고 해상훈련을 하며, 여러 장수들과 약속했다. 3일에는 중위장을 불러 4일 새벽에 출항할 것을 약속하고, 달아난 여도 수군 황옥천을 잡아다 효시(梟示)했다. 여기까지가 〈난중일기〉의 기록이다. 그다음 〈난중일기〉는 5월 29일 자 제2차 출전으로 넘어간다(아래 그림은 임진년 주요 출전 및 해전을 나타낸 것이다).

 여기서는 5월 3일에 이어서 〈장계〉로 넘어가 보자. 첫 문장부터 가슴이 탁 트인다. "삼가 적을 쳐서 무찌른 일을 아룁니다." 드디어 해상전투지휘관 이순신의 좌수영 함대는 5월 4일 새벽에 출항하여 남해 미조항, 거제 미륵도의 당포(5월 5일)를 거쳐, 원균과 합류(5월 6일)하고, 5월 7일에는 옥포에서 적들과 접전하는데, 그날(5월 7일) 옥포해전의 생생한 상황을 들여다보자.

① 7일 새벽에 일제히 배를 띄워 적선이 머물고 있다는 천성·가덕으로 향하여 가다가 ② 정오쯤 옥포 앞바다에 이르자, 우척후장 사도첨사 김완과 여도권관 김인영 등이 신기전을 쏘아 일이 생겼음을 보고하므로 ③ 적선이 있음을 알고 다시금 여러 장수들에게, "가볍게 움직이지 말고 침착하게 태산같이 신중히 행동하라[勿令妄動 靜重如山, 물령망동 정중여산]"고 엄하게 명령을 전달한 뒤에 옥포를 향하여 대열을 지어 일제히 들어간즉, 왜선 30여 척이 옥포 선창에 나누어 정박하고 있는데, 큰 배는 사면에 온갖 무늬를 그린 휘장을 둘러치고 그 휘장 변두리에는 대나무 장대를 꽂았으며, 붉고 흰 작은 기들은 어지러이 매달았고, 깃발의 모양은 여러 가지로서 모두 무늬 있는 비단으로 만들었으며, 바람결을 따라 펄럭이어 바라보기에 눈이 어지러울 지경이었습니다.

적들의 무리는 그 포구에 들어가 분탕질하여 연기가 온 산을 가렸는데, 우리의 군선을 돌아보고는 허둥지둥 어찌할 바를 모르면서 제각기 분주히 배를 타고 아우성치며, 급하게 노를 저어 중앙으로는 나오지 못하고 기슭으로만 배를 몰고 있었으며, 그중에서 6척은 선봉으로 달려 나오므로 신(臣)이 거느린 여러 장수들은 한결같이 분발하여 모두 죽을힘을 다하니 배 안에 있는 군사들도 그 뜻을 본받아 서로 격려하며, 분발하여 죽기를 기약하였습니다. (후략)

〈장계〉를 통해 본 이순신의 현장리더십

이 부분은 이순신의 〈장계(옥포파왜병장)〉 중 옥포해전의 박진감과 현장감을 단번에 알 수 있는 대목이다. 특히 위의 ①, ②, ③ 부분은 앞으로의 해전 상황을 이해하는 옥포해전의 하이라이트이므로, 그 다이내믹한 "**해상전투지휘관 이순신의 현장리더십**"을 각각 나누어 살펴보도록 하자.

① **5월 7일 새벽에 일제히 배를 띄워 적선이 머물고 있다는 천성·가덕으로 향하여 가다가** : 한때 옥포해전을 치르러 가는 항로(航路, 뱃길)에 대한 논란이 있었다. 거제 남단을 통과하여 북진했다는 설(주장)은 인근 욕지도에서 남해바다를 수호하며 14개월간 고속정 정장을 경험한 필자의 판단으로는 여러 가지 정황상 맞지 않는 얘기이다. ㉠ 뚜렷한 정·첩보가 없고, 적의 위치를 정확히 알 수 없는 상황에서 거제도 남단을 통과할 경우, 저 멀리 가덕도 끝단(동두말)에 있을지 모를 적의 요망군에게 노출이 될 것이 뻔하다. ㉡ 당시 무동력선인 판옥선의 기동성을 감안할 때 수심이 깊고 파도가 높은 외해(지금의 거제 해금강 인근 해상)를 돌아가는 것은 적과 싸움도 하기 전에 노를 젓는 격군의 힘을 빼는 결과를 초래할 것이다. ㉢ 또한 왜란 중 단 한 차례도 이순신의 함대가 거제도 남단을 항해했다는 기록이 없다. ㉣ 〈장계(옥포파왜병장)〉에도 해전 후 영등포(거제도 북단의 구영리)로 나아갔다[進]고 하지 않고 물러났다[退, 왔던 길로 돌아감]고 적은 것을 보아도 거제도 남단이 아닌 한산도와 견내량을 통과하여 영등포를 거쳐 진해만을 가로질러 가덕도로 나가다가 (거제도를 중심으로 시계방향 – 서쪽에서 북쪽을 거쳐 동쪽으로) 옥포해전에 임한 것으로 보인다. ㉤ 당시 사도첨사 김완은 그의 〈용사일록(龍蛇日錄)〉에서, '(첫 싸움에 임하기 직전) 한산도에 이르

러 이순신에게 "절제하라"는 충고를 받았다[受水使節制, 수수사절제]'고 하였다. 이는 7일 새벽까지 한산도 인근 바다에 투묘하고 있었다는 얘기이고, 거제도 남단이 아닌 한산도를 경유하여 견내량을 통과했다는 말이다(필자가 생각하기에 〈장계〉에서 언급된 송미포는 당시 소나무가 많이 심어진 한산도의 어느 한 포구로 추정된다). ⑭ 선조실록(25/6/21)에도 "경상우수사 원균이 전라좌수사 이순신과 약속하여 한산도(閑山島)에서 회합하였다. 이때에 이순신이 전선(戰船) 80척을 거느리고서 마침내 이해 5월 6일에 옥포(玉浦) 앞바다로 나아가니"라고 적혀 있다. 그만큼 **척후와 장단(적·아의 장단점)**을 잘 아는 해상전투지휘관 이순신의 발걸음은 조심스러웠다.

② 정오쯤 옥포 앞바다에 이르자, 우척후장 사도첨사 김완과 여도권관 김인영 등이 신기전을 쏘아 일이 생겼음을 보고하므로 : 이때 이순신 함대의 전투기동 진형은 첨자진(尖字陣)이었을 것으로 보인다. 이순신의 대장선이 있는 본진 앞에 상당한 거리를 두고 척후선들을 운용했다. 필자는 해군의 전투병과인 항해병과 출신이다. 해군들은 바다에서의 Seaman's Eye(**함정의 조종과 항해술을 이해하여 가지는 판단력**)를 지니고 바다에서 일어나는 각종 상황을 바라본다. Seaman's Eye는 해군뿐만 아니라 배를 조종하는 사람들의 중요한 능력 중 하나이다. 통상 바다에서는 나로부터 수평선까지의 거리를 육안으로 볼 때 대략 8마일(약 16km) 정도로 인식하고 있다. 판옥선(약 20m로 필자가 탔던 고속정(37m 이상)보다 작음)을 예로 들면, 먼바다의 판옥선이 우군인지 적군인지를 판단하는 것은 대략 2~4마일 거리에서 가능하다. 물론 폭풍, 우천, 안개 등 기상과

해상상태에 따라 다르겠지만, 그 이상의 거리에서는 하나의 점으로 보인다. 그렇기 때문에 이순신은 현지의 기상과 해상상태를 감안하여 **척후를 본진에서 통상 5마장(약 2km) 전방에 위치시켜** 대장선에서 보이는 수평선까지의 해상물표(target)를 척후선이 중간에서 확인하도록 하여 **급변에 대비하게 하였다.**

또한 **척후장(斥候將)**은 평소 기민한 행동의 소유자를 배치했을 것인데, **우척후장 사도첨사 김완**은 이순신에게 "절제하라"는 충고를 받고 감화되어 전투에 매진하였다. **좌척후장 여도권관 김인영**은 비록 품계는 낮았으나 지난 2월의 전비태세점검에서도 우수하였고, 평소 활을 잘 쏘고 담력이 있어 이순신은 꾸준히 김인영을 중용하게 된다. 이처럼 **이순신의 척후는 군사를 잘 부리는 용병(用兵)의 기본**이었다. 척후의 중요함을 모르면 마치 소경이 눈먼 말을 타고 밤중에 깊은 연못에 임하는 것과 같이 된다. 그러므로 첫 해전은 온전히 척후장들의 선발과 그 역할이 매우 중요했다.

③ 적선이 있음을 알고 다시금 여러 장수들에게, "가볍게 움직이지 말고 침착하게 태산같이 신중히 행동하라"고 엄하게 전령한 뒤에 **옥포를 향하여 대열을 지어 일제히 들어간다.** : 병법에 능한 이순신은 자칫 장수들이 먼저 흥분하면 병사들을 사지(死地)로 내몰 수도 있으므로 예하 장수들에게 신중하게 행동할 것을 주문하였다. 해상전투지휘관 이순신의 **침착성(沈着性)**이 돋보인다.

전투에서는 지휘관이 '**발포하라**(사격 시작, commence fire)'는 명령이 있기 전까지는 총통을 다루는 포수(砲手)들은 절대 발포해서는 안 된다. 자칫 잘못하면 함대 전체를 난관에 봉착하게 만들 수도 있기 때문에 명령 없이 함부로 엉뚱한 행동을 하지 못하도록 이순신은 단단히 타이른다. 또 이순신은 적이 가까이 올 때까지 **사부(射夫)**들에게 활을 주고 화살을 주지 않았다. 그러다가 적이 사정권 내에 들어오면 그때 화살을 나누어 주어 적을 향해 쏘도록 하였다. 겁쟁이 한 명의 실수가 전투를 망칠 수도 있기 때문이다.

여기에서 이순신이 언급한 "물령망동 정중여산(勿令妄動 靜重如山)"은 〈손자병법〉 '군쟁(軍爭)' 편을 떠올리게 한다. "전투는 적을 속임으로써 성립하고, 이로운 방향을 쫓아 행동한다. 병력을 분산하기도 하고, 합하기도 하여 변화있게 대응한다. 그러므로 그 행동은 빠를 때는 마치 바람[風]과도 같고, 느릴 때는 숲[林]과 같이 고요하고, 쳐들어갈 때는 불[火]과 같이 맹렬하고, 움직이지 않을 때는 산[山]과 같고, 그 동정(動靜)은 어둠에서처럼 알지 못하게 하고, 움직일 때는 우레와 번개처럼 한다." 여기서 그 유명한 '**풍립화산(風林火山)**'이 언급되며, 이를 정확하게 알고 있었던 이순신은 부하 장수들에게 첫 전투에서의 경거망동(輕擧妄動)을 염려하여 '**산과 같은 위용으로 쉽게 움직이지 말라**'고 강조한 것이다. 그런 후에 이순신의 함대는 대열을 이루어 일제히 적진 속으로 쳐들어갔다. **신속결전(迅速決戰)**을 선택한 것이다. 일자진으로 포구를 봉쇄하고 각개전투 상황으로 전개하여 적선을 화포 공격 및 장·편전, 화전으로 분멸(焚滅, 불태워 없앰)시켰다. 또 빠져나오는 적선들을 포위한 상태에서 협공하였는데, 싸우는 와중에 적선 몇 척은 이순신 함대의 일자진 끝단을 뚫었고, 배의 짐들을 바다에 버리고 먼바다로 도주하였다.

　이순신의 〈장계〉대로, **첫 출전의 첫 싸움인 옥포해전은 조선 수군의 일방적인 승리**였다. 이후 두 차례의 싸움에서 실제 왜적들과의 전투를 경험한 수군들은 적들의 수중에 있던 피란민들이 이산가족이 된 사연을 듣고 더욱더 분하게 여겼다. **수군들은 서로 돌아보면서 기운을 돋구어 한마음으로 힘을 합하여** 해안을 샅샅이 뒤지며 왜적을 찾아내기에 이른다. 머리를 깎이고 포로된 14살 소녀 윤백련의 말에 따르면, 이 왜적들은 하루 전인 5월 6일 10시경 부산포를 출항하여 율포(거제시 장목면)에서 밤을 지내고, 7일 옥포 앞바다에 정박했다는 것이었다. 이로써 이순신의 전라좌수군은 첫 출전한 옥포(5.7), 합포(5.7), 적진포(5.8)의 세 차례 싸움에서 단 한 명의 전사자도 없이 왜적의 무리를 일망타진(一網打盡)하였다. 첫 출전을 마친 이순신은 5월 9일 좌수영(여수)에 입항한 후에도 장수들에게, **"배들을 더한층 정비하여 바다 어귀에서 사변(事變)에 대비하라"**고 알아듣도록 타이르고 진(陣)을 파했다.

"옥포해전" 승리비결, 그리고 이순신의 반성

　임진왜란 발발(1592년 4월 13일) 이후 군의 최고통수권자인 임금 선조(宣祖)는 파도처럼 밀려오는 왜군의 북상 소식을 매일 접하며, 한양을 버리고 개성, 평양을 거쳐 평안도 의주로 피란(避亂)을 떠났다. 이제 여차하면 압록강을 건너 중국 땅으로 몽진(蒙塵)할 기세다. 임진년 5월, 이렇게 국토가 왜적들에게 참절(僭竊, 영토를 침해당함)되는 상황에서 해상전투지휘관 이순신이 거둔 첫 출전, 첫 싸움의 승리는 곧바로 행재소(行在所, 임금의 임시 거처)가 있는 의주로 보고되었고, 이항복의 유사에는 "**승전보가 행재소에 올라가자, 백관들이 목을 길게 빼어 서로 하례하기에 이르렀다**"고 적혀 있다. 천만다행으로 아비규환의 환란 속에서 해상으로부터 조선의 앞날에 자그마한 희망이 보이기 시작한 것이다. 옥포해전의 승리는 왜군의 기세를 꺾으면서 앞으로 전개될 전쟁의 향방을 크게 변화시키는 중요한 기폭제(起爆製)가 되었다.

옥포해전 승리의 과정에는 그동안에 누적된 해상전투지휘관 이순신의 빈틈없는 출전 준비태세와 출동계획의 치밀함과 현장에서의 적절한 상황 판단과 임기응변 등의 조치들이 숨어있었다. 위에서 살펴본 바와 같이 **옥포해전의 승리비결**은 크게 4가지인데, ① 먼저 현장지휘관 **이순신의 주도면밀(周到綿密)**함이다. 마치 사냥감을 노리는 호랑이처럼 낮은 포복의 자세로 주도면밀하고 침착하게 장수들을 일깨우며 조심스런 접근을 통해 함대를 적에게 노출시키지 않고 적진으로 이동시켰으며, ② 싸움 초반 **척후(斥候)의 중요성**이다. 특히 김완과 김인영, 두 척후장에 의한 신속한 적정 확인으로 싸움의 승리를 예견했다. ③ 현장 상황을 파악한 후 **신속결전(迅速決戰)**을 택하여 적을 에워싼 상태에서 화포 공격으로 적선들을 무력화시켰다. ④ 아울러 주장 이순신을 믿고 명령을 잘 이행한 예하 **수군 장병들의 적극적인**

전투의지가 승리의 주요한 요인이었음은 물론이다.

그러면서도 이순신은 〈장계(옥포파왜병장)〉에서 **이제껏 조선 수군의 운용이 잘못되었음을 지적하고 반성한다.** 이순신은 "왜적을 막는 방책에 있어서 수군이 해상에 나가 작전을 펼치지 않고 육전에서 성을 지키는 방비에만 전력하였기 때문에, 우리나라의 수백 년 기업이 하루아침에 적의 소굴로 변해버렸다. 생각이 이에까지 미치니 목이 메어 말이 나오지 **않는다**"고 통탄하였다. 왜란에 임하기 전, 이순신 또한 본영의 산성을 보수하고, 품방형 해자(垓字)를 구축하며, 앞바다에 수중철쇄를 설치하는데 열심이었던 것이 〈난중일기〉에 적혀있다. 물론 이것은 중요한 전투준비태세에 해당하겠지만, 그보다 바다로부터 오는 적을 상대하기 위해서는 전라와 경상 바다에서 연합하여 해상조련하고, 또 적·아로 구분하여 실전처럼 훈련했었더라면, 전쟁 초기에 해상으로부터 들어오는 적에게 함포 소리 한 번 없이 전장(戰場)을 그냥 내어주지는 않았을 것이다. 이처럼 해상전투지휘관 이순신은 해전 첫 승리의 감격에 젖어 장계를 꾸미지 않고, 현장감 있는 전투 상황의 전개와 전공을 세운 장수들의 이름을 나열하고, 왜적선의 실상과 포로된 이들의 안타까운 사연을 아울러 적고, 또한 지난 일에 대한 **반성(통찰)**을 담담하게 〈장계〉에 적어 올렸다.

[칼럼 04] 제2차 출전에서 적의 흉탄에 맞은 이순신
- 리더의 비범한 행동이 팔로워들의 긍정심리를 깨우다

제1차 출전 후 본영(여수)에 복귀한 이순신은 〈장계(옥포파왜병장)〉을 갖춰 조정에 보고하면서 예하 제대에 "배들을 더한층 정비하여 바다 어귀에서 사변(事變)에 대비하라"고 알아듣도록 타일렀다. 그로부터 20일 후 이순신은 다시 해전을 준비하여 **제2차 출전을 감행(敢行)하였다.** 이순신은 이번 출동에 지난 1년간 비밀리에 야심차게 준비한 '바다의 요새, 거북선'을 참전시킨다.

이때는 임진년 (음력) 5월 29일로, 지금의 (양력) 7월 8일경이다. 평년의 기상을 적용하면 6월말 장마철이 막 지나고 찌는 듯한 더위가 시작될 무렵이다. 이순신은 이번 제2차 출전을 통해 5월 29일부터 6월 9일까지 10일간 4차례의 해전을 치렀다. **사천해전(5·29), 당포해전(6·2), 당항포해전(6·5), 율포해전(6·7)**이 그것이다. 경상도 지도를 펼쳐놓고 보면, 사천-통영-(견내량)-고성-거제 해상으로 샅샅이 수색하면서 점차 동진하여 싸운 것이다. 제2차 출전에 대한 세부 내용은 이순신의 〈장계(당포파왜병장)〉과 이항복의 "고 통제사 이공 유사"를 읽어야 유익하다. 여기서는 **이항복이 쓴 유사**를 중심으로 당시 부하 장수들의 시각으로 ① 사천해전, ② 당포해전, ③ 당항포해전과 ④ 제2차 출전의 의의를 살펴보고, 해상전투지휘관 이순신의 현장리더십을 핵심 위주로 생각해 보고자 한다.

① 사천해전 : 거북선의 첫 출전

공(이순신)의 꿈에 백발노인이 나타나서 공을 발로 차서 일으키며 말하기를, "적이 쳐들어왔다"고 하므로, 공이 깜짝 놀라 벌떡 일어나서 재촉하여 전함 23척을 거느리고 노량에서 원균과 만나고 보니, 적이 과연 쳐들어왔다. 그래서 처음에 한 번 교전하여 적선 한 척을 불태워 부수고 적을 추격하여 사천의 바다 가운데 이르러서 멀리 바닷가의 한 산을 바라보니, 적군 백여 명이 장사진(長蛇陣)을 치고 있고 그 밑에는 적선 12척이 언덕을 따라 열을 지어 정박해 있었다. 그런데 이때 조수가 이미 밀려 나갔으므로[썰물] 항구의 물이 얕아서 배가 더이상 나아갈 수가 없었다. 그러자 공이 말하기를, "우리가 만일 거짓 후퇴하는 척하면 적이 반드시 배를 타고 우리를 추격해 올 것이니, 지금 계책을 써서 그들을 바다 가운데로 유인한 다음 우리가 거함으로 그들을 요격한다면 이기지 못할 리가 없을 것이다" 하고, 마침내 뱃고동을 울리며 배를 돌려 후퇴하니, 1리(里, 400m)도 채 못 가서 적이 과연 배를 타고 추격해 왔다(하지만 <장계>에는 왜적 200여 명이 항구로 내려와서 반은 배를 지키고 반 남짓은 언덕 아래 모여 총을 쏘며 날뛰고 있었다고 했다).

공이 일찍이 본영에 있을 적에 ㉠ 매일같이 왜구를 걱정거리로 여기어, ㉡ 지혜를 창출하여 종래의 것과 달리 새로운 방식의 군함을 제조했는데, 위에 덧판을 설치하여 형상이 마치 엎드린 거북과 같았다. 그런데 이때에 이르러 공이 그 '귀선(龜船)'을 돌진시켜서 먼저 적진에 시험하여 적선 12척을 불태우니, 남은 적들은 멀리 바라보면서 발을 동동 구르며 소리만 외치고 있었다. ⓒ 한창 싸울 적에 적의 탄환이 공의 왼쪽 어깨에 적중하여 등쪽까지 관통하였는데, 공은 그래도 활을 잡고 화살을 쏘면서 싸움을 독책(督責, 서두르도록 독촉)하여 마지않았다. 그러다가 싸움이 끝난 뒤에 공이 사람을 시켜 칼끝으로 탄환을 후벼 빼내게 하자, 온 군중이 그제야 비로소 공이 탄환을 맞은 사실을 알고 모두 깜짝 놀랐다.

사천해전에서 처음으로 귀선(거북선)이 참전하여 그 성능을 발휘하였다. 이때부터 거북선이 선봉에 서서 적의 진형을 교란하고(기공법), 판옥선이 후위에서 함포로 지원하는(정공법) **해상전 형태가** 자리를 잡았다. 병법에서 말하는 군사작전은 상대를 속이는 방법(병자 궤도야, 兵者 詭道也)이고 적을 기만하는 것이다. 해상전투지휘관 이순신은 왜적을 기만하여 상대속력이 빠른 적선을 큰 바다로 끌어내어 제압하려는 유인 전술을 구사했으나, 조선의 함대를 본 왜적들은 배를 타고 바다로 나오지 않고 다만 부둣가로 나와 언덕과 부두로 진을 분산시켜 포구의 배를 지키려고 하였다. 하지만 적을 유인하려는 시도는 이후 해전에서 효과적인 성과로 나타난다.

여기서 이항복이 전하는 여러 장수들의 말을 주목할 필요가 있다. 해상전투지휘관 이순신은 본영에 있을 적에 매일 같이 왜구를 걱정거리로 여기어, 지혜를 창출하여 종래의 것과 달리 **새로운 방식**

의 군함(거북선)을 제조했다는 사실이다. ㉠ 해상전투지휘관 이순신의 머릿속은 오직 '적에 대한 걱정'뿐이다. 그들은 누구이며, 어떻게 제압해야 하는가? 우리는 어떤 형태의 전투를 해야 하는가? 고민에 고민을 거듭한 이순신은 과연 병법의 대가답게 '적을 알고 나를 알면 백 번 싸워도 위태롭지 않다'는 진리를 잘 알아, 난국을 타개할 구체적인 실체를 만들어내려고 노력하였다. 그리하여 ㉡ 지혜를 창출하여 종래의 것과 달리 새로운 방식의 군함, "거북선"을 만들게 된다. 우리가 아는 바와 같이 거북선은 기공법의 정수이자 심리전 무기체계였다.

이 사천해전에서 적과 너무 가까이 접근했던 해상전투지휘관 이순신과 군관 나대용 등이 적의 흉탄에 맞아 중경상을 입었으며, 이순신은 왼쪽 어깨에 상처가 아물지 않아 이듬해(1593, 계사년) 3월까지 고생하면서 10개월간 활을 쏘지 못하였다. 몸의 밸런스가 무너진 이순신은 그 고통이 얼마나 컸을까!

② 당포해전 : 판옥선과 안택선의 첫 싸움

다시 진군하여 당포(唐浦)에 이르니, 또 적선 12척이 강가에 나누어 정박해 있었는데, 한 중앙에 대선(大船, 안택선) 한 척이 있어 위에는 층루를 설치하고 밖으로는 홍라장(紅羅帳)을 드리웠는바, 여기에는 적추 한 사람이 금관에 비단옷을 착용하고서 여러 적들을 지휘하고 있었다. 그래서 공이 여러 장수로 하여금 노를 재촉하여 곧장 돌격하게 하자, 순천부사 권준이 아래에서 쳐다보고 활을 쏘아 그 적추를 적중시키어 화살을 맞자마자 곧바로 고꾸라지니, 온 군중(軍衆)이 서로 경하하였다. 이날 저물녘에는 사량도 앞바다로 돌아가서 진을 쳤는데, 군중이 밤중에 놀라서 요란하여 마지않았으나, 공은 가만히 누워서 일어나지 않다가 한참 뒤에 사람을 시켜 방울을 흔들게 하니, 온 군중이 그제야 진정되었다.

6월 2일 왜적들이 당포 선창에 정박하고 있다는 소식을 듣고 오전 10시쯤 당포에 도착하면서 당포해전은 시작되었다. 300여 명의 적들은 성내에서 분탕질하고 있었고, 나머지 반은 험지를 의지하고 조총으로 공격해왔다. 왜선 아다께(安宅船, 안택선)가 처음으로 등장하는데, 높이 6~7미터 정도의 층루가 설치되어 있었다. 좌수영 이순신 함대는 먼저 거북선으로 층루선을 들이받으면서 용머리 입으로 현자총통을 쏘고, 또 천자·지자총통, 대장군전을 쏘아 그 배를 깨뜨렸고, 이때 첫 출전한 중위장 권준(순천부사)이 활을 쏘아 적장을 고꾸라지게 한다. 〈장계〉에는 왜장이 배 갑판에 쿵 하고 떨어지자, 사도첨사 김완과 군관 진무성이 달려 들어가 그 왜장의 머리를 베었다고 전한다. 당포는 통영 미륵도의 서쪽 포구(지금의 삼덕항 인근)이다.

전투가 끝난 그날 밤, '군중에서 소란이 일어났다'고 했다. 이것은 바로 **전쟁공포증(戰爭恐怖症, Warphobia)**이었다. 전장의 공포는 몸 숨김, 명령 불복종, 기절, 전장 이탈, 자살 등과 같이 전장의 군기를 문란케 하고, 전투력을 심각하게 저하케 하는 부정적인 효과를 유발한다. 따라서 지휘관들이 자신이 느끼는 전장 공포를 극복할 수 있는 역량을 구비하고 동시에 부하들의 전장 공포를 효과적으로 관리할 수 있는 역량을 갖추어야 한다. 물론 목숨을 건 전투를 계속하여 피로한 상태에서 왜군의 접근 여부를 알 수 없는 불확실성으로 인해 깜깜한 야간에 충분히 발생할 수 있는 소요(騷擾)였다. 전쟁 경험이 없었던 병사들이 몇 차례 해전을 치렀는데도 전쟁에 대한 공포와 왜적에 대한 막연한 두려움이 있음을 여실히 보여주었다. 전투 경험이 있었던 이순신은 북방에서 했던 것처럼 방울을 울려 병사들의 고단한 몸과 마음을 진정시켰다.

③ 당항포해전 : 독 안에 든 쥐를 잡는 방법

그 후 6월 4일에는 당항포 앞바다로 진군하여 나갔는데, 전라우수사 이억기가 전선 25척을 거느리고 와서 함께 모였다. 이에 앞서 여러 장수들이 항상 고군(孤軍, 홀로 편성된 부대)으로 깊이 들어온 것을 걱정하였는데, 이 때에 이르러 이억기가 온 것을 보고는 모두 사기가 증가되었다. 그 이튿날(6.5)에 제군이 외양(外洋, 수평선 너머의 바다 - 여기서는 진해만의 넓은 바다)으로 나가니, 여러 적들이 당항포 앞 포구에 진을 치고 있었다. 공이 먼저 초선(哨船)을 보내어 가서 형세를 탐지하게 했는데, 초선이 겨우 해구에 나가자마자 즉시 포를 쏘아 변을 알리었다.

그러자 제군이 일시에 노를 재촉하여 배의 함수와 함미를 마치 고기를 꿰듯이 서로 연결시켜 나아가(종렬진) 소소강(召所江, 고성천)에 이르니, 적선 26척이 항중(港中)에 나열해 있었는데, 중앙에 있는 한 대선은 위로는 3층의 판각을 설치하였고 밖으로는 흑초장(黑綃帳)을 드리웠으며 앞에는 푸른 일산(양산)을 세웠는 바, 멀리서 바라보니 장내(帳內)에 시립하고 있는 모양이 희미하게 보이었다. 그래서 그가 두추(頭酋, 우두머리)임을 알고는 수합(數合)도 싸우기 전에 공이 거짓 패하여 후퇴하니[유인전술], 층각의 대선이 공이 패하여 후퇴하는 것을 보고는 돛을 들고 곧바로 나오자, 제군이 협력 공격하여 예기(銳氣, 기세)를 타서 그를 붕괴시켜 버리니, 적추는 화살에 맞아 죽었고 적선 100여 척을 불태웠으며, 적군의 목 210여 급(級)을 베었고 물에 빠져 죽은 적군도 매우 많았다. 이 일이 알려지자 품계가 자헌대부(資憲大夫, 정2품)에 승진되었다.

전라우수사 이억기 함대와 처음으로 연합하여 싸운 당항포해전의 바다는 그 바다의 형상이 사람의 위장처럼 생겨서 꼬불꼬불한 협수로를 통과해 안으로 들어가면 넓은 바다가 펼쳐지지만, 외해로 나가는 길이 없어 배는 다시 들어온 협수로로 나올 수밖에 없는 요해처(要害處)였다. 처음 오는 왜적선을 독 안에 든 쥐로 만들 수 있었다. 〈손자병법〉이 말하는 기습(奇襲)의 요체인 "공기무비 출기불의(攻其無備 出其不意)"가 떠오르는 당항포해전이다. 해상전투지휘관 이순신은 적의 무방비한 곳을 택하여 공격하고, 적이 뜻하지 않은 곳을 노려서 당항포해전의 승리를 거두었다.

적들이 배를 버리고 육지로 상륙하여 백성들을 도륙할 것을 염려한 이순신은 적선 1척을 남겨두고 당항포 입구로 돌아 나왔다. 이튿날 새벽에 방답첨사(이순신, 동명이인)를 시켜 다시 쳐들어가게 하자 적들이 그 한 척에 모두 타고 나오므로 격파하였다. 그 안에서 일본군 3,000여 명의 혈서가 담긴 '분군기(分軍記)'를 발견하여 왜군들의 전쟁모의가 이미 오래전부터 준비되었음을 이순신은 직접 확인하였다.

④ 제2차 출전의 의의

전쟁이라는 생사의 갈림길에서 해상전투지휘관 이순신(리더십)은 적의 목표물이 될 수밖에 없었다. 최근 러시아의 우크라이나 침공과 이스라엘과 미국의 이란 공습에서도 보듯이 예나 지금이나 가장 중요한 전쟁수행개념은 제일 먼저 상대의 리더십을 제거하거나 고립시켜 무력화시키는 것이다. 현대의 '전략적 동심원이론'을 보면, ㉠ 리더십, ㉡ 경제시설(국가보호시설), ㉢ 인프라, ㉣ 인구, ㉤ 적군 순으로 정밀유도탄과 스텔스기, 최근에는 드론까지 이용하여 타격한다는 개념이다.

제2차 출전으로 해상전투지휘관 이순신은 〈장계(당포파왜병장)〉에 '72척의 적선을 분멸(焚滅)하였다'고 적었다. 그리고 적도들의 특징을 기록하였는데, '옥포는 붉은 깃발, 사천은 흰 깃발, 당포는 누른 깃발, 당항포는 검은 깃발'이라고 하면서 적도들이 부대를 분간하여 미리 조선을 침범하려는 마음을 품고서 군병을 준비하였음을 충분히 짐작하겠다고 보고하였다.

한편, 사천해전에서 해상전투지휘관 이순신은 왼쪽 어깨에 적의 흉탄을 맞았다. 이순신의 자세가 조금만 높았다면 적의 흉탄은 이순신의 심장을 파고들었을 것이다. 그러나 이때 적들이 의도적으로 이순신을 노렸는지는 알 수 없다. 어쨌든 한창 전투 중에 최고지휘관(주장)이 적의 흉탄에 맞은 것이다. 최고지휘관(상장)이 전투 중에 제 한 몸을 잊고 전선을 지휘하면서, 또 위 ①의 ㉢에서 보는 바와 같이 활을 잡고 화살을 쏘다가, "**한창 싸울 적에 적의 탄환이 공의 왼쪽 어깨에 적중하여 등쪽까지 관통하였는데, 공(이순신)은 그래도 활을 잡고 화살을 쏘면서 싸움을 독책하여 마지않았다**"고 한다면, 그럴싸한 전쟁영화에나 나올법한 위험천만하고 다분히 무모한 지휘관의 행동으로 보일 수도 있다. 그러나 이순신은 언제나 자기 스스로 활을 잡고 부하들과 함께 활을 쏘니, 장수들이 팔을 붙들고 장군(이순신)이 몸을 보호하도록 활쏘기를 멈추길 간청했으나, 이순신은 "**나의 목숨은 저 하늘에 달려있다. 어찌 너희 장병들만 적을 감당하라고 하겠느냐**"고 하였다. 그렇게 싸움을 독려하다가 이순신은 근접전에서 적의 흉탄에 맞은 것이다.

해상전투지휘관 이순신의 담력과 전투감각, 그리고 솔선수범은 이후의 전투에서 부하 장수들을 분발시켰다. 그리하여 이어지는 당포해전에서는 순천부사 권준이 뛰어난 활솜씨로 적장을 쏘아 떨어뜨렸고, 사도첨사 김완과 군관 진무성이 달려들어 쓰러진 왜장의 목을 베어 전투력을 고조시켰다. 당항포해전에서는 방답첨사 이순신(李純信, 동명이인)이 기지를 발휘하여 적선 한 척을 남겨두고 퇴각한 후, 다음날 새벽 왜적들의 잔당을 바다에서 모두 소탕하였다. 율포해전에서는 사도첨사 김완, 우후 이몽구, 녹도만호 정운이 적선을 끝까지 추격하여 궤멸시킬 수 있었다. 이렇게 해상전투지휘관 이순신은 예하 장수들의 전투감각(戰鬪感覺)을 깨우고 큰 호응을 끌어냈으며, 그리하여 제2차 출전을 또 하나의 승리로 장식할 수 있었다.

특히 제2차 출전 첫 싸움인 사천해전에서 첫선을 보인 거북선은 왜적들에게는 무시무시한 전투함으로 기억될 비장의 무기였다. 또한 전라좌·우수군의 연합함대 형성은 이후 해전에서의 사기 증대와 승리를 더욱 공고히 하는 중요한 촉진제가 되었다. 〈난중일기(임진/06/04)〉에는 "정오가 되니 우수사(이억기)가 여러 장수들을 거느리고 돛을 올리고서 왔다. 진중의 장병들이 기뻐서 날뛰지 않는 이가 없었다"고 적고 있다.

그리고 이순신은 적선에 사로잡혀 포로된 우리 백성들의 말을 잘 헤아려 듣고 활용하였다. **이순신의 인도주의와 경청(傾聽)**, 특히 당항포 바다는 위치적으로 외해(진해만)에서는 그 내해(당항포)에 왜적의 존재 여부를 알 수가 없는 감춰진 해역(Hidden Sea Area)인데, **거제에 사는 귀화인** 김모가 당항포에 왜적선이 있음을 알렸기 때문에 협수로를 타고 들어가 당항포에서 독 안에 든 쥐새끼들을 일망타진할 수 있었다. 병법에 이르기를, "그 지방의 길 안내인을 적절히 운용하지 않는다면, 그 지방의 지형의 이점을 얻을 수 없다"고 했다.

한편, 사천해전과 당항포해전에서 해상전투지휘관 이순신이 구사한 유인전술은 한산대첩에서 적을 유인하여 학익진을 펼치는데 예행연습이 되는 귀중한 실전경험이었다. 전투도 사람의 몸과 마찬가지로 미리미리 담금질하지 않으면 제때 제대로 써먹을 수가 없다. 노선시대의 함선이 (더군다나 왜선보다 속력이 느린 판옥선이) 적을 유인하는 기동을 하면서 적의 사정권에 들어가기도 하고, 또 급히 선회하여 적을 공격하다보니 적의 조총과 포화에 아군의 사상자(전사 : 11명, 부상 : 이순신·나대용 포함 50여 명)가 발생할 수밖에 없었다.

이렇게 제2차 출전에서는 이억기의 전라우수군과 연합함대를 형성하게 되면서 이순신의 전라좌수군은 어느 정도 해상전투의 자신감도 확보되었고, 판옥선과 거북선을 활용한 전투방법도 차츰 실전에서 숙달할 수 있게 되었다. **삼위일체 트리니티 관점에서 제2차 출전을 정리해보면**, ① 리더십 측면에서 해상전투지휘관 이순신의 담력과 전투감각, 솔선수범과 경청을 통해 카리스마 넘치는 **현장지휘관의 진면목(眞面目)**을 볼 수 있었으며, ② 무기체계 측면에서 거북선의 첫 출전과 그 쓰임을 살펴서 '임기응변을 무궁하게 하는' **거북선의 진가(眞價)를 확인**하는 순간이었고, ③ 전략전술 측면에서 선회 기동성이 좋은 판옥선으로 상대적으로 빠른 적선을 유인하는 전술과 여러 배의 협공을 통한 화력의 집중으로 **적을 일망타진하는 묘책(妙策)을 창출**하는 과정을 살펴볼 수 있었다.

그럼에도 불구하고 어김없이 칠흑 같은 밤이 찾아오면 장병들의 막연한 두려움은 일순간에 증폭되어 군중(軍衆)에서 소란이 일어나기도 하였고, 출동 중에 삶과 죽음을 가르는 전투시간을 담담하게 견뎌내다 보니, 싸움이 더해 갈수록 군영(軍營)에는 전쟁공포증이 거침없이 확산되고 있었다.

[칼럼 05] 한산대첩의 비밀 (1)
- 현장의 사세를 읽고 임기응변으로 전환하다

    KBS의 '동물의 왕국'은 어릴 때부터 지금까지 TV에 계속 나오는 프로그램 중 하나이다. 고슴도치와 나무늘보, 톰슨가젤과 미어캣, 스컹크를 처음 보았던 기억이 새롭다. 특히 맹독을 가진 코브라와 몽구스의 싸움은 숨을 죽이며 빠져들게 만들었다. 몽구스는 특유의 지능과 민첩성으로 머리를 치켜 세운 코브라의 공격을 능가하는 비상한 능력을 지니고 있다. 서로의 거리 밖에서 접근전을 펼치며 대치하다가 코브라의 빈틈을 노린 몽구스가 코브라의 머리 뒤쪽에서 공격하는 바로 그 순간, 두 동물 간의 싸움은 몽구스의 승리로 끝나버리고 만다.

    이 싸움은 이순신의 한산대첩을 연상시킨다. 조총과 칼이라는 맹독을 가진 일본 정예수군을 상대로 좁은 견내량이 아닌 넓은 한산도 앞바다로 유인하여 학익진을 펼치면서 순간적인 일제회전으로 왜선의 뒷덜미를 물어서 지자·현자·승자총통의 화력집중으로 왜적선을 붕괴시킨 '한산대첩' 말이다. 〈손자병법〉에서 말하는 '기세(氣勢)와 절도(節度)'를 그대로 실현한 한산대첩은 도요토미 히데요시로 하여금 경기(驚起)를 일으키며 '해전 금지의 명령'을 내리도록 하였다.

박해일 주연의 영화, '한산'이 개봉되어 이순신의 한산대첩에 대한 관심과 이해가 더욱 증대되었다. 여기서는 누가 선정했는지는 잘 모르지만, 이른바 세계 4대 해전에 빛나는 한산대첩(閑山大捷)에 대해 이항복의 〈고 통제사 이공 유사〉와 이순신의 〈장계(견내량파왜병장)〉을 중심으로 살펴보고, 주요 사건별로 재구성하여 스펙타클한 현장감을 느껴보자.

이항복의 '고 통제사 이공 유사'

그 후 7월 6일에는 공(이순신)이 원균, 이억기 등과 함께 (남해와 하동 사이) 노량에서 만나 적선 70여 척이 견내량(見乃梁)으로 옮겨 정박했다는 말을 듣고 우리 군사가 바다 중앙에 이르자, 적들이 우리 군사의 성대함을 보고는 배를 돌려 항구로 들어가 버렸다. 그런데 그 항구 안에는 적선 70여 척을 한데 나열하여 진을 쳐 놓았는데, 항구가 물이 얕고 좁은데다 암초까지 많아서 배를 운행할 수 없었다. 그래서 공이 군사를 조금 내보내어 그들을 유인하니, 적이 과연 군중을 총동원하여 추격해오므로 공이 싸우다 후퇴하다 하면서 적을 유인하여 한산도 앞바다에 이르러서는 배를 돌려 반대로 쫓으면서 깃대를 휘둘러 북을 치고 함성을 지르며 화살과 대포를 일제히 발사하니, 적의 기세가 꺾이어 조금 퇴각하였다. 그러자 여러 장수와 군리(軍吏)들이 환호성을 지르고 팔짝팔짝 뛰면서 적선 63척을 불태우니, 남은 적 400여 인은 배를 버리고 육지로 올라가 달아나 버렸다.

이순신의 〈장계〉보다 간소하게 기술되었다. 하지만 좁은 견내량에서 적선을 넓은 바다로 유인하고, 한산도 앞바다에서 배를 돌려 적선을 반대로 쫓으면서 깃대를 휘둘러 북을 치고 함성을 지르며 화살과 대포를 일제히 발사했다는 묘사는 마치 이순신이 우리 눈앞에서 학익진(鶴翼陣)을 집행하는 듯 생생하게 그려진다. 그러나 이순신의 장계를 보는 것처럼 명확하게 해전의 전체 상황이 세세하게 전달되지는 못한다. 그래서 이에 더하여 이순신의 〈장계(견내량파왜병장)〉를 살펴보겠다.

이순신의 〈장계(견내량파왜병장)〉

① D-1일 : 1592년(임진년) 7월 7일(양력 8월 13일)
7월 7일 오후, 도요토미 히데요시의 직속 수군장수 와키자카 야스하루(협판안치)는 73척의 군선을 이끌고 견내량으로 진입한다. 7

월 7일의 〈장계〉를 보자. 이순신은 이날 밤 전술토의를 통해 이전보다 수적으로 많은 왜적들과 '어떻게 싸울 것인가'를 고민하고, 막연한 두려움과 적개심이 혼재하는 상황에서 예하 장병들을 독려하고 부하들의 몰입을 유도하였다. 그러나 적이 누구인지 아직은 모른다. 이순신은 조심스럽다.

> 임진년 7월 7일, <장계에서> (남해 창선도에서 출항) 샛바람(동풍)이 세게 불어 항해하기 어려웠다. 고성 땅 당포에 이르자, 날이 저물기로 나무하고 물 긷고 있는데, 피란하여 산으로 올랐던 그 섬(통영 미륵도)의 목동 김천손(金千孫)이 우리 함대를 바라보고는 급히 달려와서 말하였다. "적의 대·중·소선을 합하여 일흔여 척이 오늘 오후 두 시쯤에 영등포(거제도 상단의 포구) 앞 바다에서 거제와 고성의 경계인 견내량에 이르러 머무르고 있다"고 하므로 다시금 여러 장수에게 (전투계획을 다지고) 신칙(申飭, 타일러 경계)하였다.

임진년(1592년) 한산대첩 전날인 7월 7일, 거센 동풍으로 항해가 어려웠다. 격군들이 고생하여 오후 늦게 이순신의 함선이 통영 미륵도의 서쪽 포구인 당포에 도착한다. 이때 미륵도 정상에서 목동 김천손이 급히 달려와 이순신을 찾는다. 그날 오후 2시경에 미륵산 정상에서 고성땅 견내량을 내려다보니 견내량에 적선 대·중·소선 70여 척이 떼를 지어 와 있다는 정보이다(목동 김천손은 미륵산 정상(458.4m)에서 약 12km 떨어진 견내량 너머 거제 청곡리 일대 움푹 패인 포구(추정)로 들어가는 왜선 70여 척을 발견하였고, 때마침 반대편 당포 포구에 도착하는 우리 판옥선단을 쳐다보고 급히 내려왔을 것이다). 해상전투지휘관 이순신은 피곤할 겨를도 없다. 급히 견내량의 적과 어떻게 싸울 것인가에 대한 **하룻밤의 전술토의**를 거친다. 이때 우부장으로 참전한 사도첨사 김완이 자신의 〈임진일록〉에 "**당포에 이르러 밤에 전투에 대한 비밀 논의를 했다[至唐浦夜戰密議, 지당포야전밀의]**"고 적은 것으로 보아, 이날 밤에 해상전투지휘관 이순신은 예하 장수들과 척후, 속오, 전투진 편성, 장단의 적용, 전투방법의 구상(우수한 화력의 집중에 의한 **선제타격전(先制打擊戰)**으로 생각됨), 약속 등 견내량의 적선에 대한 **섬멸전(殲滅戰)** 계획을 수립하였을 것으로 보인다. 이순신은 '능동적 몰입'을 경험한 것이다.

능동적 몰입은 여러 번 경험을 통한 빠른 피드백에 의해 유도된다. 빠른 피드백이 일정 시간 반복되면 몰입의 장벽을 넘을 수 있는 구동력이 만들어진다. 피드백을 받으면서 조금 더 잘해보려고 안간힘을 쓰는 노력을 지속하면서 몰입도가 올라간다. 수동적 몰입과는 달리 능동적 몰입은 또다시 경험하고 싶은, 즐겁고 끌리는 최선이다. 그래서 거부감 대신 호감을 즐긴다.[6] 임진년 제1, 2차 출전을 통해 왜적들의 실상을 확인했고, 계속되는 승리를 통해 장병들도 어느 정도 자신감을 확보하였다. 그리고 미륵산에서 목동 김천손으로부터 적정에 대한 고급정보를 듣게 되어 견내량에 정박한 왜적들을 어떻게 무찌를 것인가를 고민할 때가 바로 '**능동적 몰입의 최고봉**'이었으리라고 본다. 그날 밤 긴장감이 흐르는 가운데 해상전투지휘관 이순신이 주관하는 전술토의 현장에 가보고 싶다.

② D-Day : 1592년(임진년) 7월 8일(양력 8월 14일)

임진년 7월 8일, <장계에서> 이른 아침에 적선이 머물러 있는 곳(견내량)으로 항해했다. 한바다에 이르러 바라보니, 왜선의 대선 한 척과 중선 한 척이 선봉으로 나와서 우리 함대를 몰래 보고서는 도로 진치고 있는 곳으로 들어갔다. 그래서 뒤쫓아 들어가니 대선 36척과 중선 24척, 소선 13척(모두 73척)이 대열을 벌려서 정박하고 있었다. 그런데 견내량의 지형이 매우 좁고, 또 암초가 많아서 판옥선은 서로 부딪치게 될 것 같아 싸움하기가 곤란했다. 그리고 왜적은 만약 형세가 불리하게 되면 기슭을 타고 뭍으로 올라갈 것이므로 한산도 바다 가운데로 유인하여 모조리 잡아버릴 계획을 세웠다.

한산대첩 당일, 이순신은 이른 아침에 적선이 머무르는 견내량으로 간다. 아직도 이순신은 견내량의 적들이 누구인지 모른다(적은 도요토미 히데요시의 직할 수군 장수인 와키자카 야쓰하루의 정예 수군이었다. 적장 와키자카는 용인전투에서 전라도 관찰사 이광의 근왕병을 초토화시킨 장본인으로, 기고만장하여 승리를 독식하고자 혼자 출격한 상황이다). 한편, 이날 견내량의 해상 상황은 녹록지 않았다. 이순신의 생각대로 놓여 있지 않은 것이다. 매일매일이 다른 바다고, 다른 전투다. 전날 밤에 구상한 작전을 이순신은 당일 현장에 와서 현장 상황을 직접 보고 **재빨리 작전계획을 변경하는 임기응변(臨機應變)**을 선보인다(플랜B 가동). **이순신 특유의 일의 형세[事勢, 사세]를 파악하는 지모(智謀)**가 작동한 것이다.

한산도는 사방으로 헤엄쳐 나갈 길이 없고, 적이 비록 뭍으로 오르더라도 틀림없이 굶어 죽게 될 것이므로 먼저 판옥선 5~6척으로 먼저 나온, 적을 뒤쫓아서 엄습할 기세를 보이게 하니, 적선들이 일시에 돛을 올려서 쫓아 나오므로 우리 배는 거짓으로 물러나면서 돌아 나오자, 왜적들도 따라 나왔다. 그때 여러 장수에게 명령하여 '학익진'을 펼쳐 일시에 진격하여 각각 지자·현자·승자 등의 총통들을 쏘아서 먼저 2~3척을 깨뜨리자, 여러 배의 왜적들은 사기가 꺾이어 물러나므로 여러 장수와 군사와 관리들이 승리한 기세로 흥분하며, 앞다투어 돌진하면서 화살과 화전을 일제히 쏘아대니, 그 형세가 마치 바람 같고 우레와 같아, 적의 배를 불태우고 적을 사살하기를 일시에 다 해치워 버렸다.

대장선에 타고 있던 해상전투지휘관 이순신의 지시로 전 함선이 일제히 학익진을 펼치는 장관이 눈앞에 그려진다. "견내량에서는 바다가 좁고 항구가 얕아서 전투할 곳이 못 되니, 큰 바다로 유인해서 깨뜨려야 한다." 왜적의 전선들을 한산도 옆 넓은 바다로 끌고 나오면서 우리 전선들을 '학익진(鶴翼陣)'으로 넓게 펼쳐 적선을 보자기로 감싸는 형태를 취하게 한 후, 전 함선을 동시에 반대 방향으로 '일제회전(TURN, 전 함선이 동시에 180도 선회)'시킨다. 급히 조선 수군을 쫓던 왜 수군들은 조선 함선의 일제회전에 깜짝 놀라 전선이 우물쭈물하는 사이에, 조선의 판옥선과 거북선이 가진 여러 함포가 불을 뿜으며 원거리에서부터 적선에 집중사격을 가한다. 싸움에서 한번 승기를 잡으면 물불을 가리지 않는 신바람과 그물망처럼 펼쳐진 학익진으로 인해 적선을 독에 든 쥐로 만들어서 일시에 파괴시켜 버렸으며, 이를 지켜보던 전선 후미의 왜적들은 혼비백산하고 만다.

〈장계〉에서 보듯이 한산대첩은 크게 ㉠ 유인전과 이어지는 진형의 변경(학익진), 그리고 ㉡ 함포전으로 나누어 볼 수 있는데, ㉠ 유인전은 〈손자병법〉에 등장하는 **"솔연의 뱀"**이 연상되고, ㉡ 이어지는 함포전에서는 고대 그리스의 방진(方陣)인 **"팔랑스"**가 떠오른다. ㉠ 이순신이 해상에서 군사를 부리는 모습은 마치 솔연(率然)과 같은데, 견내량을 통과한 왜적들에게 추격을 당하는 상황에서 적들이 뱀(이순신 함대의 진형)의 허리를 급습하려고 하니, 이순신은 제2차 출전의 사천과 당항포해전에서 적을 유인했던 것처럼 후퇴하는 척하다가 일시에 일제회전하여 뱀의 머리와 꼬리가 (허리까지) 동시에 적을 대항하여 치는 학익진의 형태로 진형을 변경시켰다. ㉡ 팔랑스(phalanx)는 적과의 근접전에서 아군은 방패로 방호하면서 긴 창으로 원거리의 적을 찔러 공격하는 밀집대형인데, 이순신 함대의 판옥선과 거북선은 튼튼한 함체로 인해 적의 총탄과 화살이 침투하기 어렵고, 또 지자·현자총통 등 함포의 운용으로 적의 사정권 밖에서 원거리 타격이 가능하였기 때문이다. (계속)

[칼럼 06] 한산대첩의 비밀 (2)
- 자타의 장단점을 빨리 판단하면 묘수가 보인다

한산대첩은 병법에서 말하는 '장단(長短)'에 의한 압도적인 승리였다. 해상전투지휘관 이순신은 길고 짧은 것을 쉽게 판단하지 않았다. 항시 장원(長遠)하게 멀리 생각하면서 적의 모든 면을 확인하였고, 적과 아군을 비교하고 장단점을 분석했다. '장단'이란 류성룡의 〈전수기의 10조〉에서 보듯이 "병법에 이르기를, '자기를 알고 남을 알면 백 번 싸워서 백 번 이기고, 자기를 알지 못하고 남을 알지 못하면 백 번 싸워서 백 번 진다'라고 하였다. 이른바 자기를 알고 남을 안다는 것은 남과 자기의 장단점을 견주어 헤아린다는 뜻"이라고 하였다. 곧 '장단'이란 '항상 나의 장점을 적의 단점에 더하고, 적의 장점을 나의 단점에 더하지 않게 한 연후에야 싸움에 출전하는 것'이다.

(임진왜란 시) 왜적의 장기는 세 가지나 있으니, ① 조총과 ② 창칼과 ③ 생명을 가볍게 여겨(생명 경시) 돌진하고 분투해서 끓는 물에 들어가고 불 속에 뛰어들지라도 사양치 않는다. 한편, 왜 수군에 비해 조선 수군의 장점이 여럿 있다. 소나무로 만들어진 판옥선의 튼튼함, 해상에서의 빠른 진형 변화와 함포 발사가 가능한 판옥선의 전술적 운용성, 그리고 선상 화포에 의한 원거리 타격 능력의 우

수함, 우리는 적을 보면서 적은 우리를 쉽게 공격할 수 없는 거북선의 예측 불가능한 근접 전투력, 조총보다 먼거리에서도 정확히 적을 사살 가능한 사부들의 활솜씨 등이 있었다.

한산대첩에서 이순신은 전술의 기본인 '장단'을 실감 나도록 구사하였다. 즉, 적의 장점인 ㉠ 빠른 함선의 기동력과 ㉡ 조총과 칼, ㉢ 왜인들의 무자비한 용맹함, ㉣ 불리할 경우 인근 섬으로 상륙한다는 것을 잘 파악하여 적을 한산도 바다 한가운데로 유인하여 **적들의 장점을 줄여나갔고**, 이어서 우리의 장점인 ⓐ 판옥선과 거북선의 선회 용이성, ⓑ 원거리 화포 운용성, ⓒ 한번 승기를 잡으면 물불을 가리지 않는 조선인의 신바람을 최대한 살려서 한산도 해상에서 '학익진'을 펼쳐 역사적인 한산대첩을 완성하였다. 이 한산대첩에서 적·아의 세력이 73척 : 58척으로 수적으로 불리했음에도 이순신은 **"일시에 거의 다 쳐부수었다"**고 했다. 조선 수군은 왜적선 59척을 쳐부수고 적들의 머리 250급을 참수하였으며, 아군의 피해는 전라좌수군의 경우 전사자는 19명, 부상자는 114명이었으며, 전선은 단 1척도 손실되지 않았다.

순천부사 권준이 제 몸을 잊고 돌진하여 먼저 왜의 층각대선 한 척을 쳐부수어 바다 가운데서 온전히 잡아 왜장을 비롯하여 머리 열 급을 베고 우리나라 남자 한 명을 빼앗았다(중략, 장수별 전과가 소상하게 기록됨). 그 나머지 왜대선 20척, 중선 17척, 소선 5척 등은 전라좌도와 우도의 여러 장수들이 힘을 모아 부수고 불태우니 화살을 맞고 물에 빠져 죽은 자는 그 수를 헤아릴 수가 없었다. 그리고 왜놈 400여 명은 형세가 불리하고 힘이 다

되었는지 스스로 도망가기 어려운 줄 알고, 한산도에서 배를 버리고 뭍으로 올라갔으며, 그 나머지 대선 1척, 중선 7척, 소선 6척(모두 14척) 등은 접전할 때 뒤처져 있다가 멀리서 배를 불태우며 목 베어 죽이는 꼴을 바라보고는 노를 재촉하여 도망해 버렸으나, 종일 접전한 탓으로 장수와 군사들이 노곤하고 날도 땅거미가 져 어둑어둑하므로 끝까지 추적할 수 없어서 견내량 내항에서 진을 치고 밤을 지냈다.

③ 불개미 떼를 거의 다 한꺼번에 몰살시킨 한산대첩

이런 통쾌한 대승의 직접적인 비결은 함선의 화력집중을 위해 해상에서 학익진을 집행한 해상전투지휘관 이순신의 '현장리더십' 결과였다. 한산도 해전의 승리로 조선 수군은 이후 거제도 이서 해역의 제해권(制海權)을 장악하게 되었으며, 서해를 통한 왜군의 보급은 완전히 차단되었다. 이후에 해상전투지휘관 이순신의 학익진은 안골포해전(1592/07/10)과 제2 당항포해전(1594/03/04) 등에서 함대의 위용을 과시할 때 펼쳐졌다.

㉠ 특히 **이 해전의 특징**은 학익진에 의해 전력을 분산한 후 일제회전으로 포화를 집중하는 '**일제회전 집중공격**'인데, **영국의 해전사가**(海戰史家)인 **발라드**(G.A. Ballard)는 "이순신이 해전술에 탁월한 전문가이기에 가능했다"고 평가하였다.

"그때의 위기에 처한 순간에 큰 노를 저어서 함선은 모두 16점의 침로(180° 선회)를 취하게 하여 일본 추격선에 공격하였다. 전문가가 아닌 사람에게는 이 기동이 지상에서는 간단한 것으로 생각될지 모르나, 해군 전문가만이 이 기동은 훈련을 쌓은 숙련된 함대의 표준이라는 판단을 내릴 수 있을 것이다. (중략) 이 선회 작전에 있어서 많은 적의 함선은 침몰되었고, 전진해 오는 조선군의 이물(함수)에 그들의 현측이 노출되고 있었다."

ⓒ 2010년 국내에 소개된 〈해전의 모든 것〉이라는 책자에도 한산대첩은 언급된다. 그러나 그 내용이 여기서 다룰 만큼 치밀하지 못하다(책자 내용의 수정이 요구된다). 하지만, 이 책자에서 "**이순신은 조선의 구세주(Savior of Chosun)**"로 언급한다. 이 책은 또 칠천량에서 패전한 원균을 "거북선을 포함해 전선을 탕진한 장수"로 표현하였다.

(거북선이라는) 기술의 혁신뿐만 아니라 이순신의 전투 기법에는 찬사를 보낼 점이 많다. 이순신이라는 '조선의 구세주'는 자비롭고 인정 많은 인물로, 피난민들이 그에게 도움을 청해 의탁할 정도였다. 그러면서 피난민들은 일본 침략자들의 위치와 의도에 관한 귀중한 정보들을 제공했다. 이순신은 해안 어민들과 좋은 관계를 맺음으로써 해안과 조류에 대한 지식을 늘렸고, 백성들에게 호의를 베풂으로써 조선 수군이 목표물을 추적하도록 도와주는 전문적인 관측망(척후와 요망)을 구축할 수 있었다.

ⓒ 일본 수군의 주장인 **와키자카 야스하루(脇坂安治, 협판안치)**는 왜군 세력의 끝에 있었으므로 구사일생으로 도망하였다. 훗날 와키자카는 자신의 글에서, "이순신의 함대에 압도되어 죽기 일보 직전에 전선의 마지막에 자리하고 있었기 때문에 겨우 목숨을 부지

할 수 있었다"고 회고했다.

④ 장계에 나타난 한산대첩의 특징

이순신 〈장계(견내량파왜병장)〉의 특징은 ⓐ 먼저 치열한 싸움으로 인해 이전 전투보다 **많은 사상자가 발생**했다는 점이다. 아군의 피해는 전라좌수군의 경우 전사자 19명, 부상자 114명이었다. 제1, 제2 출전에 비해 많은 전상자가 발생한 이유는 학익진 상태에서 일제 회전하여 적진을 향해 화포 공격을 하면서 돌입하는 교전 과정에서 근거리 해상전을 벌였기 때문으로 보인다. 사상자들은 진무, 격군, 사부 등 어느 한 직책을 가리지 않았다. 이순신은 예하 장수들에게 "시석(矢石)을 무릅쓰고 결사적으로 진격하다가 혹은 전사하고 혹은 부상하였으므로, 전사자의 시체는 각기 그 장수에게 명하여 별도로 작은 배에 실어 고향으로 보내 장사지내게 하고, 그들의 처자들은 휼전(恤典)에 의하여 시행하라"고 하였으며, "중상에 이르지 않은 사람들은 약물을 지급하여 충분히 치료하도록 하라"고 각별히 엄하게 신칙하였다.

ⓑ 장계에는 전공이 있는 모든 사람의 이름을 올리고, **포로된 자들의 얘기를 기록**하여 억울한 심정을 토로하게 하였다. 특히 서울 사는 사삿집 종 '**중남과 용이**'는 그들이 서울에서 왜놈에게 붙잡혀 내려오면서 "왜적들이 내려올 때, 용인에 이르러 우리나라 군사들과 서로 만나 접전했는데, 우리나라 군사가 퇴패했으며, 곧 김해강에 이르러서는 왜장이 공문으로 여러 왜적에게 알리는데 마치 우리나라 장수들이 약속(約束)하는 모습과 같았다"고 언급한다. 중남과 용

이는 자신들이 제3차 출전의 왜구들, 곧 용인전투에서 승리한 와키자카 야스하루의 무리에게 잡혀있었다는 사실을 잘 몰랐고, 또 그 용인전투의 왜적들이 바로 이 한산대첩에서 불귀의 객이 되었다는 사실도 중남과 용이 등을 제외하고는 모르고 있었다. 오직 이순신의 이 〈장계(견내량파왜병장)〉가 바로 그런 우연의 일치와 같은 상황을 직시하도록 우리에게 알려준다. 포로된 '중남과 용이'의 증언으로 이순신은 한산대첩의 왜적이 누구인지를 정확하게 알게 되었다. 이순신 함대가 죽인 적도들은 바로 지난 용인전투에서 무자비한 학살을 벌인 용맹한 전범들이었다.

ⓒ 이순신은 해상전투에 임하기 전에 군사들과 약속한다. 이른바 '**당초의 약속**'이다. 곧 적의 목을 베어 바쳐서 논공행상을 요청하기보다는 눈앞의 적을 한 놈이라도 더 쏘아죽여서 적들에게 앙갚음을 하라는 것이다. 장계에 보듯이, "여러 장수와 군사 및 관리들이 제 몸을 돌보지 않고 처음부터 끝까지 여전하여 여러 번 승첩을 하였다고 하지만, 조정이 멀리 떨어져 있고 길이 막혔는데, 군사들의 공훈등급을 만약 조정의 명령을 기다려 받은 뒤에 결정한다면, 군사들의 심정을 감동케 할 수 없습니다. 그리하여 우선 공로를 참작하여 1등, 2등, 3등으로 별지하여 기록하였으며, '당초의 약속'과 같이 비록 왜적의 머리를 베지 않았다 하더라도 죽을힘을 다해 싸운 사람들은 제가 본 것으로서 등급을 나누어 결정하고서 함께 기록하였습니다"고 한 것을 헤아려보면, 이는 "**적의 목을 베지 마라. 한 놈이라도 더 쏘아 죽여라. 너희의 논공은 내가 보는 바가 아니냐**"라고 말하는 이순신의 목소리가 들리는 듯하다.

⑤ 새로운 갈등의 불씨

한산대첩의 격한 싸움이 끝나고 잔적을 섬멸하는 과정에서 경상우수사 원균이 약속을 이행하지 않음으로써 **새로운 갈등의 불씨**가 생겨났다. 아래 〈장계〉에 보듯이, 한산대첩 후 와키자카의 왜 수군은 거의 궤멸되거나 꽁무니를 내빼고, 그중 일부는 바다에서 겨우 목숨을 건져 기진맥진하여 한산도에 숨어들었다. 이때 이순신은 전라도 적들의 남하 상황을 듣고 회군하게 되었기에 경상우수사 원균과 약속하기를 패잔병 400여 명을 소탕하고 결과를 통고하도록 하였다. 그러나 경상우수사 원균은 적선이 많이 온다는 헛소문을 듣고 포위망을 풀고 가버렸고, 약속을 이행하지 않았다. 원균의 **약속 불이행**으로 인해 잔적 400여 명이 바다를 건너 되돌아가는 사태가 발생하였고, 이순신 함대의 작전술이 되돌아간 적들에 의해 노출되었으며, 이후 점차 이순신과 원균의 불통(不通)과 갈등(葛藤)은 그 봉합점(縫合點)을 찾지 못하였다.

"지난 7월 8일 경상도 한산도 앞바다에서 접전할 때, 화살을 맞은 왜적 400여 명이 한산도로 올라갔는바, 이 외딴 섬에 올라간 것은 마치 새장 속에 갇힌 새와 같이 되었으므로 그때 한 10일만 지나면 굶어 죽을 것이 분명하여 그 도의 우수사 원균에게 "소속 수군을 거느리고 4면을 포위하여 남김없이 잡아 죽이고 그 결과를 통고하도록" 약속하고, 신과 우수사 이억기 등은 진을 파하고 본영으로 돌아왔습니다. 그런데, 원균은 그 이후 적선이 많이 온다는 헛소문을 듣고서 포위한 것을 풀고 가버렸기 때문에 그 섬에 올라간 왜적들이 '나무를 베어 뗏목을 만들어 타고 모두 거제로 건너가 버렸다'고 하는바, 솥 안에 든 고기가 마침내 빠져나간 것 같아 매우 통분하였습니다."

결과적으로, 임진년 해전의 하이라이트인 한산대첩은 **해상전투지휘관 이순신의 현장리더십**(임기응변의 상황판단, 장단과 화력집중, 기공법과 정공법의 순환 등)이 유감없이 발휘되었다. 이는 장수와 병사가 일치단합하여 **상하동욕자승(上下同欲者勝)**의 기세로 왜적을 물리친 세계 해전사에 빛나는 대승이었다. **해상전투지휘관 이순신의 승리비결**은 전투현장에서의 전술적인 상황판단으로 머리를 써서 일의 형세[事勢, 사세]를 읽고 **변용의 묘(變用之妙)**를 발휘하여 적들을 유인·섬멸하는 해상전투를 달성했다는 것이며, 이는 거북선의 기습과 판옥선의 화포공격 등 기공법의 다양한 변화를 구사하여 **임기응변(臨機應變)**의 용병술로 승리를 거둔 것이다. 그리고 이순신과 그의 장병들이 이루어낸 이 한산대첩의 혁명적인 업적은 앞으로 다가올 또 다른 비약적인 업적 즉 적의 심장부인 부산포를 기습하는 부산포해전을 위해 수군을 준비시키는 고무적인 기능을 했다.

[칼럼 07] 적들이 기겁한 안골포해전
- 우수한 창조물 뒤엔 뛰어난 리더십이 드러난다

〈손자병법〉에서 말하는 가장 상책의 용병(用兵, 군사를 부림)은 적의 계략을 공격하는 것(伐謀, 벌모)이고, 그 차선은 적의 외교 관계를 공격하는 것(伐交, 벌교)이다. 그다음은 적의 군대를 공격하는 것(伐兵, 벌병), 그 아래는 성을 공격하는 것(攻城, 공성)이다. 이와 같은 공격의 우선순위는 밑으로 내려갈수록 희생만 커지고 성과가 없어진다. 싸워야 하는 것이 전쟁의 속성인데, 손자(孫子)는 싸우지 않고[非戰, 비전], 공격하지 않고[非攻, 비공], 오래 끌지 않는[非久, 비구] 것을 견지하라고 했으니, **병법은 기본적으로 심리전(心理戰)인 셈이다**.[7]

바다에서의 벌병(伐兵)으로 왜적을 벌벌 떨게 하다

우리는 앞서 두 차례에 걸쳐 한산해전(임진년 07/08)에 대해 확인하였다. 이번에는 한산대첩의 한 자락인 **안골포해전(임진년 7월 10~11일)**에 대해서 살펴보자. 한산해전에서 바다 싸움의 중심에 있었던 해상전투지휘관 이순신이 견내량 북쪽의 와키자카 야스하루(脇坂安治, 협판안치)를 한산도 근해로 유인하여 거의 몰살시켰다.

그는 왜 전투의 승리에 만족하지 않고, 다음날 곧장 함대를 끌고 가덕도 방향으로 동북진하여 안골포에 이르러 적의 대규모 함선단을 보고 일망타진의 격전을 펼쳤을까?

위 손자병법의 공격 우선순위로 따지면, 안골포해전은 적의 군대를 공격하는 벌병(伐兵)이다. 특히 아군의 희생이 따를 수도 있는 해상에서의 벌병인데, 이순신은 과연 무엇을 위해서 죽기를 각오하고 이 전투를 감행했을까?

먼저, **백사 이항복의 "고 통제사 이공 유사"**에서 말하는 안골포해전 속으로 들어가본다.

(한산해전 후) 제군(諸軍, 수군 전체)이 다시 진군하여 (진해) 안골포(安骨浦) 앞바다에 이르니 또 적선 40여 척이 있었는데, 중앙에 있는 3척의 배에는 위에 층루(層樓)를 설치하였고, 기타 배들은 차례로 열을 지어 정박해 있었다. 그런데 적들이 이미 누차 패한 나머지, 아군이 곧바로 돌격해올까 두려워하여, 앞으로는 얕은 항구를 점거하고 뒤로는 험고함을 의지해 있으면서 감히 나오지 않았다.

그러자 공이 제군을 독책(督責)하여 번(番, 차례)을 쉬어가면서 교대로 진격하게 했는데, 날이 저물어 바다 안개가 사방에 가득 끼자, 남은 적 20여 척은 밤을 틈타서 닻줄을 끊고 도망쳐 버렸다. 이 싸움에서는 적의 목 250여 급을 베었고, 물에 빠져 죽은 적은 또 그 숫자를 헤아릴 수도 없었으므로, 군성(軍聲, 군대의 사기를 짐작하는 함성)이 크게 떨치었다.

이 안골포해전에서 적선 20여 척을 격침시켰다. 이순신은 학익진으로 기동하다가 3척의 거북선을 앞세워 함선의 순번을 바꿔가며 좁은 안골포에 접근하여 근거리에서 함포사격을 가하였고, 적들은 함선을 후퇴시킬 곳이 없고, 죽거나 부상당한 병사들을 배 밖으로 내보내면서 새로운 조총수들이 배 안으로 들어와 이순신의 연합함대를 대응했는데, 사거리 제한 등으로 우리에게는 거의 손상을 줄 수 없었다. 코너에 몰린 적도들은 겁을 먹었다. '**과연 저들의 주장은 누구인가?**'

한산대첩 속 거북선의 맹활약, 안골포해전

한편, 적들에게 거북선의 출현은 바다에서 귀신을 본 듯 기겁(騎劫)하게 만들었다. 실제로 조선 후기까지도 일본인들은 거북선을 '사람을 잡는 기계'라고 강하게 인식하고 있었다(근세 일본에서는 거북선이 입으로 불을 뿜었다고 하여 '샤치호코', 호랑이 얼굴에 용의 몸을 한 상상 속 물고기로 인식하였다). **일본 측 기록인 〈고려선전기(高麗船戰記)〉**에는 '1592년(임진년) 7월 10일, 안골포해전에서 거북선이 일본 배에 3~5칸(5.4~9m)까지 접근한 상태에서 총통으로 **대형 화살형 발사체(대장군전)를 쏘았다**'고 기록하고 있다.

"큰 배 중에 3척은 메꾸라부네(盲船, 장님배, 거북선)인데, 철로 요해하고 있었다. 석화시, 봉화시, 안고식 화살촉 등을 쏘며, 오후 6시까지 번갈아 달려들어 공격을 걸어와 망루로부터 복도, 방패까지 모조리 격파되고 말았다. '석화시'라고 하는 것은 길이가 5

척 6촌에 달하는 견고한 나무 기둥이며, '봉화시'의 끝은 철로 둥글게 든든히 붙인 것이다. 이와 같은 화살로 5칸, 혹은 3칸 이내까지 접근해서 쏘았다."

적들이 눈앞에 보이는 지근거리(5~9m)에서 적에게 총통을 통해 철전과 대장군전(봉화시)을 쏘아 기겁하여 두려움에 떨고 있는 적을 궤멸시키는 거북선의 활약은 아군에게는 통쾌함을, 적군에게는 공포감을 심어주었을 것이다. 군성을 크게 떨치면서 수군의 사기가 충천해졌다.

다음으로 "해상전투지휘관 이순신의 〈장계(견내량파왜병장)〉"에 나타난 안골포해전의 양상을 살펴보자.

(전략) 10일은 새벽에 배를 띄워 <본도 우수사(이억기)는 안골포 바깥 바다의 가덕 변두리에 진(陣)치고 있다가, 우리가 만일 접전하면 복병을 남겨두고 급히 달려오라>고 약속하고, 신(이순신)은 함대를 거느리고 "학익진"을 형성하여 먼저 진격하고, 경상우수사(원균)는 신의 뒤를 따르게 하여 안골포에 이르러 선창을 바라본즉, 왜대선 21척, 중선 15척, 소선 6척(모두 42척)이 머물고 있었습니다. 그중에 3층으로 방이 마련된 대선 1척과 2층으로 된 대선 2척이 포구에서 밖을 향하여 떠 있었으며, 그 나머지 배들은 물고기 비늘처럼 줄지어 있었습니다.

그런데, 그 포구의 지세가 좁고 얕아서 조수가 물러나면 육지가 드러날 것이므로 판옥선과 같은 대선은 용이하게 출입할 수 없어 여러 번이나 끌어내리고 하였습니다만 그들의 선운선(先運船, 한산대첩에 왔던 와키자카의 전선) 59척을 한산도 바다 가운데로 끌어내어 남김없이 불태우고 목 베었기 때문에 형세가 궁해지면 육지로 오르려는 계획으로 험한 곳에 의거하여 배를 매어 둔 채 두렵게 여기며 겁내어 나오지 않았습니다.

그래서, 할 수 없이 여러 장수들에게 명령하여 서로 교대로 출입하면서 천자·지자·현자총통과 여러 가지 총통뿐 아니라 장·편전 등을 빗발같이 쏘아 맞히고 있을 무렵에 본도 우수사가 장수를 정하여 복병시켜 둔 뒤 급히 달려와서 합공하니, 군세가 더욱 강해져서 방이 있는 대선과 2층 대선을 타고 있던 왜적들은 거의 다 사상하였습니다.

병사들의 얘기를 적은 '이항복의 유사'와 비슷한 해전 양상의 전개이다. 하지만 이순신의 〈장계〉에는 디테일이 숨어있다. 안골포에 이르기 전 **학익진(鶴翼陣)** 진형을 형성하여 해상에서 장대한 군세의 위엄을 보이고, 적진 상황을 보고 타격을 위해 진입할 때는 차례를 나누어 긴 뱀처럼 **장사진(長蛇陣)**으로 처들어가서 함포 사정권에서 무차별 일제사격 후 복귀하는 전투 형태를 취한다. **수상함에 의한 함포전 양상**이다.

여기서 또 싸움터의 형세와 적의 상황을 파악하고 작전을 변경하는 **임기응변(臨機應變)**의 이순신을 본다. 옛날에 전쟁을 잘한다고 일컫는 자는 승리하되 쉽게 승리하는 자이다. 그러므로 전쟁을 잘하는 자가 승리를 한다는 것은 지혜롭다는 명성도 없고 용맹한 공적이라는 말도 따라붙지 않지만, 싸워서 승리하는 데는 어긋남이 없다. 곧 승리하는 군대는 먼저 승리할 수 있는 여건을 갖추고 나서

싸움을 걸고[先勝求戰, 선승구전], 패배하는 군대는 먼저 싸우고 난 이후에 승리를 구한다.[8]

 7월 10일, 해상전투지휘관 이순신의 안골포해전은 반나절 이상의 일방적인 공세를 취한 해전이었다. 이것은 적을 코너에 몰아놓고 일방적으로 난타를 가하는 권투의 한 장면을 연상시킨다. 이미 적은 지탱하지 못할 그로기(groggy) 상태인데도 이순신의 싸움은 그칠 줄 모른다. 적장의 머리를 뒤흔드는 벌모(伐謀)를 달성하였고, 적도들을 기겁하게 만들어버렸다.

 그런데, 왜적들은 사상한 자를 낱낱이 끌어내어 소선으로 실어내고 다른 배의 왜적들을 소선에 옮겨 실어 층각대선으로 모아들이는 것이었습니다. 이렇게 종일토록 하여 그 배들을 거의 다 깨뜨리자, 살아남은 왜적들은 모두 육지로 올라갔는데, 이 왜적을 다 사로잡지는 못했습니다. 그러나 그곳 백성들이 산골에 잠복해 있는 자가 매우 많은데, 그 배들을 모조리 불살라서 궁지에 빠진 도적들이 되게 한다면 잠복해 있는 백성들이 비참한 살육을 면치 못할 것이므로 잠깐 1리쯤 물러 나와 밤을 지냈습니다. 다음날인 11일 새벽에 다시 돌아와 포위해 보았습니다만, 위의 왜적들이 허둥지둥 당황하여 닻줄을 끊고 밤을 이용하여 도망하였으므로 전에 싸움하던 곳을 탐색해보니, 위의 전사한 왜적들을 12곳에 모아 쌓고 불태웠는데, 거의 타다 남은 뼈다귀와 손발들이 흩어져 있고 그 포구 안팎에는 흘린 피가 땅에 가득하여 곳곳이 붉게 물들고 있었습니다. 도적들의 사상자는 헤아릴 수가 없었습니다. (후략)

한편, 해상전투지휘관 이순신은 도적들이 함선을 포기하고 뭍으로 오르자, 도적들을 피해 산골에 잠복해 있는 우리 백성들의 안위(安危)가 걱정되었다. 그리하여 안골포구에서 400m쯤 외해로 물러나와 독 안에 든 적들에게 도망갈 길을 터 준 것이다("용기가 있으면 밤을 틈타 도망가 봐라, 이놈들아"). 이때까지도 이순신의 인식에는 왜군이 정예 수군들이 아닌 노략질하는 도적떼로 보였나 보다. 임진년 이 시기는 초전 일본군의 육상에서의 승리를 바탕으로 왜구들이 해안 지방에서 점차 서진하며 민가를 분탕질하고 있었으니, 왜 수군이 아닌 도적(盜賊)이라는 이순신의 판단이 충분히 수긍이 간다.

전투가 끝난 다음 날(7월 11일), 적들이 도주한 뒤에 안골포에 접근하여 그 해안을 살피니 송장을 태운 무덤이 12개나 발견되었다. 왜구들의 피해가 상당히 컸다. 이후 해상전투지휘관 이순신은 외해로 나와 함선을 바다에 넓게 펼쳐서 마치 부산을 향해 진격할 듯한 위엄을 보이다가(허장성세) 밤이 되어서 함대를 뒤로 물렸다.

안골포의 왜적들은 귀신 같은 이순신과 거북선의 출현에 공포를 느꼈다

이상에서 살펴본 바와 같이, 병법에 능한 이순신은 안골포해전에서 거북선과 판옥선의 장사진을 유지하며 물때에 맞춰 좁은 수로를 따라 적선의 지근거리까지 접근하였으며, 각종 총통을 발사하여 화력을 집중시킴으로써 효과적인 벌병(伐兵)을 통해 적에게 물심양면으로 심각한 타격을 주었다. 장사진에 의한 화포 공격이라는 **이순신의 용병술**은 마치 무너지기 직전의 건물에서 주된 받침돌을 빼는 것과 같았다. 적재적소를 노려서 힘들이지 않고 적을 제압하고 고지를 점령한 것이다.

또 거북선은 정말 귀신같았다. 혼자 있으면 도망치기 일쑤지만 한 곳에서 같이 힘을 모으면 충분히 해낼 수 있는 우리나라 사람들의 심리를 절묘하게 응용한 '**심리전선(心理戰船)**'이었고, 적에게는 괴물체(샤치호코)로 보이게 하여 심정적으로 기겁하게 만들고, 공포심을 심어주는 심리전의 요체이자 최고의 용병술인 '**벌모(伐謨)의 상징**'이었다. 〈손자병법〉에서 말하는 벌모(伐謨)는 적의 모계(謀計, 계교)를 공격하여 좌절시켜서 우리에게 아예 공격하지 못하도록 하거나 우리의 의지에 굴복하도록 하는 것인데, 이렇듯 거북선의 운용은 왜적들을 기겁하게 하여 공포심을 심어주면서 아군에게는 적에 대한 두려움을 없애고 아군의 적개심과 충천한 사기로 연결하는 심리적으로 꽤 긍정적인 결과를 가져왔다.

한편, 이틀 전 **한산해전**에서 살아남은 적들(대장 와키자카)은 전선 대열의 후미에 있다가 꽁무니를 뺐기 때문에 우리 수군의 판옥선과 거북선의 전투 전술을 제대로 살펴볼 새도 없었을 것이다. 그런데 이번 **안골포해전**을 통해서 도도 다카토라(藤堂高虎, 등당고호) 등 일본 정예 수군들은 거북선의 실체와 천자·지자·현자총통 등 화포의 위력을 처음으로 느꼈을 것이고, 또 육지나 해상을 통해 살아 돌아간 자들은 귀신같은 거북선의 모습에 놀라고, 그 엄청난 파괴력과 전투력을 체감하며 또 죽어 나가는 동료들을 보면서 심각한 충격을 받았을 것이다.

끝으로, 이번 제3차 출전에서 **한산해전**이 해상전투의 압도적 승리를 통해 왜적들의 기세를 꺾었다면, 이틀 후의 **안골포해전**을 통해서 이순신은 빠져나오는 길이 없는 막다른 포구에서 도적들을 일방적으로 타격함으로써 손자병법의 '벌병(伐兵)'을 통해 그 상위의 용병, 곧 '벌모(伐謀)'를 달성하였다고 볼 수 있겠다. 이를 통해 왜군들에게 조선 수군의 위력을 실감케 하였다. 그리하여 **이순신과 거북선의 출현(出現)**은 왜적들의 지휘부에게는 "과연 조선 수군의 주장(主將)은 누구이기에 이러한 막강한 위력을 펼쳐 보이는가", 또 "과연 귀신과도 같은 거북선은 어떻게 만든 것인가?" 하면서 두려움과 함께 궁금증을 자아내게 했을 것이다.

제3차 출전을 통해 '조선 수군의 주장, 해상전투지휘관 이순신'은 임기응변의 유인작전과 학익진, 그리고 귀신같은 거북선을 전선의 선두에 배치하여 신출귀몰하게 운용함으로써 적과의 해상전투(벌병)뿐만 아니라 적의 계략을 공격하는 심리전(벌모)에서 승리하여 해전사에 빛나는 한산대첩(閑山大捷)을 완성하였다.

[칼럼 08] 심리전의 승리, 부산포해전
- 두려움을 걷어내고 폭풍 속으로 나아가기

지난 시간에 가장 상책의 용병(用兵)은 적의 계략을 공격하는 것(伐謀)이며, 그 차선은 벌교(伐交, 적의 외교관계 공격)이며, 그 다음은 벌병(伐兵)과, 공성(攻城)이라는 〈손자병법〉을 이야기했다. 결국 공성법은 어쩔 수 없어서 사용하는 것인데, 여기에는 많은 인명의 손실이 따른다. 그래서 쉽게 결정할 문제가 아니다. 그럼에도 불구하고 적진으로 변해버린 부산포에 과감하게 기습적으로 공격을 감행한 이순신의 의도는 무엇이었을까?

이번 글에서는 부산포해전(1592/09/01)에 대해서 살펴본다. 영화 "한산, 용의 출현"에서 보듯이 한산대첩에서 바다 싸움의 중심에 있었던 이순신이 견내량 북쪽의 와키자카를 한산도 근해로 유인하여 거의 몰살시키고(07/08), 다음날부터 서서히 동북진하여 안골포에 이르러 적의 대규모 함선단을 격파하였다(07/10). 그리고 50일이 지난 9월 1일 제4차 출전으로 150척이 넘는 함선단을 이끌고 적의 심장부인 부산포에 출격을 감행한다.

한편, 한산도 바다에서 참패를 당한 일본군은 임진년 7월 중순 이후 약 1개월간 남해안 일대에서 이렇다 할 움직임을 보이지 않은 채

113

침묵을 유지했다. 이는 한산대첩의 패배로 인해 본국의 도요토미 히데요시가 **해전금지령(海戰禁止令)**을 내렸기 때문이다. 당시 부산포에는 하시바 히데카스(羽柴秀勝, 우시수승)의 주력부대와 본국에서 증원된 일본군 8천여 명이 함선 430여 척을 보유하고 해안 요충지를 지키고 있었다.

손자병법의 공격 우선순위로 따지면, 부산포해전은 벌모나 벌교의 상책이 아니라 적의 군대와 성을 직접 공격하는 해상에서의 (From the Sea) 벌병과 공성인데, 해상전투지휘관 이순신은 무엇을 위해서 죽음을 무릅쓰고 적진에 기습침투했을까?

적의 심장부에 함포를 발사한 부산포해전

백사 이항복의 "고 통제사 이공 유사"에는 임진년 9월 1일, 제4차 출전인 부산포해전의 내용이 없다. (유사를 쓴 시점인) 왜란이 끝나고 2년 뒤인 1600년에 8년 전 부산포해전에 참가한 장수가 없었을 리는 만무한데, 이를 누락시킨 점이 아쉽다. 여기서는 이순신의 〈장계〉, '**부산포파왜병장**'을 토대로 살펴보자.

(전략) 9월 1일, 닭이 울자 배를 띄워서 진시(아침 8시경)에 몰운대(沒雲臺)를 지날 무렵에는 동풍이 갑자기 일고 파도가 거세어 간신히 배를 저어 화준구미에 이르러 왜대선 5척을, 다대포 앞바다에 이르러 왜대선 8척, 서평포 앞바다에 이르러 왜대선 9척, 절영도(지금의 영도)에 이르러서는 왜대선 2척을 각각 만났는데, 모두 기슭을 의지하여 줄

지어 머물고 있었으므로 3도의 수사가 거느린 여러 장수와 조방장 정결(丁傑) 등이 힘을 합쳐 남김없이 깨뜨리고, 배 안에 만재한 왜의 물건과 전쟁기구도 끌어내지 못하게 하여 모두 불살랐으나, 왜인들은 우리의 위세를 바라보며 산으로 올랐기 때문에 머리를 베지는 못했습니다.

그리고, 위의 절영도 안팎을 모조리 수색하였으나, 적의 종적이 없었으므로 작은 배를 부산 앞바다로 급히 보내어 적선을 자세히 탐망하게 하였더니, "대개 500여 척이 선창의 동쪽 산기슭의 언덕 아래 늘어 서 있으며 선봉 왜 대선 4척이 초량목으로 마주 나오고 있다" 하므로 곧 원균 및 이억기 등과 약속하기를, "우리 군사의 위세로써 만일 지금 공격하지 않고 군사를 돌이킨다면 반드시 적이 우리를 멸시하는 마음이 생길 것이다"고 말하고, 독전기를 휘두르며 진격하였습니다.

필자가 경험한 부산항 인근의 해상은 영도(절영도)와 동쪽의 오륙도를 잇는 선을 기준으로 내해와 외해가 극명하게 차이가 난다. 영도와 오륙도 밖 해상은 곧바로 먼바다의 해상상태를 보이는데, 거친 바람이 불고 풍랑이 크게 일며 삼각파도가 칠 정도이고, 반면에 영도와 오륙도 안쪽은 외해와 달리 평온하고 잔잔하다. 임진왜란 당시에도 부산항의 해상상태는 이와 동일하였을 것이다. 그렇다 보니 이순신 함대도 영도 밖 외해로 돌아서 접근하지 않고 지금의 영도대교 쪽으로 하여 초량, 부산항으로 들어갔을 것이다.

해상전투지휘관 이순신은 해상전투의 긴장감 속에서도 연합함대 장수들과의 약속을 굳세게 하였다. 이순신은 9월 1일, 왜적의 심장부가 돼버린 부산포에까지 함대를 이끌고 기동하여 적선 500여 척과 대치하여 왜적들의 간담을 서늘케 하였고, 왜적들의 뇌리에 '조선 수군에 대한 공포심'을 심어주었다. 〈손자병법〉에서 말하는 '벌모(伐謨)'를 달성한 것이다.

상상해보라. 판옥선 50여 척을 이끌고 영도를 거쳐 부산항으로 갔더니, 우리 함선의 10배에 해당하는 500척의 적선들이 우리 부산포를 제집처럼 드나드는 장면을 목격한다면 어떤 생각이 들겠는가? 순간 피가 거꾸로 솟고 분노케 하며 흥분된 마음을 가누기 힘들겠지만, 그다음에는 아마도 너무나 중과부적(衆寡不敵)의 상황인지라 적 세력의 위용에 겁에 질려서 자꾸 뒤를 돌아보게 될 것이다.

하지만 해상전투지휘관 이순신은 원균, 이억기 등 연합함대 장수들과 다음과 같이 '약속(約束)'했다. "**싸움은 (승패를) 알 수 없습니다. 하지만 우리 군사의 위세로써 만일 지금 공격하지 않고 군사를 돌이킨다면 반드시 적이 우리를 멸시하는 마음이 생길 것입니다**(제가 우려하는 바입니다). **그렇기 때문에 지금 반드시 공격하여 적들을 당황케 함으로써 심리적으로 압박하고 적의 사기를 꺾어야 합니다.**" 독전기(督戰旗)를 휘두르고 부산포 전장으로 뛰어드는 이순신을 떠올린다.

우부장 녹도만호 정운, 귀선 돌격장 군관 이언량, 전부장 방답첨사 이순신, 중위장 순천부사 권준, 좌부장 낙안군수 신호 등이 먼저 곧바로 돌진하여 왜 선봉 대선 4척을 우선 깨뜨려서 불살라 버리자, 적도들이 헤엄쳐 육지로 오르므로 뒤에 있던 여러 배들은 곧 이때를 이용하여 승리한 깃발을 올리고 북을 치면서 '장사진(長蛇陣)'으로 돌진하였습니다.

그때 부산성(釜山城) 동쪽 한 산에서 5리쯤 되는 언덕 밑 3개소에 진을 치고 있는 대·중·소선을 아울러서 대개 470여 척이 었는데, 우리의 위세를 바라보고 두려워서 감히 나오지를 못하고 있었습니다. 여러 전선이 곧장 그 앞으로 돌진하자, 배안과 성안·산위·굴소에 있던 적들이 총통과 활을 갖고 거의 다 산으로 올라 6개 처소로 나누어서 우리를 내려다보면서 철환과 화살을 빗발과 우박같이 쏘았습니다.

이순신은 부산포해전에서 길게 함선의 줄을 늘여 장사진(長蛇陣)을 형성하고 장수들과 죽음을 무릅쓰고 다투어 돌진하면서 포수들은 천자·지자총통에다 장군전, 피령전, 철환 등을 일제히 발사하고, 사부들은 장전과 편전을 쏘며 종일토록 교전하여 적선 100여 척을 깨부수고 적의 기세를 크게 꺾었다. 이 와중에 안타깝게도 **녹도만호 정운(鄭運)**이 전사하였다.

한 기록에 따르면, "부산포해전에서 이순신의 가장 가까운 친구이며, 가장 신임하는 부하(정운)가 적선이 집결되어 있는 중앙으로 돌진해 들어갔다. 그 결과 적들의 포화 공격을 받게 되었고, 정운과 그를 따르던 일부 부하들이 전사하고 부상을 당했다. 이때 이순신은 그 함선과 전사한 부하의 시체를 찾아오기 위하여 대장선에서 다른 함선과 연계한 정면공격을 가하여 정운의 판옥선을 구하는데 성공하였다"고 하였다. 이는 구식 전투방법에 의해 위험을 무릅

쓴 작전이었으며, 앞의 〈손자병법〉의 내용처럼 '벌병과 공성에 의해 인명의 피해가 있을 수밖에 없는' 일이 되어버렸다.

접전한 다음날(9월 2일) 또다시 돌진하여 그 소굴을 불사르고 그 배들을 모조리 깨뜨리고자 하였는데, 위로 올라간 적들이 여러 곳에 널리 가득 차 있으므로 그들의 돌아갈 길을 끊는다면 곤란에 빠진 도적들의 환란이 있을 것이 염려되는바 바다와 육지에서 함께 진격하여야만 섬멸할 수 있을 것입니다[水陸俱擊 庶可盡殲, 수륙구격 서가진섬]. 더구나 풍랑이 거세어 전선이 서로 부딪쳐서 파손된 곳이 많이 있었으므로 전선을 수리하면서 군량을 넉넉히 준비하고, 또 육전에서 크게 물러 나오는 날을 기다려 경상 감사 등과 바다와 육지에서 함께 진격하여 남김없이 섬멸하여야 하기 때문에 2일 진을 파하고 본영으로 돌아왔습니다.

해상전투지휘관 이순신은 수륙병진책(水陸竝進策)으로 육상에서의 호응을 기대했다. 그러나 내륙의 상황은 해상의 일방적인 승전과는 다른 양상이었다. 이 부산포해전 이전 임진년(1592년) 8월에 류성룡이 경상우병사 김성일(金誠一, 1538~1593)에게 보낸 (아래의) 편지에는 "이순신은 담력이 남보다 뛰어나고 책임감 있는 사람이니 그와 서로 통하여 논의하고 서로 도우라"는 내용이 보인다. 경상우병사 김성일에게 육상에서의 부산포 진격을 촉구하는 글이라는 생각을 지울 수가 없다.

"전라좌수공(全羅左水公, 이순신)은 담력이 남보다 뛰어남을 내가 매우 잘 알고 있습니다. 현재의 무장 중에서는 그와 비교할 만한 사람이 없을 것 같으니, 해상에서의 책임은 오로지 그 사람에게 있습니다. 영공(令公, 김성일)께서도 서로 통하여 논의하고 힘을 합하여 서로 도우면 유익한 점이 기필코 적지 않을 것입니다."

그러나 이때 일본군은 한양에 주둔하고 있던 가토 기요마사(가등청정) 등의 부대를 경상도 지방으로 이동 조치하면서 이와 때를 같이하여 대부분의 병력을 김해에 집결시키고 있었다. 그리하여 조선은 육지에서의 호응이 쉽지 않았고, 그래서 이순신은 합동작전을 이루지 못하는 아쉬운 마음에 '바다와 육지에서 함께 진격하여야만 섬멸할 수 있을 것'이라고 장계에 적어 올린 것이라고 판단된다.

원한경 박사가 말하는 부산포해전

호레이쇼 언더우드 박사(Dr Horace H. Underwood, 1890-1951, 한국명 원한경)는 연희전문학교(지금의 연세대학교)를 세운 아버지 언더우드 박사(원우두)의 아들이다. 그는 1933년 〈Korean Boats and Ships〉라는 책을 저술했는데, 여기에서 부산포해전을 높이 평가했다.

"이순신의 옥포해전, 당포해전, 한산대첩, 부산포해전 등 4대 해전은 사상 유례가 없는 대해전(大海戰)이며, 특히 부산의 왜군기지를 공격한 이순신의 부산포해전은 동시대 1587년 영국의 드레이크 제독(1543~1596, 넬슨 이전의 영국 해군의 영웅)과 같은 전법으로 그(이순신)의 함대를 항내로 진입시켜 정박 중이던 500여 척의 적함과 전투를 벌였고, 전투 끝에 왜선의 반 이상을 불태우거나 격침시켰다"

원한경 박사는 부산포해전을 "드레이크가 스페인령의 카디즈(Cadiz) 항구를 진격해 들어간 것과 맞먹는다"고 했다. 하지만 드레이크 제독의 '카디즈 해전'은 드레이크 개인의 복수심에서 출발하였다. 이순신과 동시대 인물인 지구 반대편 **영국의 드레이크**는 이 당시 노예무역에 종사했는데, 이 과정에서 스페인 해군의 공격을 받아 자신의 배를 상실하게 되었다. 그는 이후 스페인에 대한 복수심에 차 대담하게도 스페인령 카디즈 항구의 도시들과 화물선을 습격해 그 재물을 약탈했다. 게다가 스페인 해군의 추적을 교묘하게 따돌림으로써 스페인 왕국에서는 제거해야 할 도적이 되었고, 스페인 사람들에게는 공포의 대상이 되었다. 이순신은 드레이크의 개인적인 복수심과 달리 오직 구국의 신념으로 수륙병진책을 수립하여 부산의 왜군기지를 해상에서 공격할 계획을 세웠고, 50여 척의 판옥선과 130여 척의 잔여 전선으로 부산포항에 정박한 적선 500여 척을 상대한 것이다.

부산포해전은 심리전, 벌모를 만들어 낸 이순신의 충격요법

서애 류성룡은 그의 〈전수기의(戰守機宜)〉에서, "대저 군사를 써서 적을 당함에는 반드시 정(正)이 있고 기(奇)가 있다. 기와 정을 순환시켜서 임기응변을 무궁하게 하는 자가 병사를 잘 부리는 **훌륭한 장수이다**"라고 하였다.

기와 정은 각각 ① 기공법과 ② 정공법이며, ① **기공법**은 〈손자병법〉에서 말하는 "적의 **무방비한 곳을 택하여 공격하고, 적이 뜻하지 않은 곳을 노려서 공격하는 것**[攻其無備 出其不意, 공기무비 출기불의]"으로 주로 기습작전의 요체이고, ② 정공법은 아군의 숫자가 많고 사기가 올라 있으며 무기체계가 우수할 때 적과 **정면승부(正面勝負)**하는 것이다.

다시 말해 시간적으로, 지리적으로, 작전적으로 적의 허점을 찾아내어 공격하면 승산이 있다는 말이다. 류성룡은 기와 정을 순환시켜서 임기응변을 무궁하게 하는 장수가 용병(用兵, 군사를 부림)을 잘하는 장수라고 말한 것이다. '적과 마주할 때에는 반드시 변칙술인 기(奇)와 정공법인 정(正)을 순환시켜서 **임기응변**을 시행하는 '**해전의 신 이순신**'이었다.

부산포해전은 임진년 최대 병력의 출동이었고, 적선 100여 척을 격파하는 최대의 전과를 올리게 된다. 이순신은 기공법과 정공법의 임기응변으로 적의 심장부를 겨냥했으며, 벌병과 공성을 통해 적에게 심각한 타격을 주었지만, 한편으로는 예하 장수 정운 장군을 잃는 비운을 맞았다. 누가 생각해도 왜적의 본영이 있는 부산포에 들어간다는 것은 위험천만하면서도 부담이 가는 일이었다. 그럼에도 불구하고 해상전투지휘관 이순신은 기습적으로 적의 본진에 들어가 해상전투를 과감히 수행하여 조선 수군의 군사적 위용을 적들에게 드러내고, 적에게 공포심을 심어주었다.

  이순신은 이 부산포해전을 통해 적의 심장에 비수를 꽂아 순식간에 심정지 상태로 만듦으로써 적들이 상상하지 못한 충격요법(衝擊療法)이자 기공법(奇功法), "적의 무방비한 곳을 택하여 공격하고, 적이 뜻하지 않은 곳을 노려서 공격하는 것[攻其無備 出其不意, 공기무비 출기불의]"으로 적과의 심리전에서 승리했다. 우리는 여기서 기정통찰(奇正洞察)하는 해상전투지휘관 이순신의 모습을 잘 기억해야 한다. 〈손자병법〉이 말하는 '기정통찰(奇正洞察)'은 모든 전쟁은 정력(正力)으로써 대치하고, 기계(奇計)로써 승리한다는 말이다. 정(正)은 5사, 7계, 상법, 정통, 전형, 근본원칙이며, 기(奇)는 14궤도, 변용지법, 비정통, 비전형, 변칙운용으로 볼 수 있다. 전쟁의 형세를 결정하는 것도 기와 정에 불과하지만, 기정법의 변화에서 나오는 전략전술은 이루 다 헤아릴 수 없다. 기와 정이 서로 낳고 낳음은 돌아가는 고리와 같이 끝이 없는 것이다. 부산포해전에서 해상전투지휘관 이순신이 선보인 기와 정의 변화는 뫼비우스의 띠처럼 기습이 계속되는 벌병과 공성으로 아군의 피해를 감수하며 치열하게 치러졌으며, 가장 상책의 용병인 **벌모(伐謀)가 빛나는** 순간이었다.

[칼럼 09] 계사년 이순신의 선택, 한산도 이진
- 추세를 읽는 집단지성으로 창의적인 차선책을 만들다

앞의 칼럼에서 필자는 임진왜란이 발생한 1592년, 이순신의 4차례 출전과 그때의 주요 해전(옥포해전, 사천/당포/당항포해전, 한산대첩/안골포해전, 부산포해전)을 살펴보았다. 해상전투지휘관 이순신은 **스스로 일을 즐겨하는(嗜慾, 기욕) 스타일**로, 그동안의 전투 경험을 바탕으로 척후(斥候)와 장단(長短), 약속(約束)과 분군(分軍)을 통해 왜적을 유인하고 섬멸하는 데 자신의 리더십 역량을 발휘하였다. 해상전투지휘관 이순신은 **함정의 닻(앵커)**처럼 싸움터에 먼저 쳐들어가 매사를 직관력과 현장에서의 임기응변으로 시작하고, 또 출항 전 맨 나중에 올라오는 닻처럼 해상전투 결과를 내실있게 피드백하여 〈장계〉를 통해 직접 확인하고 마무리하는 **닻 리더십(일명 : 앵커십)**을 실천하였다.

임진년 이후 한해가 넘어가자, 바다에서의 전투는 점차 소강상태를 보이며 왜군들의 해상전투 기피(忌避)와 육상 방어시설 구축으로 이순신 함대는 별다른 전과(戰果)를 올릴 수 없었다. 그럼에도 수군 장수인 이순신에게 가장 중요한 임무는 **바다로부터 오는 적을 효과적으로 제압하는** 것이었으며, 이는 바다가 전장인 만큼 육지의 읍성이나 산성을 지키는 여타 장수들과는 달랐다.

그러나 해상전투지휘관 이순신은 계사년(1593년) 7월, 수군의 본영을 통영수로의 한산도(閑山島)로 옮기기로 이진(移陣)을 결심한다. "생각의 전환"이다. 이것은 당시 해상에서의 여러 가지 상황에 대한 몰입의 결과였으며, 그간 여러 지휘관 및 참모들과의 토론과 소통의 결과였다. 그해 2~4월간 웅포해전을 통해 확인된 것은 싸움을 걸어도 왜구들이 해상에 나오지 않고 경상도 연변 해안에 토성을 짓고 눌러앉을 기세를 보였다는 것이다. 명나라(부총병 유정) 군대는 감히 수륙협공작전을 펼칠 생각도 하지 않았고, 경상우병사 김성일 또한 명나라 장수들의 접대와 명나라 군사들의 군량 등 군수지원에 먼저 신경 쓸 수밖에 없는 상황이었으므로 우리 육군과의 합동작전을 기약하기도 힘들었다.

한산도에 군사를 머물게 하여 왜선을 구축(驅逐)해야 하겠다

계사년(1593년) 7월에 작성된 해상전투지휘관 이순신의 〈장계(왜선을 구축한 일을 아뢰는 계본)〉과 8월에 작성된 〈장계(왜군의 정세를 아뢰는 계본)〉을 보면, '창원에 있던 왜적들이 함안으로 돌입하고, 왜선 800여 척이 부산과 김해로부터 웅천, 제포, 안골포 등지로 옮겨와 서쪽으로 침범할 뜻을 보이면서 부산으로부터 웅천에 이르기까지 소굴을 만들어 놓았다. 그들은 서로 바라보이는 위치에 보루를 쌓고 성채(城寨)를 얽어서 벌이나 개미 떼처럼 진을 치고 있고, 왜선들이 거제도 영등포, 송진포 등지에 옮겨와 부산에서 거제도까지 연락이 끊이지 않고 있다'고 적정을 파악하였다.

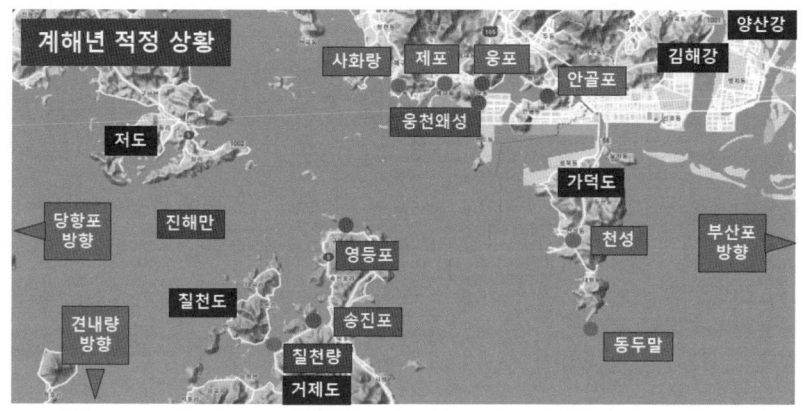

이에 해상전투지휘관 이순신은 왜선들이 견내량을 향해 서쪽으로 나오다가도 조선 수군의 복병선을 만나면 쫓겨가는 척 우리 군사를 유인하여 좌우와 뒤를 에워쌀 계책을 꾸민다는 것을 간파하고, 이 **요로(要路, 곧 견내량)**를 굳게 지켜 편안한 자세로 피로해진 적을 기다려서 먼저 그 선봉을 쳐부순다면 비록 백만의 적이라도 기운을 잃고 마음이 좌절되어 도망치기 바쁠 것이라고 보고하였다.

그러면서, 특히 한산도 인근 바다는 임진년에 한산대첩을 통해 왜적이 섬멸당한 곳이므로 **한산도에 군사를 머물고 있으면서(한산도 이진)** 왜적의 동태(動態)를 기다려서 동심협공(同心協攻)하기로 전라좌·우수영 및 경상우수영 연합수군들은 맹세하였다고 언급한다. 이는 고대 잉카제국의 '마추픽추(Machu Picchu)'를 연상시키고, (훗날) 이순신이 스스로 명량해전 전날 얘기한 '**일부당경 족구천부(一夫當逕 足懼千夫)**', 즉 "**한 사람이 길목을 지키면, 천 사람이라도 두렵게 한다**"는 구절을 얼른 떠올리게 한다. 전라도의 명량(鳴梁, 울돌목) 못지않게 요해처(要害處)인 경상도의 견내량(見乃梁)을 잘 수호하면 일당백(一當百)의 가치로 적이 감히 쉽게 넘보지 못한다는 주장이자 해상전투지휘관 이순신의 의지(意志)를 보고한 것이었다. 이는 〈손자병법〉에서 얘기하는 군형(軍形) 즉, 군의 전투태세를 새롭게 전환하는 획기적인 전략이다. 군형은 단순히 부대 배치만이 아니라 여러 전력 발휘 요소(보급지원, 사기앙양책) 등을 응집하여 최대의 전력이 발휘되도록 조성된 전투태세인데, 해상전투지휘관 이순신은 견내량(Choke Point)을 봉쇄하기 위해 한산도에 본진을 옮겨서 설치함으로써 적에 대한 지정학적·전략적 우세를 달성하려고 하였다.

본진을 떠난 장기 출동의 어려움

바다와 수군의 특성상 아직 해상의 파고와 바람이 높지 않은 음력 8~9월 이전이라야 배를 부려 적을 제어할 수 있는데, 점점 겨울이 되면 바람이 세어지고 파도가 일어나면 배를 부리기 어려운 형편이 된다. 그리고 전라도 수군들이 본영을 뒤로하고 5개월 동안 먼바다에서 진을 치다 보니 군정(軍政)이 풀어지고 예민한 기질도 꺾였으며, 여기에 **전염병(傳染病, 역병)**도 크게 번졌다.

위의 8월 〈장계〉에 보면, 전라좌수군 6,200여 명 중에 전염병에 의한 병사자가 600여 명이나 되는데, 이들은 전라좌수군의 10%에 해당하는 인력이었고, 전염병으로 죽은 자는 모두 건강하고 활을 잘 쏘며 배도 잘 부리는 토병(土兵)과 보자기(鮑作)들이었다. 수백 명의 전투 유경험자들이 전염병으로 죽으면서 좌수영 수군 전력에 엄청난 손실이 발생한 것이다.

또 〈난중일기〉를 보면 알 수 있듯이, 전라좌수사 이순신은 2월 6일에 출항하여 경상도 해역으로 출전한 이후 3월 6~8일간 웅포해전 등 4월 3일 진해 웅천 해역에서의 해안봉쇄를 마칠 때까지 약 60일간의 장기간을 출동하였다. 잠시 여수 본영에 복귀하여 녹초가 된 몸을 회복하는 중에도 이순신은 2달 동안 미뤄졌던 공무를 수행하였고, 5월 7일 다시 출항하여 그해 8~9월경 한산도에 삼도수군통제영의 군사시설들이 완비될 때까지 **전선 안에서 수군들과 같이 생활했다**.

계사년 9월 15일 이후의 일기가 없기 때문에 정확한 장기 출동 일수는 파악하기 어려우나 - 9월 이후 한산도에서의 군영 생활이 가능했을 것이다 - 그때까지만 해도 120일 이상의 장기 출동이란 점을 고려할 때 전라 좌·우수영 수군에게는 정말로 지루하고 힘겨운 시간이었을 것이다.

현대의 군함은 승조원들의 생활 여건이 잘 마련되어 숙식에 전혀 문제가 없지만, 임진왜란 당시의 판옥선, 거북선, 협선 등에서의 **선상 생활**은 여간 힘겹고 어려운 것이 아니었다. 〈난중일기〉에도 이순신은 대장선 안에서 배의 봉창(篷窓, 배의 창문, 현창) 아래에 웅크리고 앉아 깊은 시름에 쌓이기도 하고, 매달 두 번씩 대장선에 연기를 그을려 배의 부식 방지를 위해 청결하게 할 때면 좌별도선에 옮겨 타서 지내야 했다. 한번은 비가 내려 판옥선에 비가 새지 않는 곳이 없다면서, 이순신도 앉아 있을 만한 마른 곳이 하나도 없다고 투덜거리며 한심스러워 하기도 한다.

이순신은 때로는 휘하 장수의 함선에 찾아가 장수들과 전술토의(戰術討議)도 하고, 음식과 술을 장만하여 회포를 풀기도 하였으며, 몸이 아플 때면 홀로 배 안에서 끙끙대며 고생을 감수해야 했다. 또 5월 26일부터 6월 9일까지 장맛비가 올 때는 배에서 내리는 장대비를 고스란히 맞아야 했다. 수십 일이나 괴롭히던 장맛비가 비로소 개이자, 진중의 장병들이 기뻐하지 않는 이가 없다는 6월 9일 자 일기는 당시의 함선 생활이 얼마나 고된 일인가를 충분히 짐작하게 한다.

전단이 즉묵을 지켜냈듯이 이순신은 견내량을 지켜냈다

계사년(1593년)에 접어들면서 **왜란은 이순신도 어쩔 수 없는 상황으로 전개되어 가고 있었다.** 여기서 이순신은 생각을 늦추지 않고 몰입과 창의로 이 난관을 뚫고 나갈 방책을 고민한다. 천군(天軍)이라는 명나라 군사들은 하는 일 없이 허송세월하며 끝내 적을 격멸한다는 기별이 없고, 왜구들은 부산에서 진해 웅천에 이르는 길을 소굴(巢窟)로 만들어 마치 제집처럼 드나들고, 우리 수군들은 바다 위 누추한 배 안에서 자고 먹으며, 때로는 굶고 전염병에 병들어 죽어 나갔다.

또 적을 공격할 별다른 계책이 없는 마당에 해상전투지휘관 **이순신의 몰입은 한산도 이진이라는 강경한 승부수**를 던져서 이 모든 상황을 타개하려고 노력하였다. 이순신이 보인 몰입의 결과, 한산도에 이진하여 수군들의 불필요한 장거리 이동 소요를 줄이면서 견내량을 지켜내어 적의 동태를 수시로 파악하고, 명군들과의 연락을 수시로 하면서 **왜 수군의 서진(西進)을 차단하는 창의적이고 전략적인 결과**를 낳았다.

물론 해상에서의 **최선책(最善策)**은 적을 바다에서 섬멸(殲滅)하는 것인데, 도요토미 히데요시의 해전금지령으로 인해 적과의 해전이 발생하지 않는 소강상태였다. **차선책(次善策)은 한산도로 진영을 옮겨 적의 해로(견내량)를 차단하는 것**이었는데, 이순신의 이 판단이 성사되어 장거리 원정 출동에 따른 부담을 줄이면서 적의 목에 비수를 꽂는 '신의 한 수'가 되었다. 이순신은 스스로 이 결정을 제나라 전단(田單)이 즉묵(卽墨)을 지켜 전세(戰勢)를 역전시킨 일에 비유하였다.

중국 '전단(田單)의 고사'를 언급하는 대목은 계사년(1593년) 11~12월경, 이순신이 지인에게 보낸 편지에 보인다(편지 내용을 살펴보니, 前 전라도관찰사 이광(李洸)에게 쓴 것으로 추정된다).

(전략) 이렇게 하여 5번 출동에 적을 맞아 14번이나 싸워 이겼던 것(이순신의 출전 카운트 방식)은 이미 8개월이나 지났습니다. 대개 국방(國防)이 한번 실패하면, 그 해독(害毒)은 중앙(조정)에까지 곧 미치게 됩니다. 이것은 실로 제가 이미 체험한 것입니다. 저

의 어리석은 계책은 먼저 옛 전례(戰例)를 따라 변방을 방어해야 하겠습니다. 차츰차츰 조사하여 군사와 백성들의 고통을 구하는 것이 지금으로서는 급한 일입니다.

나라의 운명이 호남에 달려있는 것은, 마치 제나라의 거현(莒縣)이나 즉묵현(卽墨縣)과 같이 항복하지 않다가 공격해 온 연나라를 격파하고 국토를 회복하였던 것처럼 곧 전쟁이 끝나지 않고 할 일이 있다는 것입니다. 올바른 것은 몸을 온전히 하는 것과 같으니 (후략)

계사년(1593년) 2~4월의 웅포해전을 이순신의 제5차 출동으로 본다면, 위의 편지는 계사년 연말에 쓴 안부 편지가 아닌가 판단된다. 여기서 이순신은 현장에서 승리의 중요성을 강조한다. "**국방이 한번 실패하면 그 해독이 중앙에 미친다**"는 말이 그것이다.

또 "**옛 전례를 따라 변방을 방어한다**"는 말은 그해 8월에 있었던 '한산도 이진'과 관련된 언급으로 보인다. 제나라의 전단이 즉묵을 지켜서 연나라의 공격을 물리쳤던 전례처럼 함대를 적의 목구멍에 해당하는 거제 땅 한산도로 옮겨서 함대의 장거리 출전에 따른 노고를 줄이면서 **견내량이라는 요로(要路)**를 굳게 지켜 왜군의 서해 진출을 차단하고, 또 기회를 보아 적을 기습함으로써 적에게 **치명타**를 가할 수 있다는 것을 의미한다.

이순신은 즉묵(卽墨)을 굳게 지키고 '**화우지계(火牛之計)**'를 써서 적을 기습했던 **전단의 사례**처럼 자신도 견내량을 굳게 지키면서 전력을 보전하고 적의 동정을 잘 살펴 기습을 통해 적을 짓밟겠다는 의지를 기술한 것이다. 이순신에게 군사와 백성들의 고통을 구하는 것은 한산도로 이진하여 견내량을 굳게 지키는 것이고, 이것이 바로 나라를 걱정하는 **이순신의 충성심과 책임감**이었다.

[칼럼 10] 〈난중일기〉로 본 이순신의 진중생활 (1)
- 중심을 잃지 않고 삶의 다양한 모자이크를 마주하다

계사년(1593년) 8월 이후 이순신은 조정으로부터 삼도수군통제사 겸 전라좌수사로 임명되었고, 한산도로 진을 옮긴 후 본격적인 진중생활(陣中生活)을 시작했다. 〈손자병법〉에도 용병을 잘하는 자는 상하 일치를 도모하며, 군대의 편제, 규율 및 군수지원을 갖추는 자이고, 능히 승패를 자유자재로 결정할 수 있는 자이며, 그렇기에 전투의 주도권(Initiative)을 쥔다고 했다. 이순신은 **즉묵을 굳게 지킨 전단**처럼 한산도에서 견내량 너머의 적들을 막아내면서 한편으로는 전력을 증강시켜야 했다. 이때 이순신의 고민과 노심초사(勞心焦思)가 그의 일기에 잘 나타나 있다. 여기서는 계사년(1593년) 8월에서부터 갑오년(1594) 8월까지 약 1년간 한산도 진중 생활을 통해서 삼도수군통제사 이순신의 모습을 살펴본다.

원균과의 갈등, 그리고 종일토론

이순신은 계사년 8월 조정의 명에 따라 삼도수군통제사의 직책을 수행하게 된다. 같은 직위의 절도사(전라좌수사/우수사, 경상우수사) 간의 위계(位階)를 분명히 하고자 늦게나마 조정에서 삼도수군통제사(三道水軍統制使)를 급편하여 지휘체계를 확립한 것이다. 이순신은 8월 15일경 삼도수군통제사의 임명교서(任命敎書)를 확인한 듯하다. 이와 관련한 흥미로운 일기가 보인다.

계사년 8월 1일, 맑다. "새벽꿈에 큰 대궐에 이르렀다. 모양이 마치 서울과 같았다. 기이한 일이 많았다. 영의정이 와서 인사를 하기에 나도 답례를 하였다. 임금의 파천(播遷)하신 일을 이야기하다가 눈물을 뿌리며 탄식하는데, 적의 형세는 이미 종식되었다고 하면서 서로 의논할 때 좌우 사람들이 무수히 구름같이 모여드는 것이었다."

이 기간에 경상우수사 **원균과의 갈등**이 점점 일기에 드러난다. 지난해 한산대첩 이후 원균과는 거리가 멀어지기 시작했다. 원균이 한산도에 숨어든 잔적 400명을 섬멸치 않고 경계를 풀고 가버림으로써 이순신과의 약속을 어겼기 때문이다. 이후 계사년 7월말의 수상한 보자기 사건도 원균의 지시였고, 8월 6일 도원수(都元帥)와의 토론에서도 원균이 걸핏하면 모순된 이야기를 한다고 (원균의 행동이) 우습다고 적었다. 이어서 8월 7일, 이순신은 드디어 갈등이 고조되어 폭발한 듯, 원균과 그 수하는 '불신의 아이콘'이라고 적고 있다.

"원균 수사와 그의 군관은 항상 헛소문만 내기를 좋아하니 믿을 수가 없다."

삼도수군통제사의 명령이 있고 난 8월 19일에도 해상지휘관회의 때 원균은 음흉하고 도리에 어긋난 일이 많았다고 이순신은 일기에 적고 있는 것으로 보아, 원균은 삼도수군통제사가 된 이순신을 용납지 못하는 모습이다. 8월 26일에도 원균은 술을 먹고 잔뜩 취하여 망발하며 음흉하고도 도리에 어긋난 말이 해괴하다고 적었으며, 또 8월 28일에도 원균이 음흉하고 간사한 말을 많이 했다고 몹시 해괴하다고 적고 있다(필자의 생각에는 이순신이 삼도수군통제사가 되었음에도 원균은 사석이나 술자리에서 은연중에 자신이 선배임을 드러내어 술 취한 척 반말을 하거나, 술좌석에서나 토의 중에도 이야기를 자기 주도로 가져가려고 했을 것으로 판단된다. 어찌 보면 후배 이순신이 미워 원균에 의해 자행된 일종의 격장법(激將法)인데, 이때부터 공공연히 통제사 이순신을 화나게 만드는 짓거리를 저지른다. 원균이 빌런(악당)으로 변하는 순간이다. 그래서 이를 지켜보던 군사들도 차츰 원균을 꺼렸다. 상급자를 존중하지 않는 못난 원균이 되어버렸다).

8월 30일 원균은 전선을 한산도에서 견내량 너머의 영등포로 옮겨가자고 독촉한다. 이 말을 들은 이순신은 (원균이) 음흉하다고 말한다. 그러면서 이순신은 원균이 (이미 전쟁 전에) 전선 25척을 흩어버리고 단지 7~8척을 가지고 마치 자신이 주장(主將)인 것처럼 말한다고 적었다. **이순신도 더 이상 화를 참지 못하고, 이순신의 기분도 다소 감정적으로 흐르고 있다.** 또 이순신의 선배로서 원균의 입장을 모르는 바가 아니나 전략적 식견이 부족한 원균과 지장(智將) 이순신의 갈등은 계속해서 불거진다. 원균은 이때부터 이순신을 본격적으로 중상(中傷)한 듯하다. 원균은 실로 이순신에게서 난육(卵育, 어미새가 새끼알을 품듯이 기름)을 받은 은혜가 진실로 대속(代贖)할 수 없을 정도로 적지 않은데도, 원균은 (조정의 처벌 대신 품계를 받은) 뜻을 이룬 뒤부터는 도리어 시기하는 마음을 품고 이순신을 해치는 짓이 이르지 않은 곳이 없었으며, 이순신은 "바다의 왕[海王]"이라는 말까지 지어내어 퍼트려 모함하였다.[9] 이때 조정은 재빨리 선배 원균을 다른 보직으로 전출시켰어야 했다.

반면, 통제사가 된 이순신은 자신이 주요하게 생각하는 인물과는 **종일토론(終日討論)**을 즐겼다. 계사년 8월 16일 이순신은 일본에 피로(被擄, 포로로 끌려감)되었다가 돌아온 경상우수영 **군관 제만춘(諸萬春)**의 분하디 분한 그의 포로 생활 사연을 듣고 종일토론하고 헤어졌으며, 9월 3일에는 한때 전라좌수영의 조방장이었던 노장 **충청수사 정걸(丁傑)**과 서로 판옥선을 결박하고 종일토론 하였다. 아마도 계사년 초 행주대첩에서 승부의 결정적 공헌을 했던 화살 다발을 전달한 뒷얘기와 향후 일본과의 대치상황 등에 대한 토의였을 것이다. 또 갑오년(1594년) 2월 19일 이순신은 **손충갑(孫忠甲)**과도 종일토론 한다. 왜적을 토벌하는 일에 남다른 식견을 갖춘 그에게 이순신은 감개(感慨, 마음속 깊은 감동)함을 이길 길이 없다면서 감동하여 종일토론 하였다. 그리고 갑오년 2월 28일과 29일 양일간 이순신은 그의 **문관 종사관 정경달(丁景達)**과 종일토론 한다. 선산부사를 지낸 정경달은 이때 본영의 군수를 책임지는 자로서 둔전 경영과 감독 등에 탁월한 능력을 보였으며, 이순신과 호흡이 잘 맞았다. 2월 28일 아침부터 활터 정자로 올라가 종일토론하고, 29일에는 아침밥을 같이 먹고 전별의 술을 나누며 종일토론 했다. 한편, 이순신은 이 시기 전쟁으로 피로해진 백성들과 피난민들의 삶을 구제하고자 둔전(屯田, 주둔군의 군량 마련을 위해 경작한 밭)을 경영하여 여수의 돌산도, 고흥의 도양장 등을 개간하였으며, 종사관 정경달이 열심히 임무를 수행하였다.

운주당을 만들어 모두 소통하게 하다

이순신의 〈난중일기〉에는 운주당(運籌堂)이 없다. 운주당은 류성룡의 〈징비록〉과 이분의 〈행록〉에 언급된 것으로 보아 류성룡과 이분은 각각 이순신의 수하들에게 득문하였거나, 이순신이 류성룡 등에게 보낸 편지에서 확인한 듯하다. 류성룡의 〈징비록〉에 따르면, 통제사 이순신은 계사년(1593년) 8월 이후 한산도에 있을 때 운주당(運籌堂)이라는 집을 짓고, 밤낮으로 그 안에 거처하면서 여러 장수들과 전쟁에 관한 일을 함께 의논했다고 한다. 비록 지위가 낮은 군졸일지라도 전쟁에 관한 일을 말하고자 하는 사람에게는 자신을 찾아와서 말하게 함으로써 군중의 사정에 통달했으며, 매양 전투할 때마다 부하 장수들을 모두 불러서 계책을 묻고 전략을 세운 후에 나가서 싸웠기 때문에 패전하는 일이 없었다.

원래 운주당이라는 말은 '운주유악(運籌帷幄)'에서 비롯된 말이다. "운주유악", "장막(유악) 안에서 꾀를 낸다"는 뜻이다. 운주당은 당시 여느 관아에서 볼 수 있는 시설물이었지만, 이순신은 이 "작전회의실"을 민주적이고 창의적인 소통공간으로 활용하여 중요한 작전을 구상할 때와 출동 직전 모여서 전투의지를 다지는 장소로 썼다. 무엇보다 '운주당이 의미 있는 것'은 이순신이 운주당을 통해 병사들의 목소리 하나하나도 놓치지 않고 새겨들어서 **하의상달의 언로를 텄다**는 점이다. 작전회의를 하는 동안 이순신은 **운주당의 문턱(threshold)을 없애고**, 그 분야에 전문성을 가진 사람이라면 지위가 낮은 수병이라도 회의에 참여시켰다. 또 그 의견이 타당할 경우, 작전 수립에 반영하였고, 이러한 제안을 한 수병에게 포상하는 등 적극적으로 동기를 부여하였다.

그런데 어느 순간 이 운주당의 운영이 퇴색되었다. 정유년(1597년) 2월 이순신을 대신하여 모리배 원균이 삼도수군통제사가 된 이후부터다. 원균은 자기가 사랑하는 첩과 함께 운주당에 거처하면서 울타리로 운주당의 안팎을 막아버려서 여러 장수들은 그의 얼굴을 보기가 드물게 되었다. 또 술을 즐겨서 날마다 술주정을 부리고 화를 내며, 형벌 쓰는 일에 법도가 없었다. 기분 내키는 대로 처벌을 일삼았다. 병사들이 군중(軍衆)에서 가만히 수군거리기를 "만일 적병을 만나면 우리는 달아날 수밖에 없다"고 했고, 여러 장수들도 서로 원균을 비난하고 비웃으면서 또한 군사 일을 아뢰지 않아 그의 호령은 부하들에게 시행되지 않았다. 리더의 중요성은 이렇게 쉽게 대비된다.

같은 공간 운주당에서 이순신과 원균, 두 장수의 활용이 어찌 이리도 차이가 크단 말인가! 수병의 목소리도 놓치지 않았던 이순신의 **소통(疏通)**과, 금단의 장막을 쳐놓고 기첩을 낀 채 풍악을 울렸던 원균의 **불통(不通)**이 적나라하게 드러난 정반대의 장면이다. 하지만 이순신의 운주당은 다시 명예 회복하게 된다. 정유년 이순신은 백의종군 후 다시 삼도수군통제사가 되었고, 명량해전으로 그가 살아있음을 그래서 조선을 함부로 범할 수 없음을 왜적들에게 통고하였으며, 통제영을 옮길 때마다 운주당을 세웠다. 명량해전이 끝난 후 월동하던 고하도나 그 이후에 이진한 고금도에도 이순신은 다시 운주당을 건립하여 그간 퇴색된 운주당을 원래대로 복원함으로써 부하들과의 소통을 강조했던 것이다. 그래서 임진왜란이 끝날 때까지 운주당은 소통공간으로 지속적으로 활용되었다.

어머니와의 이별, 그리고 진중생활의 어려움

갑오년(1594년) 연초에 통제사 이순신은 어머니가 계신 여수(전라좌수영)로 **전쟁 중 휴가**를 가게 된다. 이때 이순신의 나이 오십, 지천명(知天命)이다. 1월 12일, 여러 날 어머니를 섬기다 휴가가 끝나 하직하는 자리에서 어머니의 말씀이 이순신을 울린다. "잘 가거라. **부디 나라의 치욕을 크게 씻어라**" 이순신의 어머니 초계 변씨는 아들 이순신을 두 번 세 번 타이르며, 조금도 자식이 떠나는 뜻이 싫어 탄식하지 않았다. 과연 그 어머니에 그 아들이다.

갑오년(1594년) **역병(疫病)의 창궐(猖獗)**로 수군 함선의 노련한 군졸들이 죽어 나간다. 또 군복과 침구류 등 수병들에 대한 보급도 제대로 이뤄지지 않아 차가운 배 안에서 추위에 떠는 모습이 일기 속에 고스란히 나온다. 갑오년 1월 20일 휴가를 마치고 한산도로 돌아온 통제사 이순신은 비참한 전장의 현실을 마주한다.

"추위가 살을 도려내는 듯하여 여러 배에서 옷 없는 사람들이 거북이처럼 웅크리고 추위에 떠는 소리는 차마 듣지를 못하겠다. 군량미조차 오지 않으니 더욱 민망스럽다. (중략) (역병으로) 병들어 죽은 자들을 거두어 장사(葬事) 지낼 차사원(差使員)으로 녹도만호(송여종)를 정하여 보냈다."

그 이튿날 통제사 이순신은 차사원 녹도만호(송여종)로부터 역병으로 죽은 사람들이 214명이라는 보고를 받는다. 바야흐로 백성들에게 역병이 창궐한다. 안타깝게도 갑오년 3월 3~5일간 제2차 당항포해전을 마친 후에 **이순신 자신 또한 역병에 걸린 듯한 모습을** 일기에 남긴다. 3월 6일 이순신은 역병이 발병한 듯 몸이 몹시 괴로워서 앉고 눕기조차 불편하다고 호소한다. 이후 이순신은 기운이 더욱 축나고 종일 아파하기 시작했다. 3월 27일까지 약 3주간 이순신은 병치레를 계속하였다.

그때의 초췌한 이순신을 보고 문과 동기생 고상안(高尙顏)은 〈태촌문집〉에, 통제사 이순신의 당시 병약한 얼굴을 묘사하였다.

"통제사(이순신)는 과거시험에 같은 해 합격한 이로, 며칠을 같이 지냈는데 그 말의 논리와 지혜로움은 과연 난리를 평정할 만한 재주였으나 얼굴이 풍만하지도 후덕하지도 못하고 상(相)도 입술이 뒤집혀서 마음속으로 여기기를 '복장(福將)은 아니구나' 하였는데 불행하게도 나국(拏鞫, 죄인을 잡아다 신문함)의 명이 있었고, 다시 쓰이기는 하였으나 겨우 1년이 지나서 유탄을 맞고 고종(考終, 제명대로 살다가 편안히 죽음)하지 못하였으니 한탄스러움을 어찌 금하랴!"

고상안이 본 이순신의 초췌한 모습은 통제사 이순신이 왜란 중 치열한 전투와 왼쪽 어깨의 관통상, 기근(饑饉)과 역병(疫病)으로 수백 명의 병사와 백성들이 죽어 나가는 험난한 세월을 지내오면서 얻은 **상흔(傷痕)**이자 **훈장(勳章)**과도 같은 것이었다.

갑오년(1594년) 3월 당시 이순신의 일기를 보면, 위의 언급처럼 이순신은 21일간을 몸이 아파 고생했다. 몸이 불편하다가 열이 나고 신음하며 병석에 누워 보낸 것이 아마도 그 당시 유행하던 역병에 걸렸던 것으로 보인다. 이때 이순신의 자제들이 부친이 휴양하기를 권하였으나, 이순신은 **"장수된 자가 죽지 않았으니 누울 수가 있을 것이냐"**라면서 계속 공무를 보았다. 4월 초9일에 당시 좌수영 조방장이었던 **어영담(魚泳潭)**이 역병으로 그만 세상을 떠난다. 이때 수군의 10%나 되는 병력이 역병으로 사망했다. 이순신도 거의 죽다가 살아났다. 그러다 보니 삼가 현감 고상안이 볼 때 얼굴도 풍후하지 않고 입술도 위로 말려 올라간 것처럼 보였을 것이다.

통제사 이순신의 노력에도 불구하고 한산도 진중생활의 어려움은 쉽게 나아지지 않았다. 〈선조실록〉 을미년(1595년) 5월 19일 기사에 보면, 판옥선 격군들의 승선 생활의 어려움을 살필 수 있다. 지금과는 천양지차(天壤之差)이다.

(전략) "한산도(閑山島)의 주사(舟師, 수군) 격군(格軍) 1명에게 하루에 주는 쌀은 5홉이고 물은 7홉(약 1리터)이다. 그런데 한번 배를 타게 되면 교체되어 돌아갈 길이 없으며, 병이 들면 물에 밀어 넣어 버리고, 굶주리면 산기슭에 죽게 내버려두어 한산도의 온 지역이 귀신 동네와 같다고 하였습니다. 가장 흔한 물까지도 홉으로 계산하여 나눠주는 지경에 이르렀으니, 이것은 예전에 들어보지 못한 일입니다. 기갈이 함께 겹치면 머리를 맞대고 죽는 것은 괴이한 일이 아니나, 사람들의 기(氣)를 상하게 하여 참혹한 정상을 차마 말할 수 없습니다(쌀 5홉은 1홉=150g 기준 750g으로, 이것으로 밥을 지으면 약 1,500g 정도, 햇반 210g 7.5개 분량이다. 하지만 고봉밥을 먹었던 당시에는 하루 세끼로 부족한 양이다).

섬 안에 샘이 많지 않고 또 진영과 멀리 떨어져 있어 물을 길어오기에 불편하므로, 일상생활에서도 늘 물이 떨어질까 걱정되어 마음대로 쓰지 못하며, 얼굴을 씻거나 옷을 빨지도 못하여 더러운 냄새에 찌들고, 서캐가 물고 역질이 생겨 그로 인하여 죽는 것이라고 합니다. 이는 모두가 주장(主將)이 사졸을 돌보지 않고 동고동락하는 의리를 모르는 소치이니 (후략)"

[칼럼 11] 〈난중일기〉로 본 이순신의 진중생활 (2)
- 당혹스러운 안개 속을 담담하게 헤쳐가다

전력 증강을 위한 무기체계 관점의 진중생활

해상전투지휘관 이순신은 한산도 이진을 준비하면서 전력 증강을 누차 강조하였다. 〈난중일기〉에 보면, 6월 22일 배를 만들기 위한 자귀질을 시작하였고 8월 17일 새로 만든 배를 낙괴(落塊)하여 바다에 띄웠다고 적고 있다. 이를 통해 보면, 전선 한 척을 만드는데 약 두 달(55일) 정도 걸렸다는 것을 알 수 있다.

이순신의 부하 정사준(鄭思竣, 1553~?)이 왜적의 조총을 연구하여 **정철총통(正鐵銃筒)**을 만든다. 이순신은 장계를 통해 정철총통의 우수성을 설명하고, 이를 만든 정사준의 노고에 대한 치하를 조정에 건의하였다. 정철총통은 조선군의 개인화기인 승자총통이 일본군의 조총에 비해 총 포신이 짧아 비거리가 떨어지는 문제가 있어, 조총의 긴 총 포신을 모방하여 만든 물건이다. 이후 조선에서 조총을 완전히 모방한 총기 개발에 성공하자 정철총통은 사장(死藏)되었다.

이 당시 판옥선의 승선 인원은 대략 132명이었다. 전력 증강은 계

확대로 진행된 듯하다. 갑오년(1594년) 1월 25일 일기를 보면, '새로 만든 배를 돌아오게 하려고 사부와 격군 132명을 보냈다'고 적고 있다. 전선이 제작 완료되었다는 조선소의 보고에 통제사 이순신은 함선 인수요원 132명을 파견하여 함선을 기동시켜 한산도에 복귀시킨다. 매년 몇 척의 함선이 새로 건조되었는지는 정확히 알 수 없다. 그러나 이후에도 일기에는 함선을 만드는 일이 간간이 적힌다.

전력이 증강된 한산도의 장관은 갑오년(1594년) 5월 10일 일기에 보인다. 임진년 해전의 승리가 총통 등 화포와 판옥선의 우수한 성능에 따른 결과라는 것을 인식하고, 이순신은 전선 건조와 더불어 총통, 화약 등 화기 준비에도 심혈을 기울였다. 비가 온 한산도 군항에 닻을 내린 많은 전선을 바라보는 통제사 이순신의 마음이 뿌듯하다.

"비가 내렸다. 새벽에 일어나 창문을 열고 멀리 바라보니 우리의 많은 배들이 바다에 가득 차 있다. 적이 비록 쳐들어온다 해도 능히 섬멸할 만하다."

적정 대응을 위한 전략전술 관점의 진중생활

계사년(1593년) 7월 중순 한산도로의 이진을 결심한 이순신은 기민한 사도첨사 김완과 방답첨사 이순신을 적진 가까이에서 복병대장(伏兵隊將)으로 운용하며 적의 동태를 세심하게 살핀다. 7월 28일 복병대장 김완이 왜놈 옷으로 변장하고 그 하는 짓거리가 매우 꼼꼼한 보자기[鮑作, 포작, 공납을 위해 물질을 하거나 해산물을 채취하는 사람]를 잡아 추궁하니, 경상우수사 원균이 시켰다고 진술하는 일이 발생하였다. 어찌 된 일인가? 우군이 하는 일을 우군이 서로 모르는 상황이다. 이순신과 원균 간 갈등의 단면을 볼 수 있다.

이순신이 본 경상 수군의 수준은 이순신의 기대에 미치지 못했다. 계사년(1593년) 이순신의 장계를 보면, 경상도는 탕패(蕩敗, 자산을 탕진)한 나머지 선부(船夫, 뱃사공)와 격군(格軍, 노꾼)이 더욱 엉성할 뿐만 아니라 진을 친[結陣, 결진] 곳이 본도(경상도)이므로 일정한 양상이 없이 번갈아 쉰다면서 경상 수군의 기율이 명확하지 못했음을 말하고 있다. 이는 정유년(1597년) 칠천량 패전 이후 경상우수사 배설(裵泄)이 후퇴시킨 12척 함선들의 수준도 마찬가지였을 것이라는 짐작이 가능하다.

이순신은 적의 기습에 대비한 함선들의 **출동태세를 점검하였는데**, 계사년 8월 25일에는 꿈에 적(敵)의 모양이 있어서 새벽에 각 도(道)의 대장들에게 지시하여 외해로 나가 진을 치게 한 후 상황을 살피다 해 질 무렵에 한산도 안쪽 바다로 다시 돌아왔다. 계사년의 〈장계〉에 보면, 이순신은 각 수영 함선의 한산도에서의 생활과 태세 여건을 고려하여 함선 장병의 휴가와 함선 정비를 지시하되, 한산도에는 즉각출동(卽刻出動) 할 수 있는 50여 척의 배를 항상 머물러 두어 사변에 대비하게 하였다. 또 이순신은 〈장계〉를 통해 육상의 일을 대비하기 위해 '**수군을 징발하는 일을 막아달라**'고 조정에 건의한다.

"근간의 적세를 살펴보면, 육지 쪽 웅천(진해) 등지의 적이 거제로 왕래하면서 무상으로 모였다 흩어졌다 하는바, 적들의 흉모(凶謀)와 비계(祕計, 은밀한 꾀)를 예측하기 어렵습니다. 수군에 소속된 정예군사 한 명은 능히 백 명의 적을 당적(當敵)해내는 것이므로 도저히 뽑아내어 보낼 수 없다는 사유를 들어서 우선 회답하였습니다."

갑오년(1594년) 2월 13일, 경상수군에서 적정을 살피러 견내량을 통해 진해만으로 나갔다가 돌아올 때 적선 8척이 고성 땅 춘원포에 정박하는 것을 보고하면서 기습을 하자고 건의하자, 이순신은 군관 나대용을 원균에게 보내 이순신(삼도수군통제사)의 의도를 전달하게 한다.

"작은 이익을 보고 들이치다가 큰 이익을 이루지 못할 우려가 있으니, 아직 가만히 두었다가 다시 적선이 많이 나오는 것을 보고 기회를 엿보아 무찔러야 합니다."

결국, 20일 후인 3월 초3일, 적선 20여 척이 이순신의 본진에서 전진 배치된 복병과 척후들의 레이더망에 들어오게 되고, 제2차 당항포해전으로 이어진다. 지천명(知天命, 나이 50살)의 이순신은 일의 형세[事勢, 사세]를 읽을 줄 알았다. 이것이 지장(智將) 이순신의 모습이다.

갑오년, 제2차 당항포해전

갑오년(1594년) 3월 3일, 고성 땅 벽방산의 척후장(제한국)이 보고하기를, "왜 대선 10척, 중선 14척, 소선 7척이 거제 땅 영등포에서 나오다가 20척은 고성 땅 당항포로, 7척은 진해 땅 오리량(진동), 3척은 저도(마산 구산면)로 모두 향해 갔다"는 내용의 보고를 받고, 이순신은 곧 배를 소집 지시하고, 경예선(輕銳船) 30척을 우조방장(어영담)이 거느리고 가서 적을 무찌르라고 지시하였다.

3월 4일 새벽, 이순신은 또 전선 20척을 견내량에 대기시켜 불의의 사태를 대비케 하고(전략적 예비 및 우발계획 수행), 삼도(충청, 전라, 경상수군)의 가볍고 빠른 배(경예선)에 노련한 좌척후장 사도첨사 김완, 우척후장 여도만호 김인영, 귀선돌격장 이언량 등 30명의 장수를 선발하고, **우조방장 어영담(魚泳潭)을 장수로 삼아 경예함대를 이끌고** 당항포와 오리량 등지의 적선이 머물고 있는 곳을 기습하도록 하였다.

그리고 삼도수군통제사 이순신은 전라우수사(이억기), 경상우수사(원균)와 함께 대군을 거느리고 영등포 앞바다의 실리도 해상에서 **학익진(鶴翼陣)**을 형성하여 진해만을 가로로 끊어서 앞으로는 군사의 위세를 보이고 뒤로는 적의 퇴로를 막았다. 이후 조방장 어영담은 여러 장수들에게 한꺼번에 협공을 지시하여 적선 8척을 진해 땅 읍전포(현재의 진동면)와 시굿포(창원시 마산합포구 덕동)에서 쳐부수었다.

또 당항포에 들어와 정박해 있는 왜선이 21척임을 확인하고, 날이 저물어 어영담 경예함대는 당항포 포구를 가로막고 밤을 지샜다. 임진년(1592년) 당항포해전에서 언급한 대로, 당항포는 막다른 곳이라 들어가는 입구는 있고 다른 출구가 없는 지형적 특성이 있었다.

이튿날(3월 5일) 어영담의 경예함대는 당항포를 기습하여 빈 배 21척을 모조리 불태우고 돌아왔다. 왜군들이 비록 배를 버리고 도망쳤으나 이순신은 만일 수륙(해군과 육군)이 상응하여 일시에 합공했더라면 적을 거의 섬멸할 수 있었을 것이라며 아쉬워하였다. 이 날 수군 총원이 바다에서 합세하여 포성으로 하늘을 진동케 하고 동서로 진을 바꾸어 엄격한 모습을 보여줌으로써 주변에 웅거한 적들이 스스로 복병하던 막집을 불태우고 굴속으로 숨게 만들었다. 그러나 안타깝게도 이 제2차 당항포해전의 영웅, 어영담은 그만 4월 9일 역병에 걸려 세상을 떠나고 만다. 임진년 정운에 이어 갑오년 어영담의 죽음은 이순신을 더욱 외롭게 했다.

한산도에서 전쟁의 불확실성을 깬 이순신

우리는 위에서 계사년(1593년) 7월 한산도 이진 이후 약 1년간 이순신의 한산도 진영에서의 활동을 트리니티의 관점(리더십-무기체계-전략전술)을 통해 살펴보았다. 통제사가 된 이순신은 외부의 적과 싸우면서도 꼭 필요한 사람과는 종일토론의 시간을 가졌고, 내부의 모리배 원균 등과도 대응해야 했다. 한편, 통제사 이순신은 부족한 군수지원 문제를 해결하면서 수병생활의 어려움도 피부로 느꼈고, 또 판옥선의 건조, 함포의 제작, 정철총통의 개발 등을 통해 전력을 증강시켰다. 즉묵을 지킨 전단(田單)과 같은 지장, 이순신은 예하의 복병대장과 척후장을 통해 적진을 예의주시하면서 예지력을 발휘하여 가끔은 긴급출항으로 예하 판옥선의 전투준비태세를 가다듬었고, 기습적인 제2차 당항포해전을 통해 접적 해역의 적들에게 경종을 울렸다.

우리가 장수 이순신을 멀리 떨어져서 쳐다보았을 때는 모든 일들이 순조롭게 지나간 듯하였다. 한산도의 바다는 해상 경계의 움직임으로 함선들이 제각각 분주하지만, 저 멀리 수평선이 펼쳐져 있고, 또 밤이 되면 쏟아질 듯한 별들을 보면서 옛 정서도 떠올리고 생각의 크기도 키울 수 있을 것만 같다. 그러나 그때의 일들을 〈난중일기〉와 〈장계〉를 통해 촘촘히 톺아보니, **새벽 바다에서 정말 한 치 앞도 알 수 없는 두렵고 당혹스러운 안개(불확실성) 속을 빠져나갈 때가 연상되고, 이를 기욕(嗜慾, 기꺼이 즐김)과 담략(膽略, 담력과 지략)의 해상전투지휘관, 통제사 이순신은 자신의 모든 감각을 총동원하여 조심조심 그러나 과감하게 항해하였음을 알게 되었다.**

[칼럼 12] 류성룡과 이원익의 무한신뢰
- 한두 사람의 지음(서로를 알아주는 이)을 만난다

서애 류성룡과 여해 이순신의 텔레파시

서애 류성룡(西厓 柳成龍, 1542~1607)과 여해 이순신의 관계는 〈난중일기〉에서는 임진년(1592년) 3월 5일부터 시작한다. 그러나 그 이전에 두 사람의 관계에 대해서 선행학습이 필요하다. 먼저 서애 류성룡에 대해 알아보자. 후대의 정조(正祖)는 〈홍재전서(弘齋全書)〉 '일득록'에서 류성룡을 몸보다 정신이 큰 인물로 호평하면서 좋은 경륜과 계책을 가지고 **심모원려(深謀遠慮)**[10]한 재상, 우리나라의 '장량(張良)[11]'이라고 평가하고 있다.[12]

서애 류성룡은 젊어서 퇴계에게서 수학하였다. 임진왜란을 만나 전장의 급보가 빈번히 날아들고 공문서가 산처럼 쌓였는데, 한편으로 답을 하고, 한편으로 사람을 응접하는 것이 모두 시의적절하였다. (중략) 나는(정조) 이렇게 생각한다. 류성룡의 하자(瑕疵, 흠이나 결점)를 찾아내려는 다소의 의논이 있더라도 그것은 치우친 마음에서 나온 것이다. 저 헐뜯는 사람들을 류성룡이 처한 시대에 처하게 하고 류성룡이 맡았던 일을 행하게 한다면, 그런 무리는 백 명이 있다 하더라도 어찌 감히 류성룡의 만분의 일이라도 감당하겠는가.

옛날 당 태종(唐 太宗, 이세민)이 이필(李泌)에 대해 말하기를, "이 사람의 정신은 몸보다 크다"라고 하였는데 나도 서애(류성룡)에 대해서 또한 그렇게 말한다. 대개 그는 젊었을 때부터 이미 우뚝하게 거인(巨人)의 뜻이 있었다. 처음 훈련도감(訓鍊都監)을 창설했을 때 사수(射手)와 살수(殺手)와 포수(砲手)를 설치하였고, 또 기내(畿內, 경기도 내)에 둔전(屯田)을 설치하여 군사 2만을 기르되 반은 서울에 두고 반은 둔전에 두게 하여 군사를 농민 속에 두는 뜻을 담으려고 했다. 계책은 비록 시행되지 않았지만, 이처럼 좋은 경륜과 좋은 계책을 어디에서 얻을 수 있겠는가. 오위(五衛)의 제도가 혁파되고 나서 국가에서 믿고서 급할 때 쓸 수 있는 것은 오직 훈련도감의 군사뿐인데, 또 미리 양병(養兵)의 폐단을 생각하여 반농반병(半農半兵)의 설을 주장하였으니, 신기(神機, 신묘한 전략)와 원려(遠慮, 앞일을 깊이 생각함)는 참으로 우리나라의 유후(留侯, 장량)인 것이다.

정조가 말한 조선의 장량, 류성룡은 이순신의 둘째 형 요신(堯臣)의 친구였는데, 이순신은 류성룡과는 어린 시절부터 친했다. 이순신이 42세 되던 1585년에 **류성룡의 추천**에 의해 함경도 경흥의 조산보 만호로 나갔다. 이순신은 비록 녹둔도 전투의 책임을 지고 옥에 갇혔지만, 선조도 이순신을 패군(敗軍)의 무리가 아니라면서 백의종군하도록 선처하였다. 이순신은 이후 '시전부락 전투'에 참가한 공으로 백의종군에서 벗어난다. **류성룡은 또다시 정읍현감으로 있던 이순신을 불차탁용으로 추천**하였으며, 선조는 이순신을 전라좌수사로 임명한다. 이러한 인연으로 류성룡과 이순신의 좋은 관계는 지속되었으며, 〈난중일기〉에도 그러한 친밀감은 곳곳에 배어 있다.

임진년(1592년) 3월 5일, "좌의정 류성룡이 편지와 함께 <증손전수방략>이란 책을 보내왔다. 수륙전과 화공 등에 관한 것이 낱낱이 설명되어 있었다. 참으로 만고에 보기 드문 뛰어난 저술이다."

계사년(1593년) 6월 12일, "류정승(류성룡)과 지사 윤우신의 편지가 왔다."

갑오년(1594년) 7월 12일, "순변사에게 류정승이 세상을 떠났다는 부음이 왔다고 한다. 이는 필시 류정승을 질투하는 자가 말을 만들어 그를 훼손하려는 것이리라. 분한 마음 이길 길 없다. 저녁에 마음이 매우 어지러웠다. 혼자 빈 동헌에 앉아 있으니, 마음을 걷잡을 길 없고 걱정이 더욱 심해져서 밤 깊도록 잠들지 못했다. 류정승이 만약 돌아가셨다면 나랏일을 어떻게 할까."

을미년(1595년) 9월 17일, "유자 30개를 영의정 류성룡에게 보냈다."

이순신은 자신을 알아주는[知音, 지음] 후견인 류성룡에게 우호적이었다. 류성룡과 이순신의 우정과 무한신뢰는 임진왜란을 승리로 이끄는 또 하나의 힘이었다. <증손전수방략>을 통해서 무략(武略)을 공유하는 류성룡과 이순신의 모습은 두 전략가의 텔레파시를 보는 듯하다. 두 사람의 소통은 적어도 무술년(1598년) 11월 19일, 이순신이 노량해전에서 전사하고, 바로 그날 류성룡이 삭탈관직될 때까지 이어진다. 이순신이 전사하는 날에 류성룡은 삭탈관직되었다.

하지만 이미 임진왜란 전에 장량(張良)처럼 조정의 만사를 처리하던 류성룡은 당대의 천재 율곡 이이가 이순신을 자신에게 추천했던 것도 잊어버리지 않았기에 임기응변에 능하고 다소 독특한 무장 이순신을 발탁할 수 있었다. 또 류성룡은 조선의 미래를 심모원려의 마음으로 내다보았기에 〈징비록(懲毖錄)〉을 적어 훗날을 경계하였다.

오리 이원익과 통제사 이순신의 교감

오리 이원익(梧里 李元翼, 1547~1634)은 태종의 왕자 익녕군 치의 현손(5대손)이다. 이순신보다 2살 연하이다. 이원익은 천성이 침착하고 사교를 즐기지 않아 공무가 아니면 밖으로 나오는 일이 없었으므로 아무도 알아주는 이가 없었으나, 류성룡만은 그를 어진 이로 알아주었고, 또 율곡 이이도 그의 능력을 알고 조정에 추천하였다. 이원익은 임진왜란 중에는 이조판서로서 평안도 도순찰사를 겸하여 계사년(1593년) 명나라 장수 이여송(李如松, 1549~1598)이 평양을 공격할 적에 같이 가담했었다.

이원익은 전쟁이 소강상태인 을미년(1595년)에 우의정으로서 4도 도체찰사(都體察使)가 되어 체찰부를 영남에 두고 전쟁 방어에 힘을 다했다. 이때 이원익은 이순신을 처음 만난 듯하다. 그해 8월 23일에 **도체찰사 이원익이 진주에 이르러 통제사 이순신과 함께 군사상 사무를 의논하고, 수군의 건의사항들을 함께 처리하였다.** 이때 수군들의 소장(訴狀)이 수백 장에 이르렀는데, 이순신은 오른손에 붓을 쥐고 왼손으로는 종이를 끌어당기며 판단하고 결재하기를 마치 물 흐르듯 하여 잠깐 사이에 모두 마쳤다. 이원익과 부체찰사가 그것을 가져다가 보니 모두 다 사리에 합당하였다. 이원익이 놀라며 말하기를 "우리들은 이렇게 할 수 없었는데, 영공(令公, 이순신)은 어떻게 이처럼 능란하오?"라고 하자, 이순신은 "이것은 모두 주사(舟師, 수군)에 관계된 일이므로, 늘 보고 듣고 해서 익숙하기 때문에 그러합니다"라고 하였다.

8월 25일에는 체찰사(이원익) 및 부사·종사관과 함께 이순신의 대장선을 타고 오전 8시쯤 출항하여, 같이 서서 여러 섬들과 여러 진을 합병할 곳과, 또 접전한 곳 등을 손가락으로 가리켜 보이면서 종일 의논했다. 이후 이순신의 대장선은 도체찰사를 태우고 한산도 통제영으로 향한다. 이때 체찰사 이원익이 통제영을 시찰하고 수고하는 군사들에게 **소 30여 마리를 잡아 회식을 시키는 장면**은 예술적 리더인 이순신의 **연출된 지혜**가 돋보이는 감동적인 명장면이다. 을미년(1595년) 8월 27일 자 〈난중일기〉에는 군사 5,480명에게 밥을 먹였다고만 적혀 있다. 이분이 적은 〈행록〉에 아래의 에피소드가 보인다.[13] 이순신 사후에도 이원익은 항상 이 일을 기억하여 "이 통제사는 참으로 큰 인물이었다"고 감탄했다.

체찰사 이원익이 한산도 통제영을 시찰하고 돌아가려 할 때 통제사 이순신이 말하길, "군사들의 심정은 반드시 정승께서 잔치도 열고 상도 베푸실 것이라 여기는데, 이제 그런 행사가 없다면 실망할까 염려됩니다" 했더니, 이원익은 "그것이 매우 옳기는 하나, 다만 내가 진작 준비해 오지 못했으니 어쩌겠소" 하였다. 그러자 이순신은 "제가 정승을 위하여 미리 준비해 두었으니, 정승께서 만약 허락해 주신다면 마땅히 정승의 분부로 잔치를 열겠습니다" 하니, 이원익이 크게 기뻐하며 마침내 성대한 잔치를 베푸니, 온 군중(軍衆)이 기뻐서 날뛰었다.

병신년(1596년) 후반에 이순신에 대한 선조의 인식이 부정적인 방향으로 흐르고 있을 때에도 이원익은 이순신을 변호하는 데 노력을 아끼지 않았다. 〈선조실록〉에 수록된 병신년(1596년) 10월 5일의 **선조와 이원익의 대화 내용**을 살펴보면, 이를 짐작할 수 있다.

임금(선조)이 이르기를, "통제사 이순신은 힘써 종사하고 있던가?" 하니, 이원익이 아뢰기를, "그 사람은 미욱스럽지(어리석고 미련스럽다) 않아 힘써 종사하고 있을뿐더러 한산도(閑山島)에는 군량이 많이 쌓였다고 합니다" 하였다.
임금이 이르기를, "당초에는 왜적들을 부지런히 사로잡았다던데, 그 후에 들으니 태만한 마음이 없지 않다고 하였다. (이순신은) 사람 됨됨이가 어떠하던가?" 하니, 이원익이 아뢰기를, "소신의 소견으로는 많은 장수들 가운데 가장 쟁쟁한 자라고 여겨집니다. 그리고 전쟁을 치르는 동안 처음과는 달리 태만하였다는 일에 대해서는 신이 알지 못하는 바입니다" 하였다.

임금이 이르기를, "(리더로서) 절제(節制)할 만한 재질이 있던가?" 하니, 이원익이 아뢰기를, "소신의 생각으로는 경상도에 있는 많은 장수 가운데 이순신이 제일 훌륭하다고 여겨집니다. (중략)" 하였다.

이와 같이 이원익과 이순신은 서로에게 특별한 이해관계를 가졌고, 그 인격을 서로 존중하였다. 정유년(1597년)에 이순신이 옥에 갇히게 되자 이원익은 장계를 올려 그의 무죄함을 역설하였다. 그러나 위에서는 듣지 않으므로 이원익은 "이 사람이 죄를 받으니 국사(國事)는 다 틀렸다"고 하며 어이없는 탄식을 연발하였다. 하지만, 그 당시 선조가 가장 신뢰했던 사람은 도체찰사 이원익이었다. 체찰사 이원익의 입장은 가장 미더운 이순신을 죽이면 나랏일이 어찌 될지 모르겠다는 통한(痛恨)이 서려 있었다.

다만 조정에서도 이순신의 형(刑)을 집행하지 못하였다. 왜일까? 당시에 좌의정 겸 도체찰사(국가계엄총사령관) 이원익(李元翼)이 선조의 어명으로 전시 내각에서 모든 권한을 쥐고 있었다. 전시 내각 상태에서 아무리 임금과 문무백관들이 이순신을 죽여야 한다고 외쳐도 도체찰사 이원익의 승낙이 없이는 선조도 어쩔 수 없는 상황이었다. 이원익은 거듭되는 선조의 형 집행 재촉에, 청사(靑史)에 길이 남을 유명한 말을 남겼다고 야사(野史)는 전한다.

"전하께서 전시 중에 신(臣)을 폐하지 못 하시는 것처럼, 신 또한 전쟁 중에 삼도수군통제사 이순신을 해임하지 못 하옵니다."

도체찰사 이원익의 이 말 한마디에 선조 임금도 체념하고 드디어 이틀이나 걸린 이순신 '국형장'에서 문무백관들이 지켜보는 가운데 "도체찰사가 그리 말을 하니, 이순신이 죄가 없는가 보구나"라며, 이순신의 사형을 면하여 주었다고 한다. 당시에 오직 이원익만이 이순신의 극형을 극력 반대하여 이순신을 살려냈다는 것이다.

그러나 위의 야사는 오리 이원익을 좋게 평가한 후대의 작품으로 보인다. 실제 선조의 감형 지시가 정유년 3월 30일에 의금부를 통하여 내려진 것을 보면, 정탁의 신구차 헌의(獻議)를 접한 선조가 여러 날 고심 끝에 감형을 결심한 것으로 보인다. 다만 이순신이 하옥되기 전에 우의정 겸 도체찰사 이원익이 이순신을 다른 사람으로 대신하게 하면 나랏일이 크게 잘못될까 염려된다는 장계를 올린 바 있었으나, 그때는 선조의 처음 의지를 바꾸지 못했다.

❈ 이순신 리더십 에피소드 (1)
  : 왜란 이전의 이순신

이순신, 무인의 길을 가다

　이순신(李舜臣, 1545~1598)의 중시조는 이돈수(李敦守)로서 고려말 중랑장을 지낸 무관이다. 이돈수의 손자인 소(邵)도 지삼사사 증상장군의 직책을 가졌던 무관이었다. 이순신의 선대는 고려말까지 대대로 무장을 배출한 무반 가문이었다. 조선시대로 넘어오면서 이순신의 무신 가문은 이변, 이거 등 문과 급제자를 배출하게 되고, 특히 이순신의 현조부 **이변(李邊)**은 세종 치세에 출사(出仕, 벼슬을 해서 관직에 나감)한 뒤 성종 4년(1473) 10월에 83세로 사망할 때까지 약 53년에 걸쳐 6명의 임금을 섬기며, 뛰어난 외교관으로서 화려한 관직을 수행하였다. 명나라에 30여 차례 사신으로 다녀왔고, 오랜 외교관직 생활을 통해 상당한 명성과 부를 이루었으며, 실록과 문집에 나타난 성실하고 강직한 면모는 이순신 가문의 전통으로 굳어졌다.[14]

　이변의 손자 **이거(李琚)**는 이순신의 증조부가 되는데, 사헌부 장령으로 있을 때 '호랑이 장령'으로 불릴 만큼 불의와 부정과는 절대 타협하지 않는 강직한 성격의 소유자였다. 이순신의 할아버지 **이백**

록(李百祿)은 '기축옥사(己丑獄事)'에 연루되어 탈고신(奪告身, 일종의 자격정지)으로 과거 응시가 제한되었고, 조상의 음덕(蔭德)으로 평시서 봉사가 되었다. 다만 이순신의 아버지 **이정(李貞)**은 벼슬을 하지 않고 이순신이 어릴 때 처가인 아산으로 내려와서 살았다.

이순신은 1545년(을사년) 3월 8일(양력 4월 28일)에 서울 남산 아래 마른내골(乾川洞, 건천동)에서 태어났다. 지금의 중구 인현동 1가에서 을지로 4가에 이르는 남산 아래 부근이다. 건천동은 류성룡이 살던 묵사동과 이웃한 곳이고, 군사를 조련시키는 훈련원(訓鍊院)과 인접해 있어 어린 시절 이순신은 무관들이 훈련하고 생활하는 모습을 보고 따라 하며, 전쟁놀이로 무재(武才)와 호기심을 기르고 자랐을 것으로 보인다. **이순신의 탄생**과 관련 이항복의 "고 통제사 이공 유사"에 재미있는 에피소드가 있다.

> 공(이순신)은 을사년(1545년) 3월 8일(양력 4월 28일)에 태어났는데, 점쟁이가 말하기를, "나이 50이 되면 부월(斧鉞)[15]을 가지고 북방에 출정(出征)할 것이다"라고 하였다. 자라서는 유업(儒業, 유학공부)을 하였는데, 글씨 쓰는 데에 더욱 뛰어났다. 그러다가 약관(弱冠, 20살)에 이르러서는 그 학문을 모두 그만두고 오로지 무사(武事)만을 배웠다.

이순신에 대한 점쟁이의 얘기는 신뢰하기 어렵지만 실제로 뒤늦게 귀한 신분이 된 것과 무장으로 성공한 것은 사실이며, 어린 시절 이순신은 가풍에 따라 유학을 공부하며 문과를 준비하였다는 내용을 알 수 있다. 또한, 류성룡은 〈징비록〉[16]에서 '이순신의 사람됨은 말과 웃음이 적고 용모가 단아하며, 몸을 닦고 언행을 삼가는 선비와 같았으나, 그의 속에는 담기(膽氣)가 있어 자기 몸을 잊고 국난을 위하여 목숨을 바쳤으니, 이것은 평소에 축적(蓄積)한 것이었다'고 하였다.

종합해 보면, 이순신은 어릴 때부터 소학, 사서삼경, 자치통감강목 등을 읽어 선비로서의 유학적 소양을 갖추고, 평소에 글씨 쓰기를 좋아하여 〈난중일기〉에도 연습한 흔적이 남아있다. 어린 시절 자란 곳이 훈련원 인근이라 동네 아이들과 전쟁놀이를 즐겨 하고 호기심과 지략이 뛰어났던 골목대장 이순신은 가슴 속에 담력과 용기가 있어 성년이 되어가면서 무과에만 전념하게 되었다. 결국, 이순신은 자신에게 **축적된 천성**(天性, 자신의 강점)을 깨달아 문과보다는 무과를 선택하였는데, 이렇게 문과 공부를 하다가 무과로 전환한 것은 훗날 '**문무겸전(文武兼全)**'이라는 평가를 받는 '**터닝포인트**'가 되었다.

청년 이순신의 특별한 기회

이순신은 20세 이후 무관의 길로 **인생의 방향을 전환**한다. 이순신의 장인, **방진(方震, 1514~미상)**은 보성군수를 지낸 무장으로서 문과를 거르고 무과 시험을 준비하는 이순신의 귀재(鬼才, 세상에 드문 재능)를 눈여겨보고 **무인의 길로 인도한 멘토**(Mentor)이다.

방진은 어떻게 이순신을 알게 되었을까? 덕수 이씨 문중의 글을 보면, 이순신의 조부 이백록과 이준경(李浚慶, 1499~1572)[17], 방진이 경기도 광주에서 세거(世居, 대대로 한 고을에서 삶)했다고 전한다. 방진은 이준경이 병조판서로 재직할 때 그의 휘하에서 근무했었다. 이순신은 1565년 8월 당시 영의정이던 이준경의 중매로 이순신은 21세에 방진의 딸과 혼인한다. 장인 방진은 호방한 성격의 인물로 이순신의 품성과 자질을 높게 평가하여 자기 딸과의 혼사를 추진하였으며, 이순신에게 무관직을 권유한 것으로 보인다. 이와 같이 이순신이 무관의 길을 선택하게 된 데에는 그 자신을 알아본 이준경과 장인 방진의 적극적인 권유와, 집안을 다시 건사해야 한다는 이순신의 절박함과 스스로 인생을 경영하는 뚜렷한 의지(意志)가 어우러진 결과라고 생각된다. 이준경은 영의정으로 생을 마감했고, 방진은 활을 잘 쏘기로 이름이 높아 역대 명궁(名弓)에 올랐을 정도다.

한 분야에서 웬만큼 하려면 적어도 3,000시간 이상은 투입해야 하고, 그 분야에 전문가가 되려면 '**1만 시간은 투입되어야 한다**'는 것이다. 1만 시간은 하루에 3시간 이상을 투입하여 약 10년을 몰두해야 얻을 수 있는 시간이다. 이순신에게 주어진 특별한 기회는 **절박한 의지가 만든 이순신 인생의 '터닝포인트'**였다.

무과를 준비하는 군인(軍人)이 아닌 보인(保人, 일반인) 이순신은 무예에 입문한 후 멘토 방진의 적극적인 후원과 지도에 힘입어 착실히 무과시험을 준비해 나갔다. 이순신은 무인이었던 방진의 병법서를 두루 읽었을 뿐만 아니라 또래들과 어울려 말을 타고 궁술, 검술 등 무술을 닦았다. 현재 현충사의 고택 옆에 수령 500년으로 추정되는 두 그루의 은행나무 자리가 바로 이순신이 활을 쏘던 곳이며, 활터를 둘러싼 방화산 능선은 이순신이 말을 타고 훈련하던 치마장(馳馬場)이었다고 한다.[18]

이순신은 현명한 아내를 맞이했고 멘토 장인 방진의 후원으로 드디어 진로를 문과에서 무과로 전환하게 된 것이다. 주야로 병법서인 손자·오자병법 등 〈무경칠서〉를 독서하여 전략·전술을 익히고, 명궁인 방진으로부터 활쏘기를 배웠을 것이며, 방진과 함께 여러 병법을 실제 어떻게 적용하는지 토의하고, 또 방진과 활쏘기를 겨루어 이기기도 하고 지기도 하면서 즐겁고 능동적인 몰입의 시간을 가졌을 것이다. 하루 8시간 정도의 수련과 병서 공부 등 이 시기의 **절차탁마(切磋琢磨)**[19]로 인해 1만 시간의 법칙은 5년 정도로 단축하여 달성했을 것으로 보인다. 그다음은 반복·숙달을 통한 **단련(鍛鍊)**. 아마도 이 시기가 이순신의 삶에 있어 걱정 없이 **호연지기(浩然之氣)**를 기르는 가장 행복했던 시절이 아니었을까!

그리하여 28세 때 무과에 응시할 수 있었고, 시험 당일 타던 말이 놀라는 바람에 낙마하여 무과시험에서 낙방하는 쓰라린 실패도 경험하게 되었다. 다친 다리를 재활하며 4년간의 **절치부심(切齒腐心)** 끝에 10년이란 시간을 고스란히 투입하여 무예에 입문한 지 10여 년 만에, 1576년(32세) 식년무과(式年武科) 시험에 당당히 합격하였다.[20] 당시 무과 합격자는 통상 28명인데, 그해에는 동점자가 나와 모두 29명을 선발하였으며, 이순신은 병과 4등(전체 12등)의 중간 정도의 성적을 거두었다. 그런데 당시 합격자 29명 중 보인(保人)은 이순신을 포함하여 단 4명뿐이었고, 나머지 25명은 현직군인이었다. 그럼에도 불구하고 이순신은 현직군인들과 겨루어 보인 신분으로 합격을 하였고, 당시 보인 합격자 4명 중에서도 두 번째로 좋은 성적을 거두었다.

이렇게 볼 때 무과 전체 12등이라는 중간 성적은 일반인 이순신에게는 비교적 좋은 성적이었으며, 이는 지난 10여 년간 멘토 방진의 조력과 함께 이순신의 부단한 노력이 거둔 결실이라고 말할 수 있겠다. 이순신에게도 '1만 시간의 법칙'이 적용되었고, 이것은 무엇과도 바꿀 수 없는 땀과 노력의 결실이었으며, 이순신에게 주어진 **특별한 기회**'였던 셈이다.

무장 이순신의 파란만장한 삶

이순신의 무관 생활은 순조롭지 않았다. 무관으로 임관 후 10년 동안 경력의 부침(浮沈)이 상당히 심하였다.[21] 1576년 12월, 32살의 이순신은 함경도 삼수의 동구비보 권관(종9품)을 시작으로 2년의 임기를 채우고, 1579년(선조 12년) 2월에 승진하여 한양의 훈련원 봉사(종8품)가 되었으며, 상관인 병조정랑 서익(徐益, 1542~1587)과의 마찰로 인해 8개월 만에 충청도 병마절도사의 군관으로 자리를 옮긴다. 이때 충청병사의 군관으로서 자신을 잘 단속하고 상관에게 좋은 아이디어를 제공하여 인정을 받았다고 전한다.

이후 9개월여 만에 1580년 7월, 전라좌수영 발포만호(종4품)로 영전한다. 4품 이상의 무관에게는 '장군' 호칭이 붙는다.[22] 발포만호 시절 오동나무 사건으로 상관인 전라좌수사 성박과의 사이가 좋지 않았고, 한양 근무 때 병조정랑이었던 서익이 군기경차관으로서 군기를 검열하러 내려와 이순신에게 화풀이하면서 이순신은 1582년 1월 파직(罷職)된다. 그해(1582년) 5월 한양 훈련원 봉사(종8품)로 다시 복직되었다가 1583년(계미년, 선조 16년), 39세의 이순신은 함경도 경원의 건원보 권관(종9품)이 되어 최전방 접경지역에서 오랑캐 울지내를 꾀어 사로잡는 큰 공을 세운다. 그러나 상관인 북병사 김우서가 '이순신이 자신에게 보고치 않고 함부로 작전을 벌였다'고 장계하여 이순신은 제대로 공적을 평가받지 못했다. 그러나 이때부터 무장 이순신의 이름이 조정에 알려지게 된다.

1583년 11월 15일 아버지(이정)가 돌아가셨는데, 이순신은 이듬해 정월에야 부친의 부음(訃音)을 접하였다. 이순신의 마음이 어떠했을까? 이순신은 분상(奔喪)을 위해 곧장 낙향하여 부친의 삼년상(25개월)을 마치고, 1586년(병술년) 1월 사복시 주부(종6품)로 복직하는데, 부임한 지 16일 만에 함경도 조산보 만호(종4품)로 천거(薦擧)되었다. 이순신은 장군 호칭의 만호 이상 직위는 모두 수군 소속의 장수였다.[23]

무략으로 울지내를 생포하여 이름이 알려지다.

1583년(계미년) 7월, 39세 이순신은 함경도 남병사가 된 이용의 병방 군관이 되어 북방으로 올라갔고 얼마간 있다가 함경북도 경원군의 건원보 권관(종9품)이 된다. 그해 10월, 그곳을 드나들며 소요를 일으킨 적추 울지내(鬱只乃)를 상대할 권관으로 발탁된 것인데, 당시 건원보 일대에 오랑캐들의 침략이 자주 있었고, 조정에서도 이를 퇴치하고자 무던히 애를 썼으나 성공하지 못했었다.

"공이 부임하여 방책을 쓰는데, 유인작전으로써 울지내로 하여금 오랑캐들을 데리고 오게 해놓고, 공은 복병을 풀어서 그들을 사로잡았다"라고 이분의 〈행록〉에 전한다. 이를 통해 볼 때, 이순신은 간자(間者)를 먼저 적진에 보내어 거짓 정보를 흘리고, 울지내로 하여금 기습을 노리도록 도모하여, 울지내가 오랑캐들을 데리고 야습을 감행하게 유도하였을 것이다. 그러면서 아측에서는 미리 간자와 약속한 이동 경로 상에 복병을 풀어서 적추 울지내를 사로잡았을 것으로 추정된다.

이 당시 여진족과 접적 지역에서의 전투라는 것은 그때의 상황에 따라 대병력을 투입할 수도 있고, 때로는 기습작전으로 적의 기도를 분쇄할 수도 있으며, 또는 유인작전으로 적에게 타격을 줄 수도 있는 것이다. 이순신은 두 번째 북방 근무에서 원거리에 있는 북병사의 도움 없이 자기 수하의 전력만을 활용하여 오랑캐의 적추를 생포하였다. 이는 어찌 보면 무장으로서 다소 무모한 행동이었지만, 이순신이 적을 유인하는 지략과 두려움 없는 담력을 갖추고 있었기 때문에 가능한 일이었다. 만일 북병사에게 사전에 보고하였더라면 적시적인 타이밍을 놓쳤을 수도 있고, 적의 간첩에 의해 작전 계획이 노출되었을 수도 있었다. 손자병법에 나오는 '졸속(拙速)'이 펼쳐지는 순간이다.[24] 이순신은 '속전속결'로 적추를 유인하여 생포하는 '결정적인 타이밍'을 놓치지 않았다.

이순신은 지혜를 발휘하여 노련하게 유인작전의 무략(武略)을 펼쳐 미리 계획하고 실행에 옮김으로써 울지내를 생포하여 북병사에게 인계했던 것으로 보인다. 이후 발생한 사태는 참으로 절망스럽다. 북병사 김우서는 이순신이 상부에 보고 없이 함부로 작전을 벌였다고 장계하여 조정의 시상(施賞)을 막았다. 이순신은 비록 큰 공을 세웠지만, 제대로 논공행상을 받지 못했다. 하지만 이때부터 무략이 있는 장수 이순신의 이름이 조정에 알려지기 시작했다.

리더십 자산을 쌓은 녹둔도 둔전관 이순신

무장 이순신은 임진왜란 발발 전에 이미 한양 조정에서 그 이름이 회자(膾炙)되었다. 그러니까 류성룡, 정탁 같은 조정 대신들이 불차탁용의 대상으로 삼을 만한 무장이 된 것이다. 그때 왜 무장 이순신의 이름이 조정 관료들에게 믿음을 주는 신망의 대상이 되었을까? 이는 〈난중일기〉만 보고는 절대 무인 이순신을 판단할 수 없는 부분이다.

"**그대, 평화를 원한다면 전쟁을 대비하라**"는 말이 있다. 평소에 갖춰진 강한 힘에 대해서는 감히 공격하거나 모욕하지 못하는 것이다.

이순신이 살던 시대에는 그가 지키는 삶의 터전이 북방 야인들과의 전투로 인해 수시로 순식간에 전장(戰場, Battle field)으로 바뀌는 살벌한 곳이었다. 삶의 터전이 순식간에 전장으로 변하고, 전장이 주는 극단적인 공포와 스트레스, 심신의 피로와 배고픔, 갈증을 느끼는 최악의 조건에서도 이순신은 자신에게 주어진 임무를 수행해야 했다. 독일의 군사전략가 클라우제비츠가 얘기했듯이, 전장은 "전투 중에 지휘관이 취하는 행동 근거는 그것의 75%가 불확실한 안개 속에 잠겨있기 때문에 진실을 찾기 위해서는 날카로운 지성이 요구되는 영역"이다. 이런 **전장의 불확실성** 때문에 실제 전투에서는 사전에 수립한 작전계획대로 전투가 이루어지지 않는다. 전장은 또 부상과 죽음의 위협이 존재하는 **위험과 공포의 영역**이고, **극심한 피로와 고통의 영역**이자 **끊임없는 마찰과 갈등의 영역**이다. 그렇기 때문에 전투에서의 승패를 결정하는 것은 전투를 지휘하는 리더의 리더십에 크게 좌우된다. 육상전투지휘관 이순신의 모습이 그려지는 대목이다.

이미 1583년(계미년) 39살의 이순신은 함경도 경원의 건원보 권관(종9품)이 되어 최전방 접경지역에서 오랑캐 울지내를 꾀어 사로잡는 큰 공을 세웠다. 하지만 이순신에게 단 한 번의 실전 경험만으로는 자신의 리더십 역량을 갖추기에는 부족했다. **다시 이순신에게 절호의 기회가 찾아온다.** 그때가 바로 1587년(정해년, 선조 20년) 북방의 여진족들이 난리를 일으키자, 이순신은 함경도 끝단 경흥 지방의 **조산보 만호로 부임하여 두만강 끝자락 녹둔도 둔전관을 겸할 때**이다. 이때 위기를 감지한 이순신의 예지력이 빛났는데, 필자는 이 녹둔도 둔전관 시절이 이순신의 리더십 자산이 된 중대한 사건이라고 판단했다. 이 당시 상황을 이항복의 "고 통제사 이공 유사"를 통해 살펴보자.

정해년(1587, 43살)에는 조정에서 (두만강 끝자락) 녹둔도(鹿屯島)에 둔전(屯田)[25]을 설치하면서 공에게 그 일을 관장하게 하니, 공이 지역이 멀고 군사가 적다고 누차 군사를 늘려 주기를 요청하였다. 그런데 그해 8월에 (오랑캐) 적(賊)이 전채(田寨, 성채)를 기습 포위해 왔는바, 홍전(紅氈, 붉은 빛깔의 모직물)을 입은 적 수인(數人, 2~4명)이 가장 드러나게 앞에 있었으므로 공이 활을 연달아 쏘아 죽여서 물리친 다음(이순신은 이경록과 함께 군사들을 이끌고), ① 전채를 열고 나가 추격하여 포로가 된 남녀 60여 명을 탈환하였다. 이때 ② 한창 싸우다가 공이 유시(流矢, 목표를 빗나가거나 누가 쐈는지 모르는 화살)를 맞았는데, 남몰래 스스로 화살을 뽑아버리고 낯빛도 동요하지 않았으므로 온 군중에서 그 사실을 아는 자가 없었다.

당시 주장(主將, 북병사 이일)이 공을 체포하여 영문(營門)으로 송치시켰는데, 장차 들어가 조사를 받게 되자, ③ 친구 선거이(宣居怡)가 공이 죄를 면치 못할까 두려워하여 손을 잡고 눈물을 흘리면서 술을 권하여 놀란 마음을 진정시키려 하니, 공이 정색하여 말하기를, "죽고 사는 것은 명(命)에 달린 것인데, 술은 뭐하러 마신단 말인가" 하였다. 그리고 ④ 조사를 받음에 미쳐서는 공이 복죄(服罪, 죄를 순순히 인정)하지 않으면서 말하기를, "내가 군사가 적다는 것으로서 누차 보고하여 늘려 주기를 청했었다" 하였다. 이 사실이 조정에 알려지자, 상(선조)이 이르기를, "모(某, 아무개, 여기서는 이순신)는 패군(敗軍)의 무리가 아니니, 백의(白衣)로 종군(從軍)하게 하라" 하였다. 그해 겨울에 시전(時錢)의 싸움에 (우화열장으로) 종군하여 공을 세우고 방환(放還)되었다.

위 사실에서 몇 가지 **이순신 리더십 자산**을 살펴보자. ① 첫째는 전채(田寨)를 열고 나가 추격하여 포로된 남녀 60여 명을 탈환한 것이다. 전투 중인 장수가 전장에서 현군(懸軍)[26]을 한다는 것은 좀처럼 쉬운 결정이 아니다. 녹둔도에서 추수하던 농부들이 오랑캐에게 끌려가자, 이순신은 적의 규모를 예측할 수 없는 상황에서 한참을 싸우다가, 또 적의 매복이나 기습이 있을지도 모르는 적진으로 포로를 구출하러 들어간다는 것은 실로 '**남다른 용기와 담력**'이 있어야만 가능한 것이다. 이때 이순신은 경흥부사 이경록(李慶祿, 1543~1599)과 함께 전채 밖으로 군사들을 이끌고 추격을 나가서 적과 싸우며 끌려가던 일부 포로를 탈환하여 복귀하게 된다. 정상적인 상관이라면 불가항력적인 상황에서 신속한 임기응변과 후속 조치를 칭찬하고 격려해야 하지만, 북병사 이일(李鎰, 1538~1601)은 근본적인 자신의 잘못은 함구하고, 책임 소재를 따져 전적인 책임을 예하 장수인 이순신과 이경록의 잘못으로 몰아붙였다.

② 둘째는 한창 싸우다가 유시(流矢)를 맞고도 남몰래 화살을 뽑아버리고 낯빛도 동요하지 않았던 이순신의 '**참을성**'을 볼 수 있는 대목이다. 한창 싸우는 와중에 불시에 날아온 화살을 맞고도 동요하지 않고 화살을 뽑아버리는 장면은 이순신이 28세 때 낙방했던

무과시험에서 놀란 말에서 떨어져 다리가 부러졌는데도 버드나무 가지를 벗겨 다친 다리를 동여매던 모습이 연상되고, 또 훗날 사천 해전에서 적의 흉탄을 왼쪽 어깨에 맞고도 싸움이 끝날 때까지 아무렇지도 않게 전투에 매진하는 모습과 겹쳐진다. 삼국지의 관운장처럼 이순신은 대단한 인내력(忍耐力)을 지녔다고 볼 수 있겠다.

③ 셋째는 친구 선거이(宣居怡, 1550~1598)[27]가 이순신이 죄를 면치 못할까 두려워하여 손을 잡고 눈물을 흘리면서 술을 권하여 놀란 마음을 진정시키려 하니, **이순신이 꼿꼿하게 정색하여 말하는 대목**이다. 여기서는 한 치 앞도 모르는 상황에서도 '**의연함**'을 잃지 않는 이순신의 진면목을 느끼게 한다. 다시 한번 들어보자. "**죽고 사는 것은 운명(運命)에 달린 것인데, 술은 뭐하러 마신단 말인가.**"

④ 넷째는 북병사 이일의 조사를 받을 때에도 이순신은 복죄(服罪, 죄를 자복함)하지 않으면서, "내가 군사가 적다는 것으로써 누차 보고하여(인원을) 늘려 주기를 청했었다"고 자신의 정당함을 강변한 것이다. 판관들에게 자신의 억울함을 말하는 것이 아니라 정당함을 항변한 사실에서도 '**불의에 맞서는 이순신의 정의로움**'을 읽을 수 있다. 특히 임진왜란이 일어나기 5년 전에 이미 목숨을 건 전투를 몇 차례 경험하였고, 패전의 책임을 지고 처형될 위기 상황을 겪는 등 임진왜란이 일어나기 전에 이순신은 호되게 값진 전투 경험을 쌓았으며, 북방 여진족과의 실전 경험을 통해 **이순신의 리더십 자산인 남다른 용기와 담력, 인내력(참을성), 죽음 앞에 의연함, 불의에 맞서는 정의로움을 확인할 수 있었다.**

그럼에도 불구하고 이순신과 이경록은 패전의 책임을 물어 투옥되었다. 결국, 이순신은 인명과 물적 재산 손실의 책임을 물어 파직과 첫 번째 백의종군을 하게 되고, 이어지는 시전부락 전투를 통해 복권되는 과정에서 이순신은 좀 더 정신적으로 성장하였다고 본다. 순간순간 삶과 죽음을 오가는 기막힌 군 복무 중에 얼마나 많은 우여곡절이 있었을까? 다행히 이런 사실을 확인한 선조는 이경록과 이순신은 패군의 무리가 아니라면서 백의종군케 했다. 정해년(1587년) 10월 16일자 〈선조실록〉에, "**전쟁에서 패배한 사람과는 차이가 있다. 병사(兵使)로 하여금 장형(杖刑)을 집행하게 한 다음 백의종군(白衣從軍)으로 공을 세우게 하라.**"고 하였다. 평화 시의 선조가 지략이 뛰어난 이순신을 선택한 것은 "신의 한 수"가 되었다. 이렇게 임진왜란이 발발하기 이전에 여진족 울지내를 사로잡는 공훈과 녹둔도 둔전관으로서 여진족과의 전투 경험, 그리고 백의종군 후 '시전부락 전투'에 참전하여 우화열장(右火烈將, 포병 지휘)으로서의 전투 경험은 이순신에게 당시 조선의 무장으로서는 경험하기 힘든 최전방에서의 소중한 실전 경험이었다.

최근 이스라엘과 이란의 전투에서도 보듯이 중동에도 양측간의 보이지 않는 리더십 행동이 있었을 것이다. 콜디츠(Kolditz, 2007)는 실제 이라크전 참전부대와 극한 상황에서 활동하는 고산등반대원, 정글탐험대, 고공낙하팀, 특수전부대, FBI 요원을 대상으로 위험 상황에서 효과적인 리더십을 연구하였다.[28] **콜디츠의 연구는 마치 말을 달리며 전장을 누비는 이순신의 리더십 행동을 보는 듯하여 추가한다.**

① 목숨이 위태로운 극한 상황에서는 리더에 대한 부하들의 신뢰가 중요하며, 신뢰를 형성하는 데는 리더의 역량이 중요하다는 것을 발견하였다(부하들의 신뢰를 받은 이순신의 역량).

② 위험 상황에서는 리더가 자신감 있게 침착한 행동을 함으로써 부하들의 공포심을 감소시켜 주어야 한다. 위험 상황에서 리더는 평소보다 더 높은 수준의 자기통제력을 발휘해야 한다는 것이다(이순신의 침착함과 자기통제력).

③ 리더는 진두지휘 등을 통해서 적어도 부하들과 같은 수준이거나 더 높은 수준의 위험을 기꺼이 감수해야 한다는 것이다. 평소 물질적인 부나 지위에 가치를 두기보다는 열정과 헌신으로 임무를 수행하고 부하들과 동고동락해야 한다는 것이다(현군하는 이순신의 위험 감수와 순간 판단력).

④ 그밖에 주위 상황을 잘 예의주시하는 습관을 기르고, 사용하는 용어나 신호의 의미를 명확하게 하여 의사소통에 문제가 없도록 하며, 위험관리 능력을 갖추어 위험을 함께 감수하면서 공명심에 이끌려 모험을 감행하거나 만용을 부리는 등 위험한 상황에서 불필요한 위험을 감수하는 선택이나 행동을 하지 않는 것이 바람직하다(이순신의 의사소통과 위험관리능력).

불차탁용으로 7품계 상승한 이순신

이순신은 기축년(1589년, 45살) 12월에는 정읍현감(井邑縣監, 종6품)이 되었고, 신묘년(1591, 47살)에는 진도군수(珍島郡守)로 옮기려다 이내 가리포첨사(加里浦僉使)로 승진되었다가 (2월 13일에) 전라좌도 수군절도사(全羅左道 水軍節度使, 정3품)에 발탁(拔擢) 되었다. 무려 7품계를 뛰어넘어 발탁되었다.

정읍현감이 되기 전, 1589년 2월 이순신은 **전라도 관찰사 이광의 군관**으로 다시 관직에 나간 뒤 조방장(助防將, 참모장)을 겸하였다. 그해 11월에는 **겸 선전관(兼 宣傳官)**이 되었는데, 선전관은 국왕의 근접 경호와 왕명의 출납을 담당하는 요직이었다. 무신으로서 선전관이 되는 것은 능력을 인정받아 출세하는 지름길이었다.[29] 왜란이 임박하는 상황이 전개되자 선조는 **불차탁용(不次擢用)**[30]을 통해 류성룡의 천거를 받은 **이순신을 전라좌수사로 발탁**한다. 선조의 몇 안 되는 좋은 결정 중 이것도 단연코 '신의 한 수'였다.[31] 〈선조실록〉에 따르면, 이순신이 부임한 전라좌수사 자리는 원래 원균에게 낙점되었는데, 원균의 근무평정 점수가 너무 낮았기 때문에, 이 결격사유로 인해 사간원의 체차(遞差, 부적당하여 바꿈) 요청에 따라 이순신이 대신 임명되었다고 전한다. 참으로 천만다행이 아닐 수 없다.

특별한 이순신 리더십 에피소드

위에서 우리는 임진왜란이 발생하기 전 이순신의 주요 행적을 살피면서 이순신의 리더십 요인들을 도출하였다. 이순신은 대체로 기욕이 넘치고 또 침착하고 강인한 성품으로, 실전에 임할 때는 뛰어난 순간 판단력과 임기응변으로 상황을 최대한 유리하게 조성하려고 노력했음을 알 수 있었다. 여기서는 이항복의 "고 통제사 이공 유사"에 나타난 사실(史實) 속에서 우리에게 잘 알려진 몇 가지 **이순신 리더십 에피소드**를 살펴봄으로써 이순신 리더십에 대한 큰 그림을 채워나가자.

① 이순신의 무과시험 3일째 종장(終場) 무경칠서 및 통감강목 시험

공(公)이 일찍이 과거에 응시하여 강(講)을 할 적에 장량전(張良傳)에 이르러 고관(考官, 시험감독관)이 묻기를, "장량이 적송자(赤松子)를 따라 노닐어서 참으로 죽지 않았는가?" 하자, 공이 대답하기를, 《통감강목(通鑑綱目)》에서 유후(留侯) 장량(張良)이 졸(卒)했다고 썼고 보면, 장량의 뜻이 어찌 참으로 신선이 되려고 했겠습니까" 하니, 온 좌중이 공을 대단히 기이하게 여겼다.

이는 1576년(병자년, 이순신 32살) 식년 무과시험, 3일째 종장(終場)에서 〈무경칠서〉[32]와 〈사서〉, 〈통감강목〉에 대한 시험이 있었을 것이다. 시험감독관의 질의가 한둘이 아니었을 텐데, 유독 '장량의 죽음'에 대한 질의가 언급된 것은 그만큼 무과 응시자가 근거를 들어 답변하기가 어렵기 때문이었으리라. 그러나 문무를 겸전한 이순신은 달랐다. 〈통감강목〉은 세종대왕도 무려 4년 동안을 읽으면서 이해가 어려운 부분은 2~30번 읽었다(세종실록 05/12/23)고 말할 정도로 짧은 기간에 쉽게 읽을 수 없는 중국 역사책이다. 이순신은 그런 〈통감강목〉의 내용을 언급하며 오히려 반문으로 응답한다. 이순신의 답변에는 자신감이 충만했다.

그런데 왜 고관을 포함한 온 좌중이 대단히 기이하게 여겼을까? 그 이유는 Ⓐ 고관들이 보기에 〈통감강목〉은 방대한 분량으로 읽기가 어려운데, 이른바 문과도 아닌 무과 응시자인 이순신이 그만큼 장기간 공부를 통해 충분히 숙지하고 있어서 경서와 사서에 정통하다는 느낌을 받았기 때문일 것이다. Ⓑ 또 임진왜란 후 당시 우리나라 무인들의 문과적 능력이 한·중·일 삼국 중에서 가장 떨어진다고 하는 선조와 이덕형의 대화(선조실록 34/01/17)를 통해서도 알 수 있듯이 고관들은 무과 응시자가 설마 이 질문에 답을 할 수 있겠는가 하면서 응시자의 난처한 표정을 지켜보려고 던진 질문에, 근거를 들어서 답변하는 무과 응시자 이순신의 모습을 보고 기가 막혀 놀라지 않을 수 없었을 것이다.

② 발포만호 시절, 오동나무 사건

공이 발포만호(鉢浦萬戶)가 됨에 미쳐서는 (성품이) 강직하여 윗사람에게 아부하지 않았다. 한번은 주장(主將, 전라좌수사 성박)이 사람을 보내어 보정(堡庭)에 있는 오동나무를 취해다가 거문고를 만들려고 하므로, 공이 거절하면서 말하기를, "이것은 관가(官家)의 나무이다. 심은 이는 이미 뜻이 있어 심었을 터인데, 베는 자는 또 무슨 뜻으로 벤단 말인가!" 하였다. 그러자 주장이 기가 막혀 한숨을 쉬고는, 공을 중상할 거리를 만들려고 마음먹고 공의 재직(在職)이 끝나는 날까지 꼬투리를 잡으려고 노력했으나 털끝만 한 죄도 잡아내지 못하였다.

이른바 '**발포 오동나무 사건**'이다. 이순신이 처음 장군으로 불렸을 때가 바로 전라좌수사 예하의 수군 장수 발포만호 시절이었다.

이순신의 가계 내력이 그러하듯이 이순신 또한 강직하고 청렴하며 상관에게 아부하지 않았기에 상급자에 따라 이순신에 대한 호불호(好不好)가 갈렸다. 그런 이순신의 청렴·강직한 태도를 몰라보고 주장인 전라좌수사 성박(成鎛)은 오동나무를 취해 거문고를 만들려고 하였으니, 비록 이순신은 아랫사람이지만 주장의 부당한 지시를 어찌 따를 수 있었겠는가. 오히려 성박의 후임자 이용(李庸, 1533~1591)은 전임자의 중상(中傷)으로 처음에는 이순신을 좋아하지 않았으나, 나중에 이순신을 인정하고 북방장수로 천거하였으며, 이순신의 명성을 알고 있던 전라감영의 조헌(趙憲, 1544~1592)은 저평가된 이순신의 근무성적을 다시 고치도록 조치하였다.

③ 다른 사람들이 본 이순신의 효심과 동병상련

> 공이 북변(北邊)에 있을 적에는 어떤 사람이 상(喪)을 당하고도 가난하여 분상(奔喪)[33]하지 못하자, 공이 그 말을 듣고 불쌍히 여겨 즉시 자신이 타는 말을 풀어서 그에게 주었다.

1583년(39세) 11월 중순에 이순신의 부친이 아산에서 작고하였는데, 북방에서 여진족과 대치 중이던 이순신은 이듬해 1월 말이 되어서야 부고를 듣고 아산으로 급히 내려가게 된다. 최전방에서 근무하니 제대로 부모님을 찾아뵐 수 없는 처지인데, 부친의 임종조차 함께 하지 못했으니, 자식으로서 얼마나 마음이 아팠을까. 그런 **효심의 이순신**이기에 북방에서 상을 당한 사람이 가난하여 분상하지 못하게 되자 **동병상련(同病相憐)의 마음**이 일었을 것이고, 자신이 타던 말을 주어 얼른 가볼 수 있도록 도와주었다. 이 이야기의 발생

시점이 언제인지를 알 수가 없어 부친의 사망과 전·후 관계를 알 수는 없으나, 평소 효심이 가득한 이순신의 행동을 보고 동료의 안타까운 이야기를 통해 기록한 것으로 판단된다.

④ 이순신의 처세술과 안분지족

공이 일찍이 말하기를, "장부(丈夫)가 세상에 태어나서, 나라에 쓰이면 몸을 바쳐 보답할 것이요, 쓰이지 못하면 초야에서 농사나 지으면 만족할 것이다. 그러니 권귀(權貴, 권세와 지위가 높은 사람)에게 아첨하여 일시의 영화를 훔치는 것에 대해서는 내가 매우 부끄럽게 여긴다"고 하였다. 그런데 대장이 됨에 미쳐서도 이 도리를 변함없이 굳게 가지었다.

그리하여 사람을 접대함에 있어서는 온화하고 소탈하며 곡진하여 간격이 없었고, 일을 당해서는 과감하게 처리하여 조금도 굽히지 않았으며, 사람들에게 형벌을 주고 상을 주는데 있어서는 일체 귀세(貴勢, 세도가)나 친소(親疎, 가깝고 멂)를 가지고 자신의 뜻에 경중(輕重)을 두지 않았다. 그 때문에 뭇 아랫사람들이 공을 두려워하며 사랑하였고, 가는 곳마다 치적(治績)을 올리었다.

이순신의 〈난중일기〉에 쓰여진 전라도 관찰사 이광, 도체찰사 이원익 등 상관들과의 접촉 시 이순신의 태도와 내용을 읽다 보면, **이순신의 소탈한 업무 스타일과 협의하는 태도의 진중함, 아이디어를 제공하는 곡진함, 간격이 없이 친밀함**을 느낄 수가 있었다. 또 아랫사람을 대할 때에는 위엄있게 하여 업무를 스스로 조심하도록 타일렀으며, 평소 가까운 방답첨사(李純信, 이순신과 동명이인), 사도첨사(김완), 우후(이몽구) 등도 잘못에 대해서는 따끔하게 처벌하였다. 반면에 포상받을 만한 자는 보자기(포작선 어부), 사노(사삿집 종)에 이르기까지 장계에 이름을 기재하여 표창을 건의하였고, 전리품 또한 공평하게 배분하였다.

또 이순신의 〈장계〉를 보면 **과감한 일처리 방식**을 엿볼 수 있는데, 예를 들어 **거북선, 정철총통, 둔전**에 대한 언급이라든지, **담종인의 금토패문(禁討牌文)[34]을 비판하는 내용**이라든지, 포로들에게 들은 정·첩보에서부터 전장에서의 전투 과정, 전략·전술, 적의 형세와 향후 의도에 이르기까지 **대관세찰(大觀細察)**을 통해 통찰하는 전략가의 시각으로 공문서를 기안하여 보고하였다. 이는 평소 이순신이 '**정충보국(精忠報國)**하는 도리'를 잊지 않고 실천하였기 때문이다.

⑤ 전장에서의 이순신, 스스로 엄격함

> 공은 7년 동안 군중(軍中)에 있으면서 심신(心身)을 곤고(困苦)히 하여 일찍이 여색(女色)을 가까이하지 않았고, 승전(勝戰)하여 조정의 포상을 받았을 경우에는 반드시 여러 장수들에게 나누어 주었고 조금도 남겨둔 것이 없었다.

해상전투지휘관으로서 **전장에서의 이순신의 몰입(沒入)과 집중(集中)**을 알 수 있는 대목이다. '**심신을 곤고히 했다**'는 말은 왕성한 책임감으로 일들을 추진하여 몸과 마음이 피곤하도록 만들었다는 것이다. 기욕이 넘치는 이순신의 일상이 그려진다. 〈난중일기〉가 말하는 **통제사 이순신의 일상(routine)**은 대개 새벽에 일어나 주역 점을 쳐 마음을 다스리고, 공무를 본 후 활쏘기를 하고, 장수들과의 토론과 소통을 즐기며 술도 나누었다. 그러나 혼자 있을 때는 책을 보거나 시를 짓거나 일기와 편지를 썼다. 예나 지금이나 장수가 쉬지 않아야 병사들이 편하게 생활할 수 있는 것이다. 또한, 전쟁 중에 휴가를 얻으면 부모님과 자식들을 돌보거나 인근 상급 부대를 방문하여 지휘관과 전략을 공유하였다. 해전에서의 승리로 인해 이순신 본인의 품계가 높아질 때에도 어영담 등 품계를 받지 못한 장수들을 적극적으로 변호하고, 조정의 심판을 받은 장수(어영담, 배홍립, 김완)라 하더라도 그 능력이 있으면 이순신은 자신의 부하로 끌어안아 직책(조방장)을 부여하였다.

⑥ 모리배 선배 장교 원균과의 처세

일찍이 원균(元均)과 군사(軍事)로 인하여 둘이 말다툼한 일이 있어 감정이 쌓여서 서로 사이가 좋지 않았으나, 공은 항상 자제(아들)들을 경계(警戒)하여 말하기를, "만일 누가 그 일에 대해서 묻는 사람이 있거든, 너희들은 의당 저 사람에게 공이 있음을 말하고 단점은 말하지 말라"고 하였다.

임진왜란 중 **원균과 이순신이 불화가 있었다**는 사실은 부하 장수들에게도 이미 다 알려진 것이었다. 〈선조실록〉과 훗날 정조(正朝)가 지적했듯이 **원균은 실제로 이순신을 시기**(猜忌)**하고 중상**(中傷)하였다. 군사(軍事)에 관한 것으로 원균의 가장 첫 번째 잘못은 임진왜란 이전 그의 전쟁 준비상태이다. 전쟁 준비에 실패했다는 것은 싸움에서 실패를 준비한 것이다. 원균은 경상우수영의 함선들을 제대로 정비하지도 않았을뿐더러 함선 대부분을 왜적과 한차례 싸워 보지도 않고 자침시켜 버렸다. 이순신의 첫 출전에서 원균은 적량(남해 창선면 진동리)에 숨어 있다가 이순신이 이르렀다는 말을 듣고 와서 울며 말하기를, "나는 전선이 한 척도 여기에 없으니, 이를 장차 어찌합니까?"라고 하였다. 이에 이순신이 원균을 위로하여 어루만지며 "이때는 신하가 몸을 바쳐서 국가에 보답할 때이오."라고 하였다.[35]

만일 경상우수영이 전쟁 준비를 할 여건이 안 되었다고 한다면, 전라좌수영으로 전력을 분산시켜 후일을 대비할 필요가 있었다. 그러나 원균은 이를 엄두도 내지 못했다. 그만큼 원균은 전략적 혜안이 부족했으며, 또 그렇다 보니 임진년 4차례의 출전에서 함대의 전방에서 왜적과 대치하여 싸우지 못하고, 전투가 끝난 후 후방에서 바다에 빠진 적의 수급을 얻는 데에만 급급했던 것이다. 이런 자를 해상전투지휘관, 주장으로 삼으면 수군의 전몰로 이어진다고 역사는 항변한다.

또 전라우수사 이억기는 제2차 출전인 당항포해전 이후 제3차 출전인 한산대첩과 안골포해전 등에서 이순신의 전라좌수영 수군과 협동하여 해전을 수행하였기 때문에 **해상에서의 전투감각(戰鬪感覺)**이 있었지만, 전투 현장에서 후방 지원 및 물에 빠져 죽은 왜적의 수급을 베었던 원균의 경상우수군은 전투감각이 전라좌·우수영에 비해 현저히 떨어졌다는 사실이다.

이순신은 임진왜란이 발발하자 경상우수사 원균을 무반 선배로 대우하고 합력하여 전투를 대비하려고 하였으나, 〈난중일기〉에서 보듯이 **원균은 기본이 안 된 장수**여서 대화가 통하지 않았고, 이를 이순신은 **자식들에게 함구(緘口)**하도록 이르기를, "오직 원균의 공 있음을 말하고 단점을 말하지 말라"고 당부한 것이다. 이렇게 보면 참으로 속이 뒤집힐 노릇인데도 이순신은 **참고 또 참았다**. 아마도 원균이 조정에 이어놓은 끄나풀을 알고 있었기 때문이리라.

위에서 보듯이 원균은 전후의 싸움에서 조그마한 공도 없었는데, 여러 장수들이 적을 깨뜨릴 때 뒤를 따르다가 죽은 적의 목이나 취하였고, 여러 장수들이 또 각각 자기의 소득을 원균에게 나누어주어 원균의 소득이 여러 장수보다 가장 많았다. 그래서 당시 진중에서는 "한 술 얻은 밥이 온 식기의 밥보다 많다"라는 말까지 있었다.

하지만, 원균은 이순신에게서 받은 은혜가 진실로 적지 않은데도, 그는 문득 간사한 계책을 내어 헛되이 목소리의 기세만 높이고, 임금을 기망(欺妄)하였다. 원균은 그의 패배한 정상이 드러날까 두려워 도리어 이를 빌미로 뇌물을 바치고, 이순신을 무함(誣陷, 없는 사실을 그럴듯하게 꾸며서 남을 어려운 지경에 빠지게 함)하기를 이르지 않는 곳이 없었으며, 이순신에게 딴마음까지 있다고 하여, 마침내 잡아다가 심문을 받는 지경에 이르도록 하였다.

⑦ 이순신이 말하는 아들의 도리

한 군졸이 형벌(刑罰)을 당하게 되었을 때에 자제(그의 아들)가

곁에서 말하기를, "죄가 무거워서 용서할 수 없습니다"고 하자, 공(이순신)이 천천히 말하기를, "자제의 도리로서는 의당 살리는 방도로써 사람을 구해야 하는 것이다"고 하였다.

〈예기〉 '내측' 편에, "부모가 과실이 있으시거든, (자식은) 기운(氣運)을 내리고 얼굴빛을 온화하게 하고 목소리를 부드럽게 하여 간(諫, 간청)할 것이니, 간하여도 부모가 만일 들어주지 않으시거든 공경을 일으키고 효를 일으켜 부모가 기뻐하시면 다시 간해야 한다"고 하였고, 또 증자(曾子)도 "부모가 과실이 있으시거든 간하되 거스르지 말아야 한다"고 하였는데, 이를 주자(朱子)는 '간이불역(諫而不逆)'이라고 하였다.[36] 이순신은 그 군졸의 아들에게 "부모가 죄가 있더라도 자식은 부모의 과실을 들추어 용서할 수 없다고 말해서는 안 되고, 자식된 도리로서 아버지에게 잘못을 뉘우치도록 간하고 또 아버지를 살릴 방도를 구해야 한다"고 말하고 있다. 이순신의 효(孝)에 대한 태도를 잘 알 수 있는 사례이다.

⑧ 차라리 남솔이라는 험담을 듣겠다는 이순신

공의 두 형이 공보다 먼저 작고했으므로, 공이 그 유고(遺孤, 죽은 형들의 자식)들을 마치 자기 자식처럼 돌보아 은애(恩愛)를 베풀어서, 모든 집안의 물건을 사용하는데 반드시 조카를 우선으로 하고 자식을 뒤로 미루었다. 군자(君子)는 여기에서 공의 행실이 집안에서도 돈독하였음을 알 수 있으리라."

1590년(46세) 이순신의 정읍현감 시절, 남솔(濫率)[37]을 우려한 친구에게 눈물을 흘리며, "**내가 처벌을 받더라도 의지할 데 없는 조카들을 차마 버릴 수 없다**"고 말하는 대목이 연상된다. 결국, 이순신의 조카 사랑과 돌봄을 통해 형 희신과 요신의 자식들은 보답한다. 조카 중에서 이분(李芬)은 문관으로 이순신의 〈행록〉을 정리하였고, 이는 나중에 정조가 〈이충무공전서〉를 만들 때 중요한 문서로 활용할 수 있었다. 또한, 이순신의 자식들과 조카들은 대부분 무인 가문의 전통을 이어서 무인이 되었으며, 정묘호란과 병자호란에서 적과 싸우다가 전사하는 용맹함을 보였다.

별지 1.

〈전수기의〉를 통해 본 이순신의 전쟁술

I. 서론

역사상 위대한 리더는 사후에도 그 영향력이 크다. 임진왜란이 발발한 지 200년이 되는 1792년(임자년), 정조(正祖)는 우리나라 역사에서 문무겸전의 대표적인 인물로 이순신을 높이 평가했는데, 정조는 이순신을 "천고 이래의 충신이요 명장"이라고 손꼽으면서 "중국에서 태어났다면 한나라의 제갈공명과 자웅을 겨룰만한 전략가(병법가)이기에 흠모하는 마음이 일어난다"고 하였다.[38] 우리는 이순신을 임진왜란에서 나라를 구한 장수로 알고 있다. 하지만 필자는 정조가 극찬한 이순신은 과연 제갈공명에 버금가는 병법가였는가? 하는 의문이 들었다. 그래서 이순신의 〈난중일기〉와 그가 조정에 올린 〈장계〉에 나타난 사례를 중심으로 병법가 이순신을 재고해 보고자 한다.

그 전략가(병법가)의 판단기준을 어디에 둘 것인가? 곧 나폴레옹도 읽었다는 〈손자병법〉을 기준으로 바라볼 것인가? 아니면 장수의 길[道]을 논한 제갈공명의 〈장원(將苑)〉을 기준할 것인가? 또는 현대 미 해군의 〈함대전술(Fleet Tactics)〉로 국한할 것인가? 등 고민을 거듭한 끝에, **이순신이 활약했던 그 당시의 판단기준을 척도로 삼는 것이 좋겠다고 판단**하였다. 〈난중일기〉에서 이순신이 감탄한 류성룡의 〈증손전수방략(增損戰守方略)〉이 떠올랐고, 임진왜란 기간 중 1594년(갑오년) 류성룡이 이 책을 다시 요약하여 적은 〈전수기의 10조(戰守機宜 十條)〉가 확인되었다. 물론 그때 당시 육상 전술의 바이블이라 할 수 있는 명나라 장수 척계광(戚繼光)의 〈기효신서(紀效新書)〉가 있었지만, 이는 당시 전쟁 중 명나라 장수 낙상지(駱尙志)에 의해 전파되어 훈련도감 및 속오군의 훈련, 삼수병(포수, 살수, 사수)의 편성 등에 영향을 미쳤을 뿐, 전쟁 중 조선 장수의 전략·전술과 직접적인 관련이 있다고 판단하기에는 곤란했다. 하지만 〈전수기의 10조〉에는 척후와 장단, 속오와 약속, 설책과 수성, 통론형세에 이르기까지 당시의 전투와 방어의 지략 등 병법과 전쟁술(戰爭術)[39]을 판단할 수 있는 주요 잣대가 들어있다.

〈전수기의 10조〉는 임진왜란 당시 왜적과의 전투와 방어의 핵심을 요약하여 전쟁의 수행원칙을 수록한 병법서로 판단되며, 이를 통해 이순신이 얼마나 잘 싸우고 대처했는가를 파악한다면, 당시 조정과 비변사가 원하는 장수 또는 병법가의 모습을 살펴볼 수 있고, 또 이순신의 해전과 전투방식을 통해 충분히 당시의 전략적·전술적 가치를 실제 가늠할 수 있다고 판단되었다. 이 연구에서는 임진왜란 당시 전략가(병법가)의 판단기준인 류성룡의 〈전수기의 10조〉를 통해 이순신의 전쟁술을 확인하고자 한다.

Ⅱ. 〈증손전수방략〉과 〈전수기의 10조〉의 관계

1590년(경인년) 조선의 조정은 일본에 통신사를 보내서 도요토미 히데요시(豊臣秀吉)의 전쟁 수행의지를 미리 파악하고자 하였다. 1591년(신묘년) 봄에 일본에서 돌아온 정사 황윤길은 일본이 반드시 쳐들어온다고 보고했고, 부사 김성일은 그렇지 않다고 하면서 설사 쳐들어온다고 해도 잘 준비하면 된다고 했다. 그러나 한양에는 이미 왜적들이 쳐들어온다는 소문이 파다했다. 이에 1591년 여름, 선조는 대대적인 전쟁 준비를 지시하여 경상도와 전라도에서는 백성을 동원하여 성곽을 새롭게 정비하였고, 일선 지휘관과 현감들을 문신보다는 무장으로 배치하였으며, 선조는 비변사에 전수도(戰守圖, 전투와 방어에 대한 도해를 포함한 책)를 내려 왜적과의 싸움을 잘 대비하도록 조치하였다.

그리고 임진왜란이 발발하기 한 달여 전, 류성룡은 전라좌수사 이순신에게 **"증손전수방략"**을 보냈고, 이순신은 이를 보며 감탄했다고 〈난중일기〉에 적고 있다.

> 임진년(1592) 3월 초5일, 맑음. 동헌에 나가 공무를 보았다. 군관들이 활을 쏘았다. 저녁에 서울 갔던 진무가 돌아왔다. 좌의정(류성룡)이 편지와 〈증손전수방략(增損戰守方略)〉이라는 책을 보내왔다. 이 책을 보니 수전(水戰)과 육전(陸戰), 화공법(火攻法) 등에 관한 사항을 일일이 설명했는데, 참으로 만고에 뛰어난 이론이다.[40]

류성룡이 보내 준 〈증손전수방략〉은 과연 어떤 책이길래 이순신이 '만고에 뛰어난 이론'이라고 호평하고 일기장에 기록했을까? 이순신 연구가 노승석은, "〈증손전수방략〉은 1591년 여름 류성룡이 선조가 내린 전수도를 보완하여 20여 조목의 이론을 담은 '병법서'이다. 류성룡이 이 책을 이순신에게 보냈는데 원본은 분실했다. 1594년(갑오년) 10월 1일 류성룡이 난리 이후 보고 들은 것과 고안한 것을 모아 다시 10조를 만들어 〈전수기의 10조(戰守機宜 十條)〉라고 했다. 선조는 각 도의 장수들에게 배부하게 하였다"고 했다.[41] 〈증손전수방략〉의 요약본이 〈전수기의 10조〉라는 말이다.

왜란 후 〈징비록〉을 쓴 류성룡(柳成龍)은 당대의 뛰어난 병법가였다. 〈선조실록〉 임진년(1592년) 11월 25일 기사에, "류성룡이 말하기를 '싸워도 죽고, 싸우지 않아도 죽는다. 차라리 한번 싸워 사생을 결단해야 한다.' 하였는데 여러 사람의 마음도 그러했습니다."라는 대목이 나온다. 당시 임진년 일본군의 침입과 북상이 최고조에 이르고 있을 무렵, 류성룡의 사생결단 각오를 엿볼 수 있다. 후대의 정조(正祖)는 류성룡을 평가하기를, "몸보다 정신이 큰 인물이고, 좋은 경륜과 계책으로 심모원려(深謀遠慮)한 재상으로 우리나라의 장량(張良)"이라고 극찬하였다.[42] 〈전수기의 10조〉의 서문을 보면, 문무겸전(文武兼全)의 류성룡이 전장에서의 병법에 얼마나 밝았는지 알 수 있다.

"이제(1594년 당시) 적의 형세는 오히려 급하고 국사가 더욱 어려운데, 지방의 장수된 신하와 국토를 지키는 관리는 여전히 지난 일을 반성하여 후환을 도모할 뜻이 없습니다. 군사 다루는 데에는 법도가 없고 수비가 완전하지 못한데도 놀기만 하고 직무를 게을리해서 나날이 더하니, 설혹 적의 세력이 공격하여 길게 몰아오면 장차 국사를 어떻게 하겠습니까.

<사기(史記)>에 전단(田單) 일족이 철롱(鐵籠)으로 안전을 얻은 일[43]을 기록했습니다. 이는 소중하게 여길 만한 계책이 아니라 일시의 위급함을 구제할 수 있었기 때문에 기재한 것입니다. 예컨대 난지(鸞枝)가 섶을 끌어서 적군을 이긴 일[44]과, 한신(韓信)이 모래주머니로 물줄기를 막은 일[45]은 꾀한 바가 또한 평범할 뿐이지 무엇이 뛰어났겠습니까. 그러나 이로 인해 승리의 공을 이루었으니, 이는 옛사람들이 책략은 널리 선택하는 것을 우선으로 삼고, 꾀는 잘 적용하는 것을 소중하게 여긴 까닭입니다."[46]

갑오년(1594년) 강화기간에 류성룡은 지방의 장수와 관리들이 임진년 왜란에서의 일들을 반성하지 못하고 후환을 대비하지 못하며, 군사에 법도가 없고, 집무에 게으르다고 지적하면서, 고전에 나오는 승전사례는 단지 책략을 널리 선택하고, 꾀를 잘 적용한 결과일 뿐이라고 말하였다. 와신상담(臥薪嘗膽), 뼈저리게 통탄하면서 후환을 대비하고 복수의 칼을 갈아야 하는데, 장수와 관리들이 류성룡의 바람대로 대비하지 않았고, 결국 류성룡의 예측대로 일본은 정유년(1597년)에 다시 침범했다.

류성룡은 그의 <서애집(西厓集)>에 '<전수기의 10조>'를 남겼다. 하지만 <전수기의 10조>에는 수전, 화공법 내용이 안 보이고, 주로 육전, 군령과 육상방어 관련 수행원칙들이 기술되어 있다. 이는 류성룡이 임진년 왜란을 겪으며 명군의 지원을 수행하고 선조를 보좌하여 군국기무(軍國機務)를 총괄하면서 우리나라 성(城)의 특징, 군사제도, 조선인과 일본인의 습성 등을 주로 살폈기 때문에 육상방어 위주로 정리한 것으로 추측된다.

이런 정황을 놓고 볼 때, 왜란이 발발하기 전인 1592년(임진년) 3월, 류성룡이 이순신에게 보낸 〈증손전수방략〉은 선조가 내린 '전수도'를 가감하여 20여 조목으로 편성된 병법서였으며, 이를 다시 류성룡은 '〈전수기의 10조〉'로 다듬었다. 그래서 이순신이 임진왜란 중 얼마나 해전에 구현했는지, 곧 이순신의 전쟁술을 살펴보는 것은 역사를 통해 산 지혜를 배우는 흥미로운 일이 될 것이다.

III. 〈전수기의 10조〉를 통해 본 이순신의 전쟁술

류성룡은 공무 중 여가에 나라를 근심하는 마음에서 임진왜란 발발 이후에 보고 들은 바와 생각해 낸 것을 수습하여 〈전수기의 10조〉로 분류하였다. ① 척후(斥候), ② 장단(長短), ③ 속오(束伍), ④ 약속(約束), ⑤ 중호(重壕), ⑥ 설책(設柵), ⑦ 수탄(守灘), ⑧ 수성(守城), ⑨ 질사(迭射), ⑩ 통론형세(統論形勢) 등으로, 류성룡은 이를 선조에게 보고한 후 해당 관서에 내려 각처 모든 장수에게 알리면 적을 제압하고 수비하는 대책에 만에 하나라도 보탬이 될 것이라고 판단하였다.[47]

1. 〈전수기의〉 제1조 : 척후(斥候)

　가. 〈전수기의〉의 척후 : 경계의 중요성

　류성룡은 척후(斥候, 적의 형편·지형 등을 정찰·탐색하는 일)와 요망(瞭望, 멀리서 적을 망보는 일)의 두 가지는 삼군(三軍)의 눈과 귀라고 했다. 군대의 내부에 척후와 요망이 없으면 이는 소경이 눈 먼 말을 타고 밤중에 깊은 연못에 임하는 것과 같아 적군이 자기 군문에 이르렀는데도 미처 알지 못하니, 그 위태함이 심하다고 했다. 또 척후와 요망은 기일보다 앞세우고 멀리 배치하는 것이 귀중하다고 했다.

　그러면서 류성룡은 척후와 요망은 아무에게나 시킬 수 없으니, 반드시 그 마음이 영리하고 힘이 세어 잘 달리며 또 그곳에서 태어나고 자라서 도로의 원근, 산천의 곡직(曲直), 출입의 편리를 자세하게 아는 사람 수십 인을 미리 선발하여 약속을 밝히되, 많은 상금으로 묶고 의식(衣食)을 후하게 하여 주어 그들로 하여금 나의 심복이 되어 힘을 다하여 복무하여도 수고로움을 꺼리지 않게 한 연후에야, 유익하고 패배하는 일에 이르지 않는다고 하였다.

　류성룡이 말하는 '척후'는 적의 기습과 공격에 대비한 '**경계(警戒)의 중요성**'을 강조한 것이다. 한 군대가 이기고 지는 요체는 오로지 척후와 요망에 달려있는데, 임진년 상주전투와 충주전투의 패전은 용병(用兵)의 기본인 척후와 요망을 갖추지 않은 것에서 비롯되었다고 질타했다. "우리나라는 요사이 여러 장수들이 용병에서 척후와 요망의 중요성을 알지 못하여 무턱대고 망령되이 움직이다가 뜻밖에 적과 서로 마주치면 놀라고 두려워서 재빨리 도망치고 당황해서 어찌할 바를 몰라 맞붙어서 싸우기도 전에 패하고 말았다"고 지적했다.

나. 이순신의 척후 : 기본기에 충실

현대 해전에서도 척후에 해당하는 전투정찰의 중요성은 화력집중과 더불어 승패를 좌우하는 관건이다. 전투정찰은 충분히 먼 거리에서 적에 대한 자료를 획득하여 지휘관의 결심을 지원하는 것이다.[48] 이순신의 '척후'는 한마디로 '적선을 잘 살피고, 나타남과 동시에 즉시 보고하라(瞭察賊舡 登時馳告, 요찰적강 등시치고)'이다. 이는 이순신이 갑오년(1594) 3월, 제2차 당항포해전에 임하기 전에 수군 장수들에게 한 말이다.[49]

기본기에 충실한 이순신의 척후는 임진년(1592) 5월 2일, 경상도에 출전을 준비할 때부터 〈난중일기〉에 보인다. 첫 출항 2일 전에 남해로 '척후'를 나갔던 군관 송한련이 돌아와 보고하기를, '남해를 지키던 경상우수영 예하 장수들이 흩어져 달아났고, 군비도 남은 것이 없다'는 것이었다. 이순신은 척후를 통해 전투가 일어나지도 않았는데, 싸워보지도 않고 도주한 경상우수군의 상황을 정확하게 파악하고 있었다. 이어서 경상도로 출항하는 날(5월 4일), 척후와 관련하여 이순신은 본영을 출항할 때 우척후(김완), 우부장(김득광), 중부장(어영담), 후부장(정운) 등은 본영 남방의 개이도(여천군 개도)로 들어가 왜구를 찾아 치게 하고, 나머지 대장선들은 남해의 평산포, 곡포, 상주포, 미조항을 지나가게 했다. 또 첫 해전인 옥포해전 당일(5월 7일)에는 왜선을 처음 발견한 우척후장(김완)의 '척후선'에서 신기전을 쏘아 적이 있음을 알리고, 옥포 앞바다에서 이순신 함대는 부두에 배를 대고 노략질하는 왜적들을 궤멸시켜 버렸다. 이후 해전에서도 척후는 기본이 되었다.

이순신은 임진년 이후 견내량을 경계로 왜적들과 대치하고 있는 상황에서 척후와 탐망군을 효과적으로 활용하였다. 한산도 주둔 후에는 거제의 영등포와 대금산, 고성의 벽방산 등지에 탐망군을 배치하여 적도들의 동태를 파악하였고, 척후선과 복병대장을 운용하여 적도들의 기습에 대비한 경계태세를 늦추지 않았다.

2. 〈전수기의〉 제2조 : 장단(長短)

가. 〈전수기의〉의 장단 : 역지사지

류성룡은 장단에서 '병법'을 언급한다. "병법에 이르기를, 자기를 알고 남을 알면 백 번 싸워서 백 번 이기고, 자기를 알지 못하고 남을 알지 못하면 백 번 싸워서 백 번 진다"고 하였다. 이른바 자기를 알고 남을 안다는 것은 남과 자기의 장단점을 견주어 헤아려야 한다는 것이다. 그래서 항상 나의 장점을 적의 단점에 더하고 적의 장점을 나의 단점에 더하지 않도록 전투에 필요한 조건을 만들어야 한다고 하였다. 그러면서 류성룡은 조선과 일본의 전투 시 장단점을 비교하였다.

"이제 시험 삼아 왜적과 우리나라의 장단점을 견주어 보자. 왜적의 장기는 셋이 있으니, 조총과 창칼과 생명을 가볍게 여겨 돌진하고 분투해서 끓는 물에 들어가고 불 속에 뛰어들지라도 사양치 않는다. 이는 천하에서 가장 굳센 적이어서 우리나라가 대적할 수 없다. 우리나라의 장기는 단지 활과 화살만이 있는데 왜적의 조총에 비교한다면 멀고 가까움이 서로 미치지 못하고, 그 소리와 위엄의 폭렬(暴烈)도 아울러 비교하기가 어렵다. 무릇 우리의 오합지졸로 그 단점만 가지고 평원과 광야에서 서로 견주고자 하는 것은 패배하는 일이 당연하다."50)

그런데 잘 싸우는 사람은 전세(戰勢)를 바탕으로 이롭게 인도하여 장점을 도리어 단점으로 만들기도 하고 단점을 도리어 장점으로 만들기도 하니, 이는 '병가의 묘책'으로서 잘 살피지 않을 수 없다고 하였다. 또한 기병과 보병, 일본의 조총과 조선의 활·화살의 기술도 장단점을 잘 헤아려야 한다고 강조하였다.

또한, 류성룡은 임진년 신립의 충주전투를 철저히 분석했다. 우리의 장점인 조령(鳥嶺, 문경새재)이라는 험지에서의 궁시(弓矢)를 그대로 놓아두고, 왜적의 장점인 벌판에서 기병을 이끌고 보병에 의한 조총 싸움을 택한 것은 장단을 모르는 장수가 나라를 적에게 넘겨 준 일이라며 분개하였다. 위의 '척후와 장단'에 대한 내용만으로도 병법가로서 류성룡의 용병과 군사(軍事)에 대한 통찰력을 높이 평가할 만하다.

나. 이순신의 장단 : 선승구전

이순신은 길고 짧은 것을 쉽게 판단하지 않았다. 항시 멀리 생각하면서 적의 모든 면을 확인하였고, 적과 아군을 비교하고 장단점을 분석했다. 이순신은 항상 나의 장점을 적의 단점에 더하고, 적의 장점을 나의 단점에 더하지 않게 한 연후에야 출전을 감행하였다. 이른바 이순신은 먼저 이겨놓고 싸우러 나가는 선승구전(先勝求戰)의 장수였다. 〈손자병법〉은 "승리하는 군대는 먼저 이기고 (승산이 확실할 때) 그 후에 전쟁을 시작한다(승병선승 이후구전, 勝兵先勝 而後求戰)"고 하였고, 반면에 "패배하는 군대는 덮어놓고 전쟁을 시작하고 그 후에 승리를 찾으려 한다(패병선전 이후구승, 敗兵先戰 而後求勝)"고 하였다.

이순신의 첫 〈장계(옥포파왜병장)〉 곳곳에 등장하는 왜구들에 대한 이순신의 기록을 보면, 이순신은 왜선과 왜구들의 형상, 장점과 특징을 빼놓지 않고 적정(敵情)을 기술하였다. 또 다른 〈장계(해전과 육전에 관한 일을 자세히 아뢰는 계본)〉에서는 '해전의 이점'을 말했다.

"해전 같은 경우, 많은 군졸이 모두 배 안에 있으므로 적선을 바라보고 비록 도망해 달아나려 해도 그 형세상 그럴 방법이 없는 것입니다. 하물며 노를 재촉하는 북소리가 급하게 울릴 때, 만약 명령을 위반하는 자가 있으면 군법이 뒤따르는데, 어찌 마음과 힘을 다하지 않겠습니까. 거북선이 먼저 돌진하고 판옥선이 뒤따라 진격하여 연이어 지자·현자총통을 쏘고 또 따라서 포환과 시석(矢石)을 빗발이나 우박 퍼붓듯 하면 적의 사기가 이미 꺾이어 물에 빠져 죽기에 바쁘니 이것은 해전의 쉬운 점입니다."[51]

이순신은 동요하는 군사들을 하나로 묶을 수 있고, 좁은 공간 속에서 서로 부대끼며 근무하지만, 서로에게 동병상련과 큰 위로를 주는 '플랫폼(Platform)'으로서 판옥선의 장점과 화포 운용의 이점을 조정에 보고하였다. 또한, 일본 수군에 비해 조선 수군의 장점이 여럿 있었다. 소나무로 만들어진 판옥선의 튼튼함, 해상에서의 빠른 진형 변화와 화포 발사가 가능한 판옥선의 전술적 운용성, 그리고 선상 화포에 의한 원거리 타격 능력의 우수함, 우리는 적을 보면서 쉽게 공격하고, 적은 우리를 쉽게 공략할 수 없는 비밀무기 거북선의 예측 불가능한 근접전투력, 조총보다 원거리에서도 쏠 수 있는 사부들의 활 솜씨 등이 있었다.

이순신의 '장단(長短)'은 임진년 **한산대첩(7월 8일)** 당일의 〈장계(견내량파왜병장)〉을 통해서 확인할 수 있다.

"바다 가운데 이르러 바라보니, 왜의 대선 1척과 중선 1척이 선봉으로 나와서 우리 수군을 발견하고서는 도로 결진하고 있는 곳으로 들어가는지라, 뒤쫓아 들어가니 대선 36척, 중선 24척, 소선 13척(도합 73척)이 대열을 벌여서 정박하고 있었습니다. 견내량은 지형이 매우 좁고, 또 암초가 많아서 판옥선이 서로 부딪치게 되어 싸움하기가 곤란할 뿐만 아니라, 적은 만약 형세가 급하게 되면 기슭을 타고 육지로 올라갈 것이므로 한산도 바다 가운데로 유인(誘引)하여 모조리 잡아버릴 계획을 세웠습니다. 한산도는 거제와 고성 사이에 있어 사방에 헤엄쳐 나아갈 길이 없고, 적이 비록 육지에 오르더라도 틀림없이 굶어 죽게 될 것입니다.

먼저 판옥선 5~6척을 시켜서 선봉으로 나온 적선을 뒤쫓아서 습격할 기세를 보이자 여러 배의 적들이 일시에 돛을 달고 쫓아 나오므로 우리 배는 거짓으로 물러나 돌아 나오자, 적들도 줄곧 쫓아왔습니다. 바다 가운데 나와서는 다시 여러 장수에게 명령하여 '학익진(鶴翼陣)'을 벌여서 일시에 진격하여 각각 지자, 현자, 승자 등의 각종 총통을 쏘아서 먼저 2~3척을 쳐부수었습니다. 그러자 여러 배의 왜적들이 사기가 꺾이어 물러나 도망하므로, 여러 장수와 군사들이 승세를 타고 뛰쳐나가 앞을 다투어 돌진하며 화살과 총환을 잇달아 쏘니, 그 기세가 바람과 우레 같아서 적선을 불태우고 왜적을 쏘아 죽이기를 일시에 거의 다 해버렸습니다."[52] (후략)

한산대첩에서 이순신의 '장단(長短)'은 적의 장점이 빠른 함선의 기동력과 조총과 칼, 왜인들의 무자비한 용맹함, 불리할 경우 인근 섬으로 상륙한다는 것을 잘 파악하여 적도들을 한산도 바다 한가운데로 유인하여 적의 장점을 줄여나갔고, 이어서 우리의 장점인 판옥선의 선회 용이성, 화력집중을 통한 화포 운용, 한번 승기를 잡으면 물불을 가리지 않는 조선인의 신바람을 최대한 살려서 한산도 해상에서 '학익진'을 펼쳐 왜적을 독 안에 든 쥐로 만들고 역사적인 대첩을 완성하였다.

3. 〈전수기의〉 제3조 : 속오(束伍)

가. 〈전수기의〉의 속오 : 조직화 및 결속력

류성룡은 병법이 천언만어(千言萬語)나 되지만 그 긴요한 주안점은 오직 '속오(束伍)'에 있다고 보았다. 이른바 속오는 군사를 수로 나눈 것(분수, 分數)이다. 그래서 옛 선유들이 "한신(韓信)이 군사가 많으면 많을수록 더욱 잘 다룬 것(多多益善, 다다익선)은 단지 이 분수(分數)에 밝았기 때문이다"라고 말하였고, 손자(孫子)는 "많은 군사 다스리기를 적은 사람을 다스리는 것처럼 하는 것이 분수이다"라고 말했다면서 조선의 장수는 하나도 그 속오에 분수의 법을 아는 이가 없어서 매양 군졸이 잘 무너지는 것만을 걱정하니, 그 미혹됨이 심하다고 하였다. **속오란 위(衛)가 부(部)를 통솔하고, 부가 기(旗)를 통솔하고, 기가 대(隊)를 통솔하고, 대가 오(伍)를 통솔하는 것인데, 이렇게 단위별 조직화를 통해 군법의 강령을 세울 수 있다**고 하였다. 그런 까닭에 평시에는 이로써 군사를 다루면 장수와 병졸들이 서로 얽매여 연습하기가 쉽고, 적군과 임하여 이로써 절제하면 팔과 손가락이 서로 의지해서 선후를 용납하지 않는다고 하였다. 이른바 "**만인을 합쳐서 한마음으로 삼는다**"고 함은 다 속오로 말미암아 이루어지며, 비로소 **절제된 군사라 말할 수 있다**고 하였다.

그러면서 류성룡은 안타까운 당대의 현실을 개탄했다. 장수나 군관이 되어 속오를 제대로 하지 못하여 심부름꾼이나 마찬가지라고 말하고, 군졸들이 속오를 몰라 분군이 어수선하다고 지적했다. 속오는 군대의 규모에 따라 조직을 달리하는 분군(分軍)을 말하고, **속오를 바로 하면 군령이 제대로 선다**. 그러므로 류성룡은 장수가 참으로 속오를 안다면 비록 시정의 잡된 무리를 모은 군사라 할지라도 훈련을 시켜서 적군과 교전할 수 있다고 보았다. 이는 손자병법의 손무(孫武)가 궁궐의 여인들을 지휘하여 정예 군사와 같이 훈련을 시킨 사례를 떠오르게 한다.

나. 이순신의 속오 : 전투편성, 첨자진, 학익진 등 진형

전쟁은 장수와 병사들이 상호 긴밀한 관계를 유지하지 않으면 안 된다. 각자의 역량을 정확히 파악하고 적재적소에 배치하며, 서로 밀접하게 소통해야 한다. 군대도 사람으로 구성된 조직이다. 그러므로 장수는 군사들의 본성을 제대로 파악하여야 한다.[53] **이순신은 속오(束伍)를 잘했다.** 군사들의 본성을 잘 파악하고, 분군하여 제대(전투조직)를 편성하였다. 임진년 제1차 출전인 옥포해전에서부터 제2차 출전인 사천, 당포, 당항포해전, 제3차 출전인 한산대첩에 이르기까지 이순신은 소속 수군을 명확하게 분군(分軍)하였다.[54] 이것은 조선 전기 전투조직의 구성인 5위 체제에 기반을 둔 형태로, 육군과 수군이 유사한 형태를 취했다. 중위장은 대장을 호위하여 전투 대형의 중앙 후면에 자리 잡았고, 나머지 전·후·좌·우·중부의 각 부장은 각 방향의 전투 책임을 맡았다. 유군장은 5부장 이외에 필요한 경우 공격을 펼칠 유격부대, 좌·우 척후장은 말 그대로 선두 좌우에서 망보는 역할, 한후장은 후방을 막아내는 역할, 참퇴장은 도망자를 차단하는 역할, 그리고 돌격장은 상대 진형을 무너뜨리기 위해 공격의 선봉대 역할 등으로 전투편제가 이루어졌다.[55]

조선 수군의 기동 진형은 함대를 형성하여 원거리를 이동할 때는 첨자진(尖字陣) 또는 경계진(警戒陣)을 형성하였다.[56] 본영에서 출항순서와 해상에서의 지휘 관계를 약속한 후 진형의 전방에 좌·우 척후장의 수군을 두고, 뒤 왼편에는 전위장의 수군을, 오른편에는 우위장의 수군을 배치한다. 척후 후방에 중위장의 수군을 함대 중앙에 배치하고 그 뒤에 중군장, 이어서 대장선(좌선)이 위치하여 첨

자진의 중앙에서 지휘하는 형태를 갖춘다. 대장선 좌우 지근거리에 좌·우 돌격장과 유군장을 두어 선봉 역할과 급변사태에 대비하는 임무를 수행하게 하고, 대장선의 후방에는 왼편에 좌위장의 수군을, 오른편에는 후위장의 수군을 배치한다. 한후장과 참퇴장을 맨 후위에 두어 적선들의 뒤쪽에서의 접근에 대비한다. 수군의 지휘요령은 대장선에서 중위장에게 명령을 내리면 중위장은 각 부장과 유군장을 통솔한다. 또한, 부별로 함선의 대형은 이동해역의 넓이에 따라 종열진 또는 횡렬진으로 기동했을 것이다.[57] 그러나 실제 전투에 임해서는 적의 형세에 따라 장사진, 학익진, 어린진, 일자진 등 다양한 형태의 전투진으로 진형을 변경하여 전술을 운용하였다. 지금으로 치면 해군의 해상전투단이 기동할 때 사용하는 원형진과 같은 웅장한 형태일 것이다.

또 이듬해 계사년(1593) 4월 초의 장계(狀啓)[58]를 보면 진중에서 현장감 있는 이순신의 '속오(束伍)'를 만나볼 수 있다. 이때는 한산도에 삼도수군통제영을 세우기 이전이라 전라좌수영(여수)에서부터 왜적과 대치 중인 경상도 웅천(창원 진해구) 등지로 원정 출전을 계속하는 상황이었는데, 이순신은 전라도관찰사 등 지휘부에서 수군장수들을 육전에 이동 배치하여 지휘관이 없는 수군을 만든다든지, 싸움이 한창일 때에 작은 실수를 저지른 장수를 구속하여 소속 군사들의 사기를 떨어뜨리는 행위 등의 현실에 직면하게 되었다. 이순신은 〈장계〉를 통해 분명한 논리로 부정하게 시행되는 일들을 시정 요구했다. 혼란스러운 왜변 중이므로 군사 업무들의 속오와 분군이 어지러워 명령이 중구난방으로 여러 군데서 나와 호령(號令)이 시행되지 못하고, 지휘만 어그러지니 극히 민망하고 걱정스러운 일이니, 얼른 군령을 일원화하고 명확하게 해달라는 요구였다. 전쟁에서 이순신의 속오는 세세하게 통찰하여 조그마한 틈도 생기지 않도록 하되, 예하 제대의 사기와 팀워크를 우선하였다.

4. 〈전수기의〉 제4조 : 약속(約束)

가. 〈전수기의〉의 약속 : 작전명령

류성룡은 속오와 약속은 두 바퀴로 한꺼번에 움직이는 수레로 보았다. 분수(分數)가 평일에 명확한 뒤에는 또 진지에 임할 때의 약속(約束)은 더욱 명확하지 않으면 안 된다고 하였다. '약속(約束)'이란 대장이 그 적세의 강약과 지형의 험난하고 평탄한 것을 살피고, 승패의 상황을 헤아려서 모든 장수들에게 분부해서 각각 통솔하는 군대를 거느리고 혹은 앞서고 혹은 뒤서며, 혹은 복병이 되고 혹은 후계(後繼)가 되며, 혹은 의병(疑兵, 적의 눈을 속이는 가짜 군사)이 되고 혹은 유인(誘引) 부대가 되며, 세 번 명령하고 다섯 번 거듭하여 감히 어기거나 넘지 못하게 하고, 한결같이 대장의 명령에 좇게 해서 모두 죽을힘을 다하게 하는 일인 것이다. 그러므로 약속이 명확하지 못해서 병사가 이를 범하는 것은 장수의 죄이고, 약속이 이미 명확한데도 불구하고 병사가 이를 범하는 것은 병사의 죄라고 분명히 말한다. 무릇 죄가 병사에게 있고 장수에게 있지 않은 연후에야 목을 베고 형벌을 행하여도 군사들이 원망하는 말이 없게 된다고 하였다. 그러면서 군사를 써서 적을 당함에는 반드시 정(正, 정공법)이 있고 기(奇, 기공법)가 있는데[59], 기와 정을 순환시켜서 임기응변(臨機應變)을 무궁하게 하는 자가 병사를 잘 부리는 훌륭한 장수라고 하였다.

류성룡이 말하는 '약속'은 진지에서의 근무지침이자, 전투에서의 **명령**이다. 장수가 적세의 강약과 지형의 험난하고 평탄한 것을 살피고, 승패의 상황을 헤아려서 부하들에게 하달하는 작전명령이다. 약속이 명확하지 못해서 병사가 이를 범하는 것은 장수의 죄이고, 약속이 이미 명확한데도 불구하고 병사가 이를 범하는 것은 병사의 죄이다. 또한 장수(리더)는 군사를 부려서 적과 마주할 때는 반드시 기(奇)와 정(正)을 순환시켜서 임기응변을 무궁하게 할 줄 알아야 한다고 보았다.

나. 이순신의 약속 : 전투지침이자 무궁한 임기응변

이순신의 〈난중일기〉에 '활쏘기' 다음으로 많이 나오는 것이 '약속'인 것을 보면, 전쟁 시 이순신의 엄정한 수행원칙을 잘 알 수 있다. '활쏘기'는 적을 제거하는 방법이면서 자신의 흐트러진 몸과 마음을 집중하는 가장 좋은 수단이며, '약속'은 전쟁 시에 한결같이 대장의 명령에 따르게 해서 모두 죽을힘을 다하게 하는 것으로 작전명령과 팀워크를 실천하는 가장 분명한 방법이다.

〈난중일기〉에 처음으로 여러 장수들과 '약속했다'는 표현이 나오는 날짜는 첫 출항을 위해 해상에서 진형 훈련을 하던 임진년(1592년) 5월 2일이다. 이날 오전 남해로 척후를 나갔던 군관 송한련의 보고를 받은 이순신은 정오에 출항하여 바다로 나가 진을 치고 훈련한 다음, 제장들을 모아놓고 경상 바다로의 출전을 약속한다. 이순신의 첫 '약속(約束)'은 경상도로의 출전을 실행하자고 해상에서 부하 장수들과 결의를 다지는 순간이었다. 바다 한가운데서 이순신은 부하 장수들과 소통하며 점차 경상도 출전으로의 가닥을 잡으면서, 부하 장수들이 자발적으로 출전을 결심하도록 논의를 진행했을 것으로 본다. 물론 반대 의견도 있었지만, 군령으로 지시한 약속(約束)인 만큼 이행하지 않을 때는 군법으로 처단한다고 〈난중일기〉에 분명히 적고 있다.

또 왜란 중 이순신의 '약속(約束)'은 군령, 군율, 전투지침이기에 두 번, 세 번 약속을 강조하였다. 〈난중일기〉와 〈임진장초〉에는 약속을 분명하게 밝힌다는 뜻의 신명약속(申明約束), 몇 차례에 걸쳐 거듭 분명하게 하는 재삼신명약속(再三申明約束), 한 번 약속을 한 뒤에 또다시 확인하는 갱위약속(更爲約束), 단단히 타일러서 경계하며 약속하는 신칙약속(申飭約束) 등이 거의 매일 적혀있다. 특히 이순신은 부하들과의 약속을 명확하게 반영하여 장계를 작성하였다. 임진년 최대 전과를 거둔 한산대첩 후의 〈장계(견내량파왜병장)〉를 보면, 논공행상을 통해 군사들에게 감동을 전달하는 이순신의 진면목을 발견할 수 있다.

"여러 장수와 군사들이 분연히 몸을 돌아보지 않고 처음부터 끝까지 힘껏 싸워 여러 차례 승첩하였습니다만, 조정이 멀리 떨어져 있고 길이 막혔는데, 군사들의 공훈 등급을 만약 조정의 명령을 기다린 뒤에 결정한다면, 군사들의 심정을 감동시킬 수 없으므로 우선 공로를 참작하여 1, 2, 3등으로 별지에 기록하였사오며, '당초의 약속'과 같이 비록 머리를 베지 않았다 하더라도 죽

을힘을 다해 싸운 사람들은 신이 직접 본 것으로써 등급을 나누어 결정하고 함께 기록하였습니다."⁶⁰⁾

이순신이 말한 '당초의 약속'은 이순신이 늘 부하 장수들에게 강조했던바, "적의 목을 베지 마라. 한 놈이라도 더 쏘아 죽여라. 너희의 논공(論功)은 내가 보는 바이다"라는 것이다. 해상전투에 임하여 적의 목을 베어 바쳐서 논공행상을 요청하기보다는 눈앞에 적을 한 놈이라도 더 쏘아 죽여서 국토를 유린한 앙갚음을 하라는 것이다. 이순신은 당초의 약속대로 장계에 장수에서부터 사삿집 종에 이르기까지 부하들의 전공을 낱낱이 적어서 상훈을 요청하여 군사들의 심정을 감동케 하고, 부하들과 당초의 약속을 지켰다. 장수가 이러니 군사들이 따를 수밖에 없다.

해상전투의 긴장감 속에서도 이순신은 약속을 더욱 굳세게 하였다. 임진년 9월 1일, 왜적의 심장부가 되어버린 부산포에까지 함대를 이끌고 기동하여 싸운 **부산포해전**은 왜적들의 간담을 서늘케 하였고, 왜적들의 뇌리에 '조선 수군에 대한 공포심'을 심어주기에 충분하였다. 〈전수기의〉가 말하는, '적과 마주할 때는 반드시 변칙술인 기(奇)와 정공법인 정(正)을 순환시켜서 임기응변을 시행하는' 벌모(伐謀)와 벌병(伐兵)을 동시에 수행한 병법가 이순신의 모습이다.

"절영도(부산 영도) 안팎을 모조리 수색하였으나 적의 종적이 없었으므로, 즉시 소선을 부산 앞바다로 급히 보내 적선을 자세히 탐망하게 하였더니, '대략 500여 척이 선창 동쪽 산기슭의 언덕 아래 줄지어 정박해 있는데, 선봉 왜 대선 4척이 초량목으로 마주 나오고 있다'고 하므로, 곧 원균 및 이억기 등과 '약속'하기를, '우리 군세로써 만일 지금 공격하지 않고 군사를 돌이킨다면 반드시 적이 우리를 멸시하는 마음이 생길 것이다' 하고 기를 휘둘러 독전하며 달려갔습니다."[61] (후략)

5. 〈전수기의〉 제5 ~ 9조 : 중호, 설책, 수탄, 수성, 질사

〈전수기의〉의 제5조 중호에서 설책, 수탄, 수성, 질사까지는 당시 육상 전술이므로 간략히 핵심만 살펴보도록 하겠다.

가. 〈전수기의〉의 중호, 설책, 수탄, 수성, 질사

1) 중호(重壕, 겹참호) : 이중해자
류성룡은 성 밖과 영책(營柵) 밖에 마땅히 겹참호[重壕]를 설치해야 한다고 강조한다. 겹참호는 성 주위에 두 곳의 참호를 파는 것이다. 성에서 가까운 안쪽은 좁고 깊게 파서 그 안에 재를 넣고 널빤지를 씌워 위장하고, 바깥쪽은 넓고 얕게 파서 그 안에 목각을 설치하여 적의 공성작전을 늦추게 하는 효과를 볼 수 있는 육상 방어전술이다.

2) 설책(設柵) : 요새
예로부터 군대가 주둔하면 반드시 영사(營舍)의 벽을 견고하게 하였다. 영벽(營壁, 진영의 장벽)의 설치는 먼저 지형을 얻고, 설치하는 법은 반드시 그 제도를 곡진하게 해서 견고하고 치밀하게 해야 한다. 왜적은 지형을 아주 잘 알고, 또한 목책을 잘 설치해서 진

을 칠 때에는 반드시 요새지(要塞地)에 한다고 말하면서, 류성룡은 왜적의 요새를 칭찬하였다.

3) 수탄(守灘) : 여울 속 마름쇠

류성룡은 우리 군사가 먼저 물(여울) 가운데에 기계를 설치하고 미리 냇가 언덕에 죽음을 각오한 병사들을 매복시켰다가 적들이 반쯤 건너왔을 때를 타서 공격하면, 적은 전멸되어 이기지 못한다고 보았다. 류성룡은 대체로 여울을 방비하는 법은 마름쇠[菱鐵, 능철]가 제일 좋다고 말한다. 그러면서 강을 건너는 사람의 심리를 제대로 묘사했다. 강을 건너기 전과 건너는 도중, 그리고 건넌 후의 심리가 다르다는 것을 자세히 기술했다. 또 류성룡은 왜적이 남한강과 대동강을 건널 때 '수탄'의 계책을 쓰지 못한 것을 부끄럽게 여겼다.

4) 수성(守城) : 산성과 읍성

류성룡은 임진년 이후부터 한결같이 왜적을 만나 움직이기만 하면 패하여 무너지는 것은 이유가 있다고 보았다. 조선은 활과 화살만을 잘 사용하였고, 또 산을 이용하여 성을 만들었지만, 이제 왜적은 오로지 조총을 사용해서 성을 공격할 때에 수백 보 밖까지 미칠수가 있는데, 우리나라의 활과 화살은 이미 서로 미치지 못한다고하였다. 게다가 성면(城面)이 조금이라도 평평한 곳만 있으면 적의 무리는 흙으로 보루를 만들고 높은 다락[飛樓, 비루]을 만들어서 성의 안쪽을 내려다보고 총을 쏘기 때문에, 성 안의 사람들은 몸을 숨길 수가 없어서 마침내 패해서 함락된다고 하였다. 그러면서 만약에 하나의 포루(砲樓)를 만들면, 이는 대개 옹성, 현안, 양마장의 제도를 겸해서 하나로 만든 것이니, 방어가 가능하다고 보았다.

류성룡이 말한 '수성(守城)'은 정조 시대 정약용이 기획하여 만든 '수원 화성'을 떠올리게 한다. 실제로 조선 후기 정조는 정약용에게 선대의 이름난 신하 중에 성(城)의 제도에 대해 의논한 사람이 있는지를 물었고, 정약용은 류성룡의 〈전수기의〉 등을 보고하였다'고 한다.[62] 류성룡의 나라를 근심하는 마음이 후대의 정약용에게 미치어 수원 화성을 축조하는데, 도움이 되었다고 정약용은 '발 전수기의(跋 戰守機宜)'에 적고 있다.

5) 질사(迭射) : 조별 연속발사

류성룡은 '질사(迭射)'란 사부들이 조를 나누어 연속으로 화살을 쏘아서 우리 진영으로 돌진하여 오는 적세를 막아 적으로 하여금 우리 군사의 틈을 탈 수 없도록 하는 것이라고 하였다. 서로 연이어 쏘게 하면 두렵고 겁내는 마음이 없어서 화살을 쏨에 적을 많이 적중할 것으로 보았으며, 질사의 법을 미리 잘 익혀야 한다고 강조하였다. 그러면서 근래 우리나라 사람들도 자못 조총을 익혔으니, 만약에 활·화살과 서로 섞어서 사용하면 더욱 묘미가 있겠다고 보았다.

나. 이순신의 중호, 설책, 수탄, 수성, 질사

1) 중호(重壕, 겹참호) : 품방(품자형 해자)

이순신의 '중호(重壕)'는 임진왜란 발발 14개월 전 1591년 2월, 전라좌수사로 부임한 이후 이순신의 전쟁 준비상태를 보면 알 수 있다. 〈난중일기〉에서 이순신은 임진년 2월 전라좌수영 휘하의 5포(여도, 녹도, 발포, 사도, 방답)에 대한 전투준비태세를 검열했다. 전투준비태세의 주요 점검대상은 전선, 병력, 무기, 성곽과 해자 등이었다. 4월에도 이순신은 좌수영 본영에 대한 전투태세를 점검했는데, 수시로 주변의 성곽과 **품방**(品房: 품자형 해자, 4월 19, 22일) 등 방어시설을 점검하고 잘잘못을 가려 신상필벌했다. 품방은 중호보다 난이도가 높은 해자로 보인다.

2) 수탄(守灘) : 수중철쇄

이순신의 '수탄(守灘)'은 바다의 대비책으로 영역을 확대할 필요가 있다. 왜란 전에 본영인 전라좌수영을 지키기 위해 이순신은 **수중철쇄**를 설치한다. 이는 병선이 정박한 항·포구의 외곽 물속에 쇠사슬을 가로질러 설치하여 출입항을 감시하는 우군에게 확인된 병선만 출입항을 허가하도록 조치하고, 적선이나 의아선박이 포구를 출입할 경우에는 쇠사슬에 걸려 고립되거나 침몰하도록 하였다. 수중철쇄는 본영의 양쪽 포구를 쇠사슬로 연결하여 운용하였을 것으로 보인다. 이는 항만감시체계가 잘 갖춰진 현대에도 군항 보호를 위해 유용한 방책이다. 그러나 수중철쇄를 이용하여 정유재란 시 명량해전에서 적선을 쳐부수었다는 일부의 주장은 낭설에 지나지 않는다. 풍전등화의 명량은 수중철쇄를 설치할 환경도, 전세(戰勢)도 아니었다.

3) 설책과 수성 : 한산도 이진

계사년(1593) 전라좌수사 이순신은 매번 경상도로 옮겨가서 왜적을 소탕하고 다시 전라도 본영(여수)으로 돌아가는 반복된 군사작전으로 발생하는 시간과 공간의 지연을 제거하고 효율적으로 국토를 방비할 묘책으로, 경상도 왜적의 멱살을 꽉 움켜쥘 수 있는 고성 앞바다의 **한산도(閑山島)**로 새로이 **진영(陣營)**을 옮겼다. 한산도는 전진기지였던 셈이다. 견내량을 봉쇄한 이순신은 '요로를 굳게 지켜 편안히 있다가 피로해진 적을 기다려서 먼저 선봉을 쳐부순다면 비록 백만의 적이라도 격퇴할 수 있다'는 병법의 원칙을 상기하였다.[63] 그럼에도 원거리 해역으로의 장기 출전은 조선 수군의 전투 스트레스와 만성피로를 가져왔고, 기아와 전염병까지 창궐하면서 병력이 급격히 줄었으며, 급기야 갑오년(1594년)에는 사부와 격군들이 30% 이상 감소하였다.[64]

계사년 8월, 삼도수군통제사가 된 이순신은 먼저 수륙합동작전을 통해 조선 육군으로 하여금 왜성을 쌓고 농성 중인 왜 수군들을 바다로 몰아내게 한 뒤, 조선 수군으로 이를 공략하겠다는 전략을 세웠다. 그리고 차선책으로 수군 전력 증강에 박차를 가하였다. 그러나 제2차 진주성 전투의 패전 이후 조선 육군이 내륙에서 왜구를 축출할 가능성이 점점 희박해지면서, 이순신은 사실상 수륙합동작전이 불가능할 것을 판단하고, 판옥선 건조와 무기 제조 등 수군 전력을 증강하면서 **견내량(Choke Point)을 경계로 해로를 차단하는 전략을 선택**한 것이다.

이것은 **일본 수군의 해전 회피 전략**, 조선 수군의 내부적으로 전투를 할 수 없는 상황의 악화 등으로 인해 불가피하게 선택할 수밖에 없는 차선책이었지만, 주요 해협을 봉쇄하고 우군 전력을 보전하는 '**현존함대 전략(Fleet-in-being Strategy)**'과 유사한 것이 되었다. 통제사 이순신에게는 조선 수군을 재건하면서 전투준비가 완료될 때까지 한산도에 주둔하며 일본 수군의 서진을 견제할 수 있는 '**이근대원 이일대로(以近待遠 以逸待勞)**'[65] 전략이었으며, 가장 합리적인 선택이었다.

4) 질사(迭射) : 화력집중

흔히 말하는 '중국의 창, 일본의 칼, 조선의 활'. 이것은 옛날부터 동아시아 삼국의 중요한 전투수단이자 대표적인 무기였다. 조선의 주력선인 판옥선에는 지자·현자 총통과 대완구 등 화포를 실을 수 있었고, 포수(砲手)들이 화포를 사용하여 대장군전, 철환, 조란환, 비격진천뢰 등을 쏠 수 있었으며, 활을 쏘는 사부(射夫)를 두어 화전, 장전, 편전 등을 발사(난사, 단사, 질사)할 수 있었다. 특히 전투용 화살인 편전(片箭)은 거리와 속도, 파괴력 면에서 치명적인 무기였다. **이순신의 '질사'는 해전에서 파괴력을 향상시키는 화력집중이**다. 왜적과의 해전을 거듭할수록 교전 전술이 스스로 확립되어 순차적인 공격 및 방어 패턴이 생겨났다. 거북선에 의한 당파(撞破) 및 화공전, 적의 사격이 미치지 않는 원거리에서 발사하는 판옥선의 화포전, 대장군전이나 철환, 조란환 등을 발사하여 적선을 깨부수는 다양한 화력 운용법, 근거리 사부의 운용(난사, 단사, 질사)에 이르기까지 이순신의 수군은 다양한 화력집중을 통해 해전에서 연전연승하게 되었다.

6. 〈전수기의〉 제10조 : 통론형세(統論形勢)

가. 〈전수기의〉의 통론형세 : 장구한 계책

류성룡은 통론형세에서 말하기를, "왜적은 참으로 굳센 도적이고 또한 우리의 국경을 오래도록 점거해 왔으므로 우리의 허실을 다 알고, 요새지에 주둔하여 지켜 왔으므로 간사한 계략이 이미 이루어졌다"고 하였다. **왜적들과 허랑하게 싸울 수 없고 마땅히 장구한 계책을 세워 제재해야 한다**고 보았다. 류성룡의 '장구한 계책'이란 산성을 만들고 혹은 목책을 설치하여 반드시 지킬 계획을 세우고, 그 안에 공사 간의 저축된 물자를 다 거두어들여 들판과 시설물을 깨끗하게 치우고[淸野, 청야] 기다려 적이 우리에게서 식량을 얻지 못하게 하는 것이라고 하였다.

그리고 적이 성을 공격한 뒤에 함락시키지 못하면 들판에 약탈할 것이 없어 적의 병사들은 배를 주려 반드시 머뭇거려 후퇴하고자 할 것이므로, 그때 용맹스러운 병사를 내어 분산하여 매복시켰다가 혹은 그 앞을 치고 혹은 그 뒤를 끊으며, 또한 수군으로 하여금 바다를 왕래하게 하여 식량 보급로를 요격(邀擊)하는 것이라고 하였다. 즉 류성룡이 말하는 통론형세는 적세를 감안한 장구한 계책으로 주로 산성전, 청야술, 매복전, 수군 요격전을 합한 것이었다.

나. 이순신의 통론형세 : 임기응변과 전략적 지혜

이순신의 통론형세는 매우 다양하다. 일선 장수가 장구한 계책을 구비하기가 쉽지 않은데, **유비무환의 이순신**은 닥쳐올 왜란을 대비하여 미리 비밀무기인 거북선을 만들어 임진년(1592) 제2차 출전인 사천해전 이후 실전에 투입하여 적에게 두려움을 심어주었다. 당포해전은 포구의 섬멸전이었으며, 당항포해전에서는 방답첨사 이순신(李純信)이 기지를 발휘하여 해상요격을 달성하였다. 한산대첩을 통해 수적 열세에서도 장단의 지혜로 화력을 집중시켜 적을 분멸하였고, 부산포해전에서는 적진 본영에까지 기습 침투하여 화력집중과 임기응변으로 왜적들의 간담을 서늘하게 했다. 계사년(1593년) 이후 해상 전력을 한산도에 집결하여 왜군들의 곡창 전라도 침범과 서해 진출을 차단하였으며, 때를 E놓치지 않고 내실 있게 전력 증강을 추진하여 '왜적이 감히 넘볼 수 없는 조선 수군'을 만들었다. 요즘 말로 억제력(Deterrence)을 갖춘 것이다.

정유년 칠천량 패전으로 인한 수군의 복몰(覆沒, 배가 뒤집혀 가라앉음) 후에도 이순신은 직접 남해안을 돌면서 흩어진 수군을 끌어모았으며, '육군에 합세하라'는 선조의 교지에도, "신에게는 아직 12척의 전선이 남아있나이다"라고 장계하여 꿋꿋하게 해상을 방어하였고, 명량(鳴梁)에서 10 대 1의 수적 열세를 극복하고 31척의 적선을 깨부수고 역전승을 거두었다. 이후 전략적 후퇴 및 고하도와 고금도 군영에서 전력 증강을 다시 추진하여 무술년(1598) 마지막 노량해전이 있기 전까지 한산도 통제영 수군의 규모를 회복하였다.

이순신은 왜란 전에 마치 전쟁이 일어날 것을 예상하여 거북선, 수중철쇄, 품방형 해자 등 전쟁 준비를 치밀하게 하였고, 바다에 나가 해상전투에 임해서는 기습에 의한 효과적인 선제타격전, 유인과 화력집중에 의한 섬멸전 등 신출귀몰한 병법과 전술로 적을 압도하고 분멸시켜 치를 떨도록 하였으며, 강화교섭기에는 한산도 이진과 전력 증강을 통해 적들에게 두려움의 대상이 된 병법의 귀재였다.

IV. 결론 : 선승구전의 병법가 이순신

위에서 살펴본 바와 같이 신묘년(1591년) 왜란이 발생하기 이전에 류성룡은 선조가 비변사에 내린 '전수도'를 가감하여 '증손전수방략'을 만들었고, 임진왜란 발발 전에 전라좌수사 이순신에게 전달되었다. 류성룡은 이를 임진왜란의 발발과 함께 잃어버렸다가 전쟁이 소강상태인 갑오년(1594)이 되자 전쟁 수행원칙에 대한 생각을 다시 수습하여 〈전수기의 10조〉의 **병법서를** 만들었다. 류성룡은 모든 장수들에게 적을 제압하고 수비하는 대책을 정리한 '〈전수기의 10조〉'를 배포한다면 도움이 될 것이라고 선조에게 보고하였고, 그 내용이, ① 척후(斥候), ② 장단(長短), ③ 속오(束伍), ④ 약속(約束), ⑤ 중호(重壕), ⑥ 설책(設柵), ⑦ 수탄(守灘), ⑧ 수성(守城), ⑨ 질사(迭射), ⑩ 통론형세(統論形勢)이다. 이는 **전쟁술의 주요 원리를** 대변한다.

〈표 1〉에서는 류성룡이 쓴 〈전수기의 10조〉를 임진왜란 중 이순신의 실제 해상전투, 전투준비태세, 전략 및 전술 등과 비교, 정리하였다. 이순신이 중요하게 적용한 전쟁 수행원칙은 **척후, 장단, 속오, 약속, 질사, 통론형세의** 6가지이며, 이순신의 거의 모든 해전에서 직접적으로 전투를 수행하는데 적용하였고, 나머지 중호, 설책, 수탄,

수성의 4가지 원칙 또한 육상 방어책이지만 이순신은 적절히 준용하였다.

구분	전수기의	류성룡의 강조사항	이순신의 전쟁술
제1조	척후	-척후와 요망, 경계의 중요성 -상주전투/충주전투 패전 원인은 척후와 요망의 실패	-요찰적강 등시치고 -출항 전 남해현 척후 활동 -출항일 개도 탐색 후 합류 지시 -옥포해전 이후 척후선 운용 -탐망군 및 복병대장 운용
제2조	장단	-적·아의 장단점 비교 -장단은 병가의 묘책 -신립의 조령 험지 포기는 실책	-선승구전 -해전의 이점 강조 -장단(화력집중)에 의한 한산대첩
제3조	속오	-조직의 분군, 군법의 강령 -만인을 합쳐서 한마음으로 삼다	-제대로 된 전투조직 및 첨자진 -군령 일원화를 요청하는 장계
제4조	약속	-속오와 약속은 같이 나아간다 -진지의 근무지침, 전투의 명령 -기와 정을 순환하여 임기응변	-출항전 바다에서 제장들과 약속 -군령, 군율, 전투지침, 작전명령 -당초의 약속, 병사들 심정 감동 -부산포해전의 임기응변
제5조	중호	-이중 해자	-품방(품자형 해자)
제6조	설책	-요새	-견내량 봉쇄, 해상 요새화
제7조	수탄	-여울 속 마름쇠	-수중철쇄(좌수영 포구)
제8조	수성	-산성과 읍성 -포루, 옹성, 현안, 양마장	-한산도 이진, 전진기지 -현존함대 전략, 이일대로
제9조	질사	-연발사격	-화포의 화력집중 -화살의 난사, 단사, 질사
제10조	통론형세	-장구한 계책 -산성전, 청야술, 매복전, 수군요격전	-비밀무기 거북선 -선제타격전, 유인섬멸전 -해상요격전, 적진 강습전 -전력 증강, 전략적 후퇴

〈전수기의 10조〉를 두루 살펴보니, **임진왜란 시기 재상 류성룡과 전라좌수사 이순신은 조정과 해상의 핵심 지휘관으로서 최상의 조합이었다**고 판단된다. 류성룡이 기술한 전쟁 수행원칙, '전수기의 10조'는 임진왜란 중 이순신에게서 철저하게 시행되었던 '전수방략(戰守方略)'이었으며, 이를 통해 임진년 류성룡의 '증손전수방략'을 이해한 전라좌수사 이순신은 실제 해전과 방어에서 효과적으로 전쟁술을 적용하였다는 것을 확인할 수 있었다.

이는 당시 조정이 원하는 전략·전술에 의한 전쟁술을 이순신이 몸소 실천하였다는 증거이며, 이러한 전쟁술에 대한 지략이 이순신의 몸에 배어 있었기 때문에 혼란스러운 임진왜란을 이순신은 슬기롭게 대처해 나갈 수 있었다고 판단된다.

손자병법의 핵심은 만전지계(萬全之計)이자 부전승(不戰勝)이다. 적과 싸우지 않고 이기는 부전승의 기본은 **방비태세(防備態勢)**이다. 손자병법 '구변(九變)' 편에서 말하는 용병의 원칙은, "적이 공격해오지 않을 것이라고 믿지 않고 내가 대적할 방책을 믿으며, 적이 공격하지 않으리라는 것을 믿지 않고 적이 나를 공격할 수 없게 하는 것을 믿는 것이다."라고 하였다.[66] 손자병법처럼 이순신은 만약에 적이 쳐들어온다면 어떻게 대비해야 할 것인가를 스스로 질문하고서 전쟁을 준비하였고, 숱한 해전에서 효과적인 선제공격과 임기응변으로 이를 증명하였다. 또한 수적 우세와 압도적 기세 등 **싸우기 전에 이미 이겨놓고 싸우는 선승구전(先勝求戰)을 강조한 병법가였다.** 그러므로 임기응변(臨機應變)에 능한 이순신이었기에 사세

(事勢, 일이 되어가는 형세)를 파악할 줄 알아서 권도(權道)를 효과적으로 행하였고, 기가 막힌 타이밍의 시중(時中, 때와 상황을 적중함)한 일들을 많이 이루어냈다.

이렇듯 〈전수기의 10조〉를 통해 볼 때, 수군 장수 이순신은 정조(正祖)가 말한대로 중국의 제갈공명과 자웅을 겨룰만한 전략가(병법가)가 분명하다고 판단된다. 하지만 〈전수기의 10조〉를 통해서는 힘겨운 역경에서도 전승불패(全勝不敗)의 신화를 만든 이순신의 용인술(用人術)을 제대로 살펴볼 수 없었다. 승전을 거듭한 이순신은 분명히 각각의 장수와 병사들의 재능을 발견하여 그 장점을 살려서 적재적소에 배치했을 것이고, 장수들의 충의담략(忠義膽略)을 내실있게 검증하고 전투편성에 반영했을 것이다.

또한, 〈전수기의 10조〉에서 이순신의 장점으로 판단한 척후, 장단, 속오, 약속, 질사, 통론형세 등 전쟁술에는 현대 해전에서도 적용되는 전투정찰, 화력집중, 지휘통제(C2), 리더십 등을 포함하고 있다. 향후에는 임진왜란 각 해전에서 발휘한 이순신의 용인술(用人術)과 현대 해전의 관점에서 이순신의 전쟁술을 살펴보는 연구도 필요하다고 본다.

별지 2.

[참고문헌]

1. 국내 문헌

〈단행본〉

김원중, 『손자병법』, 서울: 글항아리, 2011.

노승석 역, 『난중일기 교주본』, 서울: 여해, 2021.

노영구, 『조선 후기의 전술』, 서울: 그물, 2016.

문이원, 『거스르지 않는다, 제갈량의 〈장원〉 읽기』, 서울: 문헌재, 2019.

이민웅, 『임진왜란 해전사』 청어람미디어, 2004.

이민웅, 『이순신 평전』, 서울: 책문, 2012.

이민웅 외, 『이충무공전서』, 서울: 태학사, 2023.

조덕현 역, 『해전사 속의 해전』, 서울: 신서원, 2009.

제장명, 『이순신 파워인맥, 이순신을 만든 사람들』, 서울: 행복한미래, 2018.

해군군사연구실, 『임란수군활동연구논총』, 진해: 해군사관학교, 1993.

〈논문〉

제장명, "한산도 통제영 시기 수군 운용과 주요 해전," 『해양안보논총』, 제1권 1호, 2018.

2. 외국 문헌

〈단행본〉

Wayne P. Hughes, Jr. Fleet Tactics : Theory and Practice. U. S. Naval Institute, Annapolis, MD, 1986.

3. 기타 자료(인터넷, 보도 등)

한국고전종합DB 홈페이지, 류성룡,『서애집』, 정약용,『다산시문집』, 정조, 『홍재전서』,http://db.itkc.or.kr (검색일: 2024.10.1. ~ 20.)

제2부
정유재란

조선 후기 삼도수군통제사 대장선 그림(국립해양박물관 소장)

[칼럼 13] 정유년 이순신의 파직과 투옥, 백의종군
- 바꿀 수 없는 일은 미련 없이 흘려보내다

이순신 유사를 쓰는 좌의정 이항복의 붓끝이 떨린다.

백사 이항복(白沙 李恒福, 1556~1618)은 임진왜란이 끝난 2년 후 선조 33년(1600년)에 삼남 지방을 돌며 이순신의 행적을 모아 '고 통제사 이공 유사'를 작성하여 선조에게 올렸다. 이 유사에는 당시 임금 선조에게도 치명적인 실책일 수밖에 없는 이순신의 파직과 백의종군에 대한 부분도 조심스럽게 다룰 수밖에 없었다.

이순신의 파직(罷職)은 조정의 결정이었으며, 다만 선조가 이순신을 용서하여 백의종군(白衣從軍)케 하고, 이순신이 죄를 반성하고 스스로 진력(盡力)하게 했다고 이항복은 돌려 말했다. 리더인 임금의 잘못이 아니라 팔로워인 우리들(조정)의 잘못이라고밖에 말할 수 없었던 현직 좌의정 이항복의 깊은 고민이 숨겨져 있다.

정유년(1597년) 정월에는 적추 가등청정(加藤淸正, 가토 기요마사)이 재차 바다를 건너왔는데, 조정에서 공(이순신)이 그를 맞아 공격하지 못했다는 이유로 조사를 받게 하고, 원균을 대신 상장(上將, 여기서는 삼도수군통제사)으로 삼았다. 그리하여 공이 서울로 압송되는 길에 남녀노유(男女老幼)가 모두 길을 가로막고 부르짖어 통곡하였다.

공이 조사를 받음에 미쳐서는 상(선조)이 공을 용서하고 백의(白衣)로 강등시켜 도원수(都元帥, 권율)의 진중(陣中)으로 보내서 공이 죄를 반성하고 스스로 진력하도록 하였다.

이순신의 투옥과 정탁의 신구차

정유년(1597년) 2월 6일, 선조는 왜 이순신을 투옥하라고 명령하였는가? 단지 부산 왜영 방화사건에 대한 그릇된 보고와 이순신이 요시라(要時羅)의 간계(奸計)를 믿지 않고, 가토 기요마사(가등청정)를 잡으러 바다로 나가지 않았기 때문인가? 또 정보가 불충분한 조정의 지시를 어기게 된 사건이 과연 전쟁 중 가장 믿음직스러운 무장(武將)을 교체할 정도로 큰 죄였던가? 아니면 이순신을 모함(謀陷)하고 중상(中傷)하던 자들의 이간질에 선조가 솔깃하여 넘어간 것인가? 역사를 되돌리고 싶은 부끄러운 사건이었다.

어찌 옛말은 틀리지 않은가! 〈시경〉에 이르기를, "힘써 애쓰고 따라도 감히 노고를 말하지 못하노라. 죄도 없고 허물도 없건만 참소하는 입은 떠들썩하구나"[67] 이런 때가 되면 위로는 참으로 추하고 그 아래 백성들은 참으로 슬픈 일이 된다. 이순신은 홀로 바른 도리를 지키면서 조정의 굽어진 판단에도 굴하지 않고 제 위치에서 힘써 왕사(王事, 나랏일)를 제 일처럼 고수하며 적들의 흉계를 대적하였는데, 도리어 조정에서는 증오와 모독과 참소가 생겨났다니, 한양으로 끌려가는 이순신의 한탄이 흘러나온다.

이순신은 정유년(1597년) 2월 26일에 한산도에서 압송되어 3월 4일 한양의 옥에 갇혔다. 그리고 이어서 위관(委官)에 의한 한 차례의 고문(拷問)을 당했다. 당시 이순신의 죄상은 선조 임금이 반드시 죽이겠다는 의지를 표명할 만큼 무거운 것으로 간주되었기 때문에 이순신의 목숨은 경각(頃刻, 극히 짧은 시간)에 달려있었다. 특히 윤근수와 김응남을 중심으로 한 류성룡 반대파들은 이순신 죽이기에 열심이었고, 현풍현감 박성은 이순신의 목을 베어야 한다고 상소(上疏)를 올리기까지 하였다.

이러한 시기에 이순신의 구명운동(救命運動)을 벌인 인물들도 많았다. 체찰사 이원익을 비롯한 많은 동인 계열의 조정 신료들과 정경달 등 한때 이순신의 막하 인물들까지 이순신의 구명(救命)에 발 벗고 나섰다. 그러나 정작 이순신의 천거자이자 후견인인 류성룡은 아무런 역할도 할 수 없었다. 왜냐하면, 자신이 나설 경우, 동인 계열의 자신 추종 세력들과 이순신이 함께 큰 해를 당할 가능성이 있다고 판단했던 것이다.

이순신의 목숨이 경각에 달린 시점에서 자신의 정치적 운명을 걸고 이순신에 대한 '신구차(伸救箚)'를 선조에게 올린 사람이 바로 '정탁(鄭琢, 1526~1605)'이다. 정탁이 올린 '신구차'는 구구절절이 명문으로 읽는 이의 심금을 울리는 훌륭한 글이다. 정탁의 〈약포집〉 중에서, '이순신을 구원해야 함을 논하는 차자(論救李舜臣箚)'의 주요 내용을 살펴보자.

> 이순신은 진실로 장수의 재질을 지녔으며, 재능은 수륙(水陸)을 겸비하여 혹시라도 불가능한 일이 없었습니다. 이와 같은 사람은 쉽게 얻지 못하거니와 변방의 백성들이 촉망하는 바이고 적들이 두렵게 여기는 바입니다.
>
> 만일 죄명이 매우 엄중하다고 하여 조금도 용서하지 않고, 또 공로와 죄상의 비중을 묻지 않고 공로와 능력의 유무를 헤아리지 않은 채, 그 정세를 천천히 규명하여 보지도 않고 끝내 큰 벌을 내린다면, 공이 있는 자도 스스로 더 권면할 수 없고 능력이 있는 자도 스스로 더 면려(勉勵)할 수 없을 것입니다.
>
> 그래서 비록 원균같이 원망을 품은 자라도 아마 스스로 편안할 수만은 없을 것이고, 안팎의 인심도 모두 해체될 것입니다. 이는 매우 우려스러운 정황이며, 한갓 적에게만 행운이 될 것입니다. 일개 이순신의 사형은 진실로 아깝지 않지만 국가에 있어서는 관계되는 바가 가볍지 않습니다. 어찌 거듭 염려되지 않을 수 있겠습니까? (후략)

정탁의 〈신구차〉를 읽으면 이순신은 이미 한 번의 고문을 겪었다고 언급된다. 한 번 더 고문을 당하면 이순신도 이겨내기 힘들다고 말한다. 정탁은 선조의 비위를 맞춰 심기를 누그러뜨리고 이순신에게 조그마한 자비를 베풀 것을 청원한다. 이렇게 눈물겨운 노력으로 정탁은 이순신을 옥(獄)에서 건져낼 수 있었다. 정탁의 '신구차'로 인해 이순신에게만 은인이 된 것이 아니라 역사상에 큰 영향을 미치게 하였다. 더욱이 임진왜란이 일어난 해부터 곽재우, 김덕령과 이순신 세 사람을 위하여 조정에 큰 배경이 되었던 만큼 정탁의 견식이 얼마나 높았는지도 확인할 수 있다.

이순신 투옥의 부당함과 백의종군

이순신은 왜 선조가 지시한 '일본군 도해 차단작전'을 수행하지 않았을까? 통제사 이순신은 "바닷길이 험난하고 왜적이 필시 복병(伏兵)을 설치하고 기다릴 것이므로 전함(戰艦)을 많이 출동시키면 적이 알게 될 것이고, 적게 출동하면 도리어 습격을 받을 것"이기 때문에, 행동으로 옮기지 않았던 것이라고 말한다. 〈손자병법〉 구변(九變) 편에, "군주의 명령이라도 장수가 군중에 있을 때는 받지 않을 수도 있다(군명유소불수, 君命有所不受)"는 의미심장한 문구가 보인다. 군주가 잘 모르고 가서는 안 되는 길, 공격해서는 안 되는 적(敵)·성(城)·땅(地)을 현지 장수에게 무모하게 명령할 경우에 장수가 이를 거부할 수 있다는 것으로, 이미 사기(史記)에도 기록되어 통용되는 것이었다. 통제사 이순신의 불복은 그 가서는 안 되는 바닷길이라는 타당한 이유가 있었던 것이다.

한편, 선조는 가토 기요마사의 부산 상륙에 대해 아쉬운 점을 피력하면서 이순신에 대한 부정적인 인식을 드러냈다.

"이번에 이순신에게 어찌 가등청정(가토 기요마사)의 목을 베라고 바란 것이겠는가. 단지 배로 시위하며 해상을 순회하라는 것뿐이었는데, 끝내 하지 못했으니 참으로 한탄스럽다. (중략) 선조가 길게 한숨지으며 이르기를, "우리나라는 이제 끝났다. 어떻게 해야 하는가. 어떻게 해야 하는가.""

선조는 이순신에 대한 부정적인 인식을 이전에 있었던 부산 왜영 방화사건에 대한 허위보고까지 거론하면서, 아예 처음 이순신의 무명(武名)이 알려질 때부터 모두 거짓이 아니냐며, 이제는 가등청정의 목을 베어오더라도 절대 용서해 줄 수 없다고 말한다.

"이순신은 어떠한 사람인지 모르겠다. 계미년(1583년, 이순신이 울지내를 유인하여 잡은 사건) 이래 사람들이 모두 거짓되다고 하였다. (중략) 지금 비록 이순신의 손으로 가등청정의 목을 베어오더라도 결코 그 죄는 용서해 줄 수 없다."

정유년(1597년) 3월, 선조는 우부승지 김홍미(金弘微)에게 자신이 생각하는 이순신의 죄목을 언급한 '비망기(備忘記)'를 내린다. 여기에서 선조는 이순신의 죄목으로 ⓐ 조정을 속였으므로 임금을 무시한 죄, ⓑ 적을 치지 않았으므로 나라를 저버린 죄, ⓒ 남의 공을 가로채고 남을 모함하여 죄에 빠뜨렸으니 한없이 방자하고 기탄이 없는 죄 등을 나열한다. 이 중에서 선조와 당시 조정 관료들이 겉으로 강조한 것은 ⓑ 가토 기요마사의 도해를 차단하지 않은 사실이었다.
ⓐ과 ⓒ은 전장의 주장(主將)을 사형시킬 만한 죄목으로 볼 수 없고 ⓑ 죄목을 보충하기 위해 추가한 죄로 보인다. 그러나 ⓑ 죄목

은 이순신의 잘못이 아니다. 조정의 명령이 이순신에게 도달했을 때는 이미 일본군이 조선에 도착한 지 6일이나 지난 뒤였다. 따라서 이순신이 출동했더라도 가토 기요마사의 도해(渡海)를 막을 수가 없는 상황이었다. 이순신은 결코 붙잡혀 옥고를 치를 만한 죄를 지었다고 볼 수 없다.[68]

당시 탁상공론(卓上空論)만 일삼던 조정의 미숙한 판단과 일부 신료들의 음해(陰害) 때문에 이러한 결과가 초래된 것으로 보인다. 류성룡이 "내가 이순신을 천거했기 때문에 나와 사이가 나쁜 사람들은 원균의 편을 들어 이순신을 몹시 모함했다"고 언급한 것도 한 예일 것이다.

이 당시 선조는 이순신을 미워했다. 그래서 강화기(講和期) 동안 전쟁 상황이 급박하지 않았기 때문에 이순신을 죽일 것처럼 엄포를 놓으면서 일벌백계(一罰百戒)하려고 했다. 그런데 이순신의 파직과 한 차례 고문으로 끝냈다. 그것이 의미하는 바는 무엇인가? 아마도 이제 다시 일본군의 침입이 기정사실화(旣定事實化)하고 전쟁이 격화되는 움직임 속에서 유능한 장수를 함부로 사형시킬 경우, 나라의 피해가 커짐과 함께 이순신 사형의 책임이 오히려 화살이 되어 돌아오면, 그 지탄(指彈)을 선조는 스스로 감당할 자신이 없었기 때문이 아닐까.

그리고 이원익, 정탁, 정경달 등 조정의 일부 신료들이 이순신의 석방을 건의하면서 선조의 심적 부담감이 크게 작용했을 것으로 보인다. 공교롭게도 전쟁 상황의 갑작스런 변화와 뜻있는 인사들의 구명 노력이 이순신에 대한 처벌 수위를 낮출 수 있었다. 그렇게 이순신은 4월 1일 옥에서 풀려나와 생의 두 번째 백의종군(白衣從軍) 길에 오른다. 이후 정유년(1597년)은 전쟁의 화마(火魔)가 다시 불붙는 상황으로 전개되면서 나라 전체가 또 도탄(塗炭)의 지경으로 빠져들게 되었다.

끝으로, 세종 시대 평안도 여연군수 김윤수의 사례가 떠오른다. 세종 재위 17년(1435년), 세종은 평안도 여연군수 김윤수의 잘못(전투 결과의 거짓 보고)을 확인하고, 조정 신료들의 해임 요청에도 불구하고, 신하들에게 김윤수로 하여금 "**마음을 고치고 생각을 바꾸도록 하여[改心易慮] 과거의 허물을 벗게 하자**"고 제안하였다. 그리고 오랫동안 북방 방어를 맡아서 백성들의 실정과 외적들의 허실을 두루 아는 김윤수를 내치지 않고 잠시 백의종군하게 한 다음, 다시 여연군수로 임명하여 오랑캐의 침범을 차단케 하여 승리토록 하였다. 세종이 변방 장수를 쉽게 바꾸면 안 된다는 병법의 기본 원칙을 잘 살렸던 것처럼, 선조가 **개심역려(改心易慮)**의 마음으로 이순신을 최전선에 주장으로 계속 남겼더라면 칠천량 패전의 수모(受侮)는 당하지 않았으리라.

[칼럼 14] 칠천량해전의 복몰과 이순신의 수습
- 불가능한 일이라는 생각을 전환하고 미칠 것 같은 상황을 극복한다

참담했던 칠천량해전

이때 적군이 다시 쳐들어오려고 하여 평행장(소서행장)이 요시라(要時羅)를 또 경상우병사 김응서에게 보내 속이기를, "왜선이 아무 날에 더 올 것이니 조선 수군은 이를 맞아 칠 수가 있을 것입니다" 하자, 도원수 권율이 그 말을 가장 깊이 믿었으며, 또한 전에 이순신이 주저하고 싸우지 않았다가 죄를 얻었기 때문에 날마다 원균에게 나가 싸우도록 독촉했다.

원균도 또한 "이순신은 적군을 보고도 진격하지 않았다"고 늘 말하여, 이 일로 이순신을 모함하고 자기가 그 소임을 대신 맡았기 때문에 이제 와서 그 형세가 어려운 줄은 알았으나 부끄러운 핑계 삼을 말이 없으므로 다만 가진 함선들을 죄다 거느리고 앞으로 나아갈 수밖에 없었다. (중략)

원균은 간신히 남은 배를 수습하여 가덕도(加德島)로 들어갔고, 군사들은 갈증이 심해서 서로 다투어 배에서 내려 물을 마셨는데, 왜병들이 섬 속에서 뛰어나와 덮치는 바람에 이 싸움에서 장수와 군사 400여 명을 잃었다. 원균은 물러나와 거제도 칠천도

(漆川島)에 도착했는데, 도원수 권율이 고성에 있다가 원균이 아무런 전과도 올리지 못했다며 격서를 보내 원균을 불러와서 곤장을 치고 다시 나가 싸우라고 독촉했다.

원균은 군중(軍中)으로 돌아오자 더욱 화가 나서 술을 마시고 취해 누웠는데, 여러 장수들이 원균을 보고 군사 일을 의논하고자 했으나 만날 수 없었다. 이날 밤중에 왜적의 배가 와서 습격하자 원균의 군사는 크게 무너졌다. 원균은 도망쳐 바닷가에 이르러 배를 버리고 언덕에 올라 달아나려 했으나 몸이 살찌고 거동이 둔하여 소나무 아래에 앉았는데, 측근 사람들은 모두 흩어져 가 버렸다. 어떤 이는 원균이 이곳에서 적에게 살해되었다고 하고, 또 어떤 이는 달아났다고도 하는데 확실한 것은 알 수 없다.

전라우수사 이억기는 배 위에서 물에 뛰어들어 죽었다. 경상우수사 배설은 그전부터 원균이 반드시 패전할 거라고 생각해 여러 번 간했으며, 이날도 칠천도는 물이 얕고 협착해서 배를 운행하기가 불편하니 다른 곳으로 옮겨 진을 치자고 말했으나 원균은 전혀 듣지 않았다.

배설은 가만히 자기가 거느린 배들과 은밀히 약속하고 엄중히 경계하면서 싸움에 대비하고 있다가 적병이 내습하는 것을 보자 항구를 벗어나 먼저 달아났기 때문에 그가 거느린 군사는 홀로 보전되었다. 배설은 한산도에 돌아오자 불을 놓아 여사(廬舍)와 양곡, 병기를 불사르고, 성안에 남아있는 백성들을 옮겨 적병으로부터 안전한 곳으로 피난시켰다. 우리 수군이 칠천도에서 패전한 후에 적군이 이긴 기세를 타고 서쪽으로 향해 쳐들어오자, 남해군과 순천부가 차례로 함몰되었다. 적군의 배들이 두치진(豆恥津)에 이르러 상륙하여 나아가 남원부를 포위하자, 전라도와 충청도 지방이 크게 진동했다.

이상은 류성룡의 〈징비록(懲毖錄)〉에 나오는 칠천량해전의 묘사이다. 류성룡은 이 '칠천량해전'을 **"수군의 복몰(覆沒)"**이라고 쓰라리게 적고 있다. 수군의 복몰(覆沒)이란 **'수군 전체가 거꾸러져 망했다**'는 표현이다. 전 통제사 이순신이 조정의 시책인 수군들의 육군으로의 전환에 맞서고, 또 역병에 맞서고, 한편으로 왜구들과 싸우면서 또 한편으로 자귀를 들고 소나무를 다듬어 만들어 놓은 140여 척의 판옥선 함대를 왜적들의 하룻밤 기습으로 속수무책 당하여 통제사 원균과 전라우수사 이억기, 충청수사 최호는 죽고, 경상우수사 배설은 달아나는 **초유의 괴멸적 사건**이 발생했던 것이다. 이때가 정유년(1597년) 음력 7월 16일(양력 8월 28일)이었다.

백의종군 중 이순신의 결단

이제 조선의 조정이나 백성들이 믿을 수 있는 것은 이순신뿐이었다. 7월 22일 칠천량에서 원균의 조선 수군이 패했다는 다급한 소식이 조정에 전해지자, 조정에서는 김명원과 이항복 등이 건의하여 다시 이순신을 삼도수군통제사에 재임명한다(국조보감, 선조편, 정유년 7월 기사).

적이 수군을 습격하여 깨뜨렸다. 통제사 원균(元均)이 패하여 죽고 전라우수사 이억기(李億祺), 충청수사 최호(崔湖) 등이 죽었다. 한산도의 전쟁에서 패하였다는 보고가 이르자 조정과 재야가 매우 놀랐다. 상(선조)이 비변사의 신하들을 불러보고 대책을 묻자, 경림군(慶林君) 김명원(金命元)과 병조판서 이항복(李恒福)이 아뢰기를, "지금의 계책은 오직 이순신을 다시 통제사로 삼는 것뿐입니다" 하니, 상이 따랐다.

백의종군과 모친상 중인 무보직자 이순신이 칠천량에서의 패전 소식을 처음 들은 것은 해전 이틀 후인 7월 18일이다. 〈난중일기〉를 보자.

정유년 7월 18일, 맑음. 새벽에 이덕필(李德弼)이 변홍달(卞弘達)과 함께 와서 전하는 말이, '16일 새벽 수군이 밤 기습으로 통제사 원균이 전라우수사 이억기, 충청수사 최호 및 여러 장수들과 함께 많이 해(害)를 입고 수군이 크게 패했다'는 것이었다. 듣자니 통곡이 터져 나옴을 이길 길이 없다.

이윽고 도원수(都元帥, 권율)가 와서 말하기를, "일이 이미 여기까지 이르렀으니 어떻게 할 수가 없다"면서 10시쯤까지 이야기하였으나 어떻게 뜻을 정할 수가 없었다. 나는 "제가 직접 해안 지방으로 가서 듣고 본 뒤에 방책을 정하겠습니다"고 말했더니, 도원수는 그 위에 더 좋아할 수 없었다. 나는 송대립(宋大立), 유황(柳滉), 윤선각(尹先覺), 방응원(方應元), 현응진(玄應辰), 임영립(林英立), 이원룡(李元龍), 이희남(李喜男), 홍우공(洪寓功)을 데리고 길을 떠났다.

칠천량 패전 뒤의 황망한 순간을 〈난중일기〉에서 확인할 수 있었다. 이제까지 이순신이 힘겹게 쌓아왔던 조선 수군의 거의 모든 것이 무너져버렸다. 통곡이 터져 나오고 눈시울이 붉어진다. 새벽같이 이순신을 찾아온 도원수 권율과의 대담은 쉽게 끝나지 않고, 어느덧 오전 10시를 넘겼다. 결국, 현장지휘관 경력자 이순신은 결심한다. 이것은 다시 해상전투지휘관으로 변모한 이순신의 임기응변(臨機應變)이자 권도(權道)이다. "제가 직접 해안지방으로 가서 듣고 본 뒤에 방책을 정하겠습니다."

필자는 이 순간을 떠올리면 자꾸 목이 메이고 가슴이 뛴다. 이순신의 결단(決斷)으로 진정과 수습, 정확한 상황 판단을 위한 '남해대장정'이 시작되는 대목이다. "대부분의 일은 그 자체로는 불가능한 일처럼 보인다. 하지만 관점만 바꾸면 가능한 일이 될 수 있다." 그 옛날 카르타고의 영웅, '한니발(Hannibal)'이 말한 이 명언은 혼미한 상황에서 먼 길을 나서려는 지금의 이순신을 두고 하는 말이다.

정유년 7월 21일, 맑음. 점심 후 노량(露梁, 하동군 금양면 노량리)에 이르니 거제현령 안위(安衛)와 영등포만호 조계종(趙繼宗) 등 10여 인이 와서 통곡하고, 피해 나온 군사와 백성들도 울부짖지 않는 이가 없는데, 경상우수사(배설)는 도망가고 보이지 아니했다.

우후 이의득(李義得)이 보러 왔기에 패하던 정황을 물었다. 모든 사람이 울며 말하기를, "대장 원균(元均)이 적을 보자 먼저 뭍으로 달아나고, 여러 장수들도 모두 그같이 뭍으로 달아나 이 지경에 이르렀다"는 것이었다.

"대장의 잘못을 말하는 것은 입으로 옮길 수가 없고, 그 살점이라도 뜯어먹고 싶다"고들 했다. 거제의 배 위에서 자면서 거제현령(안위)과 새벽 2시까지 이야기했다. 조금도 눈을 붙이지 못해 눈병을 얻었다.

칠천량 패전 소식을 듣고 이순신은 3일 뒤 하동과 남해 사이의 노량에서 패전하여 뒤로 물러나는 우리 수군을 만난다. 이때는 아직 조정의 통제사 재임명이 있기 전이다. 전 통제사 이순신은 먼저 **패한 정황**을 자세히 알고 싶었다. 그래야 같은 잘못을 반복하지 않을 테니까 말이다. 그랬더니 분개한 수군들은 싸움의 전체 상황을 말하면서 "주장(원균)의 살점이라도 뜯어먹고 싶다"고 울분하였다. 통탄할 노릇이지만 이순신에게는 별 도움이 되지 않았다. 그래서 **거제현령의 배에 가서 현령**(안위)**과 동숙하면서 장수가 경험한 칠천량해전의 상황을 들었다**. 이제는 대략적인 칠천량해전의 전황(戰況)을 알게 된 이순신은 도저히 잠을 이룰 수 없었다. 앞으로 어찌해야 할지 방도를 궁리하느라 조금도 눈을 붙이지 못해 눈병까지 얻게 되었다.

이렇게 앞으로 이순신은 가능한 한 모든 방책을 점검하고 새로운 계획을 수립하여 탁월한 수완을 펼쳐야만 한다. 지금 이순신은 모두가 미쳐버릴 것 같은 상황에 위태롭게 내몰려 홀로 서 있다. 이제까지 주장(主將)으로서 이순신은 해상전투나 공무를 수행하면서 언제나 사기충천하여 기욕과 자신감을 가지고 자신을 몰입시켰다. 하지만 이제는 그 전우들과의 연결고리가 다 끊어지고 공들여 쌓은 수군 전력은 하룻밤 태풍에 휩쓸려 간 상황이다. 이순신은 다시 잘 해낼 수 있을까?

이순신의 수습, 남해대장정

칠천량의 복몰 이후 무보직자 겸 통제사 경력자 이순신은 남해 지방을 돌며 피난민들을 만나고, 군사들을 재결집시켰다. 매우 지난하고 힘겨운 일이 시작된 것이다. 그러다가 통제사로 재임명된 정유년(1597년) 8월 3일, 본격적으로 송대립 등 군관 10여 명을 거느리고 진주 굴동(屈洞)의 이홍훈 집에서 출발하여 구례현 등을 거쳐 남해안 지방을 돌면서 각처에 흩어져 있던 수군 장병들을 끌어모았다.

8월 5일에 거북선 돌격장 이기남 부자와 정철총통을 만든 정사준 형제, 8월 8일에 승군 중 혜희, 9일에 순천부사 우치적, 10일에 조방장 배흥립, 11일에 최측근 막하 군관 송희립과 최대성, 12일에 거제현령 안위와 발포만호 소계남, 13일 전라좌도 우후 이몽구, 16일에 활 장인 이지, 칼 장인 태귀생, 군관 김희방, 군관 김붕만 등 120명으로 병력이 늘어났다.

이때 통제사로 재임명된 이순신은 8월 19일에 회령포(會寧浦)에서 경상우수사 배설로부터 12척의 전선(戰船)을 인계받고, 24일에는 어란(於蘭) 앞바다에 도착했다. 8월 28일에는 어란포에서 칠천량해전 이후 처음으로 일본 수군과 조선 수군이 접촉하게 된다.

한편, 이 시기에 일본 수군은 휴식과 함대 정비를 마친 후 조선 수군을 평정했다고 판단하고 육군에 합류하여 경상도 연안을 따라 서진하다가 섬진강 하구의 두치진에 상륙하였고, 그중 일부는 소형 선박으로 구례까지 이동하였다. 흥미로운 사실은 당시 이순신의 행적과 일본 수군의 진로가 비슷한 시기에 두치진에서 서로 교차된다는 것이다. 이순신은 통제사 임명 교지를 받은 8월 3일, 당일 곧바로 출발하여 두치진을 건너 구례에 도착하였다. 이때 불과 반나절 정도 차이로 이순신은 두치진을 건너 전라도 해안으로 남하하고, 일본 수군은 두치진으로 상륙하여 남원으로 북상했던 것이다. 반나절의 시간 차는 실로 하늘이 열어준 천운(天運)이 아닐 수 없다.

칠천량해전 이후는 국가는 물론이고 이순신 개인에게도 풍전등화, 누란지위의 시기였다. 이순신 역시 도망치고 싶은 심정이었을 것이다. 하지만 나랏일을 걱정하는 이순신은 달랐다. 비참하고 황량해진 세상과 맞서서 충정(忠情)의 이순신은 분주하게 움직여 다시 수군을 한데 모으고 전투의 불씨를 살려냈다. 한 치 앞도 분간할 수 없는 상황에서 누구도 원치 않은 길을 떠나 담담하게 남해대장정에 올랐고, 흩어진 백성들에게 재기의 희망을 주고 민심을 수습하며, 평소처럼 하나하나 주춧돌을 다시 쌓아나갔다.

나폴레옹은 말했다. "뛰어난 리더십을 갖고 있는 리더라고 함은 모든 사람이 미칠 것 같은 상황에서도 평상적인 업무를 수행하는 사람"이라고.

[칼럼 15] 이순신이 전선 12척을 말한 진짜 이유
- 열악 조건의 반전매력은 한마음 한뜻의 운명공동체가 답이다

이순신 스스로 수군을 재건하라는 통제사 재임명 교서

  정유년(1597년) 7월 16일, 원균의 칠천량해전 참패는 조선을 다시 '태풍급 혼돈' 속으로 몰고 갔다. 7월 22일 조정에서 칠천량 현장에 있었던 선전관 김식(金軾)이 패전을 보고하자, 선조와 비변사 당상들은 온종일 이 민박(悶迫, 몹시 괴롭고 안타까운)한 문제를 논의하였고, 이튿날 병조판서 이항복이, "지금의 계책은 오직 이순신을 다시 통제사로 삼는 것뿐입니다"라고 하여 이순신을 삼도수군통제사에 재임명한다. 이순신이 재임명의 교서를 실제로 받은 것은 10일이 지난 8월 3일이었다. 선조의 솔직한 사과문이라 할 수 있는 '재임명 교서(기복수직교서)'의 주요 내용을 살펴보자.

  "임금은 이같이 이르노라. 아아! 나라가 의지하고 든든함으로 삼는 바는 오직 수군뿐이었노라. 그런데 하늘이 아직도 화를 내린 것을 후회하지 않으니, 흉악한 칼날이 다시 성하여 마침내 삼도의 군사를 한 번 싸운데서 모두 잃었으니, 이후로 바다 가까운 고을들을 누가 다시 막아낼 것인가? (요해처) 한산을 이미 잃었으니 적이 무엇을 두려워하겠는가?

생각건대, 그대(이순신)는 일찍이 수사의 책임을 맡았던 그날부터 이름이 드러났고, 또 임진년 승첩이 있은 뒤로는 업적이 크게 떨쳐서, 변방 군사들이 장성(長城)처럼 든든히 믿었는데, 지난번에 그대의 직함을 갈고 그대로 하여금 백의종군(白衣從軍)하도록 했던 것은 역시 사람의 생각이 어질지 못함에서 생긴 일이었거니와, 그래서 오늘 이와 같은 패전의 욕됨을 만나게 된 것이니, 무슨 할 말이 있으리오. 무슨 할 말이 있으리오.

이제 각별히 어둠에서 그대를 일으키고, 상복(喪服)을 입은 채로(모친의 상중) 다시 천거하여 겸 충청·전라·경상 등 삼도수군통제사에 임명하노니, 그대는 지금 나아가 군사를 모아 어루만지고 흩어져 도망간 자들을 찾아 불러 단결시켜 수군의 진영을 회복하고, 요해지(要害地)를 지켜 군성(軍聲)을 일시에 떨치면 이미 흩어진 백성의 마음을 다시 편안케 할 수 있고, 적 또한 우리가 준비가 있음을 듣고 감히 다시 방자하게 창궐하지 못할 것이니, 그대는 이를 힘쓸지어다(이충무공전서, 교유(教諭))."

위에는 재임명 교서만 있을 뿐이지, 수군 전력을 어떻게 규합하고 재정비하여 언제부터 사변에 대비하라는 등의 구체적인 해법을 제시하지 못하고 있다. 이미 7월 18일에 백의종군 신분 이순신이 도원수 권율에게 말했듯이, 직접 해안 지방으로 가서 듣고 본 뒤에 방책을 정할 수밖에 없는 지극히 위급한 상황이었다. 결국, 뼈아픈 반성을 한 선조가 내린 통제사 재임명 교서는 지푸라기라도 잡고 싶은 심정에서 내린 극단적 처방, "이순신 스스로 다시 수군을 재건해 달라"는 간절한 부탁이었다.

통수권자의 혼돈, "육전을 도우라"

한편, 칠천량해전 이후 일본군의 침략(侵略)을 살펴보면, 일본군은 조선 수군이 칠천량에서 거의 궤멸되었다고 보고, 수군을 육군에 합류시켜 진주-남원-전주를 차례로 공략하는데 참여케 한다. 그러던 중 승승장구하던 일본군은 경기·수도권 진입을 눈앞에 둔 시점에서 9월 7일, 천안의 직산에서 조·명 연합군과 일대 혈전을 치른다. 이 **직산전투(稷山戰鬪)**[69]에서 조·명 연합군이 승리함으로써 일본군의 기세가 한풀 꺾이게 되었고, 일본군은 더 이상의 북상을 포기하기에 이른다.

이후 일본 지휘부는 **전주회의**에서 왜의 수군을 다시 바다로 돌려보내 진도(珍島) 이서의 전라도 서남 연해 지역을 공략하는데, 활용하기로 한다. 9월 초 남원에서 하동으로 돌아온 왜 수군 7천여 명은 조선 수군의 위치를 파악하며, 때로는 기습을 서슴없이 가하면서 점차 조선 수군을 겨냥한다. 그들은 다시 뱃길을 따라 서진하여 수도 한양으로 점차 북상하여 서서히 조선을 압박할 계산이다.

한편, 정유년(1597년) 8월 현재, 다급해진 이순신 또한 칠천량의 비보를 듣고 진주-순천-보성으로 '**남해대장정**'을 돌면서 수군 재건을 위해 흩어진 동지들을 수습하고, 직접 적정을 정탐하는 중이다. **정유년(1597년) 음력 8월 15일 추석날**에 8월 7일 자 선조의 유지(諭旨)가 도착한다.

정유년 8월 15일, 비 오다가 저녁나절에 맑게 개었다. 아침 식사를 하고 난 뒤에 (보성) 열선루(列仙樓) 위에 앉아 있으니, 선전관 박천봉이 임금님의 분부(유지)를 가지고 왔는데, 그것은 8월 7일에 만들어진 공문이었다. 영의정(류성룡)은 경기 지방으로 나가 순시 중이라고 했다. 곧 받들어 받았다는 장계를 썼다. 전라도 보성의 군기를 검열하여 말 네 마리에 나누어 실었다. 저녁에 밝은 달이 수루 위를 비추니 심회가 편치 않았다. 술을 너무 많이 마셔 잠을 자지 못했다.

저녁나절엔 비가 그치고 구름이 걷히면서 이순신은 보성 열선루에서 밝은 한가위 보름달을 쳐다보며 소회에 젖었으리라. 칠천량에서의 대패로 깊은 수렁에 빠진 이 시기에, 조선 조정은 이순신에게 삼도수군통제사를 재임명하면서 수군 재건을 맡겼다. 하지만 조정에서는 통제사 이순신에게 **수군이 너무 약해서 적을 막아내지 못할 것이라고 여겨 육지에 올라와서 싸우라는 명령을 내린다**(이충무공전서, 권 9. 부록 1, 〈행록〉, 정유년 9월).

사실상의 패잔병들과 빼돌린 전선 12척만 덩그러니 남겨진 삼도수군통제사 이순신에게 "**바다를 버리라**"는 잔혹한 **명령**을 돌려 말한 것이다. 허울뿐인 통제사 재임명에 이어 이번에는 바다를 버리고 육전(陸戰)을 도우라는 명령이 내려왔다. 왜적의 수군들은 일시적으로 육전에 참전하고 있지만, 그들은 이미 제해권을 장악하여 경상도 연해지방은 벌써 왜적들의 안방이 되었다. 그들은 언제든지 바다를 통해 서진하여 올라가 조선 조정의 목덜미를 움켜쥘 수 있는 상황이다. 그런데 지금 임금의 분부는 육전에 합류하라는 것이다. 선조와 조정의 전략적 지혜가 아쉽다. 이런저런 생각을 하니 이순신의 심회가 편치 않다. 그래서 술을 마셨는데 너무 많이 마셔 통제사 이순신은 잠까지 제대로 설쳤다.

해전은 늘 배수진이고, 수군은 '운명공동체'이다

이같이 급박한 상황에서도 통제사 이순신은 평소처럼 조금도 망설이지 않고, 그 유명한 장계, "지금 신에게는 아직도 전선 12척이 남아있나이다[今臣戰船 尙有十二, 금신전선 상유십이]"를 써 올리게 된다. 이 날짜가 위에 보이는 8월 15일 추석 한가위였다. 민족의 명절인 이날은 그 어느 때보다 처참했다. 하지만 그동안의 수군 정비 노력을 보성에서 마무리한 통제사 이순신은 차분하고 신속하게 장계를 써 올린다.

"임진년으로부터 5~6년간 왜적이 감히 호남과 호서를 직접 침범하지 못하는 것은 우리 수군이 왜 수군의 진공로를 가로막았기 때문입니다. 지금 신에게는 아직도 12척의 전선이 있으니, 있는 힘을 다해 싸우면 오히려 할 수 있는 일이 있을 것입니다. 지금 만일 수군을 전폐한다면, 이것이야말로 곧 왜적이 바라는 것이며, 왜 수군은 거침없이 호남, 호서 연해를 거쳐 서울의 한강에 도달할 것입니다. 이것이야말로 신이 두려워하는 것입니다. 설령 전선의 수가 적다고는 하나, 미력한 신이 죽지 않는 한, 왜적이 감히 우리를 얕보지는 못할 것입니다."

"지금 신에게는 아직도 12척의 전선이 남아있습니다." 이 얼마나 긍정적이고 적극적이며, 패기에 찬 말인가! 이는 절대로 바다에서의 싸움을 포기하지 않겠다는 이순신의 의지였다. 그리고 〈장계〉의 끝자락, "미력한 신이 죽지 않는 한, 왜적이 감히 우리를 얕보지는 못할 것입니다." 이 얼마나 분명한 자기 확신인가! 왜적들이 이순신 자신을 크게 두려워하고 있음을, 통제사 이순신은 스스로 꿰뚫어 보고 있었다.

해상전투지휘관, 통제사 이순신이 생각하기에, 조선 사람들은 10명 가운데 8~9명이 겁쟁이이기 때문에 도망갈 수 있는 육전에서는 싸움에 임하여 전투력이 급격히 떨어진다. 하지만 바다에서의 싸움은 배 자체가 더 이상 물러설 곳이 없는 **배수진(背水陣)**이다. 따라서 장수가 잘만 지도하면 겁쟁이 병사들도 정예 병사처럼 싸우게 할 수 있다. 이것이 바로 **해전의 장점**이다. 고로 한 배를 같이 타던 수군들이 땅을 밟지 않도록 해야 한다. 육전에 참여하는 순간, 배수진은 우르르 무너지고 말 것이다.

또 우리 수군의 판옥선과 화포는 왜적을 능히 제압할 수 있다. 승조원들의 적개심과 사기를 끌어올리고, 이것이 곧 시너지(Synergy)를 일으키면 임진년의 한산대첩을 다시 재현할 수도 있다는 게 이순신의 판단이었다. 이순신은 바다 위의 수군이 '운명공동체'라는 것을 누구보다 잘 알고 있었다. 또한, 적들이 가장 두려워하는 것은 "바다의 이순신"이라는 사실을 이순신 스스로 잘 알고 있었다. 그래서 이순신은 육전에 붙으라는 임금의 분부에도 불구하고 자신 있게 답한 것이다.

"지금 신에게는 아직도 12척의 전선이 남아있습니다."

"미력한 신(臣)이 죽지 않는 한, 왜적이 감히 우리를 얕보지는 못할 것입니다."

[칼럼 16] 절망의 순간, 조선 수군을 일으켜 세운 이순신의 말
- 지금에 충실하고 나중에도 기억될 말과 행동을 남기다

칠천량에서 겨우 살아나온 군사들은 잔뜩 겁에 질려 있었다

임진왜란을 통틀어 이순신에게 가장 처절했던 절체절명의 순간은 정유재란 중 발생한 '**칠천량해전의 패배**'로부터 노정(路程)되었다. 비록 이순신은 백의종군하여 도원수 권율의 휘하에 있었지만, 전 삼도수군통제사 이순신이 건설했던 조선 수군이 일시에 사라지고 말았으니 말이다.

정유년(1597년) 7월 16일, 칠천량 패전 이후 7월 18일 새벽, 경남 삼가현에서 백의종군 중인 이순신은 측근 변홍달에게서 왜적의 기습공격에 의한 패전 소식을 듣고 통곡을 참지 못한다. 잠시 후 도원수 권율이 이순신을 찾아와 "일이 이 지경으로 된 이상 어쩔 수 없다"고 말하는데, 오전 열 시가 되어도 이순신은 마음을 정하지 못하였다. 이윽고 이순신이 "**제가 직접 연해안 지방으로 가서 보고 듣고 난 뒤에 이후 대책을 정하겠습니다**"라고 말하여 도원수의 승낙을 받고, 송대립 등 측근 9명과 함께 순천을 거쳐 '**남해대장정**'을 떠나서 약 한 달 후인 8월 19일 장흥 회령포에서 칠천량해전에서 겨우

몸을 피한 잔여 조선 수군과 조우하게 된다.

정유재란 시 이순신 함대의 주요 정박지

 칠천량해전 이후 통제사에 재임명된 8월 3일부터 공식적인 임무를 시작한 지 불과 보름만에 순천, 보성, 장흥을 거치면서 모집한 군사와 군수물자를 이곳 회령포에 집결시킨 것이다. 하지만 지금 남아있는 병력은 이전에 원균과 배설이 이끌던 경상우수군 일부 병력과 전선 12척뿐이었다. 임진년부터 이순신과 함께 동고동락했던 전라좌수영의 수군들과 이억기의 전라우수영 수군들은 대부분 칠천량에서 싸우다 물에 빠져 죽거나 전사하고 말았다. 잔여 병력의 훈련 수준과 함선의 준비태세는 이순신이 기대했던 함대의 전투준비태세 수준에는 한참 미치지 못할 것이다. 그리고 지금 그들의 사기는 땅에 떨어져 있다. 더군다나 칠천량에서 이 잔선들을 이끌고 나온 경상우수사 배설은 슬그머니 뒤로 물러나더니 결국 도망치는 초유의 사태가 발생하고 말았다.

또한, 잔선 속 군사들은 불과 한 달 전 칠천량에서 동료들이 왜적의 야간기습에 당하여 처참하게 죽어가는 모습들을 눈앞에서 보고 난 후라 살아남은 장수는 물론 노를 젓는 격군들도 전쟁의 공포와 트라우마에 휩싸여 있다. 이러한 상황에서는 도저히 전투할 수 없을뿐더러 전투에서 이길 수조차 없다. 통제사로 재임명된 이순신은 군율을 다시 바로 잡고, 동시에 부하들의 마음을 위로하면서 전투의지를 끌어올리는 것이 급선무(急先務)였다.

죽음의 바다에서 군사들을 건져낸 이순신의 말 한마디

통제사 이순신은 우선 질서가 없는 부하들의 군기를 확립하고 전투의지를 고양시키기 위해서 진력하였다. 예컨대 8월 17일에는 군량을 훔친 자에 대하여 장형을 가하였고, 8월 19일에는 삼도수군통제사 재임명 교서에 숙배하지 않는 경상우수사 배설의 죄를 묻는 차원에서 그 영리(令吏)에게 곤장을 때렸다. 아울러 8월 25일에는 거짓 정보를 말한 자들을 효시하여 군율의 엄정함을 보였다. 이순신 자신도 밤낮으로 앞으로 전투를 어떻게 치를 것인가를 구상하면서 갑옷도 벗지 않고 군사들과 함께 침식하였다. 먼저 군율과 기강을 다시 세우지 않으면 이순신호(號)는 좌초되거나 침몰할지도 모른다.

통제사 이순신은 몸이 불편해도 쉽사리 긴장하지 않고 여유 있게 판단하면서 언제나 정보통을 잘 활용하였다. 여유작작(餘裕綽綽)한 이순신 앞에 수백 척의 일본 전선이 코앞에 당도하고 있다는 정보가 속속 들어오고 있다. 그 와중에 정탐하던 적선들이 이제는 몇 척 안 되는 이순신의 조선 수군을 공격하기 시작했다. 8월 28일 조선 수군이 장흥 어란포 앞 해상에 머무르고 있을 때, 야밤에 일본 군선 8척이 침입해 왔다. 이순신은 선봉에 서서 겁에 질린 부하들을 독려하면서 화포 사격으로 적선을 물리쳤다.

전쟁에는 다수의 비합리적인 요소가 상존한다고 한다. 전투에 참여하고 있는 사람들에게는 서로 간의 업무 조정뿐만 아니라 동기(動機, Motivation)가 필요하다. **전투지휘관의 주요 임무 중 하나는 부하들을 '죽음의 광장'으로 내모는 것이다.** 그렇기 때문에 전투지휘관은 평온한 형태가 아니고 비합리적인 형태의 동기(動機, Motive)에 호소해야 할 때가 있다. **전쟁이란 무엇보다도 정신력과 정신력 간의 대립**이다.

통제사 이순신은 자신의 몸이 천근만근임에도 마음이 몹시 바빴다. 이렇게 된 이상 이순신은 트라우마에서 허우적거리고 있는 수군들을 모든 것이 불확실한 전쟁 상황에서도 정신을 차릴 수 있는 동기를 부여하고, 그들을 **'죽음의 바다'에서 건져내야 한다.** 드디어 이순신은 8월 18일 회령포에서 지난 패전에서 가까스로 수몰을 모면한 장수와 병사들을 대면했다. 이튿날 이순신은 고개를 푹 숙인 그들에게 삼도수군통제사 재임명의 교서를 내보이며, 조정의 명령에 따를 것을 조치하고 그들에게 차분하게 말한다.

"우리들이 지금 다 같이 임금의 명령을 받들었으니, 의리상 죽는 것이 마땅하다. 그런데 사태가 여기까지 이르렀으니, 한번 죽음으로써 나라에 보답하는 것이 무엇이 그리 아까울 것이냐. 오직 한 번의 죽음이 있을 뿐이다."

이순신이 직접 쓴 〈난중일기〉에는 이 연설 내용이 없고, 왜란이 끝나고 예하 장병들이 기억했던 통제사 이순신의 말이다. 이순신의 이 **결연한 메시지**는 단지 몇 구절뿐이지만, 내로라하는 연설에 견주어도 절대 뒤지지 않는 명연설이다. 모든 리더십은 **다른 사람들의 마음에 아이디어를 전달함으로써 발생한다.** "직관의 웅변가" 이순신은 패잔(敗殘, 싸움에 져 몸만 살아남음)하여 고개 숙인 부하들의 손을 잡아 다시 일으켰다. 통제사 이순신이 말한 **회생의 메시지**를 좀 더 풀어서 살펴보자.

① 공감, "우리들이 지금 다 같이 임금의 명령을 받들었으니, 의리상 죽는 것이 마땅하다."

▶ 이순신 자신도 병사들과 같이 죽었어야 했다는 것이다. 이 얼마나 감동적인 한마디인가! 마치 가뭄에 논둑을 터서 타들어가는 논에 생명수를 공급하는 한마디이다. 불과 한 달 전에 칠천량에서 죽은 동료 병사들에 대한 추모와 함께, 살아있는 병사들의 마음속에 남아 있던 앙금 -나도 차라리 도망치지 말고 병사들과 함께 죽었어야 했다는 마음의 빚- 을 갚아주는 말이다. 이순신이 던진 담담한 공감의

메시지가 풀이 죽어 초췌한 병사들의 고개를 들게 한다.

② 상황 인식, "그런데 사태가 여기까지 이르렀으니, 한번 죽음으로써 나라에 보답하는 것이 무엇이 그리 아까울 것이냐."

▶ 그런 다음 이순신은 장병들에게 현재 상황을 명확하게 인식시킨다. 이순신은 이렇게 생각하지 않았을까? "지금은 모두가 슬프고 또 두려운 것이 사실이다. 그러나 계속 감상에 젖어 있을 수만은 없다. 우리 동료와 가족들을 죽인 왜적이 가까이에 와 있고 남아있는 수군은 우리뿐이다. 우리는 살아 있으니, 최선을 다해 싸우면 죽더라도 명예롭게 죽을 수 있다. 그것이 나라에 보답하는 길이고 죽은 병사들의 원한을 달래는 길이니, 더 이상 우리의 죽음이 아깝지 않게 되었다."

③ 전투의지 강조, "오직 한 번의 죽음이 있을 뿐이다."

▶ 마지막으로 이순신은 더 이상 뒤로 물러서서는 안 된다고 전투의지를 강조한다. "**우리는 죽을 각오로 다시 일어나 이 부끄러운 치욕을 씻어버려야 한다**"고 말한다. 그러나 한번 겁먹고 도망치기는 쉬운 일이고, 반대로 용기를 내어 다시 싸운다는 것은 그들에게는 여전히 어려운 일이다. 실제로 명량해전 당일, 맨 처음 적진을 향해 들어가는 이순신의 대장선 주위에는 어느 누구도 가까이 다가오지 못하였다. 그런 전장의 인간 심리를 잘 아는 이순신은 다시 한번 강조한다. "**오직 한 번의 명예로운 죽음을 위해 전투에 임해야 한다. 그런 마음을 먹어야 잘 싸울 수 있고, 그렇게 죽기 살기로 싸우다 보면 다행히 살 수도 있는 것이다**"라고 병사들을 위로하고 장수

들에게 신칙한다. 이순신의 이 마지막 말이 계속 여운이 되어 가슴에 남는다. "**오직 한 번의 죽음이 있을 뿐이다**(목숨에 기대지 말라고, 죽음을 두려워하지 말란 말이야. 사람은 누구나 딱 한 번 죽는 거야)."

이렇게 이순신은 ① **공감**, ② **상황 인식**, ③ **전투의지 강조**를 통해 병사들의 마음을 위로하며 축 처진 사기를 다시 끌어올리고, 칠천량 패전의 트라우마 속에서 허우적대던 병사들을 '죽음의 바다'에서 건져내어 생기를 불어넣은 것이다. **리더십이란 다른 사람의 사고, 감정, 행동에 의미심장한 영향을 미치는 능력이다.** 지금 조선 수군에게는 더 이상 전장에서 후퇴하면 절대로 안 된다는 통제사 이순신을 중심으로 한 강력한 구심력의 팀워크가 절실히 필요하다. 이런 생각이 모든 장병의 마음에서 생겨날 때 비로소 전투에서 승리하게 되는 것이다. 현재 상황의 급박함을 잘 아는 이순신이기에 그 첨예한 위기의 순간에 장수들과 병사들에게 마음을 되돌리는 '**회심의 메시지**'를 심어주었고, 이는 패잔한 수군들에게 의미심장한 영향을 미쳤다.

[칼럼 17] 전의를 상실한 배설의 탈영
- 큰 파도와 광풍이 몰아칠 때 의연하게 파도를 맞서다

난중일기 속 한마디, "배설이 도망갔다"

정유년(1597년) 9월 2일, 완연한 가을의 청명하게 맑은 날이다. 이 날 새벽에 경상우수사 배설이 도망갔다. 경상우수사 배설은 지금으로 따지면 함대사령관급 장교에 해당한다. 도원수 권율 장군의 휘하에서 백의종군 중이던 이순신이 칠천량해전의 비보를 접하고 다시 삼도수군통제사가 되어 장흥 땅 회령포에서 잔선 12척을 인계받은 지 불과 보름도 안 되어서 직계 장수인 **경상우수사가 탈영을 했다.**

임진왜란 당시 전장에서 수군 병사들이 도망치는 일은 종종 있었다. 지난 계사년(1593년)에서 갑오년(1594년)까지의 〈난중일기〉를 보면, 계사년 2월 3일, 귀환 포로 80여 명이 도망하여 주도자 2명을 처형하고 70명을 되찾아 전선에 배치했다는 내용이 있고, 갑오년 8월 26일, 흥양의 어부 막동이 30명을 싣고 도망을 가다가 잡혀 막동을 처형한 사실이 확인되는데, 이 기간에만 모두 10건의 도주 사건이 발생하였다. 그러나 이것은 병사들과 포로의 상황이었고, 장수가 전시에 도망간 경우는 흔치 않았다.

경상우수사 배설(裵楔, 1551~1599)은 이순신보다 6살 아래로 1583년 별시 무과에 급제하였는데, 임진왜란 때 경상우도방어사 조경의 군관으로 황간, 추풍에서 왜군과 싸워 패하였고, 곧 합천군수가 되었는데 의병장 김면의 복병 배치 요청을 무시하여 아군을 불리하게 한 전적이 있다. 이후 부산첨사, 진주목사, 밀양부사를 거쳐 선산부사가 되어 금오산성을 쌓았다.

을미년(1595년) 2월에 경상우수사 원균을 배설로 대체하여 처음으로 수군 장수가 되었고, 그해 6월, 배설이 파면되고 권준으로 대체되었다. 그러니까 통제사 이순신과는 이전에 4개월 정도 함께 근무했던 셈이다. 배설이 한산도 진중에 와서 이순신이 일처리하는 것을 보고 나와서 사람들에게 말하기를, "**이 섬 안에서 호걸(豪傑)을 만나볼 줄은 생각지도 못했다**"고 하였다. 그 후 정유년에 삼도수군통제사 이순신이 파직되어 원균으로 교체될 때 당시 경상우수사 권준은 관직을 그만두었는데, 이 공석에 배설이 다시 경상우수사로 보직되었다.

경상우수사 배설은 비록 이전에 수군 장수의 경력을 쌓지는 못하였지만, 결과적으로 치욕적인 칠천량해전에서 휘하의 **전선 12척을 뒤로 물려서 함선을 보전하여 역전의 발판을 마련하였다**는 면에서 그의 후퇴는 **전략적 선택**이라고도 볼 수 있으며, 또 명량해전과 조선 수군의 부활에 동참했더라면 그 전공을 인정받아 칠천량 패전의 책임을 면할 수도 있었을 것이다.

이분(李芬)이 쓴 이순신의 〈행록〉에 따르면, "배설은 성격이 자기를 뽐내고 남을 업신여겨 일찍이 남에게 마음을 굽힌 적이 없었다"고 하였다. 그만큼 자존감이 높은 무장이었다. 하지만 국가 위기 시에 순명책실(循名責實), 곧 있는 자리에서 주어진 책임을 다해야 할 경상우수사 배설이 왜 칠천량해전 후 초미지급(焦眉之急)의 극한 상황에서 함대사령관으로서의 책임을 망각하고 도망을 칠 수밖에 없었는가!

칠천량해전에서 배설은 인사불성이었다

칠천량해전 당시 통제사 원균과 함께 있었던 선전관 김식의 상황보고(선조실록 30/7/22)와 복병장 김완의 〈용사일록〉, 류성룡의 〈징비록〉에 나타난 칠천량해전을 종합하여 그려보자. 7월 14일 통제사 원균은 전 함대를 이끌고 부산포 적진 공격을 위해 출항하였으나 점차 해상상태가 나빠져 부산 근해에서는 배를 가늘 수가 없었으며, 이 중 전선 몇 척은 파도에 휩쓸려 떠내려갔다. 공격은커녕 배를 모는 조함(操艦)도 힘든 상황에서 원균은 부산포 진격을 포기하고 뱃머리를 돌려 돌아오게 되고, 도중에 가덕도에서 수군들이 마실 물을 긷다가 적의 복병들에게 기습을 당해 병사 400여 명이 목숨을 잃었다.

다시 급하게 배를 돌려 거제도 영등포를 거쳐 칠천량에 투묘하였는데, 제장과 병사, 격군 할 것 없이 모두가 녹초가 된 상황이었다.

경계가 느슨할 수밖에 없었다. 7월 15일 밤 10시경 바람이 몹시 불었다. 왜선 5~6척이 불의에 내습하여 불을 질렀고, 전선 4척이 전소되어 침몰하였다. 제장의 전선들이 창졸간에 어렵게 칠천량에 진을 쳤는데, 이윽고 자정을 넘긴 7월 16일, 새벽닭이 울 무렵(새벽 4시경)에 헤아릴 수 없이 많은 왜선들이 몰려와서 서너 겹으로 에워싸고 우리 전선을 공격하였다. 우리 전선은 한편으로 싸우면서 한편으로 후퇴하였는데, 도저히 적을 대적할 수 없어 고성 땅 추원포로 후퇴하였지만, 그마저도 적선의 공격에 모두 불에 타서 침몰되었다. 원균은 육상에서 적의 칼을 맞았으며, 충청수사 최호, 전라우수사 이억기 등 제장들과 군졸들도 불에 타거나 물에 빠져 죽었다.

이때 전선 12척을 뒤로 물린 경상우수사 배설의 모습은 어땠을까? 이는 이순신 휘하의 사도첨사였던 칠천량해전 당시 복병대장 김완의 〈용사일록〉에서 확인할 수 있다. 김완은 칠천량해전에서 도망치지 않고 우직하게 화포를 쏘며 왜적과 싸웠다. 그는 왜적과 싸우다 화살이 동나고 왜적들과 칼을 들고 백병전 중에 힘에 부쳐 죽으려고 물에 뛰어들었으나 결국에는 왜적의 포로가 되었다. 일본 큐슈로 끌려갔다가 구사일생으로 돌아와서 선조 임금에게 자신의 행적을 상소하여 "해동소무(海東蘇武)"라는 별칭도 얻은 장수였다.

칠천량해전 당시 복병대장 김완의 눈에 비친 경상우수사 배설의 모습은 정상적인 지휘관의 모습과는 거리가 멀었다. 항해 경험이 부족한 경상우수사 배설은 뱃멀미가 심했다. 배설이 배를 잘 못 타니, 검푸른 높은 파도의 위력 앞에 부들부들 몸을 떨며 구토하고, 온몸에 힘이 빠지고 머리가 어질어질하여 수하의 함대를 제대로 지휘할 정신이 없었다. 칠천량에서도 "배설은 뱃멀미로 인해 선방에 눕혔는데, 인사불성이었다"고 김완은 토로했다.

이런 모습의 배설은 한참 전투 중에 경상우수군을 능숙하게 조련할 수도 없었으며, 하물며 은밀히 후퇴시킬 수는 더더욱 없었을 것이다. 지휘관인 배설 본인이 바다에서 몸을 가눌 수 없으니, 어찌 경상우수영의 전선들을 제대로 지휘할 수 있었겠는가. 급박한 상황에서 함대를 뒤로 후퇴시킨 것은 분명 경상우수영 휘하의 장수들, 곧 영등포만호 조계종이나 거제현령 안위 등이었을 것이다. 아마도 경상우수사 배설이 정신을 차렸을 때는 눈앞에 피난하려고 혼비백산한 백성들과 불에 타고 있는 한산도의 전경이 보였을 것이며, 이로 인해 스스로 굳게 지켰던 자존감이 무너지고, 엄청난 트라우마와 전쟁공포증이 생겨났을 것이다.

경상우수사 배설은 한산도의 군량과 군기, 군수물자를 불태우고, 살아남은 전선을 몰아 서진하면서 당포(통영), 노량(남해), 좌수영(여수), 녹도(고흥)를 거쳐 회령포(장흥)까지 뒤로 물렸다. 그러다가 8월 19일, 남해 연안을 직접 돌면서 적정을 살피며 도망간 군사들을 수습하고 있는 재임명된 삼도수군통제사 이순신을 마주하게 된다. 예하 전선을 지휘하던 안위와 조계종은 먼저 7월 21일 노량에서 전 통제사 이순신을 만나 칠천량해전의 전말(顚末)을 이미 이순신에게 얘기하였다.

모든 사람이 울며 말하기를, "대장 원균이 적을 보자 먼저 뭍으로 달아나고 여러 장수들도 모두 그같이 뭍으로 달아나 이 지경에 이르렀다"는 것이었다. "대장의 잘못을 말하는 것은 입으로 옮길 수가 없고 그 살점이라도 뜯어먹고 싶다"고들 했다.

대체로 사람의 마음이란 평상시에는 그 실정을 알지 못하는 것이나, 난리를 당하면 그렇게 된 까닭을 알게 되는 것이다. 배설의 나약한 실체를 본 안위와 조계종 등이 자신들의 상관인 경상우수사 배설에 대해 이순신에게 어떻게 말했을지 우리는 위 상황을 통해 충분히 짐작할 수 있다. 배설에 대해 결코 좋은 감정을 갖지는 않았을 것이다.

왜 배설은 도망을 선택했을까? : 뱃멀미, 전쟁공포증, PTSD

칠천량에서의 승리한 왜적들은 타오르는 불길처럼 요동치며 육상으로 발길을 옮겼고, 일부 왜적들은 남아있는 우리 수군의 뒤를 쫓으며 남해안을 분탕질하면서 간혹 기습전을 펼치기도 하였다. 그럴 때마다 여러 전선의 군사들은 두려워 겁을 먹었고, 경상우수사 배설은 어찌할 바를 몰라 피하여 물러나려 하였다. 아마도 통제사 이순신이 없었더라면 남은 전선은 수적 열세를 극복하지 못하고 서쪽으로 해남, 명량, 나주를 거쳐 속절없이 후퇴하였을 것이다.

이순신의 〈난중일기〉는 칠천량해전 이후 배설의 행동에 이상한 점을 지속적으로 언급하고 있다. 8월 17일, 이순신은 **"경상우수사**

배설은 내가 탈 배를 보내지 않았다. 배설이 약속을 어기는 것이 괘씸하다"고 했고, 이튿날(8.18) 회령포에서 이순신은 "경상우수사 배설이 멀미 핑계를 대므로 보지 않았다. 다른 장수는 보았다"고 적고 있다. 또 다음날(8.19) 이순신이 부하들을 모아놓고 삼도수군통제사의 재임명 교서를 펼쳐 보이는데도 "여러 장수들은 교서에 숙배하는데, 경상우수사 배설은 받들어 숙배하지 않았다. 그 업신여기고 잘 난 체하는 꼴을 말로 다 나타낼 수 없다. 너무도 놀랍다. 이방과 그 영리에게 곤장을 쳤다"고 쓰고 있는 것을 보면, 배설은 유독 외상후 스트레스 장애(PTSD)를 겪고 있는 것이 분명해 보인다.

삼도수군통제사가 말하는 약속은 군령(軍令)과도 같은데, 이를 어긴 경상우수사 배설의 처사나, 장수가 되어서 멀미를 핑계 대고 재임명된 통제사 이순신을 보러 나오지 않는 상황이나, 또 이순신의 재임명 교서는 곧 임금의 명령인데, 이에 숙배하지 않음으로써 이순신을 상관으로 인정하지 않는 어처구니없는 행동으로 미루어 볼 때, 배설은 이미 정신과적인 치료가 필요한 환자(患者)라는 생각이 든다.

통제사 이순신은 경상우수사 배설이 계속 걱정된다. 물론 칠천량 패전의 책임이 일부 자신에게도 있으니, 배설은 두려움이 앞설 것이다. 그리고 8월 27일, 이순신은 경상우수사 배설이 와서 만나보게 되는데, 이때 배설이 많이 두려워하는 눈치를 직감한다. 그래서 이순신은 불쑥 "수사는 어디로 피해갔던 게 아니오!"라고 물었다. 전쟁공포증(Warphobia)에 시달리고 있던 배설은 이순신의 갑작스런 질문에 가슴이 철렁했을 것이다.

이어서 통제사 이순신은 전선을 진도의 벽파진(碧波津)으로 옮겼다. 그리고 8월 30일 저녁나절, 이순신이 보기에 경상우수사 배설은 적이 많이 올 것을 염려하여 달아나려고 했으나, 그의 예하 장수들이 찾기도 하고, 이순신도 그 속뜻을 알고 있지만, 딱히 드러내지 않고 있었는데, 이는 먼저 발설하는 것은 장수로서 할 도리가 아니라 판단하여 꾹 참고 있었다. 그럴 즈음에, 배설이 제 아랫사람을 시켜 **"병세가 몹시 중하여 몸조리 좀 해야겠다"**고 소장(疏狀, 건의문)을 가져왔다. 이순신이 **"뭍으로 내려 몸조리하고 오라"**고 허락했더니, 배설은 우수영(해남)에서 뭍으로 내렸다.

경상우수사 배설은 뱃멀미와 전쟁공포증에서 헤어나지 못하고 있다. 배설의 이상한 행동을 염려한 이순신도 배설이 더 이상 군무(軍務)를 볼 수 없을 것으로 보았다. 그렇지만 이때만 해도 이순신은 배설이 육지에서 하루 이틀 쉬면서 몸을 회복하고 다시 군영으로 복귀하기를 기대했을 것이다. 그런데 9월 2일, 통제사 이순신의 우려가 현실로 나타났다. 아니나 다를까 우수영에서 뭍으로 내렸던 경상우수사 배설이 적을 겁내고 결국 도망한 것이다. 탈영이다.

위에서 살펴본 바와 같이, **칠천량해전을 겪고 난 장수 배설은 뱃멀미로 인한 인사불성에다가 전쟁공포증에 휩싸여 '외상후 스트레스 장애(PTSD)'를 겪는 환자처럼 행동했다.** 경상우수사 배설이 보여준 전장의 공포는 해전을 처음 치르는 신참 수병처럼 인사불성,

몸 숨김, 불안, 초조, 명령 불복종, 전장 이탈, 탈영 등과 같이 전장의 군기를 문란케 했고, 군의 전투력을 심각하게 저하시키는 부정적인 효과를 낳았다.

결국, 전쟁 중 함대사령관 배설은 제 본분을 망각하고 도망을 선택했다. 전쟁의 광풍은 계급을 막론하고 막대한 공포심을 유발한다. 어쩌면 전쟁이라는 혼란스러운 상황에서 발생할 수 있는 지극히 당연한 현상일지도 모르겠다. 배설의 도망으로 인해 남은 전선 안에 있는 수군들의 사기는 밑바닥으로 가라앉아 버렸다. 과연 삼도수군통제사 이순신은 물길이 소용돌이치는 명량에서 수군들의 공포심을 어떻게 극복하게 했을까?

[칼럼 18] 명량해전이 일어나기 전, 이순신의 몰입
- 누구도 완벽하지 않다. 그래도 삶을 긍정하라

점차 한계에 다다른 이순신의 몸 상태

〈난중일기〉 속 정유년(1597년)의 늦여름, 통제사 이순신은 바람 앞의 촛불처럼 위태로웠다. 적에 대한 정보들은 점점 더 위급하다는 신호를 보내오고, 민심은 왜군이 온다는 헛소문 등으로 크게 흉흉하였다. 이 과정 중에 이순신의 몸도 점점 한계에 다다른다. 그 무렵의 〈난중일기〉 한 대목이다.

정유년 8월 20일 [양력 9월 30일], 맑다. 앞 포구가 몹시 좁아서 진을 이진(해남 북평 이진리) 아래 창사(倉舍, 해남 북평 남창리)로 배를 옮겼는데, (배 안에서) 몸이 몹시 불편하여 음식도 먹지 못하고 신음하였다.

8월 21일, 맑다. 4경(새벽 2시경)에 곽란(癨亂, 급성 위장병)이 일어나 몹시 앓았다. 몸을 차게 해서 그런가 싶어 소주를 마셨더니 한참 동안 인사불성이 되어 하마터면 깨어나지 못할뻔했다. 구토를 10여 차례나 하고 밤새도록 고통스러웠다.

8월 22일, 맑다. (배 안에서) 곽란이 점점 심하여 일어나 움직일 수가 없었다(이순신은 위염, 위궤양 증세가 심하였다. 그래서 온백원을 자주 처방받아 먹었는데, 심한 스트레스성 위염을 앓은 것으로 추정된다).

8월 23일, 맑다. (배 안에서) 병세가 무척 심해져서 정박하여 배에서 지내기가 불편하므로, 배 타는 것을 포기하고 바다에서 나와서 (뭍에서) 잤다.

8월 24일, 맑다. 아침에 도괘포에 이르러 아침밥을 먹었다. 낮에 어란 앞바다에 이르니, 가는 곳마다 텅텅 비었다. 바다 위에서 잤다.

8월 25일, 맑다. 그대로 어란포에 머물렀다. 아침밥을 먹은 뒤에 당포의 보자기[鮑作, 해산물 체취 담당]가 들에 놓아둔 소를 훔쳐 끌고 가면서 "적이 쳐들어왔다. 적이 쳐들어왔다"고 헛소문을 내었다. 나는 이미 그것이 거짓말인 줄 알고, 헛소문을 낸 두 사람을 잡아다가 곧 목을 베어 효시하니, 군중 인심이 크게 안정되었다(배 안에서 잤다).

8월 26일, 맑다. 그대로 어란 바다에 머물렀다. 저녁나절에 임준영이 말을 타고 와서 급히 보고하는데, "적선이 이진에 이르렀다"고 했다. 전라우수사(김억추)가 왔다. 배의 격군과 기구를 갖추지 못했으니, 그 꼬락서니가 놀랍다(그래도 전력에 도움이 되는 배를 한 척 끌고 왔다. 배 안에서 잤다).

이순신은 정유년 8월 20일부터 26일까지 일주일 동안에 6일을 부하들과 함께 배 안에서 기거하면서 또 적정을 살피며 전선의 정박지를 점점 더 서쪽으로 이동시킨다. 이순신은 신경 쓸 일이 많을 수밖에 없었다. 이순신의 몸은 급성 위장병의 증상을 보이며, 약으로 달래보고 또 술로 달래보지만 잠도 제대로 못 이룰 정도로 힘이 들었다.

이순신도 **"하마터면 깨어나지 못할 뻔했다"**고까지 일기에 쓰고 있으니, 이순신이 받는 스트레스와 중압감이 얼마나 컸을지 짐작이 간다. 선상의 장병들도 같이 침식하는 통제사 이순신의 고통스러워하는 모습을 지켜보면서 얼마나 안타까웠을까. 정말 애처롭기 그지 없다. 이순신은 '남해대장정'을 통하여 그나마 120여 명의 전투 경험자들을 확보하였지만, 주어진 군비(軍備)의 현실은 너무나도 한심하였다. 이래서야 한차례 싸움이라도 제대로 할 수 있겠는가?

점세가 가져온 소 5마리의 효과

정유년 9월 1일, 명량해전이 일어나기 15일 전, 이순신은 12척의 전선을 이끌고 회령포, 어란포를 거쳐 진도 벽파진에 정박하고 있었다. 왜적의 무리들이 야금야금 바닷길을 따라 서진함에 따라 통제사 이순신은 왜적과의 거리를 두고 점점 서쪽으로 전력을 물리면서 왜적과의 일전을 준비하고 있는 풍전등화의 상황이었다.

이때 〈난중일기〉에 제주도에서 **'점세(占世)라는 사람이 소 5마리를 싣고 와서 바쳤다'**는 기록이 나온다. 갑자기 이게 웬 말인가? 점세는 누구이고 제주도에서 왜? 지금도 귀한 제주 소 5마리를 누가 보냈단 말인가? 여하튼 이순신은 9월 9일 '중양절(重陽節, 세시 명절의 하나로 국화주 등 계절 음식을 준비하여 조상에게 차례를 지냄)' 명절에 제주 소 5마리를 잡아서 군사들에게 먹인다. 비록 전시 상황이지만 최고 지휘관의 입장에서 보면, 9월 9일 이날은 중양절 명절이라 대원들에게 음식을 먹여야 한다는 생각이 들었을 것이다. 토붕와해, 누란지위, 일촉즉발의 극한 상황에서도 이순신은 **군사들에게 '최후의 만찬'이 될지도 모르는 제주 소 5마리를** 잡아 먹임으로써 최후의 일전을 준비하도록 영양을 공급하였다.

필자는 제주 소 5마리가 제주목사 이경록(李慶祿, 1543~1599)이 보낸 위문품이 아닌가 짐작해 본다. 돌이켜 보면, 지난해 병신년(1596년) 2월 13일, 이순신은 무과 동기생인 북방 전우 이경록의 제주목사 부임을 축하하는 선물을 보냈던 일이 있었다. 이번에는 바다 건너 제주도에서도 이순신이 다시 삼도수군통제사가 되었다는 소식과 토붕와해의 전장 상황을 알고 있었던 제주목사 이경록이 멀리서나마 동기생 이순신과 열악한 조선 수군을 응원하는 '**소 5마리의 정성**'을 답례로 보냈을 것이라고 말이다. 이순신과 이경록은 10년 전 녹둔도 사건(1587년)에서 책임을 함께 지며 생사고락을 함께 했던 전우이자 1576년 식년 무과 동기생이기도 했다. 어쨌든 **제주도에서 점세가 가져온 소 5마리의 정성은 '오병이어'의** 기적처럼 이순신과 수군 장병들의 가슴에 훈훈하게 전달되었다.

이순신의 몰입, 다시 잘 해낼 수 있을까?

한편, 명량해전을 불과 한 달여 전, 삼도수군통제사에 재임명된 이순신은 13척에 불과한 전선을 이끌고 한바탕 승전의 쾌감에 휩싸인 일본 수군과의 일전을 준비하고 있었다. 이렇게 압도적으로 불리한 상황에서 이순신은 일본군을 물리칠 방책을 강구해야 했다. 그런데 이순신 앞에는 거침없이 물살이 소용돌이치며 우는 울돌목에, 왜적들이 무서워하던 거북선도 분멸되었고, 이제 남은 판옥선은 10여 척뿐이며, 그 판옥선 안에는 전쟁의 공포에 떨고 있는 군사들뿐이었다. 게다가 저 멀리엔 왜구들의 도륙(屠戮)을 피해 바다로 나온 피란선(避亂船)들이 즐비하였다. 이것은 흡사 사자 앞에 얼룩말 형국이다. 얼룩말은 사자에게 잡아먹히지 않으려면 위기 속의 몰입을 해야 한다. 절망적인 상황에서 말이다.

이 **절체절명의 위기**에서 통제사 이순신은 혼자다. 극히 외롭고 힘겹다. 지난 임진년에 전투를 함께했던 유능한 참모들과 장수들은 대부분 칠천량에서 불귀의 객이 되었다. 그럼에도 불구하고 이순신은 가능한 한 모든 방책을 점검하고 계획을 수립하여 탁월한 수완을 펼쳐야 한다. 다들 그렇게 이순신을 쳐다보고 있다. 이순신은 지금 모두가 미칠 것 같은 상황에 위태롭게 내몰려 홀로 서 있다. 이제까지 리더로서 이순신은 해상전투나 공무를 수행하면서 언제나 스스로 좋아하여 자신감을 가지고 몰입하였다. **다시 잘 해낼 수 있을까?** 카리스마 넘치는 예술적 리더 이순신은 노출된 문제점들을 하나하나 해결하며 쓰러진 병사들을 일으켜 세워야만 했다. **과연 어**

떻게 해야 할까?

이순신의 생각이 소용돌이친다. ① 천험(天險)의 울돌목은 적에게도 유리하게 작용할 수 있지만, 우리 수군이 '울돌목에서의 골든타임(停潮 2시간)'을 잘 버티면 전세를 역전시킬 수 있는 천혜(天惠)의 조건이 될 수도 있다. ② 조류가 거센 울돌목의 특성상 정조(停潮)가 끝나면 일본 수군이 '등선백병전(登船白兵戰)'을 계속 구사하기가 어려울 것이다. ③ 울돌목이 좁은 수로인 것으로 볼 때 일본 수군의 대선인 안택선(安宅船, 아다케부네)보다는 소선인 관선(官船, 세키부네) 위주로 명량수로에 진입할 수밖에 없을 것이다. ④ 아직도 조선 수군의 판옥선과 총통 등 무기체계가 왜선의 그것보다는 우수하다. ⑤ 긍정의 아이콘, 이순신에게 앞으로 벌어질 전투가 조선 수군에게 승산이 있을지도 모른다는 생각을 갖도록 하였다.

왜적들의 급습을 앞서서 물리치다

조선 수군이 어란포 앞 해상에 머무르고 있을 때인 8월 28일, 일본 군선 8척이 급습해 왔다. 이순신은 직접 선봉에 서서 부하들을 독려하면서 화포를 쏴 왜적을 물리쳤다. 이어서 벽파진에 머무르던 9월 7일 일본 군선들이 또 야습을 해왔을 때, 이순신 기함은 선두에 위치하여 적을 물리쳤다. 9월 9일 중양절에는 앞에서 언급한 제주에서 온 소 5마리를 잡아 수군들을 먹였다.

하지만 이순신도 사람이었다. 9월 11일의 〈난중일기〉를 보면, 이 시점의 이순신이 얼마나 큰 압박에 시달리는 고독한 존재였는가를 잘 확인할 수 있다.

정유년 9월 11일, 흐리고 비가 올 것 같다. 홀로 배 위에 앉았으니, 그리운 생각에 눈물이 흘렀다. 세상에 어찌 나 같은 사람이 있겠는가! 아들 회(薈)는 내 심정을 알고 심히 언짢아 하였다.

이처럼 남모르는 고독감을 홀로 견디면서 **솔선수범의 자세**로 부하들의 **전의를 고양**시킨 이순신은 부하 장수들에게 강하게 신칙한다. 명량해전을 하루 앞둔 9월 15일 진도의 벽파진에서 울돌목 건너 해남의 전라우수영 앞으로 진을 옮긴 후, 부하 장수들을 모아놓고 생의 마지막일지도 모를 '**필사즉생의 연설**'을 하였다.

[칼럼 19] 명량해전, 그 숨 가쁜 순간들 (1)
- 위기의 순간, 사세를 살피며 할 수 있는 최선을 다하다

〈이충무공전서〉에는 '명량해전'에 대한 이순신의 '장계'가 보이지 않는다. 전투결과보고서인 〈장계〉가 미수록되어 우리는 〈정유년 난중일기〉와 '고 통제사 이공 유사' 등 당시의 자료를 통해서 그 급박한 상황에서 통제사 이순신의 심경과 조치, 전투 양상의 변화를 읽을 수 있다. 다만 〈난중일기〉 9월 23일에 승첩 장계 초안을 수정했고, 27일에 승첩 장계를 들고 뱃길로 올라갔다는 내용으로 보아 장계를 작성했음을 알 수 있다. 또 〈선조실록〉 30년(1597년) 11월 10일, 명나라 제독 총병부에 왜군의 동태와 대비책, 우리 장수의 전과를 알리는 기사가 있어 명량해전에 대한 이순신의 〈치계(馳啓, 급보)〉가 조정에 보고되었음을 짐작할 수 있고, 명량해전의 전반적인 결과를 가늠할 수 있다.

(전략) 근래 또 배신 겸 삼도수군통제사(兼 三道水軍統制使) 이순신(李舜臣)의 치계에 의하면 '한산도가 무너진 이후 병선과 병기가 거의 다 유실되었다. 신(이순신)이 전라우수사 김억추(金億秋) 등과 전선 13척, 초탐선(哨探船) 32척을 수습하여 해남현(海南縣, 우수영) 해로의 요구(要口)를 차단하고 있었는데, 적의 전선 1백 30여 척이 이진포(梨津浦) 앞바다로 들어오기에 신이 수사 김억추, 조방장 배흥립(裵興立), 거제현령 안위(安衛) 등과 함

께 각기 병선을 정돈하여 진도(珍島) 벽파정(碧波亭) 앞바다에서 적을 맞아 죽음을 무릅쓰고 힘껏 싸운바, 대포로 적선 20여 척을 깨뜨리니 사살이 매우 많아 적들이 모두 바닷속으로 가라앉았으며, 머리를 벤 것도 8급이나 되었다. 적선 중 큰 배 한 척이 우보(羽葆, 새털로 만든 의장품)와 홍기(紅旗)를 세우고 청라장(青羅帳, 푸른 비단 휘장)을 두르고서 여러 적선을 지휘하여 우리 전선을 에워싸는 것을 녹도만호 송여종(宋汝宗), 영등만호 정응두(丁應斗)가 잇따라 와서 힘껏 싸워 또 적선 11척을 깨뜨리자 적이 크게 꺾였고 나머지 적들도 멀리 물러갔는데, 진중(陣中)에 투항해 온 왜적이 홍기의 적선을 가리켜 안골포(安骨浦)의 적장 마다시(馬多時)라고 하였다.' (후략)

위의 〈선조실록〉에서 말하는 명량해전은 '칠천량패전 후 전선 13척, 초탐선 32척을 수습한 삼도수군통제사 이순신이 울돌목에서 적 전선 130여 척과 죽음을 무릅쓰고 힘껏 싸워서 적선 31척을 깨뜨렸으며, 그중에 적장 마다시(馬多時, 훗날 구루시마 미치후사(來島通總, 내도통총)로 언급됨)도 있었다'는 내용이었다. 그리고 명나라 총병부에는 이 작은 승리로 왜적들이 서해로 진입하기 어려울 것이라고 덧붙여 전하였다.

선조와 조정은 명량해전의 승리를 비중 있게 다루지 않았다. 토붕와해(土崩瓦解) 될뻔한 상황을 이겨낸 것을 **"다행히 작은 승리를 거두었다"**고 축소한 것은 죽은 원균이 중상한대로 "해왕(海王) 이순신"이니까 당연한 결과로 여긴 것인가? 그리고 이 실록의 치계(馳啓)로는 13 대 133척이라는 불가항력적 위급사태를 통쾌한 승전으로 뒤바꾼 명량해전을 제대로 이해하기가 충분치 않다. 그렇다고 영화 "명량" 같은 픽션(Fiction)을 독자들이 모두 믿게 할 수는 없다.

그래서 필자는 앞으로 두 편에 걸쳐 명량해전의 실제 상황을 Seaman's Eye의 안경을 끼고 얘기해 보려고 한다(❋ 타륜 표시 참고). 여기에는 이순신의 '정유일기', 백사 이항복의 '고 통제사 이공유사' 등 〈이충무공전서〉에 수록된 1차 자료를 토대로 하였으며, 명량해전 당일 울돌목의 조류와 조석을 분석한 학술자료와 해군에 몸담았던 필자의 항해 경험을 더하였다. **명량해전의 드라마틱한 상황**은 〈난중일기〉 속 이순신의 시간과 의식의 흐름을 따라간다. 들어가 보자.

적정을 유심히 살핀 이순신의 작전상 후퇴

정유년 8월 29일, 왜군의 야간기습이 늘어나면서 이순신은 전선을 해남 어란포에서 진도 벽파진으로 옮겼다. 〈난중일기〉를 통해 명량해전 직전의 급박한 상황을 살펴보면, 그 황망함 가운데 '경이로움의 시작'은 9월 13일부터였다.

> **정유년 9월 13일,** (명량해전 3일 전) 맑은데 된바람이 세게 불었다. (파도가 크게 일어) 배가 가만있지를 못했다. 꿈이 이상하다. 임진년에 (한산) 대첩했을 때와 얼추 같다. 이 징조를 모르겠다.

❋ 바다에서 바람이 세게 불면 2~3시간 후 물결이 일렁이다가 점

차 파도가 흰 포말을 토해내며 크게 일어난다. 배를 묶어놓은 홋줄이 터지고 계류부두에 뱃전이 부딪혀 깨지기 일수이다. 거친 파도에 판옥선과 초탐선들이 흔들린다. 지금 이순신과 장병들도 모두 흔들리고 있다. 이상한 꿈을 꾸었다. 이순신의 뇌리에 뭔가 왜적과 싸워볼 방도가 그려지는 것인가? 이순신의 머릿속은 분주하기만 하다. 이순신은 흔들리는 배 안에서 계속 생각의 끈을 놓지 않고 이 난국을 타개할 방책을 고민하고 있다.

9월 14일, 통제사 이순신은 급박하게 전개되는 적들의 정세가 궁금하던 차에 벽파정 건너편 육지에서 정탐하고 돌아온 임준영의 보고를 받는다. 적선 200여 척 중 55척이 이미 어란포에 도착했고, 왜적들이 조선 수군을 모조리 죽인 뒤 한강으로 올라가겠다고 한다는 것이다. 이순신은 모두 믿기는 어렵지만, 그럴 수도 있겠다고 생각했다. 그래서 재빨리 전령선(傳令船)을 우수영으로 보내서 피란선에 타고 있는 피란민들을 뭍으로 올려보내 왜적들에게 도륙되지 않도록 타일렀다. 그러나 오직 이순신을 믿고 바다로 나온 피란민들은 배를 버리지 않았다. 이순신 함대의 배후에 모여서 의병(疑兵, 적의 눈을 속이는 가짜 군사)으로서 허장성세를 이룬다.

9월 15일, (명량해전 1일 전) 맑다. 조수(潮水)를 타고 여러 장수들을 거느리고 우수영 앞바다로 진을 옮겼다.
❋ 오전에 밀물이 들어와(동→서) 조류를 타고 울돌목을 건너 해남 우수영으로 진을 옮긴다. 과연 우연히 명량해전 하루 전 진도 벽파진을 뒤로하고 울돌목을 건너 양도 근처 전라우수영 앞바다로 진을 옮긴 것일까? 절대 그렇지 않다. 이것은 지난 7월 18

일 도원수 권율과 함께 칠천량 패전의 대안을 모색할 때부터 전 전긍긍하며 헤쳐 나온 이순신의 **전투감각**이고, 해상전투지휘관 이순신의 **통찰**과 **직관력**이다.

벽파정 뒤에는 울돌목이 있는데 수가 적은 수군으로써 명량을 등지고 진을 칠 수 없기 때문이다.

❋ 명량수로(鳴梁水路)는 우리나라 협수로 중 최고로 유속이 빠른 수로이다. 울돌목 바닷물의 유속은 평균 9.6노트로 시속 19km 에 해당한다. 조류가 센 명량을 등지고 적은 수의 노선(櫓船)으로 수많은 적선을 대항해서는 싸우기도 힘들고, 더더욱 싸워 이길 수가 없다. 센 조류에 의해 기습이나 유인을 위한 작전상 후퇴, 함포의 집중사격 등 판옥선의 기동과 공격에 필요한 최소한의 전투공간(Sea room)이 형성되지 않고, 유속이 빠른 울돌목의 특성상 여러 전선들과의 협공이 어려우며, 다수의 적선에게 먼저 해를 당할 수도 있다. 또한 벽파진 앞의 섬(감부도)이 싸움을 방해한다.

해전 전날 보여준 이순신의 결의와 몰입

이날 오후에 통제사 이순신의 대장선과 예하 함선들이 모두 우수영 바다로 옮겨와 투묘했다. 주장(主將, 으뜸장수) 이순신은 예하 장수들을 호출하여 대장선에 모이게 했다. 이순신은 장수들에게 적들의 움직임을 볼 때 해상전이 임박했다고 말하고, 자신이 꾸었던 이상한 꿈을 얘기하면서 우리가 이길 방도가 전혀 없는 것은 아니라고 힘주어 말한다. 실제 적들은 이미 대규모로 함대를 편성하여 어란포에 와 있었다.

> 여러 장수들을 불러 모아 약속(約束)하면서 이르되, "병법에 이르기를, '반드시 죽고자 하면 살고, 살려고만 하면 죽는다[**必死則生 必生則死**, 필사즉생 필생즉사]'고 했으며, 또 '한 사람이 길목을 지키면, 천 사람이라도 두렵게 한다[**一夫當逕 足懼千夫**, 일부당경 족구천부]'고 했음은 지금 우리를 두고 한 말이다. 너희 장수들은 살려는 생각은 하지 마라. 조금이라도 명령을 어기면 군법으로 다스릴 것이다. 조금이라도 너그럽게 용서하지는 않을 것이다"하고 재삼 엄중히 약속했다.

❋ 이순신이 〈난중일기〉에 활쏘기 다음으로 많이 적은 것이 '약속'이다. 이순신의 약속은 신의(信義)와 군령(軍令)이 함께 따른다. **약속을 어기면 죽음이 있을 뿐이다.** 예하 장수들의 마음을 붙잡으면 그들의 부하들은 도망칠 생각을 하지 못한다. 경상우수사 배설의 도주로 더욱 혼란에 빠진 군심(軍心)을 이번엔 꼭 바로잡아야 한다. 주장 이순신은 오자병법의 말을 활용하여 **"죽고자 하면 산다"**고 강하게 장수들을 독려했으며, 비록 적은 인원이지만 여기 울돌목을 굳게 지키면 왜구들의 기세를 꺾을 수 있다고 일일이 눈을 맞추며 강조하였다. 이순신은 장수들의 도망에는 군법을 적용할 뿐이라며 각성을 촉구하면서 딴전 피우지 말고 죽을 각오로 전투에 온몸을 던지자고 엄중히 타일렀다.

❋ 임진년의 해전에서와 같이 위·아래가 같은 마음가짐으로 혼연일체가 되어 싸움에 임해야 한다. 또한, 장수와 병사들이 마음속

에 죽기를 각오하는 필사즉생(必死則生)의 생각과 우리가 적을 효과적으로 제압하지 않으면 안 된다는 배수진(背水陣)의 결의가 있어야 했다.

이날 밤 신인(神人, 신령님)이 꿈에 나타나, "이렇게 하면 크게 이기고, 이렇게 하면 지게 된다"고 일러주었다.

❇ 이순신은 위기 상황에서 몰입을 잘했다. 신인의 말씀대로 명량해전이 벌어졌는가도 궁금하고, 이순신이 이 사태를 어떻게 극복할 생각이었는지도 몹시 궁금하다. 일기를 보면, 이순신은 항상 전투에 임하기 전에 싸워 이길 방도를 마련하는 지략을 엿볼 수 있는데, 지금 이순신은 머릿속으로 계속해서 이길 수 있는 방안을 찾아 이미지 트레이닝하고 있다. 낮에 부하들에게 얘기한 전투 논의가 머릿속에서 더욱 구체화되어 가고 있다.

❇ 그러나 현실을 돌아보면 그 어느 때보다 암울하다. 지금 이순신에게는 칠천량패전에서 도주한 13척의 전선과 패전의 트라우마에 빠져있는 패주하여 초조한 군사들뿐이다. 이러한 상황에서 이순신은 왜군을 물리칠 비책을 강구해야 했다. 그러나 단 하룻밤 동안에 그 승리 방책을 어떻게 짜내겠는가? 오랜 기간 그런 생각을 골똘히 하면서 궁리에 궁리를 더하던 이순신은 생각의 끈을 놓지 않고 잠시 선잠이 들었다. 눈을 감고 가수면(假睡眠) 상태에 빠졌으리라. 이때 신인이 나타나 느닷없이 던진 얘기는 그때까지 풀리지 않던 실마리를 찾게 했고, 번개처럼 뇌리를 스치는 전술로 이어졌으리라. 이순신은 선잠에서 깨어 외쳤다. "**찾았다! 드디어 이길 방도를 찾았어!**" 이것이 **'진정한 몰입'**이다.

❇ 그리하여 통제사 이순신은 그의 **전략적 직관**으로 울돌목이라는 천험(天險)의 수로에서 물목(병목)을 지키면서 우수한 판옥선과 무기체계를 잘 활용하고, 피란선을 후위 병력인 것처럼 위장하는 의병전술(擬兵戰術)까지 배합하여, 과연 승부는 그 결과를 알 수 없지만, **싸우기 전에 몰입(沒入)을 통해 한줄기 서광(瑞光)을 보았으리라.** 이제 서서히 전투에 임하는 긴장감과 분기, 적개심이 끓어오르기 시작한다.

급한 물살이 토해내는 소용돌이치며 우는 울돌목

필자는 2006년 해군충무공리더십센터 전적지 답사 중에 울돌목에서 특이한 상황을 목격했다. 울돌목 진도대교 밑에서 밀물에 물살을 거슬러 역방향으로(서→동) 기동하는 소형 상선을 보았다. 처음에는 상선이 물때를 잘못 맞추어서 이제 속력을 올려 통과하겠다고 생각했는데, 울돌목의 빠른 조류를 이기지 못하고 제자리에서 멈춰버린 것처럼 보였다. 정말 아찔한 순간이었다. 자칫 배를 돌리기라도 하면 물살에 배가 뒤집힐 상황이다. 상선은 울돌목의 빠른 물살로 인해 배를 돌릴 수도 없고, 결국에는 상선 속력을 물살의 속력에 맞추는 제자리걸음을 선택하여 물살이 약해지기를 기다리는 듯했다. 정조(停潮)가 되면서 물살이 약해지고 나서야 상선은 명량수로를 빠져나갔다. 다행히 해상사고는 발생하지 않았지만, 현장에서 울돌목의 빠른 조류를 실감할 수 있었다. 또 울돌목이 토해내는 거친 울음소리를 생생하게 들을 수 있었다. 현재의 동력선인 상선이 저럴진대 그 옛날 무동력선인 판옥선은 어찌 되었겠는가!

명량해전 당일(1597년 음 9월 16일) 울돌목 해상의 조류를 살펴보면, 아침 6시 32분경 정조 후 북서 방향으로 흐르는 밀물(창조류)이 시작되어, 10시 12분경에 최강 조류속(14.76 km/h)을 보인 후 유속이 점차 느려져 12시 18분경에 남동 방향으로 조류 방향이 바뀌기(전류) 시작한다. 즉 해수 흐름은 남동 방향으로 바뀌어 썰물(낙조류)이 되고, 14시 42분경에 최대 유속(10.08 km/h)을 보인다. 이날 물결이 잔잔해지는 정조 시간은 오전 11시에서 오후 1시까지 약 2시간이었다. 이 정조 시간에 울돌목 주변의 함선은 기동을 원활하게 할 수 있다. 이 시간이 지나면 다시 조류가 거세져 함선은 조류를 따라 흘러갈 수밖에 없다.

한편, 조석(간만의 차)의 경우, 아침 5시 58분경에 저조(간조)이고, 12시 17분경에 고조(만조), 다시 18시 28분경에 저조(간조)를 보인다. 저조(05:58)와 정조(06:30), 고조(12:17)와 정조(12:21), 그리고 다시 저조(18:28)와 정조(18:56)의 시각 차이는 4~32분으로 고조나 저조 부근에서 유속이 가장 느린 정상파(standing wave) 형태의 흐름을 보인다.[70]

왜군의 새벽 기습에 당황한 조선 수군

드디어 명량해전의 날이 밝았다. 어젯밤 통제사 이순신의 당부와 약속한대로 장수들과 병사들이 두려움 없이 지시를 따라준다면, 힘겨운 싸움 중에 승전의 기세를 탈 수도 있을 것이다. 그러나 아침부터 상황이 여의치 않다. 예하 장수들은 주장 이순신의 말을 잊은 것인가!

정유년 9월 16일, (명량해전 당일) 맑다. 아침에 별망군이 나와서 보고하는데, 적선이 헤아릴 수 없을 만큼 많이 울돌목을 거쳐 곧바로 진을 치고 있는 곳으로 곧장 온다고 했다.

❀ 통제사 이순신의 정보통이 한발 늦었다. 출전 준비를 마친 왜선들은 오전 6시 30분경 어란진을 출발하였다. 왜적선은 이미 울돌목을 지나서 우수영 쪽으로 몰려오고 있다. 이른 아침의 밀물 때와 맞물려 적들은 물살을 타고 오는데, 이순신 함대는 적의 기습에 대응해야 하고, 또 밀려오는 물살을 견뎌야 하는 이중고(二重苦)가 되어 초기대응 시간이 턱없이 부족하다. 서둘러야 한다.

곧 여러 배에 명령하여 닻을 올리고 바다로 나가니, 적선 133척이 우리의 여러 배를 에워쌌다.

❀ 이순신 함대는 전라우수영 부두에 계류한 것이 아니라 그 앞바다 해상에 닻을 내리고 묘박(錨泊)했다. 울돌목의 물살이 워낙 세고 조석(潮汐)으로 인한 간만의 차가 있다 보니, 그 당시에 여러 배를 접안시킬 수 있는 부두나 계류바지, Floating Barge가 부족했을 것이다. 또 이순신 함대 각 전선의 투묘 위치도 일정한 대형을 이루지 못하고, **각 전선의 초기대응도** 그만큼 제각각이었을 것이다. 왜군은 이날 새벽부터 싸울 준비를 마치고 밀물을 타고 울돌목으로 들어와 기습을 시도한 것이다. 칠천량해전 때

처럼 조선 수군의 옆구리를 갑자기 훅 치고 들어온 것이다. 왜적들은 우리 수군이 깜짝 놀라 허둥대다가 자멸하는 모습을 상상하며 기고만장하여 요란을 떨며 떼거리로 밀고 들어왔다. 왜선들이 수도 없이 몰려오고, 가지런한 노와 총천연색 화려한 깃발이 온 바다에 빽빽하다.

(이순신이 탄) 대장선이 홀로 적진으로 들어가 포탄과 화살을 비바람같이 쏘아대건만, 여러 배들은 관망만 하고 진군하지 않아 사태가 장차 헤아릴 수 없게 되었다.

❈ 통제사 이순신의 대장선은 최초 별망군의 보고를 받고 즉시 닻을 감아올리고 긴급출항하였다. 지난밤 여러 장수들에게 그렇게 전투에 임하는 자세를 강조했건만, 몰려오는 적선에 대한 **즉각반응**을 보인 것은 이순신의 대장선 한 척뿐이었다. 그만큼 칠천량 패전의 트라우마는 컸으며, 싸움 초반 장수들은 정신을 제대로 차리지 못하는 것처럼 이순신에게 보였다. 예하 장수들은 왜 주저하며 관망만 하는 것인가. 사태가 어찌 흘러가는고.

여러 장수들이 적은 군사로써 많은 적을 맞아 싸우는 형세임을 알고 돌아서 피할 궁리만 했다. 전라우수사 김억추가 탄 배는 물러나 아득히 먼 곳에 있었다.

❈ 먼저 싸움에 뛰어든 이순신의 눈에는 예하 장수들이 점차 도주하려는 형국처럼 보였다. 그렇다면 과연 예하 장수들은 피할 궁리만 한 것인가? 그렇지 않다고 본다. 예하 장수들이 피할 궁리를 했다면 아마 이순신 함대는 명량해전에서 패하고 말았을 것이다.

❈ 그렇다면 예하 장수들은 무엇을 했을까? 아마도 수많은 왜선들의 기습에 정신없이 출항하였기 때문에 자기 전선의 사수와 격군들이 우왕좌왕하지 못하도록 통제하면서 잠시 물러나 주장의 지시를 기다렸으리라. 그러면서 갑작스러운 적의 기습에 따른 두려움, 수적인 열세의 어려움, 하지만 주장 이순신과의 약속 등을 생각하면서 상황 판단이 복잡해지고 또 적진으로 돌격하려는 마음이 잠시 주춤거렸을지도 모르겠다. 무슨 이유에서인지 통제사 이순신의 명령대로 예하 함선이 곧장 움직이지 않았다.

❈ **여하간 예하 장수들은 일제히 이순신과의 처음 약속을 어겼다.** 상황이 점점 어려워진다. 이대로 왜군의 기습 전술에 이순신 함대는 당하고 마는 것인가?

[칼럼 20] 명량해전, 그 숨 가쁜 순간들 (2)
- 위기의 순간, 일체의 마음을 동요치 말고 일에 집중하다

명량해전 당일(1597년 음력 9월 16일)의 상황은 아래 이순신의 〈난중일기〉에서 보듯이 도적놈들이 곳간에 불을 내 곧 기와집을 모두 태울 기세였다. 만일 울돌목에서 이순신의 대장선이 무너지면 왜적은 임진년보다 더 거세게 몰아칠 것이며, 홍수(洪水)에 제방이 터지듯 수군은 또 복몰(覆沒, 거꾸러져 망함)되고 말 것이다. 통제사 이순신 혼자가 아닌 수군 모두가 정신을 차리고 집중해야 한다. 가까이 접근한 적도들이 우리 함선에 못 올라오도록 저지하고 차단해야 한다. 더군다나 저 멀리 산등성이와 피란선에서 우리 백성들이 이 해전 상황을 지켜보고 있다.

주장(主將) 이순신의 분전

나(이순신)는 노를 바삐 저어 앞으로 돌진하여 지자총통·현자총통 등 각종 총통을 어지러이 쏘아대니, 마치 나가는 게 바람 같기도 하고 우레 같기도 하였다. 군관들이 배 위에 빽빽이 서서 빗발치듯 (화살을) 쏘아대니, 적의 무리가 감히 대들지 못하고 나왔다가 물러갔다가 하곤 했다. 그러나 적에게 몇 겹으로 둘러싸여 앞으로 어찌 될 지 한 가지인들 알 수가 없었다. 배 안의 사람들이 서로 돌아보며 얼굴빛을 잃었다. 나는 침착하게 타이르면서, "적이 비록 천 척이라도 우리 배에는 감히 곧바로 덤벼들지 못할 것이다. 일체 마음을 동요치 말고 힘을 다하여 적선을 쏴라" 하고서, 여러 장수들을 돌아보니, 물러나 먼바다에 있었다.

❋ 전투 경험이 풍부한 통제사 이순신은 **우선 주위 상황을 신속하게 파악했다.** 왜적들은 감히 이순신의 대장선을 쉽게 접근하지 못하고 진퇴를 거듭하며 대장선의 힘이 빠지기를 기다리고 있다. 우리 편을 둘러보니 수많은 적선들을 보고 겁에 질렸다. 대장선 병사들의 하얗게 변한 얼굴을 보면서 이순신은 침착하게 부하들을 타일렀다. 이순신은 전투에서 주장이 무엇을 해야 하는지, 부하들의 동요를 어떻게 잠재우는지 그 방법을 잘 알고 있었다.

❋ 또한, 통제사 이순신은 전투에서 자신의 가치를 누구보다 잘 알고 있었다. 영국의 웰링턴 장군이 말하길, "나폴레옹이 전장에 나와 있다는 것이 병력 4만 명 이상의 가치가 있다"고 하였는데, 단언컨대 '이순신이 전투 현장에 있는 것은 10만 명 이상의 상대적 가치가 있다'고 볼 수 있겠다. 그만큼 이순신은 적들에게는 두려움의 대상이요, 아군에게는 승리의 화신이었다. **"적이 비록 천 척이라도 우리 배에는 감히 곧바로 덤벼들지 못할 것이다"**라는 말이 그것이다(1,000척×약 100명=10만 명).

❋ 그리고 통제사 이순신은 대장선에 탄 부하들의 두려움과 동요를 침착하게 가라앉혔다. 싸움에서는 혼란스러운 생각을 버리고 오직 자신의 직분에만 집중하라고 말했다. **"일체 마음을 동요치**

말고 힘을 다하여 적선을 쏴라." 포탄이 날아가고 굉음이 들리고, 여기저기 아군과 적병의 함성과 고함, 중경상을 입은 자들의 신음, 명령과 응답의 소리가 뒤섞인 사생결단의 현장, '포연탄우 생사간(砲煙彈雨 生死間)'이다. 이 와중에도 주장 이순신은 확신에 찬 말과 침착한 행동으로 아찔했던 병사들의 전투를 독려했다.

※ 통제사 이순신의 응원에 용기를 얻은 대장선의 부하들은 이순신의 믿음에 보답이라도 하듯이 화포를 발사하고, 현측을 기어서 왜적들이 올라오면 긴 창으로 찌르고 장병겸(長柄鎌, 손잡이가 긴 낫)으로 건현(乾舷, 수면 위의 배 옆면)을 훑어버리고, 활을 쏘고 수마석을 던지고 몽둥이를 휘두르며 죽을힘을 다해 싸웠다. 그러나 여전히 대장선 홀로 외로이 적선을 상대하고 있었다. 이대로는 오래 버틸 수가 없다. 대장선의 피해도 속출할 것이고, 포탄과 화살이 곧 동이 날 것이다. 이제는 먼바다로 물러난 장수들의 배가 전장으로 나와서 서로 합력하여 적들을 쳐부수어야 한다. 더 이상 늦출 수 없다.

안위의 합세와 수군들의 고군분투

나는 배를 돌려 군령을 내리자니, 적들이 더 달려들 것 같아, 나아가지도 물러나지도 못할 형편이었다. 호각을 불어서 중군에게 명령하는 깃발을 내리고 또 초요기(招搖旗)를 돛대에 올리니, 중군장 미조항첨사 김응함의 배가 차차로 내 배에 가까이 오고, 거제현령 안위의 배가 먼저 왔다. 나는 배 위에 서서 몸소 안위를 불러 이르되, "안위야, 군법에 죽고 싶으냐? 네가 군법에 죽고 싶으냐? 도망간다고 해서 어디 가서 살 것 같으냐?"고 하니, 안위가 황급히 적선 속으로 돌입했다.

또 중군장 김응함을 불러 이르되, "너는 중군장으로서 멀리 피하고 대장을 구하지 않으니, 그 죄를 어찌 면할 것이냐? 당장 처형할 것이로되, 적세 또한 급하므로 우선 공(戰功)을 세우게 한다"고 하니, 두 배가 곧장 쳐들어가 싸우려 할 때, 적장이 그 휘하의 배 두 척을 지휘하여 한꺼번에 개미 붙듯이 안위의 배로 매달려 서로 먼저 올라가려고 다투었다.

❋ 울돌목은 시속 10노트(약 20km/h)의 빠른 물살과 2미터 미만의 저수심이 존재한다. 그래서 왜 수군은 왜선 중 대선인 아다케(안택선)의 기동이 여의치 않을 것으로 판단하였다. 왜적들은 소선인 세키부네(관선)를 울돌목의 밀물 시간대에 조류에 실어 울돌목을 통과시켜 보냈으나, 우리 주력선 판옥선과는 건현(乾舷)의 높이 차이가 크므로 싸움 초반에 왜구들의 장기인 등선백병전(登船白兵戰)을 펼치기가 어려웠다. 그렇기 때문에 이순신도 함선 간의 높이차를 보고 왜구들이 왜선에서 판옥선으로 기어오른다고 표현하였다.

❋ 이때 시각이 대략 10시 30분경으로 곧 밀물이 들어와 썰물로 바뀌기 전 잠시 멈추는 정조(停潮) 시기였으며, 이때부터 낙조류(썰물)로 바뀌기 전까지 2시간여 동안 혼전 상태에서 명량해전의 승패가 판가름 난 것으로 판단된다. 이 골든타임에 울돌목

해역에서 기동하며 서로 승부를 겨룰 수 있었다. 만일 밀물과 썰물의 시기였다면 물살에 따라 배가 조류에 휩쓸릴 수밖에 없었을 것이고, 닻을 내리더라도 닻이 끌려 배가 밀려나는 주묘(走錨)가 발생하거나 닻줄이 끊겨 배가 중심을 잃고 전장에서 멀리 떠내려갔을 것이다.

✼ 그런데 흥미롭게도 백사 이항복의 '고 통제사 이공 유사'에 적힌 명량해전 부분을 보면 이순신의 관점과 다른 내용이 전개된다. **"이때 아침 조수가 막 밀려 나가서 항구의 여울물이 매우 급하였는데, 거제현령 안위가 조수를 따라 내려가다가 빠른 바람세를 타고 배가 쏜살같이 달려 곧장 적진으로 돌진하였다"**고 묘사되어 있다. 이는 이순신의 〈난중일기〉와 사뭇 차이가 난다. 종전 후 명량해전에 참전했던 안위, 송희립, 김억추, 소계남, 송여종, 변홍달 등 장수들은 〈난중일기〉의 이순신과는 다른 시각에서 당시의 상황을 기억했다. 같은 사건을 겪었는데도 각자 입장에 따라 팩트를 달리 해석하여 두 개 이상의 기억이 존재하는 **'라쇼몽 현상'**을 보인다. **각자의 입장이 확연히 다르다.** 이순신의 주관적인 〈난중일기〉와 비교하여 전체적인 명량해전의 그림(해석)을 참전 장수들의 관점으로 살펴볼 필요가 있겠다.

✼ 조수의 흐름이 센 울돌목에서 이날(음력 9월 16일) 밀물은 동에서 서로, 진도 벽파정 쪽에서 해남 우수영으로 흘러 들어와 이순신 함대가 투묘하고 있던 우수영 앞바다의 여울물로 밀려들었다. 갑작스런 왜구의 기습에 예하 장수들도 대장선을 따라 출

항의 닻을 올렸으나 밀물이 급하여 전투 초반에 배를 가눌 수가 없었다. 함선들은 물살에 밀려 닻을 감아올리자마자 배를 통제하지 못하고 조수를 따라 북서쪽으로 밀려났다가, 물살이 약해지면서 다행히 북서풍이 불어와 풍상쪽에 위치했던 안위의 배가 쏜살같이 적진으로 돌진할 수 있었다.

❋ 한편, 〈난중일기〉에는 통제사 이순신이 먼저 적을 맞으러 나갔고, 이어 뒤를 돌아보니 '안위의 배가 뒤로 물러나는 것처럼 보였고, 통제사 이순신의 대장선에서 부하 장수를 부를 때 쓰는 초요기를 올리며, 이순신이 "안위야, 군법에 죽고 싶으냐? 네가 군법에 죽고 싶으냐? 도망간다고 해서 어디 가서 살 것 같으냐?"고 외치니, 안위가 그제야 황급히 적선 속으로 돌입했다'고 하면서 이순신의 눈엔 안위가 전투 초반에 도망친 것처럼 보였다. 〈난중일기〉대로라면 안위는 겁쟁이다. 겁장(怯將) 안위가 도망치다가 초요기를 매단 주장 이순신의 호출과 우렁찬 목소리에 깜짝 놀라 심경의 변화를 일으켰다고 말이다.

❋ 이제 두 기록을 마주 대보니, 눈썹이 불타는 급박한 상황에서 밀려오는 물살에 안위의 배가 자꾸 뒤로 물러났고, 이순신의 눈에는 안위가 도망치는 것처럼 보였을 수도 있겠다는 생각이 든다. 또 이순신이 함선에서 소리 지른 것으로 보아 안위의 배는 이순신의 대장선과 가까운 거리에 있었다고 판단된다. 이제껏 〈난중일기〉에만 의존하여 안위를 막상 전투가 벌어지면 도망치는 겁장으로 알고 있었는데, 울돌목의 거센 밀물에 순간적으로 함선

이 떠내려가 싸움 초반 역부족(力不足)이었던 안위의 입장이 어느 정도 이해가 된다.

안위와 그 배에 탔던 사람들이 죽을힘을 다하여 몽둥이로 치기도 하고, 긴 창으로 찌르기도 하고, 수마석 덩어리로 무수히 (던지고 내리치며) 어지러이 싸우니 배 위의 사람들은 기진맥진하게 된 데다가, 안위의 격군 7~8명이 물에 뛰어들어 헤엄치는데 거의 구하지 못할 것 같았다. 나는 배를 돌려 곧장 쳐들어가 빗발치듯 어지러이 쏘아대니, 적선 세 척이 얼추 엎어지고 자빠지는데, 녹도만호 송여종, 평산포대장 정응두의 배가 줄이어 와서 합력하여 적을 쏘아 (맞추어) 한 놈도 몸을 움직이지 못했다.

❀ 안위를 필두로 하여 이순신 함대는 혼연일체가 되어 죽을힘을 다해 싸웠다. 대장선 혼자 외로이 싸울 때는 한 치 앞도 알 수 없던 전투 상황이 안위와 그 부하들이 보여준 '사력의 직진'으로 조선 수군은 다시 싸울 힘을 얻었고, 단신으로 적진을 뚫고 임금이 있는 의주 행재소에 다녀온 송여종, 정응두 등 패기에 찬 예하 장수들의 가세로 싸움이 고조되면서 **전투 현장의 분위기가 반전**되었다. 여러 판옥선의 총통들이 불을 뿜으며 어지러운 혼전 가운데 서로 합력하여 승기를 잡으니 적을 제압하는 전투 상황으로 서서히 변해갔다.

❀ 이제 아군과 적군의 비율, 1 : 133의 처절한 해상전 상황이 13 : 133의 싸워볼만한 해상전 상황으로 변한 것이다. 그런데 실제 우리 판옥선 1척과 맞서 싸우는 적선(세키부네)은 3~4척이었고, 다른 왜선들은 앞의 선박이 깨지면 뒤를 이어 싸울 순서를

기다릴 뿐이었다. 적군과 아군이 어지러이 뒤엉킨 혼전 양상이 오히려 우리에게 유리하게 작동하기 시작했다.

토막 난 마다시와 전세의 역전

항왜병사(降倭兵士) 준사(俊沙)는 안골포의 적진에서 투항해 온 자인데, 내 배 위에서 바다를 내려다보며, "저 무늬 있는 붉은 비단옷을 입은 놈이 적장 '마다시'다"고 하였다. 나는 '김돌손'으로 하여금 갈고리를 던져 '마다시'를 이물(뱃머리)로 끌어 올렸다. 그러니 준사는 펄쩍 뛰며, "이게 마다시다"라고 하였다. 그래서 곧 명령하여 토막으로 자르게 하니, 적의 기운이 크게 꺾여 버렸다.

❋ 왜적들은 새벽 기습을 통해 울돌목을 가로질러 이순신 함대의 진영으로 몰려와서 어수선한 틈을 타 칠천량에서처럼 등선백병전으로 우리 전선을 제압하려 하였다. 함포를 피해 접근한 왜적들은 더욱 고함을 지르며 징과 꽹과리를 치고 조총과 화살을 쏘면서 사조구(四爪鉤)를 던져 우리 배를 옭아매고 배 위로 계속 기어오르고 있다. 멀리서 이 해전을 바라보고 있던 우리 피란민들의 속이 타들어 갔다. 손발이 떨리고 오금이 저린다. 싸움의 향배(向背)가 어찌 될 지 한 치 앞을 모르겠다.

❋ 시간이 흐를수록 오히려 이순신 대장선의 고군분투와 월등한 무기체계를 앞세운 여러 판옥선의 협공, 그리고 왜 장수 마다시를 토막 내어 적의 사기를 꺾으면서 싸움은 분수령을 맞았다. 죽은 적장의 시체를 건져 올려 토막 내니 왜적의 기세가 순식간에 꺾

였다. 왜군들은 **이순신의 신묘한 전투전술**, 곧 적의 리더십을 제거하여 사기를 꺾는 반전(反轉)에 맥을 못 추고 완전히 전의(戰意, 전투의지)를 상실하기에 이르렀다. **명량의 역전승(逆轉勝)**은 이렇게 이순신이 어지러운 싸움 중에 적의 기세를 먼저 꺾었기 때문에 가능했다.

이때 우리의 여러 배들은 적이 다시 침범해오지 못할 것을 알고, 일제히 북을 치며 나아가면서 지자총통·현자총통 등을 쏘고, 또 화살을 빗발처럼 쏘니, 그 소리가 바다와 산을 뒤흔들었다.

❖ 이제 상황은 완전히 역전되었다. 싸움에서 사기가 꺾인 적들은 임진년의 씁쓸했던 기억 - 이순신 함대에 함몰당한 해전들 - 을 떠올렸을 것이다. 바로 2개월 전 칠천량에서 우리 수군이 당한 처참한 참상을 똑같이 당하는 끔찍한 현실을 마주했으니, 바다에서의 싸움에서는 **해상전투지휘관이 누구인가**가 이렇게 중요한 것이다. 칠천량에서 주장 원균의 무모한 처신과 너무나도 상반되는 **주장 이순신의 헌신적인 위기 대응**은 세계 해전사에 길이 남을 명장면을 만들었다.

❖ 또 해전이 끝나고 이토록 상세히 일기에 기록한 장수가 과연 몇 명이나 될까? 싸움이 진행되는 동안 정조(停潮)가 끝나가고 이때 물의 흐름이 바뀌기 시작하여 울돌목 건너의 적선들은 자력으로는 울돌목을 건너오지 못하고, 이미 울돌목을 건너와 싸우는 왜적선은 다시 자신들이 들어왔던 울돌목으로 물살에 쓸려 빠져나가는 형국으로 상황이 변경되었다.

우리를 에워싼 적선 31척을 쳐부수자, 적선들은 물러나 달아나 버리고 다시는 우리 수군에 감히 가까이 오지 못했다. 그곳에 머무르려 했으나 물살이 무척 험하고 형세도 또한 외롭고 위태로워 건너편 포구로 새벽에 진을 옮겼다가, 당사도(무안군 암태면)로 진을 옮기어 밤을 지냈다. 이것은 참으로 천행(天幸)이다.

❋ 통제사 이순신은 이날 일기에서 명량해전의 형태에 대한 힌트를 곳곳에 심어 놓았다. 명량해전은 그동안 논란이 되었던 수중철쇄를 이용한 전투도 아니며, 싸움이 일어나기 전 일자진(횡렬진)의 진형을 갖추고 이순신의 대장선이 앞서 나가 싸운 해상전의 싸움 형태도 아니었다.

❋ 전라우수영 앞에 투묘 중이던 이순신 함대를, 울돌목의 빠른 조류를 타고 기습한 일본 수군의 대표 함선 133척이 에워싸고 뒤섞이어 싸움을 치른 '대혼전(大混戰)'이었다. 전투 초반에 왜선에 둘러싸여 외로이 버티면서 분전한 이순신 대장선과 조류에 밀려났다가 뒤늦게 합류하여 선전(善戰)을 펼친 예하 판옥선들이 각개전투와 협공으로 적선을 쳐부수면서 서서히 승세를 타게 되었고, 뜻밖에 홍기(紅旗)를 단 왜선의 적추 마다시를 토막 내서 적들의 사기를 꺾어버림으로써 수적으로 열세한 전투에서 역전하여 왜선 31척을 쳐부수고 나머지 왜선들을 몰아내는 승리를 쟁취한 것이다.

❋ 명량해전은 한마디로 이순신의 역전승이었다. 명량해전은 조선의 운명을 죽음에서 건져낸 천우신조(天佑神助)의 전투였으며, 이순신의 말대로 "천행(天幸)"이었다. 이 명량해전에서 보유한 전

투력을 모두 쏟아부은 이순신의 전선들은 더 이상 해전이 불가능했으며, 이 때문에 전력 보강과 군수보급을 위해 당사도까지 작전상 후퇴를 단행하였다.

명량해전의 승리는 천행(天幸)만이 아니었다

울돌목에서 이순신의 대장선이 홀로 버틴 2시간은 명량해전의 판도를 완전히 바꾸어 놓았다. 1597년 9월 16일 새벽, 일본 수군은 울돌목의 물살을 타고 손쉽게 기습을 가하면, 불안과 두려움에 벌벌 떨고 있는 이순신의 조선 수군 13척을 쉽게 무찌를 수 있다고 생각했을 것이다. 왜군은 133척의 막대한 세키부네(관선)를 울돌목에 투입했고, 이순신의 대장선은 밀물을 타고 밀려오는 왜선들과 꽤 오랜 시간 동안 홀로 치열한 전투를 벌였다.

주장 이순신은 "죽기를 각오하고 싸우면 산다"고 그 전날 장수들에게 약속한 말을 몸소 실천했다. 그 가운데에 이순신이 노린 효과는 두 가지였다. 하나는 왜 수군들과의 싸움은 **"나 이순신이 살아있는 한 충분히 승산이 있다"**는 것을 부하들에게 솔선하여 가르쳐 준 것이고, 둘째는 **"주장이 이렇게 분전하는데 도망쳐서야 되겠느냐"**며 부하 장수들의 분발을 촉구한 것이다.

특히 이순신은 부하들이 두려움을 해소하고 전투에서 능력을 발휘할 수 있도록 주장으로서 말 한마디, 행동거지 하나에도 떳떳하고 차분하며 침착하였다. 그런 모습이 부하들의 마음을 꽉 붙잡아 흔들리지 않게 하였다. 또 전투에 임해서 이순신은 (앵커처럼) 맨 먼저 전면에 나서서 적을 얼떨떨하게 만드는 순간적인 상황 판단과 적장을 토막 내어 적의 사기를 꺾는 과단성, 우군 간 협공을 통한 노련한 전투 운용으로 전세를 서서히 역전시켰다.

명량해전은 주장 이순신의 언급대로 실로 '하늘이 도와준 천행(天幸)'이었지만, 이것은 분명 **'이순신 리더십의 하이라이트'**였다. 명량대첩은 정유년 음력 9월 16일, ① 간만의 차가 크게 발생하는 사리 기간이라는 **천시(天時)**와, ② 물살이 가장 센 병목인 울돌목의 **지세(地勢)**와, ③ 장수와 부하들이 혼연일체가 되어 접전하게 만든 주장 **이순신의 리더십(人道)**이 조화를 부린 명실상부 **'천·지·인에 의한 극적인 역전승'**이었다.

[칼럼 21] 사랑하는 아들 면(葂)의 죽음
- 비록 견딜 수 없이 두렵더라도 새 변화를 껴안다

정유년(1597년) 일본군은 정유재란을 통해 초기에 칠천량에서의 조선 수군 제압과 이어진 남원, 전주 등 전라도 침입이라는 두 가지 전략적 목표를 달성했지만, 그해 9월 7일 일본 육군은 천안의 직산전투(稷山戰鬪)에서 패하였고, 일본 수군은 9월 16일 명량해전(鳴梁海戰)에서 패하여 전쟁은 또 새로운 국면을 맞게 되었다.

결국, 일본 수군은 전라우수영(해남)을 점령한 뒤 북상하면서 이순신과 조선 수군의 종적을 찾다가 겨울이 오자 월동(越冬)을 위해 회군하여 영남 남해안의 근거지로 옮겼다. 통제사 이순신의 조선 수군도 고군산도(古群山島)에서 9월말까지 주둔하며 한숨을 돌렸다. 이때 이순신은 그간의 과로로 인해 며칠간 앓아눕기도 하였다. 그러던 중 전력을 점차 남하시켜 10월 29일에 목포 앞바다의 고하도(高下島)에 주둔하다가 약 100일 뒤 이듬해 2월 17일, 완도 옆 고금도(古今島)에 통제영을 마련하였다.

이 시기에 통제사 이순신에게 통곡할 일이 발생한다. 10월 14일 이순신은 가장 사랑하는 **셋째 아들 면(葂)이 전사했다**는 소식을 접했다. 면은 이순신의 3남으로, 담력과 지략이 있고, 또 말 타며 활쏘기[騎射, 기사]도 잘하여 이순신은 자기를 닮았다고 사랑했었다. 울고 싶어도 마음 놓고 울 수도 없었던 이순신은 10월 19일에 고향에서 내려온 종(머슴)을 만나자 막내아들 생각에 통곡하고 만다. 이날 코피를 한 되 남짓 흘렸다고 〈난중일기〉에 적었다.

〈**난중일기**〉는 이순신 본인의 생각을 모아놓은 집합체이며, 이순신 내면의 진실한 목소리이다. 이순신의 〈난중일기〉를 읽다 보면, 왜적과 대치하고 있는 팽팽한 긴장감 속에서도 평정심을 잃지 않고 성실하게 일기를 정리해 나간 것에서 이순신의 섬세한 면모를 엿볼 수 있다.

이순신의 셋째 아들 면은 계사년(1593년) 2월 28일 **염(苒)**이라는 이름으로 〈난중일기〉에 처음으로 등장한다. 웅포해전을 치르는 전장(戰場)에 아버지 이순신을 찾아온 것이다. 이순신은 전장으로 찾아온 16살의 셋째 아들이 기특했을 것이다.

그해 8월 2일, 이순신이 삼도수군통제사로 임명된 다음 날, 자신을 똑 닮은 셋째 아들 염(苒, 면의 개명 전 이름)이 이틀 전부터 병(부종)에 차도가 없어 몹시 걱정하던 중에, 탐후선(探候船)이 들어와서 아들 염이 아픈 데가 곪아서 종기가 되었는데, 침으로 째고 고름을 빼냈다고 한다. 며칠만 늦었더라면 고치기 어려웠을 뻔했다며 의사 정종(鄭宗)의 은혜가 매우 크다고 일기에 적고 있다.

진중(陣中)의 업무에 바쁘던 통제사 이순신은 이해 연말에 휴가를 얻어 좌수영(여수)에 있는 어머니와 가족들, 아들 면(葂)을 만났다. 이듬해(갑오년) 4월 29일 한산도 진중에 온 셋째 아들 면과 다시 상봉했다. 이날 이순신은 기분이 좋았다.

> 갑오년(1594년) 4월 29일, 맑다. 기운이 상쾌해진 것 같다. 아들 면(葂)이 들어왔다. 곧 고을의 종 넷과 관가의 종이 들어왔다. 오늘 우도(전라우수영)에서 삼도의 군사들에게 술을 먹였다.

그렇게 애지중지 사랑스럽게 키운 막내아들 면이 정유년 명량해전(9.16)이 끝나고 난 후 10월에 왜적들의 손에 죽는 끔찍한 사건이 발생하였다. 이때 이순신의 가족은 칠천량 참패(7.16)로 인해 바다에서의 상황이 어찌 전개될지 몰라 좌수영을 떠나 고향인 충청도 아산(牙山)에 피신한 상태였다. 명량해전에서 이순신에게 패전한 일본군은 아산에 있는 이순신의 일가친척을 척살할 목적으로 아산을 급습하여 셋째 아들 면을 죽이고 만다. 이때 면의 나이 스무 살이었다.

정유년(1597년) 10월 14일 이후 〈난중일기〉에는 아들 면의 죽음에 대한 소식과 이순신의 비통함이 기록되어 있다. 자식을 잃은 아버지의 상심(傷心)이 얼마나 컸을까!

> 정유년(1597) 10월 14일, 맑다. 새벽 2시쯤 꿈에 내가 말을 타고 언덕 위를 가다가 말이 헛디뎌 내(川) 가운데 떨어지긴 했으나 거꾸러지지는 않았는데, 끝에 아들 면(葂)이 엎디어 나를 안는 것 같은 형상을 보고 깨었다. 무슨 조짐인지 모르겠다. (중략) 저녁에 어떤 사람이 천안(天安)에서 와서 집안 편지를 전하는데, 봉함

을 뜯기도 전에 뼈와 살이 먼저 떨리고 정신이 혼란해졌다. 겉봉을 대강 뜯고 열(둘째 아들)의 글씨를 보니, 거죽에 '통곡(痛哭)' 두 자가 씌어 있어 면(葂)의 전사를 알고, 간담이 떨어져 목 놓아 통곡하였다.

"하늘이 어찌 이다지도 인자하지 못하는고. 간담이 타고 찢어지는 것 같구나. 내가 죽고 네가 사는 것이 이치에 마땅한데, 네가 죽고 내가 살았으니 이런 어긋난 일이 어디 있을 것이냐. 천지가 깜깜하고 해조차도 빛이 변했구나. 슬프다. 내 아들아. 나를 버리고 어디로 갔느냐. 남 달리 영특하기로 하늘이 이 세상에 머물러 두지 않는 것이냐. 내가 지은 죄 때문에 앙화(殃禍, 죄의 앙갚음으로 받는 재앙)가 네 몸에 미친 것이냐. 내 이제 세상에 살아 있은들 누구에게 의지할 것이냐.
너를 따라 같이 죽어 지하에서 같이 지내고 같이 울고 싶건마는 네 형, 네 누이, 네 어머니가 의지할 곳이 없으므로 아직은 참고 연명(延命)이야 한다마는, 마음은 죽고 형상만 남아있어 울부짖을 따름이다. 울부짖을 따름이다. 하룻밤 지내기가 1년 같구나."
밤 9시께 비가 내렸다.

10월 16일, 맑다. (전략) 나는 내일이 막내아들의 죽음을 들은 지 나흘째가 된다. 마음 놓고 통곡할 수도 없으므로, 영 안에 있는 강막지의 집으로 갔다(거기서 곡(哭)하였다).

10월 17일, 맑은 날씨인데 바람도 종일 세게 불었다. 새벽에 향을 피우고 곡을 하는데, 하얀 띠를 두르고 있으니, 비통함을 정말 참을 수가 없다.

10월 19일, 맑다. 새벽, 꿈에 고향 집의 종 진이 내려왔기에 나는 죽은 아들을 생각하여 통곡하였다. (중략) 어두울 무렵 코피를 한 되 남짓이나 흘렸다. 밤에 앉아 생각하니 눈물이 났다. 어찌 다 말하랴! 이승에서의 죽은 혼령이 되었으니, 마침내 불효가 여기까지 이를 줄을 어찌 알랴! 비통한 마음 찢어지는 듯하여 억누를 수가 없다.

사람에게 자식의 죽음이 주는 스트레스의 강도는 모든 종류의 스트레스보다 강력하다. 그래서 자식이 먼저 죽으면 부모는 그 슬픔과 허망함에 경도되어 넋을 놓고 일상생활을 제대로 하지 못한다. 한창 전쟁의 소용돌이 속에서도 가족들을 잘 건사했던 이순신에게도 셋째 아들 면의 죽음은 충격 그 이상이었다. 부하들 앞에서 제대로 슬픔을 표현할 수 없었던 이순신의 모습이 애처롭게 느껴진다. 죽은 아들 면을 향한 아버지 **이순신의 초혼가(招魂歌)**가 일기에 흐느낀다.

"하늘이 어찌 이다지도 인자하지 못하는고. 간담이 타고 찢어지는 것 같다. 내가 죽고 네가 사는 것이 이치에 마땅한데, 네가 죽고 내가 살았으니 이런 어긋난 일이 어디 있을 것이냐. 천지가 깜깜하고 해조차도 빛이 변했구나. 슬프다. 내 아들아, 나를 버리고 어디로 갔느냐."

아산 현충사(顯忠祠) 경내에는 이순신의 셋째 아들 면(葂)의 무덤이 있다. 현충사에 들를 때면 면(葂)의 의로운 기상을 생각하고 이순신의 슬픔을 더듬어 보게 된다.

조선 중기 류몽인(柳夢寅, 1559~1623)의 설화집, 〈어우야담〉에 이순신과 아들 면의 얘기가 나온다. 항간에 이순신의 신화가 만들어지기 시작할 때의 이야기다.

(전략) 그 아들(면)은 충청도에서 종군하여 왜적을 만나 3~4급의 목을 베고, 도망가는 자들을 쫓아 오랫동안 몰아치는데 왜적한 놈이 몰래 풀 사이에 숨어서 엿보다가 불의에 갑자기 달려서 공격했기 때문에 그만 말에서 떨어져 죽었다. 그러나 이순신은 그 소식을 미처 듣지 못하였다.

그 뒤 충청도 방어사가 왜인을 사로잡아 산 채로 이순신의 진영에 보냈다. 그날 밤에 이순신의 꿈에 그의 아들이 온몸에 피를 흘리고 와서 말하기를, "항복한 왜인 13명 가운데 나를 죽인 자가 있습니다"라고 하였다. 이순신이 놀라서 잠에서 깨고 비로소 그 아들이 죽었을 것이라고 의심하였다. 이윽고 부고(訃告)가 이르렀다. 항복한 왜인을 끌어내어 묻기를, "아무 날 충청도 아무 땅에서 적백색이 섞인 얼룩말을 타고 가는 사람이 있어 너희가 그를 죽이고 그 말을 빼앗았다는데, 그 말이 어디에 있는지 찾으려 한다"라고 하였다.

그들 중 한 왜인이 나서며 말하기를, "한 소년이 적백색이 섞인 얼룩말을 타고 우리 무리를 쫓아 3~4명을 죽이므로, 내가 풀 사이에 엎드려 있다가 갑자기 일어나 그를 습격하고, 그 말을 가져다가 진중의 장수에게 바쳤다"라고 하였다. 여러 왜인들에게 물어보니 그렇다고 하므로, 이순신이 큰 소리로 통곡하고 그를 끌어내어 목을 베어 죽이라고 명하였다. 아들의 혼을 불러서 제사하며, 글을 지어 혼령에게 고하였다.

[칼럼 22] 명량해전 이후 역경을 뚫고 수군 재건
- 역경과 곤궁은 때론 나를 단련시키는 쇠망치다

명량해전에서 적을 꺾었지만, 승장 이순신은 후퇴해야 했다

이순신에게 이렇게 힘든 시기가 또 있었을까? 정유년(1597) 이전에 가장 힘들었던 때는 갑오년(1594년) 왜란이 점차 소강상태에 빠져 명-일간 강화를 얘기하던 시기로 생각된다. 경상도 바다에서 일본 수군과 대치하고 있던 조선 수군은 당시 역병(전염병)으로 인해 광양현감 어영담 등 주된 병력이 죽으면서 인력 운용이 심각하게 나빠졌었고, 이순신도 역병으로 20여 일을 고생했다. 특히 겨울철에는 바닷가 추운 날씨에 얇은 홑옷만 입은 병사들은 엄동설한 맹추위에 벌벌 떨어야 했었다. 하지만 이순신의 노련한 전장 운영으로 둔전을 일궈 병사들은 굶어 죽는데 이르지 않았고, 차츰 판옥선을 만들기 시작하여 병사들이 기거하며 쉴만한 함선도 마련하게 되었다.

그러나 정유년(1597년)의 가을은 이순신과 조선 수군에게는 **최악(最惡)이었다**. 이순신은 파직과 고문을 당하고 백의종군하는 길에 어머니의 부음을 들었으며, 조선 수군은 주장 원균의 칠천량 패전으로 기존의 수군이 모두 바다에 수몰되어 그 참상이 처참했고, 살아남은 자는 의욕을 잃고 망연자실했다. 이후 이순신이 다시 통제사가 되어 도주한 장병들을 돌아오게 하고 전력을 재정비하면서 전선을 뒤로 물리다가 진도 울돌목에서 명량해전을 통해 겨우 역전시켰지만, 승장 이순신과 13척의 조선 수군에게는 남은 것이 거의 없었다. 그들 앞에는 한 치 앞도 알 수 없는 극도의 긴장감 속에서 어느 때보다 혹독한 시련과 고통이 기다리고 있었다.

한편, 일본은 정유년(1597년) 여름 다시 전쟁을 일으켜 칠천량해전에서 조선 수군을 제압하고 복수하였지만, 정확히 두 달 뒤 9월 16일 명량해전(鳴梁海戰)에서 이순신에게 패하여 새로운 국면을 맞게 되었다. 명량에서 한차례 패배를 당한 일본 수군은 거세게 전라도 바다와 섬들을 이 잡듯이 뒤지며 이순신과 조선 수군의 뒤를 쫓았다. 주변 연안 백성들을 서슴없이 죽이거나 줄줄이 묶어 인질로 끌고 갔고, 연해 인근 마을을 돌며 재물을 분탕질하였다.

당시의 전황이 말해주듯이 남원전투와 전주전투에서 승리한 일본군이 북상하다가 천안의 직산에서 패배하여 전선이 고착되었고, 명량해전에서 패배한 일본 수군의 서해 북상 계획도 차질을 빚게 되었다. 정유년 가을에서 겨울로 넘어가는 이 시기에 일본군이 계속 북상을 주장하여 밀어붙였다면 또다시 바다에서 결전(決戰)을 치를 수도 있는 매우 위중한 상황이었다.

정유년 가을 명량해전에서 승리한 이순신은 〈난중일기〉에 그날 일을 기록하며 **"천행(天幸)"** 이라고 했다. 그러면서 급히 수군 전력을 뒤로 물렸다. 13척의 판옥선으로 133척의 일본 대군을 상대하여 물리친 것은 실로 기적에 가까웠기에 이순신은 당사도(신안 암태도)로 곧장 후퇴했다. 턱없이 부족한 전력으로 적과 정면승부를 할 수 없었던 이순신은 최대한 피해를 줄이며 적과의 결전을 피하고(현존 함대 전략), 기회를 틈타 해상 기습전을 구사하여 적의 취약점을 노려야 했다.

아니나 다를까 명량해전을 뒤에서 지켜보던 일본 수군의 후속부대는 9월 17일부터 대대적인 이순신 추격을 개시하였고, 진도에 상륙하여 이순신을 도운 백성들을 무자비하게 살육했다. 이윽고 명량해전 참패 소식에 화가 난 일본은 조선의 백성들을 대상으로 잔인한 보복을 계속 이어 나갔다. 영광, 무안, 해남 등지를 완전히 초토화하였고, 충청도 아산의 이순신 본가에까지 쳐들어가 이순신의 아들 면을 죽이고, 집에 불을 질러 화풀이를 했다.

〈맹자〉의 '고자 장구 하'에 보면, "하늘이 장차 큰 임무를 이 사람에게 내리려 하실 적에는 반드시 먼저 그 심지(心志)를 괴롭게 하며, 그 근골을 수고롭게 하며, 그 체부(體膚)를 굶주리게 하며, 그 몸을 궁핍하게 하여 행함에 그 하는 바를 어긋나도록 만드니, 이것은 마음을 분발시키고 성질을 참게 하여 그 능하지 못한 바를 증익(增益)하게 하려는 것이다"라고 하여 하늘이 그 사람에게 고난과 시련을 주어 시험하여 그 사람의 마음을 분발시키고 참을성을 기르게 한다고 했다.

수적으로 크게 불리했던 이 시기의 통제사 이순신과 조선 수군에게는 참으로 견디기 힘들고 힘에 부치는 시간이었다. 전장에서의 경험이 풍부한 통제사 이순신에게도 어떻게든 이 시기를 참고 견디며 돌파구(突破口)를 찾아 역경을 극복해야 했다.

역경을 이기는 힘은 회복력을 기르는 데 있다

9월 17일, 당사도의 이순신 함대는 다시 북쪽으로 후퇴하여 어외도(신안 어의도)를 거쳐 9월 19일에 칠산 앞바다(영광 낙월면)와 법성포(영광 법성면), 9월 21일에는 고군산열도의 선유도(仙遊島)에 도착했다. 명량해전 이후 계속 몸이 좋지 않았던 이순신은 더욱 건강이 악화되었다. 갑자기 식은땀을 흘리고 탈진 상태에 이르기도 했지만, 다행히 이순신에게는 **회복력(回復力)**이 있었다. 이순신은 오뚝이처럼 일어나 다시 전선을 정비하고 전열을 가다듬었다. 선유도에 머무는 동안 나주목사, 무장현감 등을 만나고, 조정에 올리는 명량해전 승첩 장계를 올렸다. 이때 통제사 이순신은 어떻게 돌파구를 찾아야 할지를 고민했을 것이다.

한편, 일본 수군은 이순신 함대를 추격하면서도 진도, 해남, 목포, 무안, 나주, 영광 등지를 노략질하고 백성들을 잔인하게 죽이고 포로로 잡아가는 통에 추격 속도가 그리 빠르지 못했다. 만약 이 시기에 일본 수군이 월동을 걱정하여 경상도로 후퇴하지 않고 조선 수군을 잡기 위해 전라도 화원반도를 돌아 거침없이 북상하였다면 이순신의 조선 수군은 장차 어찌 되었을지 모를 일이었다.

당시 일본 수군의 동태를 알려주는 기록이 **강항**(姜沆, 1567~1618)이 쓴 〈간양록〉에 보인다. 강항은 정유년 9월 남원전투에서 종사관으로 군량 조달을 담당하였는데, 남원이 일본군에 의해 함락된 뒤 고향인 영광으로 내려와 의병을 모아 일본군에 대치하다가 전세가 불리해지자, 가족을 배에 태워 영광군 바닷가로 통제사 이순신의 진영을 찾아가던 중에 일본 수군에게 사로잡히게 되었다. 그 후 강항은 일본에 끌려가 여러 차례 도주를 시도하다 실패 후 겨우 죽음을 모면하고, 그곳에 유학을 전파했으며, 끝내는 돌아와 선조에게 일본의 정황을 보고하고 〈간양록〉을 남겼다.

정유년 영광 바닷가에서 일본군에 잡힌 강항이 기지를 발휘하여 거짓 정보를 제공했던 일화가 있다. 강항은 9월 23일 영광군 칠산 앞바다에서 일본 수군장수 도도 다카토라(藤堂高虎, 등당고호)에게 붙잡혔고, 9월 24일 무안의 해안으로 끌려갔다. 강항을 조선의 관원 내지는 선비로 보았던 도도 다카토라는 이순신이 어디 있는지를 물었다. 강항은 **이순신이 지금 태안 안행량**(安行梁)**에 있는데**, 그곳은 배들이 자주 표류하고 난파되는 **험난한 수로**라고 답했다. 그러면서 **명나라 수군 1만여 척이 이곳을 가로막고 있으며, 이순신도 합세했다고** 거짓말을 지어냈다. 그러나 당시 명나라 수군은 아직 중국에서 출발하지 않은 상태였고, 무안에서 고군산열도까지는 하루 만에 갈 수 있는 거리였지만, 강항의 거짓말을 믿은 것인지 도도 다카토라의 **일본 수군은 남쪽으로 방향을 돌리고 말았다.**

일본 수군의 남하 소식을 들은 통제사 이순신은 **10월 3일 고군산**

열도의 선유도를 출발하여 다시 남으로 영광 법성포, 어외도를 거쳐 10월 9일에는 해남 전라우수영에 도착했다. 약 23일 만에 다시 찾은 우수영 성 밖에는 집에 사람이 살지 않았고, 인적이 하나도 없었다. **보이는 것은 참혹(慘酷)뿐이었다.** 10월 10일 밤에 중군장 김응함이 해남에서 일본군이 퇴각하고 있음을 들었다고 보고하였고, 폐허가 된 우수영에 머물 수 없었던 통제사 이순신은 이튿날 다시 안편도(신안 팔금도)로 수군을 물렸다. 이날 〈난중일기〉에 이 시기 이순신의 심경이 보인다.

"초저녁에 달빛이 비단결 같아 홀로 (배의) 봉창에 앉았으니, 심사가 만 갈래였다."

고하도에서 수군을 재건하다

명량해전 이후 왜군들의 추격을 피해 전략적 후퇴를 거듭하던 통제사 이순신은 갖은 역경을 이겨내며 고하도에 임시 통제영을 마련하면서 본격적인 조선 수군 재건을 위해 여러 가지 작업을 시작했다. 지금은 한산도에서처럼 전력 증강이 절실했다.

10월 29일 목포의 고하도(목포 유달동, 보화도)에 수군을 주둔시켰다. 영산강 입구의 고하도는 바깥 바다에서 바라보면 잘 보이지 않는 곳에 있어 수군 전선을 숨기기 좋은 장소였다. 게다가 곡창지대로 들어가는 영산강 입구를 지키고 서해로 진출하는 적을 차단할 수 있는 전략적 요충지였다.

통제사 이순신은 이곳 고하도에서 수군 전력을 강화하기 위해 ① 40여 척의 전선 건조, ② 전라도 연안 19개 군·읍을 수군에 전속시켜 수군 병력 충원, ③ 백성들의 자발적인 후원으로 군수물자 확보, ④ 수군 조직의 재정비와 실전 같은 군사훈련 등을 실시했다.

특히 통제사 이순신은 젊은 참좌(參佐, 참모) **이의온(李宜溫,** 1577~1636)과 밤늦게까지 수시로 의논하면서 바다에 다닐 때 **해로 통행첩(海路通行帖)**을 발행하여 약간의 수수료를 받는 제도를 구상하여 시행함으로써 피난민의 신원 확인과 간자(間者)의 식별을 하면서 곧 군량 1만여 섬을 마련하였고, 꾸준히 둔전 경영과 13개 도서에서 소금을 생산하여 팔아 군량을 확보하였다.

"역경과 곤궁은 호걸(豪傑, hero)을 단련시키는 하나의 용광로요, 쇠망치이다. 그 단련을 견뎌내면 몸과 마음이 모두 유익하지만, 견뎌내지 못하면 몸과 마음이 모두 손상을 입을 것이다." (채근담)

통제사 이순신은 고하도에서 108일간 머물면서 조선 수군이 재기할 힘을 길렀고, 판옥선, 화포, 병력, 보급물자 등 전력이 갖춰지자, 무술년 2월 더욱 동진하여 완도 옆 고금도에 통제영을 설치하였다. 역경과 곤궁을 이겨낸 이순신은 고하도에서 겨울을 보내며 조선 수군을 성숙하게 다시 조련했고, 백성들의 도움으로 비교적 이른 시일에 재건하게 된 것이다.

흔히들 역경을 이겨내는 긍정적인 힘을 **"회복탄력성(resilience)"** 이라고 한다. **정유년의 이순신**은 그해 가을과 겨울의 초미지급(焦眉之急), 그 어려운 위기의 상황에도 불구하고 나라와 수군을 위해 통제사(리더)로서 자신이 해야 할 본분(本分)을 잊지 않았고, 오뚝이처럼 다시 일어나는 심리적 복원성과 조선 수군을 재건하는 회복 능력을 남도 백성들과 수군 군사들에게 명확하게 보여주었다.

[칼럼 23] '독송사'를 일기에 적은 이순신의 심경
- 한마음으로 자찬묘비명을 지어보다

정유년 10월의 격정 속에서 언제 〈송사(宋史)〉를 읽었을까?

정유년(1597년) 9월 16일 명량해전 이후 계속 전선을 뒤로 물렸던 이순신은 왜군들의 철수 소식을 접하면서 드디어 10월 3일 군산 선유도를 출발하여 영광 법성포에 머물다가 10월 6일에는 세찬 눈비를 맞았다. 다시 10월 8일 법성포를 떠나 어외도(신안 어의도)에 이르렀고, 10월 9일에는 왜적들에게 불탄 해남 우수영의 처참한 모습을 확인한 다음 이틀 후 다시 전선을 서북쪽 안편도(신안 팔금도)까지 옮겼다.

통제사 이순신은 정유년 10월 대부분 시간을 신안군 **안편도**에서 보냈다. 10월 14일, 셋째 아들 면이 전사했다는 둘째 아들 열의 편지가 아니었다면 좀 더 일찍 동진하였을지도 모를 일이다. 그만큼 아들 면의 죽음은 통제사 이순신을 괴롭혔다. 숨어서 통곡하다 심신이 피곤해진 이순신은 10월 19일 어두울 무렵엔 코피를 한 되 남짓이나 흘린다. 그날 밤에 홀로 앉은 이순신은 눈물을 쏟았다. 지난 4월 어머니의 소천(召天)에 더해 이번 아들 면의 전사 소식은 "비통한 마음이 찢어지는 듯하여 억누를 수가 없다"고 일기에 적을 만큼 이순신을 극도로 힘들게 했다.

이제 날씨는 점점 추워진다. 겨울로 넘어가는 시기인지라 통제사 이순신은 추워진 날씨로 인해 함선의 격군들이 걱정된다. 자식과 같은 노꾼들이 군문에 차출되어 고생하니 죽은 면의 얼굴이 자꾸 떠올라 이순신은 견딜 수 없다. 이순신의 마음은 맹수의 날카로운 발톱에 갈기갈기 찢기는 듯 고통스럽다. 그나마 조방장 배흥립과 해남현감 류형이 찾아와 안부를 묻고 슬픔을 공감해주었다.

10월 24일에는 지난 칠천량해전 뒤에 한산도의 군기(軍旗)를 가져오지 못한 **우후 이몽구를 처형하라**는 조정의 지시가 내려왔다. 또한, **명나라의 수군들이 강화도에 도착했다**는 전언이다. 이제 명나라 수군과 함께 연합작전을 펼쳐야 한다. 그들이 묵을 군영도 갖추어야 한다. 아직 우리의 함선은 13척뿐이고, 전쟁물자는 턱없이 부족하다. 판옥선을 새로 만들 장소를 물색해야 한다. 물심양면으로 고통스러운 이순신은 10월 29일 고하도로 옮길 때까지 안편도에 머물면서 적정을 살피고 수군을 재건할 준비를 해야 했다.

그런데 이순신의 친필 일기인 〈정유일기 1〉 초고본 10월 8일자 뒤 일기 외 기사 중에 '독송사'가 적혀 있다. 이렇게 괴롭고 힘겨운 시기에 낭만적인 이순신이 달빛에 의지하여 〈송사〉를 읽고 여유롭게 독후감을 적었다는 것은 고개를 갸웃거리게 한다. '독송사'가 이순신의 저작인지 누군가의 글을 옮겨 적은 것인지는 정확히 알 수 없다. 어쩌면 지난 파직과 구금, 백의종군, 통제사 재임명, 명량해전의 역전승에 이르기까지 이순신 자신의 심경을 대신 인용하고 싶었는지도 모르겠다.

궁금중이 더해 가는 이 '독송사'를 〈난중일기〉에 적은 것을 보면, 매번 싸움에 나가 충의(忠義, 충성과 절의)를 떨치고 자신의 한 몸을 잊을 때라고 말하던 이순신이, 작금의 온갖 시기와 모함 속에서도 **일편단심(一片丹心)의 충정(忠情)**으로 왜적을 대적할 것임을 암시케 한다(참고로, 이순신의 수결(手決, 싸인·서명)은 일편단심의 준말, 일심(一心)이다). 〈독송사〉에서 **이강(李綱)**은 남송(南宋)의 재상으로, 1126년 유수가 되어 금나라의 침입을 막아 큰 전공을 거두었고, 1127년 좌상이 되어 '십의(十議)'를 건의하여 금나라에 대항하는 항금정책(抗金政策)을 주장했다. 그러나 이에 맞서는 화의파 황잠선, 왕백언 등의 반대로 군정에 지장을 받게 되자, 결국 나랏일에 도움이 되지 않는다고 스스로 떠날 것을 청했다. 이에 파직되고 그의 항금정책도 모두 폐기되었다(〈송사〉 본기 23권).

"송나라 역사를 읽고"

아! 이때가 어느 때인데 이강(李綱)은 떠나가려고 하는가? 가면 또 어디로 가려는가? 무릇 신하된 자가 임금을 섬김에는 죽음이 있을 뿐 다른 길은 없다(人臣事君 有死無貳, 인신사군 유사무이). 바야흐로 이때야말로 종묘사직(宗廟社稷, 나라)의 위태로움이 겨우 터럭 한 가닥으로 천근을 당기고 있는 것과 같다. 이는 바로 신하된 자가 자신의 한 몸을 버려 나라에 보답할 때이며, 떠나간다는 그 말은 참으로 마음속에 싹터서도 안 되는데, 하물며 감히 입 밖에 내는가?

그렇다면 이강을 위한 계획은 어떠해야 하는가? 몸을 훼손하듯 피눈물을 흘리며 간담을 열어젖히듯 충성을 다하여, 일의 형세가 이에 이르렀으니 (적과는) 화친할 수 없는 이치를 분명히 말해야 한다. 이미 말하였는데도 따라주지 않으면 죽어야 하는 것이다. 또 그렇게 할 수 없다면 잠시 그들의 계획(화친)을 따르되, 자신이 그들 사이에 간섭하여 그것(화친)을 위해 자신을 굽히고 미봉책을 써서 죽음 속에서 살길을 구하면, 만에 하나라도 혹시 나라를 구할 수 있는 도리가 있을 수도 있다. 이강의 계획은 이러한 데서 내지 않고 떠나려고만 했으니, 이것이 어찌 신하된 자가 몸을 던져 임금을 섬기는 의리이겠는가? (이민웅 역, 이충무공전서 중)

이순신은 왜 〈독송사〉를 일기에 적었을까?

'독송사'의 핵심 글귀는 "무릇 신하된 자가 임금을 섬김에는 죽음이 있을 뿐 다른 길은 없다(人臣事君 有死無貳)"라고 생각한다. "인신사군(人臣事君) 유사무이(有死無貳)"는 한결같은 마음으로 임금을 받드는 것은 신하가 바른 도(道)를 온전히 지키는 것으로, 사람의 신하 된 자가 임금을 섬김에는 죽음만이 있고 다른 길은 없다, 곧 위험을 보면 목숨을 바쳐야 한다는 것이다. 칠천량의 원균처럼 위험을 당해 몸을 뒤로 빼는 것이 아니라 명량의 이순신처럼 뒤를 생각하지 않고 싸움에 몸을 던져야 한다는 것이다. '독송사'는 이순신이라는 신하가 **변함없는 충정을 다하겠다**는 의지를 표현했다고 볼 수 있다.

이러한 **이순신의 충정(忠情)**은 '님 향한 일편단심이야 가실 줄이 있으랴'라고 외쳤던 고려 충신 정몽주(鄭夢周)를 떠올리게 한다. 불사이군(不事二君)의 정몽주는 몰락하는 고려의 마지막 충신이었다. 고려말 난세의 영웅 이성계는 충신인 정몽주를 설득하려 했지만, 그의 아들 이방원은 선죽교에서 자신들의 역적이 될지도 모를 정몽주를 척살하고 말았다. 하지만 시간이 흘러 새로 생긴 조선이라는 나라에는 조정을 받드는 충신이 필요하였고, 결국 정몽주의 충정(忠情)은 조선 초기 세종에 의해 〈삼강행실도〉의 '충신' 편에 수록되어 우리 역사의 충신(忠臣)으로 알려지게 되었다.

정유년의 통제사 이순신을 생각해본다. 이순신은 연초에 선조와 조정의 비난을 받아 감옥에 갇힌 몸이 되었고, 이후 간신히 풀려나 도원수 권율의 막하로 내려오던 중 고향 아산에서 어머니의 부음(訃音)을 접하였다. 또 7월에는 칠천량해전에서 (이순신이 없는 가운데) 이순신이 피땀 흘려 건설한 조선 수군의 수많은 군사와 판옥선, 거북선 등을 적절치 않은 주장(원균)을 만나 단 한 번의 패배로 인해 한꺼번에 잃어버리게 되었다.

잿더미 속에서 다시 통제사가 된 이순신은 그나마 경상우수사 배설이 빼돌린 전선을 회령포에서 인계받아 사기가 꺾인 부하들에게 **"오직 한 번의 죽음이 있을 뿐이다"**라며 분위기 반전과 기사회생에 동참을 호소하였고, 천신만고 끝에 천만다행으로 울돌목 해상에서 적의 선봉을 물리침으로써 누란의 위기에서 벗어나게 되었다. 그러나 통제사 이순신의 승리는 왜적의 기세에 기름을 부었고, 눈이 뒤집힌 왜적들은 남도를 분탕질하며 이 잡듯이 이순신을 뒤쫓고 있었다. 지금은 명량해전의 승리만이 남아있지만, 이순신에게 정유년은 가장 처절했던 생의 정점이었다.

정유년의 우여곡절과 새옹지마 속에서 이순신은 그의 일기에 '독송사'를 적었다. **왜 적었을까?** '독송사'가 외치는 울림, 그 **"이순신의 충정"**에 귀 기울일 필요가 있다고 본다. 이는 **풍전등화의 위기에서도 나라를 생각하는 이순신의 충정(忠情)**에는 가느다란 송곳도 들어갈 빈틈이 없다는 것을 담담하게 웅변한다. 그것은 조선을 와해시킨 왜적과는 단 하루도 같이 할 수 없다는 **쇠심줄 같은 이순신의 확고부동한 의지(意志)**이며, 오직 **나라를 향한 충의(忠義)**와 죽음을 각오하는 결의(決意)에 가득 차 있다는 것을 의미한다. 심지어 그의 죽음까지도 이 '독송사'에서 암시한 것은 아닐까?

〈정유일기 1〉 말미에 '독송사'로 적힌 **이순신의 충정**은 마치 예언처럼 이듬해 무술년 11월 19일, 마지막 노량해전에서 병사들과 함께 활을 쏘며 독전고(督戰鼓)를 울렸고, 끝까지 왜적을 물리치며 산화하였다.

[칼럼 24] 무술년 새해 첫 업무, 판옥선 진수식
- 거친 흐름 속에서도 내 터전을 일구고 돌보다

무술년(1598년) 1월 2일, 새로운 전선을 낙괴했다

이순신은 수적으로 불리한 싸움을 즐겨하지 않았다. 임진년 대부분의 전투에서 해상전투지휘관 이순신은 전투함인 판옥선(板屋船)뿐만 아니라 협선, 포작선에 이르기까지 거의 모든 배를 대동하고 싸움에 나갔다. 그러나 정유년 7월 칠천량에서 조선 수군의 함선과 장병들이 처참하게 소멸된 후 함선이 턱없이 부족해진 이순신은 명량해전의 승첩에도 남은 함대를 뒤로 물려야 했다. 전세가 크게 불리했던 이 시기의 통제사 이순신에게는 참으로 견디기 힘들고 힘에 부치는 시간이었다.

적세가 다소 누그러지면서 정유년 10월 29일 목포의 고하도에 수군을 주둔시켰다. 통제사 이순신은 고하도에 머물면서 인근 섬의 소나무를 베어 새로운 전선을 건조하고, 전라도 연안 19개 군·읍을 수군에 전속시켜 병력을 충원하였으며, 백성들의 자발적인 후원으로 군수물자를 확보하고, 수군 조직의 재정비와 실전 같은 군사훈련 등을 실시했다. 또한, 해로통행첩을 발행하고 인근 13개 도서에서 소금을 생산·전매하여 군량을 확보하였다.

특히 통제사 이순신은 무술년 2월, 목포 고하도에서 완도 인근 고금도로 다시 수군 진영을 옮길 때까지 조선 수군에게 꼭 필요한 새로운 판옥선의 건조가 절실했다. 〈난중일기〉에 따르면, 정유년 10월 29일 고하도에 임시로 주둔할 것을 정하고, 이후 엄동설한에 먼저 장병들이 거주할 숙소를 짓는 대목은 보이나, 함선을 건조하기 시작했다거나, 좌괴(坐塊, 함선을 받침목에 얹다)했다는 기록이 보이지 않는다. 다만 해를 넘겨 무술년 1월 2일의 일기에 **"새로운 전선을 낙괴(落塊)했다"**고 적었는데, 이를 통해 고하도에서 새 전선의 건조가 이전부터 진행되고 있었음을 가늠해 볼 수 있고, 무술년 통제사 이순신의 첫 업무는 판옥선의 진수식(進水式)이었다.

'새로운 전선을 낙괴했다'는 말의 의미

우리가 아는 **판옥선(板屋船)**은 1555년 을묘왜변 당시 만들어져 이후 조선의 주력 함선이 되었는데, 후대의 기록에 따르면 판옥선은 이순신의 조방장이었던 정걸 장군의 걸작이라는 언급이 나오기도 한다. 또한, 거북선은 임진왜란 초기 이순신의 군관 나대용에 의해 3척이 건조되어 제2차 출전한 사천해전에 처음 참전하였는데, 이는 각각 좌수영귀선, 방답귀선, 순천귀선으로 불렸다.

〈난중일기〉에는 **왜란 중 판옥선의 건조**에 관한 실마리가 두 군데에 나온다. 먼저 계사년(1593년) 6월 22일, 아직 한산도로 진(陣)을 옮기기 전이다. 이순신은 고성 땅 미륵도의 걸망포에 머무르면서 소나무가 무성했던 한산도에 좌괴(坐塊, 배(형체)를 괴목(받침목) 위에 앉히다, 건조 시작)를 하는 일로 각 부대에서 인부 214명을 뽑아 보낸다. 이튿날에는 새 함선에 쓸 밑판(本板)을 만드는 것을 마쳤다는 기록이 보인다. 그리고 14일 후인 7월 6일, 한산도에서 새로 만든 배를 끌고 오는 일로 중위장이 여러 장수들을 데리고(걸망포의 진을) 나갔다고 기록되어 있다. 이를 통해 볼 때 판옥선 한 척을 만드는데 소나무를 베어 상가대(받침목 위)에서 배의 밑판을 붙이기 시작하여 상장과 청판, 돛대를 올려 다 만든 새 배를 끌어오는데 약 15일이 걸렸으니, 여름철 판옥선 한 척 건조에는 약 20~30일 정도가 소요되었을 것으로 추정된다.

또 무술년(1598년) 1월 2일, '새로운 전선을 낙괴(落塊)했다'는 기사가 보인다. 이민웅 역주의 〈이충무공전서〉에는 '배를 만들 곳에 땅을 고르고 받침목(塊)을 앉혔다'는 의미로 추정하여, 좌괴(坐塊)와 같은 말인 듯하다고 보았고, 최주환 역주의 〈초서체 난중일기〉에서는 '새로 만든 배의 진수식을 했다'고 번역했다. 낙괴를 진수(進水)로 본 것이다. 낙괴(落塊)는 배를 받침목(塊)에서 내려 떨어뜨리는 것(落)이니, 배의 진수식(進水式)이 맞는 표현일 것이다. 시기적으로도 고하도로 진을 옮긴 후 장병들의 막사를 먼저 짓고 나서 여러 섬의 소나무를 베어 함선을 건조했을 것이고, 또 계사년 여름과 달리 겨울철의 함선 건조는 추위 때문에 시간이 많이 소요되었을 것이므로 대략 50~60일 정도가 걸려 새로운 판옥선의 진수를 할 수 있었을 것이다.

판옥선에 대한 궁금증을 풀어본다

지금 우리나라는 함정(艦艇) 건조에 두각을 나타내고 있다. 최첨단 이지스함과 3천톤급 잠수함을 건조하여 운용하고 있다. 그러나 임진왜란 당시 전투함인 판옥선에 대해서는 거의 모르고 있다. 다만 일본의 전선인 아다케(安宅船, 안택선)와 세키부네(關船, 관선)보다 전투력이 좋았다는 정도로 이해하고 있다. 여기서 정유재란 당시의 판옥선에 대해 몇 가지 살펴보자.

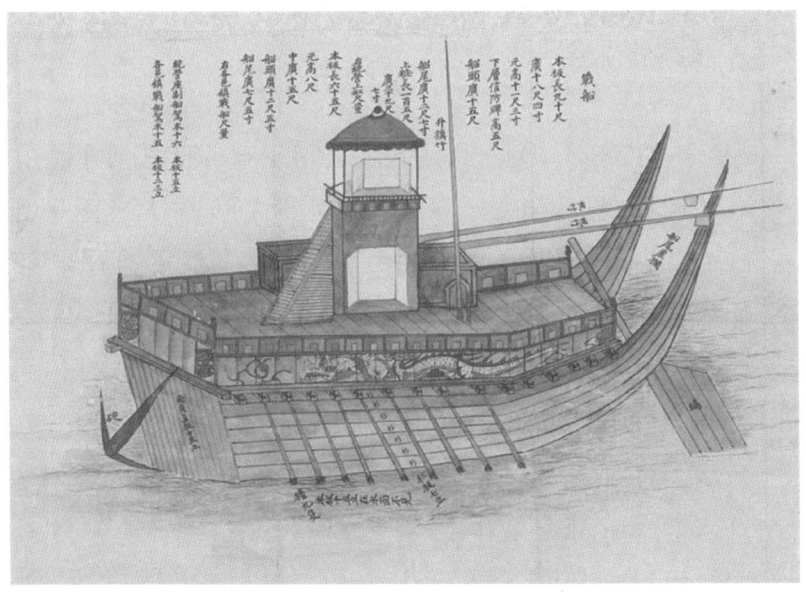

각선도본(各船圖本) 전선도(戰船圖)

첫째, 얼마나 큰 판옥선(板屋船)을 만들었을까? 판옥선의 크기는 18세기 말 정조 시대 〈각선도본〉의 전선(戰船) 그림에서 확인할 수 있는데, 임진왜란 당시의 판옥선은 이보다 작았을 것으로 학자들은 추정한다. 대략 임진왜란 당시 이순신이 타고 호령했을 가장 큰 판옥선(上船)은 길이가 **20m 정도**(19.7~21.2m)였고, 예하 장수들이 타는 일반적인 판옥선은 **16m 정도**(15.2~16.6m)였다고 본다.

지금도 전라좌수영이 있었던 여수에 가면 함선과 거북선을 건조했던 선소(船所)가 남아있는데, 이 선소의 형태가 선거(Dock) 내에서 함선을 건조하는 방식이었다는 것을 감안할 때, 이 선소의 규모에서 만들 수 있는 함선의 크기는 대략 20m 내외였다고 볼 수 있겠다.

둘째, 판옥선은 한 달 내에 빨리 만들 수 있는 구조인가? 동양 선박은 서양 선박과 달리 용골(Keel)과 늑골(Frame)이 없다. 선수와 선미를 길게 관통하는 15m 이상의 긴 목재(용골)가 필요치 않다. 또 판옥선은 소나무로 만든 2층 갑판선 구조의 평저선이다. 고하도 인근 도서의 소나무로 만든 판옥선은 밑판(본판)과 옆판(삼판)으로 기본 구조를 잡고, 여기에 횡강력 유지를 위한 가룡목과 귀틀을 짜고 포판(갑판)을 깔아 '**평선**'의 **구조**를 이룬다. 이 **평선** 위에 방패판을 설치하고 선루를 만들어 이를 '**상장**'이라고 한다. 상장에는 양현(좌현과 우현)과 이물(선수)에 여장(성가퀴)을 설치하고, 격군과 타공이 위치하여 노를 젓고 방향타를 조종한다. 상장 위에 또 포판을 깔아 '**청판(廳板)**'을 설치한다. 청판에는 두 개의 돛대와 누각(장대 곧 지휘소), 깃대를 설치한다. 곧 판옥선은 기본 평선 구조에 상장과 청판을 얹어 **2층 갑판선**의 구조로 건조한다. 전쟁이 한창인 때에 솜씨 좋은 목수들이 힘을 모아 한 달이면 능히 만들 수 있는 선체 구조물이었다고 판단된다.

셋째, 얼마나 많은 판옥선을 만들어 전력 증강을 하였을까? 무술년(1598년)에 절이도해전과 왜교성전투가 있었고, 마지막 노량해전에 참가했던 병력은 대략 7천여 명에 달했다. 그렇다면 판옥선 1척당 130명의 인원(격군과 사부 등)이 타고 있다고 볼 때 노량해전에 투입된 함선은 대략 50여 척의 판옥선과 협선의 규모였음을 추정할 수 있다. 그렇다면 명량해전의 판옥선 13척 외에 **대략 40여 척의 함선**이 이 시기에 신속하게 대량으로 만들어졌다는 것이며, 여기에는 전력을 보강해야 한다는 **이순신의 명확한 신념**과 임진년 거북선을 만들었던 **나대용의 헌신과 노력**이 있었을 것이다. 나대용은 임진년 사천해전에서 중상을 입었지만, 다행히 명량해전과 노량해전에 모두 참전하였다고 전한다. 고로 이 시기에 나대용은 이순신의 지시로 새로운 판옥선 건조에 매진했을 것으로 추정되고, 왜란이 끝난 후 나대용은 판옥선이 모두 60척이라고 조정에 보고한 바도 있다.

이처럼 판옥선은 소나무로 만들어져 튼튼했다. 적선과 부딪쳐 능히 당파(撞破)할 수 있었고, 해상에서의 빠른 진형 변화로 전술적 운용성이 뛰어났으며, 화포에 의한 원거리 타격이 가능한 함선이었다. 이 판옥선에서 통제사와 수사, 첨사와 만호 등이 장대에서 지휘하고, 청판(상갑판)에서는 군관들의 지시로 총통을 운용하는 화포장과 포수, 활을 쏘는 사부 등이 분주히 움직였다. 그 아래 상장(하갑판)에서는 격군장의 구령에 맞춰 격군(노꾼)들이 2인 1조가 되어 좌우로 나뉘어 힘차게 노를 저었으며, 타공이 배의 방향타(키)를 운용하였다. 맨 아래 격실에는 지휘관과 선원들의 침실과 각종 창고 등이 있었다.

새로운 전선을 진수한 이순신의 심정

바다에서의 전투는 배 자체가 물러설 곳이 없는 배수진(背水陣)이기 때문에 병사들이 도망칠 수가 없으므로 장수가 잘만 지도하면 겁쟁이 병사들도 정예 병사처럼 싸우게 할 수 있다. 그래서 판옥선을 탄 장수와 병사들은 같은 **운명공동체**라는 강한 소속감이 생겨난다.

무술년 1월 2일, 새해를 시작하면서 첫 업무로 통제사 이순신은 **판옥선 진수식을 행하였다**. 이순신이 일기에 무심히 쓴 "새로운 전선을 낙괴했다"는 말은 새로운 판옥선을 진수하여 이제 조선 수군은 본격적으로 왜적들과 맞서 싸울 준비를 시작했다는 **복수혈전의 신호탄**을 쏘아 올린 것이며, 명량해전의 승리 후에도 뒷걸음치던 이순신이 바야흐로 새 판옥선을 물에 띄워 분탕질하는 왜적을 향해 **분노의 칼을 빼** 든 것이다.

혹자들은 이순신에 대해 말하기를, 명량해전을 앞두고 선조에게 올린 장계, '금신전선 상유십이(今臣戰船 尙有十二, 신에게는 아직 12척의 전선이 남아있습니다)'로 인해 목숨을 건 비장함의 상징으로 보고 있지만, 실상은 그 반대에 가깝다. 오히려 **'이길 수를 다 찾고 나서 싸운다'**는 '선승구전(先勝求戰)'이라는 말이 이순신을 이해하는 최적의 항로이다.

비상한 전략가 이순신은 무턱대고 적과의 교전에 선뜻 나서지 않았다. 호시탐탐 이순신의 흔적을 쫓는 왜적들 앞에서 수군 전력을 감추고 소규모 전투를 절제하여 '유소불위(有所不爲)', 곧 무턱대고 덤벼드는 무모한 행동을 하지 않았다. 이순신은 다만 한두 번의 결전(決戰)을 위해 서서히 수군의 힘을 모으고 있었다. 무술년 1월 2일, 새로 진수한 판옥선에는 우리나라를 침범한 왜적들을 향해 '단 한 척의 적선도 돌려보낼 수 없다'는 편범불반(片帆不返)의 각오가 새겨져 있었다.

[칼럼 25] 무안현감을 곤장 친 이순신
- 어수선한 상황에도 공정과 인의를 잡는다

명량해전 이후 처형과 구금이 집행됐다

　정유년 9월, 통제사 이순신의 조선 수군은 명량해전 승리에도 불구하고 전선을 뒤로 물렸다가 40여 일 후인 10월 29일에 고하도에 진을 쳤다. 왜군은 전라도 연해안을 도륙하면서 엄청난 타격을 주고 쓰나미처럼 홀연히 빠져나갔고, 그 아비규환 속에 연해안 백성들은 가족을 데리고 섬이나 산속으로 피난하거나, 향병과 의병이 되어 적에게 대항하였다. 그러나 일부는 왜적에게 붙어 평소 관계가 나빴던 사람들을 음해하고 처참하게 살해하기도 하였다. 그래서 다시 전라도 연해안을 회복한 통제사 이순신은 군대의 기강을 유지하면서 **사법권(司法權)을** 행사하여 적에게 동조하거나 내통한 백성들을 처형하는 등 불안정한 민심을 수습해야 했다.

　〈난중일기〉에도 그때의 불안정한 상황을 봉합하는 통제사 이순신의 단호한 모습이 보인다. 정유년 10월 22일, 해남현감(류형)이 적에게 붙었던 운해, 김언경을 묶어서 보내왔다. 이순신은 나장(羅將, 의금부 간수)이 있는 곳에 단단히 가둔 다음, 이튿날 낮에 처형해 버렸다(《대명률》에도 외국과 합세하는 행위는 10악(惡) 중 모반(謀

叛)으로 참형에 해당한다). 또 10월 30일에는 해남현감이 적에게 붙었던 사람들의 소행을 전하였고, 저녁에는 왜적에게 우리나라 사람을 죽여 달라고 청탁한 두 사람과 선비 집 처녀를 강간한 자를 처형하였다(〈대명률〉 제394조 신분 차이 강간은 참형에 해당한다). 왜적들이 쳐들어온 어수선한 상황에서 통제사 이순신은 명확한 판단과 신속한 형벌(刑罰) 집행으로 민심을 신속하게 안정시켜야 했다.

무술년 1월 4일, 무안현감에게 곤장을 쳤다

무안현감 남언상(南彦祥)은 원래 수군에 소속된 관리인데, 사사로이 목숨만 보존할 꾀를 부려 수군에 합류하지 않았다. 그는 '산골에 숨어서 달포쯤 사태를 관망하다가, 왜적이 물러난 뒤에는 무거운 형벌을 받을까 봐 두려워 비로소 이제야 나타났다'고 정유년 10월 21일 자 〈난중일기〉에 적혀 있다. 이순신은 그 하는 꼬락서니가 참으로 괘씸하여 도망쳤던 무안현감을 다음날 가리포 첨사진의 전선에 가두어버렸다. 그리고 이순신은 조정(비변사)의 형벌 집행을 기다렸다. 그런데 조정은 즉답이 없었다. 결국 두 달여 후에 무안현감을 전선 감옥에서 끌어내어 곤장을 쳤다.

무안현감 남언상은 무장(武將)이었다. 전쟁 중에는 수군장수가 되어 함선을 몰고 적과 대적해야 할 관리가 제 한 몸을 보존할 궁리를 한 것이다. 이는 임진왜란 이후 나타난 지방 관리들의 전형적인 도주 형태였다. 통제사 이순신이 보기에 무안현감은 겁장(怯將)이었다. 통제사 이순신은 남언상의 이러한 처사를 그냥 놔둘 수 없었다. 〈대명률〉 '병률' 편에도 방어에 실패하여 도주하거나, 수비가 허술하여 성곽이 함락당하면 참형(斬刑, 참수형)에 처하고, 관군이 임지를 탈영하면 초범은 장 100에 처하고 다시 출정시키며, 재범은 교형(絞刑, 교수형)에 처하도록 되어 있다. 하물며 정유재란의 전쟁통에 무장인 지방 관리가 도망을 쳤는데도 두 달이 넘도록 조정의 조치를 기다리며 구금 조치만 한 것이다. **통제사 이순신은 왜 도망친 수령을 곧장 처형하지 않고, 해를 넘겨 곤장을 때렸을까?**

정유년 12월 9일의 〈선조실록〉에 **"도망친 수령들 여러 명의 정상 참작과 재기용 등"**에 대해 비변사(備邊司)에서 선조에게 보고하는 기사가 보인다. 여기에 무안현감 남언상의 이름도 언급되어 있다. 비변사는 의금부 당상과 함께 의논하여 자세히 참작해 보니, 이들이 도망친 연유는 다르나 적들이 밀려와서 백성들이 뿔뿔이 달아날 때 끝내 제 고을을 지키지 못한 정세는 같았다고 했다. 또한, 그들이 도망의 타당한 이유를 증거할 서목(書目)과 증인, 장계 등이 있기도 하지만, 모두가 진실하다고는 보기 어렵다고 하였다. 살기 위해 자기변명을 꾸몄다는 것이다.

그러면서 이처럼 적과 대치하고 있는 때에 신하(지방 관리)로서 도망치는 것은 매우 마음 아픈 일이지만, 〈대명률〉에도 중한 처벌을 하지 않았고, 사람들의 범죄도 그다지 무겁지 않으니, 일부는 죄를 용서하자고 했다. 그들을 사면(赦免, 죄를 용서함)시켜 종군하여 공을 세우게 하자는 것이 비변사의 보고였다.

이에 선조는 "도망쳤던 수령을 가벼이 놓아주어서는 안 된다"고 하면서도 "이런 혼잡한 서계(書啓)는 우선 놔두고 거행하지 말라"고 전교한다. 한마디로 **도망친 수령들에게 죄를 묻지 않고 처벌하지 않은 것이다.** 그래서 도망친 무안현감 남언상은 처형되지 않고 살아남게 되었다.

난중일기에 보이는 이순신의 처벌

이순신은 언제나 군의 기율을 명확하게 하였다. 북방에서 사나운 여진족과 대적하던 이순신이 정읍현감을 거쳐 신묘년(1591년) 2월에 전라좌도 수군절도사로 임명되어 내려갔을 때, 이순신의 눈에 비친 전라좌수영의 모습은 북방의 전투태세와는 거리가 먼 것이었다. 아전들의 횡포와 느슨한 병영 분위기, 민간에 대한 폐해, 군기의 문란함이 만연하였다. 그래서 **선비 같은 이순신도 회초리를 들어야 했다.** 이른바 이순신의 **아전 단속**이 시작되었다.

임진년(1592년) 1월, 이순신은 방답의 군관과 아전들이 병선(兵船)을 수선하지 않았다는 이유로 곤장을 때리고, 이웃집 개를 빼앗아 잡아먹은 토병에게 곤장 80대를 때렸다. 계사년(1593년) 5월, 입대에 관한 사무를 태만하게 처리한 순천의 이방을 처형하려다 그친 이순신은, 그해 6월에는 각 고을의 색리(色吏, 아전) 11명을 처벌했다. 특히 옥과의 향소(鄕所, 군현 자치기구)는 전년부터 군사를 다스리는 일에 부지런하지 못하여 결원(缺員)이 거의 수백 명에 이르렸는데도 매번 속여 허위로 보고했다. 그래서 옥과의 아전을 사형에 처하여 효시(梟示)하였다. 이는 아전들의 농간으로 입대 사무를 태만하게 하여 더군다나 신량역천(身良役賤)으로 천대받던 수군 모집이 원활하지 못했음을 말해준다.

이순신은 군의 사기 및 전력에 큰 영향을 주는 탈영병이나 군량미 절도범들을 더욱 엄하게 다스렸다. 임진년 5월, 처음으로 해전에 출전하기 전에는 도망친 여도 수군 황옥천의 목을 베어 효시하여 군중의 사기가 꺾이지 않도록 하였고, 갑오년(1594년) 8월에도 군사 30명을 배에 싣고 도망간 홍양의 보자기 막동을 사형시켜 효시했으며, 그해 9월엔 군량미를 세 번이나 훔쳐낸 남평의 색리와 순천 격군을 처형했다.

또 이순신은 아전뿐만 아니라 군관이나 사병 등의 직무태만과 민폐를 엄하게 처벌했다. 을미년(1595년) 5월, 광양 사람 김두검이 월급을 이중으로 수령한 벌로 복병(伏兵, 매복)하게 되었는데, 복병할 적에 칼과 활도 아니 차고서 무척 오만하므로 곤장 70대를 때렸으며, 정유년(1597년) 8월, 칠천량 패전 후 본영의 군기를 회수하지 않은 우후 이몽구에게 곤장 80대를 때렸고, 또 명량해전 전에는 군량미를 도둑질하여 나눠 가져가던 장흥의 군량감관(軍糧監官)과 아전을 잡아다 호되게 곤장을 때렸다.

이는 전쟁 중인데도 불구하고 나라의 기강 전체가 문란해지고 뇌물의 다소로 죄의 경중을 결정하는 부패한 시대 상황도 문제였지만, 그러나 일찍이 "위·아래가 온통 제 한 몸만 살찌울 일만 하니 앞날 일을 짐작할 만하다"고 말했던 이순신에게는 절대로 용납될 수 없는 일이었다. 현장에서 군대를 지휘하는 이순신은 재임 중에 민폐를 끼치는 자들과 군량미를 훔치는 자들은 군관과 아전을 막론하고 곤장으로 다스렸고, 탈영하여 도망한 자들은 주모자를 처형하는 등 전시 기강을 바로 세웠던 것이다.

군졸을 사랑하면서도 기율에 엄정했던 이순신

유능한 지휘관은 은혜와 위엄을 아울러 행하여(恩威並行, 은위병행) 군사들이 사랑하고 두려워할 줄 알게 하는(人知愛畏, 인지애외) 장수이다. 특히 전쟁 중에는 더욱 군사 요충지에 성을 쌓고, 둔전을 경영하며, 병선을 만드는 일을 서둘러야 한다. 특히 부대의 군율을 정제하여 위급한 상황에서도 사기를 유지하면서 주어진 일에 능히 대처할 수 있어야 한다.

> "이순신은 사람됨이 충용(忠勇)하고 재략(才略)도 있었으며, 기율을 밝히고 군졸을 사랑하니 사람들이 모두 즐겨 따랐다." (선조실록 31/11/27)

왜란이 끝난 후 무술년(1598년) 11월 27일, 〈선조실록〉에 보이는 이순신에 대한 사관(史官)의 평가는 이순신이 기강을 바로잡는 엄정한 지도자이면서 동시에 부하들을 사랑하는 장수였다는 것을 말해주고 있다.

특히 위기의 상황에 냉철하고 엄정했던 이순신은 싸움 잘한다는 명나라 절강성 수군이 강화도로 오고 있다는 내용을 이미 정유년(1597년) 10월 24일 접수하였고, 다음날에는 명나라 수군이 정박할 장소를 식별하여 장계하라는 교지를 받들어야 했다. 교린(交隣)의 국가에 원정군(遠征軍)으로 오는 명나라 수군들의 눈에 비친 조선 수군의 모습이 허술하고 나약해서는 안 된다고 이순신은 생각했을 것이다.

또한, 지난 정유년 여름 칠천량의 대패 이후 패전의식에 빠져있는 조선 수군의 사기를 북돋우면서 기강을 확립할 필요가 있었다. 칠천량해전에서 사태를 결단하지 못하고 지휘를 그르친 경상우수사 배설의 잇따른 탈영, 명량해전에서 통제사 이순신의 대장선이 고전하는 사이 멀리 물러나 있었던 안위, 김응함 등 장수들의 주춤거림과 수동성, 칠천량해전에서 본영의 군기를 챙기지 않은 우후 이몽구의 기강 해이 등은 반드시 도려내야 할 썩은 살점이었다. 그리고 명량해전의 승리에도 불구하고 앞으로의 전투에서 또다시 이런 상황이 전개되지 않으리라는 법이 없었다.

특히, **장수들의 패배의식은 역병처럼 빠르게 전파된다.** 이를 좌시하면 순식간에 군중(軍衆)에 퍼질 수 있기 때문에 철저하고 단호하게 차단해야 했다. 정유년에서 무술년으로 넘어가는 이 시기에 통제사 이순신은 일정 수준의 함선을 건조하여 명나라 수군과 함께 일본 수군을 대적해야 하는 당면한 문제뿐만 아니라 수군 인력의 확보 및 재편과 더불어 군율을 명확하게 밝히지 않으면 안 되었다.

함선 건조와 인력 충원보다 더 중요한 것은 도망이나 피해의식을 일소하는 **정신 무장과 군대 기율**의 유지였다. 그래서 통제사 이순신은 조정의 머뭇거림과는 반대로 처형과 효시 등의 현장 즉결처분(卽決處分)과 죄지은 자를 구금하고, 곤장을 때려 체벌함으로써 군율을 엄정하게 가다듬었던 것이다.

무술년 1월 4일, 지난 두 달여 동안 감금했던 무안현감을 곤장 때린 일은 그리 보기 좋은 장면은 아니다. 그러나 **통제사 이순신은 절대로 도망치는 장수를 용서하지 않았다.** 그러나 조정의 용서를 받은 무안현감 남언상은 왜란이 끝난 후에 북방에서 장수로 활약했다고 선조실록(36/12/28)은 전하고 있다. 하지만 그가 통제사 이순신에게 곤장을 맞은 후 여진족과의 전투에서 물러서지 않고 과감하게 대적했는지는 명확하게 알 수 없다.

[칼럼 26] 8개월 이상 일기를 쓰지 않은 이순신
- 서로 사이가 안 좋아도 서로를 보존하는 지혜를 터득하다

무술년 1월 4일 이후 안 썼던 일기를 9월 15일에 가서 다시 썼다

무술년(1598년) 9월 15일, 맑음. 명나라 도독 진린과 함께 일시에 군대를 움직여 나로도(羅老島)에 가서 갔다.

무술년 〈난중일기〉에는 1월 4일, 왜적들을 피해 도망쳤던 무안현감에게 곤장을 친 이후, 4월 26일에 명나라 장수들로부터 받은 물품의 품목과 수량을 기록하였다가, 느닷없이 9월 15일 명나라 수군도독 진린과 연합하여 고금도를 떠나 흥양(고흥)의 나로도로 주사(舟師, 수군)를 기동하여 정박하는 내용으로 기재되어 있다. **임진왜란 동안 이순신이 이렇게 장기간 일기를 쓰지 않은 적이 없었다.** 임진년(1592) 싸움이 한창일 때 6월부터 이듬해 1월까지 8개월 일기를 쓰지 않았지만, 이때는 우리가 〈장계(狀啓)〉를 통해 이순신의 행적을 잘 알 수 있었고, 정유년(1597) 1월부터 3월 말까지는 이순신이 삼도수군통제사에서 파직되어 옥고를 치르는 중이라 일기를 쓸 수가 없었다.

그런데 왜 무술년(1598년)을 시작하면서 1월 4일 이후엔 일기를

쓰지 않았을까? 아니면 일기를 썼는데 어떤 연유에서 사라진 것인가? 지난 정유년 명량해전에서 역전하면서 조선 수군을 깜짝 부활시킨 통제사 이순신이 적정을 살피고 전선을 뒤로 물리면서 수군을 재정비하고 있었는데, **왜 갑자기 일기 쓰던 붓을 던졌을까?** 여기서는 이순신의 조카 이분의 〈행록〉과 〈선조실록〉, 〈선조수정실록〉 등을 통해서 이 당시 무슨 일이 있었기에 일기를 쓰지 못했는지 이순신의 심경을 짐작해 보고자 한다.

무술년 일기를 안 쓴 기간에 벌어진 일들

먼저 이순신이 무술년 일기를 쓰지 않은 기간에 벌어졌던 일들을 이분의 〈행록〉과 〈선조실록〉을 종합해 살펴보자. 2월 17일, 이순신은 나주 경내의 고하도(高下島)에서 강진의 고금도(古今島)로 진을 옮겼다. 통제사 이순신은 적도들이 전라좌도의 낙안 및 흥양 바다를 마음 놓고 마구 돌아다니므로 매우 통분하여 동쪽으로 이진을 결심하였고, 고금도는 호남 좌·우도의 내·외양을 제어할 수 있는 요충지로서 산봉우리가 중첩되어 있고, 후망(候望)이 잇대어져 있어 형세가 한산도보다 배나 좋다고 조정에 보고하였다. 여기서 통제사 이순신은 백성들을 농사짓게 하여 군량을 공급받고, 군대의 위세가 강성해져서 한산도 통제영보다 열 배나 되었다고 한다.

〈선조실록 31/06/24〉에 비변사에서 통제사 이순신이 있는 곳의 군량 대책에 대해 선조에게 아뢰는 기사가 보이는데, 당시 고금도에

와 있던 유격장군(遊擊將軍) 계금(季金) 등 **명나라 장수들의 과다한 요구사항(세금 요구의 폐단과 난감한 공사 추진)으로 군사 업무가 마비되고 소모되는 조선 수군과 이순신의 심정을 충분히 알 수 있는 내용이다. 명나라 장수들의 명령을 받는 통제사 이순신의 모습이 안쓰럽기만 하다.**

비변사가 아뢰기를, "이순신은 (원균이 칠천량에서) 탕패(蕩敗, 탕진) 당한 뒤, 떠돌아다니며 피란하는 사람들을 수습하여 군병(軍兵)을 만들고 황폐한 곳에 주둔하고 있으면서 가까스로 물력(物力)을 자급하고 있습니다. 지금 중국의 많은 장관(將官)들이 내려가 그(이순신)와 함께 진을 치고 있는데, 모든 일에 우리의 물력은 헤아리지 않고 끊임없이 독책하고 있으며, 심지어는 우리의 군병과 기계(器械)까지 점고하여 모든 사무를 자유로이 처리하지 못하고 한결같이 위관(委官)의 명령을 받고 있으니, 그간의 징색(徵索, 세금 요구)의 폐단과 난감한 역사(役事, 공사)는 이루 말할 수 없을 정도입니다.

그리고 육지로 군량을 운반할 수 없어서 할 수 없이 우리나라 주사(舟師)의 군량으로 우선 공급하고 있으니, 조금 남아있던 군량마저도 머지않아 고갈될 것입니다. 신들은 이 점이 몹시 우려됩니다. 지형이 좋은 곳을 구하여 서로 바라보이는 지역에 나누어 주둔하면서 기각(掎角, 앞뒤에서 적을 몰아침)의 형세를 구축한다면 밖으로는 웅장한 형세를 갖추고 안으로도 진퇴(進退)를 자유롭게 할 수 있어서 온편(穩便, 사리에 맞고 원만)할 것입니다. 그런데 지금은 이미 계 유격(季 遊擊, 계금)과 함께 거처하고 있으니 이 일도 행하기가 어렵습니다. (중략) 이순신에게 하유하시어 모든 일을 더욱더 자세히 살펴 시행하라고 하는 것이 어떻겠습니까?" 하니, 아뢴 대로 하라고 전교하였다.

7월 16일, 명나라 수군도독 진린(陳璘)이 수병 5천 명을 거느리고 고금도에 도착했다. 계금 유격 등 명나라 장수들을 선행 학습한 통제사 이순신은 군대의 위의(威儀)를 갖추고 멀리 나가 진린의 군사를 맞이하여 큰 잔치를 베풀어 술과 안주로 성대히 대접하니, 여러 장수가 취하였고, 병졸들도 "과연 훌륭한 장수다"라고 하였다. 하지만 곧 진린의 군사들이 자못 약탈을 일삼았다. 명나라 장수들의 요구사항에 시달렸던 이순신은 이번에는 **기강을 세워야겠다**고 생각했을 것이다.

여기서 우리가 잘 아는 에피소드가 전개된다. 이순신은 **기지(奇智)**를 발휘하여 명나라 군사들이 제멋대로 하지 못하도록 제압해버린 것이다. 이순신이 하루는 크고 작은 막사들을 한꺼번에 헐어버리게 지시하고, 이순신도 자기 옷과 이부자리를 배로 옮겨 싣게 하니, 진린 도독이 곳곳에서 집을 허무는 것을 이상하게 여겨 하인을 보냈다. 이순신이 답하기를, "작은 나라의 군사와 백성들은 천자의 장수가 온다는 말을 듣고 마치 부모를 우러러보듯 했었는데, 지금 천자의 병사들은 오직 행패를 부리고 약탈하는 것을 일삼으니, 백성들은 장차 견딜 수가 없어서 모두 피해서 달아나려고 하는 것이다. 나는 대장된 몸으로 혼자서만 남아있을 수 없기 때문에 역시 바다에 떠서 다른 곳으로 가려고 한다."고 하니, 진린이 깜짝 놀라서 곤두박질치듯 달려와서 이순신의 손을 잡고 말리는 한편, 하인을 시켜서 공의 옷과 이부자리를 도로 옮기게 하였다.

이순신이 진린에게, "대인께서 만약 내 말대로 따라준다면 그렇게 하겠습니다." 하니, 도독이 따른다고 하였다. 이에 이순신은 **"천자의 군사들은 나를 배신(陪臣, 제후국의 신하)이라 하여 조금도 꺼림이 없습니다. 만약 나에게 편의대로 꾸짖고 금지하는 것을 허락해 주신다면, 거의 서로를 보존할 수 있을 것 같습니다."**라고 하자, 도독이, "그렇게 하지요." 하고 승낙하였다. 그 후로부터는 도독의 군사로서 규율을 범하는 자가 있으면 이순신이 법대로 다스리니, 명의 군사들도 이순신을 두려워하기를 진린 도독보다 더하게 되어 군중이 편안해졌다.

이어 **7월 19일, 절이도해전이 발생한다.** 전날에 적선 1백여 척이 녹도를 침범해 온다는 말을 듣고, 통제사 이순신은 급히 진린과 함께 금당도로 나아갔다. 적 탐망선 2척이 조명 연합함대를 보고 급히 달아났다. 통제사 이순신은 **녹도만호 송여종**에게 배 8척으로 절이도 뒤에 매복하게 하고, 진린은 전선 30척을 머물게 하여 변란에 대비케 하였다. 다음날 왜선 1백 척이 쳐들어오자, 통제사 이순신이 직접 전선을 이끌고 돌격하여 적선 50척을 당파·분멸하였다. 이때 녹도만호가 적 수급 70개를 베었는데, 중국의 전선은 먼바다에 있다가 하나도 포획하지 못하였다. 이를 본 진린이 크게 노하자, 이순신은 진린에게 40급, 계금에게 5급을 보냈다. 이때 이순신이 진린에게 한 말이 윤휴(尹鑴)가 쓴 〈통제사 이충무공 유사〉에도 보인다.

"대인(진린)이 와서 아군을 통제하니, 아군의 승리는 명나라 장수의 승첩입니다. 어찌 감히 사사로이 하겠습니까. 적의 머리를 모두 드릴 터이니, 속히 황조(皇朝)에 아뢰소서. 대인께서 진영에 온 지 오래지 않아서 적들을 사로잡았으니, 이 큰 공을 황조에 고하면 어찌 아름다운 일이 아니겠습니까."

그 이후로 진린은 이순신을 '이야(李爺, 이씨 어른)'라고 부르며 적을 만나면 통제사 이순신에게 지휘권을 매번 양보하였다. 또한 "이순신은 작은 나라의 인물이 아니니 중국 조정에 들어가면 천하의 대장이 되리라." 하고, 중국으로 들어가 벼슬하기를 여러 번 권하였다. 대략 이런 조·명 연합수군 두 장수 간 덕담 같은 내용이다.

그러나 〈선조실록(31/08/13)〉에서 통제사 이순신은 절이도해전 전투상황과 진린 도독의 무례한 행태를 곧이곧대로 보고한다.

"지난번 해상전투(절이도해전)에서 아군이 총포를 일제히 발사하여 적선을 쳐부수자, 적의 시체가 바다에 가득했는데, 급한 나머지 끌어다 수급을 다 베지 못하고 70여 급만 베었습니다. 중국 군대는 멀리서 적선을 바라보고는 먼바다로 피해 들어가 하나도 포획하지 못했습니다. 그러다가 우리 군사들이 참획(斬獲)한 수를 보고 진 도독(陳 都督, 진린)이 뱃전에 서서 발을 동동 구르면서 그 관하(管下)를 꾸짖어 물리쳤으며, 신 등에게 공갈 협박을 가하여 못하는 짓이 없었으므로 신 등이 마지못해 40여 급을 나눠 보내줬습니다. 계 유격(季 遊擊, 계금)도 하인을 보내어 수급(首級)을 구하기에 신이 5급을 보냈는데, 모두들 작첩(作帖)하여 사례하였습니다."

 통제사 이순신이 조정에 올린 서장(書狀)에 진린이 이순신에게 적 수급을 내놓으라고 공갈 협박을 했다고 하였으니, 과연 어느 것이 참말인가? 〈선조실록〉대로라면 우리는 진린의 겁박을 고발하는 이순신의 본래 모습을 보는 것인가? 아니면 이분이 〈행록〉을 적을 당시 재조지은(再造之恩)의 조·명 관계를 감안하여 쓴 것인가?

이순신은 왜 8개월 이상 일기를 쓰지 않았을까?

 진린이 고금도에 도착하기 전에(무술년 6월경) 영의정 류성룡으로부터 통제사 이순신에게 편지 한 장이 도착한다. 류성룡과 이순신, 두 전쟁 영웅이 나눈 마지막 편지로 보인다.

> 여해(汝諧) 이순신(李舜臣)에게 줌
> "무더운 바다에서 효리(孝履, 모친상 중인 이순신을 일컬음)께서 평안하신지 우러러 생각합니다. (진린) 제독도 그곳에 합세하여 진을 치려고 하니, 호응하는 계책과 군량을 징발 수송하는 모든 일은 오로지 영감(이순신)의 선처만을 믿습니다. 바라건대, 모름지기 동심협력(同心協力)하여서 큰 공훈을 이루십시오. 훈련도감의 포수 1백 명이 내려가는 편에 안부를 묻습니다. 바라건대, 오직 나라를 위하여 몸을 보살피십시오."

 이해 여름 영의정 류성룡은 훈련도감의 포수(砲手, 조총을 쏘는 총병) 1백 명을 남도로 내려보내는 편에 이순신에게 편지를 쓴 것이다. 명나라 제독 진린과 통제사 이순신이 서로 **동심협력(同心協力)**하여 바닷일에서 큰 공훈을 이루기를 바라는 당부가 들어 있다. 하지만 류성룡의 〈징비록(懲毖錄)〉에는 **포악한 진린에 대한 험담**이 보인다.

> 진린이 조선 관리 찰방(察訪) 이상규를 본인 송별회에 늦게 참석했다는 이유로 폭행하고, 그의 목에 밧줄을 매달아 질질 끌고 다녔다. 조정의 대신들이 우려를 표했다. "통제공(이순신)이 진린의 횡포를 가만히 놔둘 리가 없고, 분명 명나라 군대와 갈등이 생길 테니(전쟁에 같이 나간다면) 패배하지 않을 수 없을 것이다."

통제사 이순신이 계금 유격 등 기존 중국 장수들과 같이 지내면서 지나친 요구사항을 거부하거나 또는 규율을 강하게 시행하여 사이가 틀어진 듯 보이기도 하고, 진린 도독의 난폭함이 엄정한 이순신에게 해를 끼칠까 봐 조정 대신들이 걱정하는 모습이 역력하다. 그러나 이순신은 위에서 살펴본 대로 고금도에 도착한 진린의 군사들을 성대히 대접하면서 환심을 샀고, 또 그들의 횡포와 약탈을 통제사 이순신이 기지를 발휘해 차단하고 중국 군사들에게도 군령을 행사하는 모습을 보이면서 기강을 확립하였다. 물론 이순신도 류성룡의 친서 등 사전 정보를 통해 진린의 인물됨을 듣고 치밀한 준비를 하였고, 또 절이도해전에서 왜군과 싸움이 처음인 진린 도독에게 괵수(馘首, 수급)를 나누어주어 전공을 바라는 진린 도독을 매료시켜 버렸다.

그런데 왜 이순신은 〈난중일기〉를 8개월 이상 적지 않았을까? 여러 가지 생각을 떠올리게 한다. 선조는 정유년 10월 20일 명나라 경리 양호(楊鎬)를 접견하면서, 이순신의 명량해전 승첩을 '사소한 왜적을 잡은 것은 그 직분에 마땅한 일이며, 큰 공이 있는 것도 아닌' 것으로 치부해 버렸고, 그 당시 별도의 포상도 하지 않았다. 선조는 이미 이순신을 파직시키고, 수군을 복몰(覆沒, 괴멸적 피해)케 한 일에 대해 미안한 마음이 누그러진 모양이다.

이에 반해 이순신의 행동에도 이상한 부분이 확인되었다. 이순신은 정유년 4월 1일 출옥한 이후 죽을 때까지 한 달에 두 번 정기적으로 실시하던 충성의식인 **망궐례(望闕禮)를 단 한 차례도 행하지 않았다.** 어이 된 일인지 나랏일에 대한 이순신의 충의는 사라진 느낌이다. 거기에다 조선 수군의 복몰로 인해 이순신에게는 인적·물적 손실이 너무나도 컸으며, 조선 수군을 다시 일으켜 세우는 데에도 너무나 많은 정력을 낭비하였다.

또 정유년 4월에 어머니의 사망과 10월 아들 면의 전사로 인해 이후 개인적인 슬픔이 극도로 심해졌다. 어머니가 돌아가셨다는 소식을 듣고는 주변을 의식하지 않고 뛰쳐나가 뛰며 나뒹굴었고, 해조차 캄캄해지며 가슴이 미어졌다. 아들 면의 죽음을 듣고는 남몰래 노비 강막지의 집에 가서 통곡하였고, 고향 집의 머슴이 내려왔을 때는 죽은 아들 면이 생각나 통곡하였는데, 그날은 어두울 무렵 코피를 한 되나 흘렸었다. 특히 아들 면의 죽음은 자식이 잘되길 바라는 **아버지 이순신의 삶의 희망이 파괴된 것이다.**

그리고 앞에서 언급한 조·명 연합수군이라는 미명(美名) 아래, 조선의 삼도수군통제사 이순신의 손발을 묶어놓은 상태에서 **명나라 장수들의 불필요한 요구와 간섭을 받아야 했다(束手無策, 속수무책)**. 또 조정의 도움도 없이 바다의 일은 이순신 홀로 떠맡아 통제사로서 관리의 영역이 배로 늘어나는 형태가 되어 명나라 수군과의 명목적인 동심협력을 하기에는 이미 너무 지쳐버렸거나, **포화상태의 부담감이 있었다**. 통제사 이순신은 그들이 풀어 헤쳐놓은 문제들을 하나하나 해결하느라 정신이 없었을 것으로 보여진다.

그럼에도 불구하고 8개월 이상 일기를 쓰지 않은 이유는 정말 무엇일까? 혹시 통제사 이순신이 명나라 장수들의 이름을 직접 거명하여 그릇된 행동을 모두 일기에 적었거나, 명나라 장수들을 보필하라는 조정의 지시에 거친 불평과 불만을 적었거나, 임금에 대한 너무나 솔직한 또는 지나친 언사를 적어서, 이로 인해 나중에(이순신이나 조카 이분 등에 의해) 강제로 빠진 것이 아닐까 하는 **합리적 의심도 하게 된다**. 여하튼 이 시기의 통제사 이순신은 삼중고(三重苦) 이상의 고통과 시련 속에서 자신에게 주어진 사명을 우직하게 실행해 나간 참 군인이었다. 이렇게 생각해보니, 이 시기의 노곤한 이순신의 모습은 어느 영화에서처럼 통통하고 기름진 장수의 인상은 아닐 것이다.

[칼럼 27] 진린이 본 동방의 대장별
- 협치를 상생으로 이끄는 길은 그리 만만치 않다

　이순신과 진린이 처음 서로 만나게 된 것은 임진왜란 종전기인 무술년(1598년) 7월 16일의 일이었다. 당시 정유재란 초기에 조선 수군이 경상도 칠천량해전에서 괴멸적인 피해를 당하자, 명나라 조정에서는 자국의 연안 안보가 위협받을 것을 우려하여 명나라에서 가장 강력했던 절강성 수군을 파견하였다. 이때 명 수군의 총 대장이 진린(陳璘, 1543~1607)이었다. 비록 4개월간의 짧은 동행이지만, 2살 연배인 진린은 이순신의 매력에 흠뻑 빠져든다.

　진린의 명나라 수군은 미리 도착하여 한강 근처에 정박해 있다가 조선 수군이 고금도(古今島)에 수군기지를 설치한 후 남하하여 합류하였다. **한편, 통제사 이순신은 그 전에 고금도에 와 있던 계금 유격 등 명나라 장수들의 횡포를 경험하였다.** 또한, 당시 작전 지휘권은 명나라 측에 있었고, 명나라 수군 제독 진린은 성격이 매우 포악하고 군공(軍功, 전쟁의 공적)에 욕심이 많은 인물이었다. 그리고 명나라 군사들도 천자국 또는 상국의 군사라고 하면서 조선의 군사들과 백성들을 업신여기기 일쑤였다. 특히 진린은 자신이 한강에서 육지에 오를 때 신발에 물이 튀었다고 조선 관리를 새끼줄로 목을 매어서 끌고 다니기까지 하였다.

진린이 이끄는 명 수군이 고금도에 온다는 소식을 접한 이순신은 사전에 진린과 동심협력(同心協力)해달라는 류성룡의 당부 편지와 비변사로부터 진린의 성향에 대하여 들어 알고 있었다. 즉 진린의 성품이 사나워서 다른 사람들과 잘 지내지 못하고 사람들이 그를 두려워한다는 것이었다. 이순신은 진린의 명 수군이 고금도에 도착하자 성대한 잔치를 준비하여 진린 제독과 명 수군을 극진히 접대하였다. 이에 따라 진린을 비롯한 명의 장졸들은 매우 기뻐하면서 이순신을 칭송함으로써 연합작전 수행 초기 상호 간의 협조체제에 긍정적인 영향을 주었다.

명 수군이 도착한 사흘 뒤인 7월 19일 절이도해전이 발생하였다. 이 절이도해전에서 녹도만호 송여종이 적선 50척을 무찌르고, 통제사 이순신의 조선 수군은 적 수급 70급을 베었는데, 진린은 후방의 안전지대로 물러나 있었기 때문에 아무런 전과가 없었다. 이에 진린이 크게 화가 나서 행패를 부리자, 통제사 이순신은 진린 도독에게 수급 40여 급을 보내고, 유격 계금에게도 5급을 보내어 이들의 불만을 해소시켰다.

당시 조선 수군은 **고금도(古今島)**의 덕동에 진을 쳤고, 명 수군은 서쪽인 **묘당도(廟堂島)**에 진을 치고 있었는데, 통제사 이순신이 기지를 발휘하여 명나라 군사들에 대한 처벌권까지 확보함으로써 이후의 연합작전에서 이순신의 입장이 강화되었다. 이와 같이 이순신은 **적절한 외교술과 담략**을 발휘하여 명군을 통제했지만, 명군의 조선 수군에 대한 견제는 이후의 연합작전에도 지속되었다.

통제사 이순신이 그해 9월에 올린 〈장계〉를 보면, 진린 도독의 간섭과 견제가 수시로 이루어졌음을 알 수 있다.

신이 수군을 정비하여 바다에 나가서 틈을 타서 적을 소멸하려고 하지만 매번 제독의 제재를 받고 있어 안타깝기 그지없습니다.

작전통제권이 명 수군제독 진린에게 있는 상황에서 통제사 이순신은 왜군을 무찌르는 일보다 선결문제는 명군과의 협조 관계를 어떻게 유지하느냐 하는 것이었다. 즉, 명 수군의 대장인 진린을 어떻게 설복(說服, 알아듣도록 말해서 수긍하게 함)하여 원활한 작전을 수행해나갈 것인가 하는 문제로써 앞서 기술한 바와 같이 군공을 돌리는 **유화책(宥和策)**과 '철진(撤陣)' 등의 **강경책(强硬策)**을 수시로 되풀이하였던 것으로 판단된다. 이렇게 통제사 이순신이 노력한 결과, 순천 왜교성 공격부터 마지막 노량해전에 이르기까지 진린은 전투에 적극적으로 참전하였다. 그리하여 임진왜란의 마지막 전투를 승리로 이끄는 데 크게 기여하였다. 이것은 결국 적절한 외교술을 발휘한 이순신의 지혜에 힘입은 바도 크지만, 같은 무장으로서 이순신의 인품에 감동을 받은 진린 자신의 자각에 의한 결과였다고도 볼 수 있을 것이다.

이러한 사실을 증명하는 단적인 사례는 왜란이 종료된 후 진린 제독이 통제사 이순신의 무공에 대해 선조 임금에게 전한 말 속에서 찾을 수 있다. 즉 "(이순신 공은) 하늘을 날 줄로 하고 땅을 씨줄로 삼아 베를 짜듯이 천하를 경륜할만한 재주가 있고, 여와(女媧)가 오색돌로 뚫린 하늘을 깁고, 희화(羲和)가 해 10개를 낳아 감천(甘

泉)에서 목욕시켰다는 고사만큼 공로가 있다(**經天緯地之才 補天浴日之功**, 경천위지지재 보천욕일지공)"고 극찬했다.

진린과 이순신, 두 사람의 관계는 노량해전을 앞두고 더욱 돈독해졌다. 중국 청산도(靑山島)에 세운 '진제독비문((陳提督碑文)'을 보면, 진린 제독이 통제사 이순신에게 "내가 밤이면 천문을 보고 낮이면 인사를 살피는바, 동방에 대장별이 희미해 가니 멀지 않아 공(이순신)에게 화가 미치리다. 공이 어찌 이를 모르리오. 어찌하여 무후(武侯, 제갈공명)의 기도로 예방하는 법을 쓰지 않습니까"라고 말하면서 이순신의 신변에 대해 매우 걱정하였다. 이에 대해 이순신이 답하기를, "**나는 충성이 무후만 못하고 덕망이 무후만 못하고 재주가 무후만 못하여 세 가지가 모두 다 무후만 못하매 비록 무후의 기도법을 쓴다 한들 하늘이 어찌 들어줄 리가 있사오리까?**"라고 하였다. 그리고 이어서 벌어진 노량해전에서 이순신과 진린은 서로 한번씩 구원해 줘 가면서 전투를 수행하였다. 그리고 결국 이순신은 진린의 염려대로 전사하고 말았다.

기해년(1599년) 1월 11일, 진린 제독은 통제사 이순신의 영령(英靈) 앞에 제사를 올린다. 그의 제문(祭文) 중에서 이순신의 마지막 모습을 떠올려본다. (이민웅 역, 이충무공전서, 제이통제문일, 도독진린)

(전략) 노량의 전투에서 통제사가 선봉에 있다가 왜적의 전함에 의해 우리 배가 거의 함몰될 지경에 이르자 또한 그대가 우리를 호위하여 매우 위태로운 상황에서 벗어났습니다. 왜적이 이로 말

마암아 공격하는 기세가 꺾이고 천천히 싸우다가 또 물러가서 마침내 짐승을 사냥하고 풀을 베듯 쉽게 왜적을 물리쳤습니다.

나는 통제사가 이런 죽음의 재앙을 면할 수 있으리라 생각하였는데, 누구인들 그대가 날아가던 탄환에 맞아 세상을 떠날 줄 알았겠습니까? 생각건대, 그대가 평소에 사람들을 마주하여 일찍이 말하기를 "나라를 욕되게 한 사람은 다만 한 번의 죽음으로 부족하다"라고 하였습니다. 돌아봄에 지금 나라의 땅이 이미 되돌아왔고, 큰 원수를 이미 갚았는데도, 무엇 때문에 오히려 평소의 생각을 실행하였습니까? (후략)

[칼럼 28] 결사전, 노량해전과 이순신의 죽음
- 자신의 운명을 받아들이는 태도가 남다르다

사도첨사 황세득의 전사와 소서행장의 뇌물 사건

이순신은 무술년(1598년) 7월에 명나라 진린의 수군과 합세하여 조·명 연합수군을 형성하였는데, 이순신은 주장인 진린을 극진하게 대하는 한편, 명나라 군사들의 횡포를 차단하는 담략과 절이도 해전의 승리 등으로 진린의 신임을 받았다. **무술년(1598년) 8월 18일, 일본의 관백 도요토미 히데요시(풍신수길)가 죽었다.** 정유재란 이후 조선에 들어왔던 일본의 장수들은 본격적인 철군을 시작하였다. 이순신은 순천 왜교성의 고니시 유키나가(소서행장)를 우리 국토를 참절(僭竊)한[71] 철천지원수로 간주하여 단 한 척의 배도 돌려보낼 수 없다고 호언장담하였다.

한편, 조선 수군은 서서히 동진하여 9월 19일에는 여수 좌수영 앞바다에 정박했다. 이순신은 〈난중일기〉에서 **"아침에 좌수영 앞바다에 옮겨대니 (왜적들의 만행으로) 눈앞의 전경이 참담하다"**고 하였다. 자신의 주둔지를 왜적들에게 유린당한 이순신의 심경이 얼마나 쓸쓸하고 적개심이 일었을까 헤아려본다.

무술년(1598) 10월 2일, 사도첨사 황세득이 왜교성 해상전투에서

전사한다. 이순신의 〈난중일기〉에 보면, "아침 여섯 시쯤에 진군했는데, 우리 수군이 먼저 나가 정오까지 싸워 적을 많이 죽였다. 사도첨사(황세득)가 적탄에 맞아 전사하고, 이청일도 죽었다. 제포만호 주의수, 사량만호 김성옥, 해남현감 류형, 진도군수 선의문, 강진현감 송상보가 적탄에 맞았으나 죽지는 않았다"고 기록되어 있고, 이항복의 "고 통제사 이공 유사"에는 다음과 같이 적혀 있다.

> 일찍이 왜교(倭橋)의 싸움에서 공의 처형(妻兄) 황세득(黃世得)이 전사하여 여러 장수가 조문을 하자, 공이 말하기를, "세득은 왕사(王事, 나랏일)에 죽었으니, 슬픔이 아니라 바로 영광인 것이다"라고 하였다.

이순신은 무장을 판단할 때, 그의 충의(忠義, 충성과 절의)와 담략(膽略, 담력과 지략)을 살폈다. 황세득은 비록 친척(妻從兄, 처종형)이지만, 나랏일에 죽었으므로 슬픔이 아니라 영광이라고 말하는 **이순신의 충의와 담략**이 느껴진다.

그리하여 이순신과 진린의 조·명 연합수군은 육상의 **명나라 장수(유정)와 수·륙 합동작전으로 왜교성을 공략하기에 이른다**. 이때 적장 고니시 유키나가에게 뇌물을 받은 유정이 육상에서 공격을 머뭇거리는 사이, 고니시 유키나가는 자신의 예하 장수를 이순신과 진린에게 보내 일본으로 돌아갈 수 있도록 바닷길을 열어달라며 뇌물을 제공한다. 고니시 유키나가의 뇌물에 대응하는 이순신의 청렴하고 강직한 절의가 빛나는 유명한 이야기가 이항복의 "고 통제사 이공 유사"에 보인다.

이때 소서행장은 공(이순신)의 위명(威名)을 두려워하여 자기 아장(亞將, 예하 장수)을 보내어 조총(鳥銃)과 장검(長劍)을 공에게 바치자, 공이 그것을 물리치며 말하기를, "내가 임진년으로부터 적을 죽인 것이 셀 수도 없이 많으므로, 그들에게서 노획한 총검(銃劍)만으로도 스스로 사용하기에 넉넉하다"고 하였다.

왜적은 또 도독(진린)을 통하여 은량(銀兩)과 주육(酒肉)을 보내고자 하므로, 공이 말하기를, "이 적(敵)은 천조(天朝, 명나라)에도 용서받기 어려운 죄가 있는데, 노야(老爺, 진린)가 도리어 그의 뇌물을 받으려고 합니까" 하였더니, 그 후 적의 사자(使者)가 재차 왔을 때에는 진린 도독이 그를 거절하여 말하기를, "내가 통제공에게 이미 부끄러운 일을 당했는데, 어찌 재차 할 수 있겠는가"라고 하였다.

결사전(決死戰), 노량해전에서 대장별이 지다

당시 노량해전에 참전했던 장수들의 생생한 목소리로 **임진왜란 최후의 결사전(決死戰), 노량해전(露梁海戰)**에서 통제사 이순신의 활약상과 죽음에 대한 증언을 들어보자. 이것은 백사 이항복(李恒福)이 지은 '고 통제사 이공 유사(故 統制使 李公 遺事)'와 '노량비문(露梁碑文)'에 적힌 내용을 토대로 시간적으로 스펙타클하게 재구성하였다. 자고로 전투는 고도의 인내(忍耐)가 필요하며, 전례(戰例)를 통해 볼 때 수많은 전투 중에서 통쾌한 승리는 불과 몇 회에 불과하다는 사실을 인식하게 되면, 지옥과 같은 노량(露梁)에서 최후의 승리를 쟁취하기 위한 해상전투지휘관 이순신의 역량과 리더십이 얼마나 의미 있는 일인가를 새삼 깨닫게 될 것이다.

무술년(1598년) 11월 18일에 남해(南海), 부산(釜山)의 여러 왜적들이 순천왜성의 고니시 유키나가(소서행장)를 구원하러 바다로 나왔는데(사천에 주둔한 시마즈 요시히로의 부대가 주력이었다.), 왜적들의 선봉(先鋒)은 이미 노량(露梁)에 도착하였다. 그러자 이순신은 진린 제독에게 말하기를, "우리 군사가 앞뒤로 적을 맞게 되었으니, 차라리 묘도(猫島)로 물러가 진을 치고 있다가, 다시 여러 장수들과 약속하여 결사전(決死戰)을 벌이는 것이 낫겠소"라고 하니, 진린 제독이 그대로 따랐다.

이날 밤 삼경(三更, 자정)에 이순신은 대장선 위에서 꿇어앉아 하늘에 축원하였다. "오늘은 진실로 결사전(決死戰)을 벌일 터이니, 원컨대 하느님께서 반드시 이 적을 섬멸하게 해주소서." 축원을 마치고는 스스로 정예한 군사를 거느리고 먼저 노량으로 진군하였다. 노량해전은 왜장 소서행장을 구원하여 도주하려는 정예 일본 수군들과 단 한 척의 왜선도 돌려보낼 수 없다는 조·명 연합 수군 간의 일진일퇴(一進一退) 치열한 접전으로 전개되었다.

11월 19일 사경(四更, 새벽 2시경)에는 왜적이 제독(진린)을 매우 급하게 포위하자, 이순신은 기각지세(掎角之勢, 사슴을 잡을 때 사슴의 뒷다리와 뿔을 잡는다는 뜻으로, 여기서는 앞뒤에서 적을 몰아침)로 있다가 곧바로 전진하여 진린을 구하였다. 겨울밤 바다에서의 전투는 달빛에 의지한다고 하지만, 칠흑 같은 바다에서의 싸움은 차가운 바람과 거친 운무 속에서 한 치 앞도 알 수 없는 미궁 속으로 빠져들었다(일진일퇴의 혼전 상황으로 전개).

그런데 이날 첫닭이 울 무렵에 바다 귀신은 길을 인도하고, 바람 귀신은 위엄을 그쳤으며, 사방에는 운무(雲霧)가 환히 걷히었다. 그러자 새벽 중반에 이르러 양쪽 군대가 일제히 일어나서 일천 돛이 날아 춤추는 가운데 이순신은 맨 먼저 적진으로 뛰어 들어가 예기(銳氣)를 타서 적진을 무너뜨리니, 왜적들이 이에 개미처럼 궤산(潰散, 무너지고 흩어짐)되어 목숨만 살아남기에도 겨를이 없었다.

그런 혼전의 상황에서 이순신은 마침내 동틀 무렵에 친히 시석(矢石)을 무릅쓰고 손수 스스로 북을 치다가 갑자기 탄환을 맞아 쓰러졌는데, 운명하기 직전에 휘하(麾下)를 돌아보고 이르기를, "싸움이 한창 급하니, 내가 죽었다고 말하지 마라. 군사들을 놀라게 해서는 안 된다(戰方急 愼勿言我死 勿令驚軍, 전방급 신물언아사 물령경군)"고 하였다. 이순신이 죽으면서까지도 오히려 군중에게 경계하여 자신의 죽음을 말하지 못하게 한 것은 우리 군사들의 사기가 꺾일까 염려되었기 때문이다.

진린 제독은 통제사 이순신이 죽었다는 말을 듣고는 세 번씩이나 배에 엎어져 넘어지면서 말하기를, "함께 일할 만한 사람이 없게 되었다"고 하였고, 천병들(명나라 군사) 또한 고기를 물리치고 먹지 않았다. 그리고 남쪽의 백성들은 이순신이 작고했다는 소식을 듣고 분주히 길거리에서 통곡하였고, 시장을 보는 사람들은 술을 마시지 않았다. 그 후 가인(家人, 이순신 집안사람)이 고향으로 반장(返葬, 운구를 고향으로 옮김)할 적에는 남해안 일대의 선비들이 제문(祭文)을 지어 와서 제사하였고, 노약자들은 길을 가로막고 통곡하여 계상(界上)에까지 통곡의 행렬이 끊이지 않았다.

아, 이순신 같은 이야말로 죽기로써 나랏일에 힘썼고 능히 큰 환란을 방위했다고 이를 만하지 않겠는가. 그러니 원신(元臣)으로 책훈(策勳)하고 상상(上相)으로 봉작(封爵)하여, 모토(茅土, 매장지)를 내리고 초상(肖像)을 그려 기린각(麒麟閣)에 걸어서 영원토록 보답을 받게 한 것은 마땅하거니와, 또 영웅들로 하여금 길이 눈물을 닦게 하였으니, 장부(丈夫)가 세상에 났다가 참으로 천고에 부족함이 없게 되었다.

이항복은 '고 통제사 이공 유사'에서 건곤일척(乾坤一擲)의 혈투(血鬪), 노량해전을 '임진왜란의 하이라이트'로 다루었다. **노량해전은 조·명 연합수군과 일본 정예 수군 간의 전면전이자 최종전, 멸망전(滅亡戰)이었다.** 또한 "**단 한 척의 배도 돌려보낼 수 없다**"는 이순신의 의지가 실린 말처럼 **임진왜란 최대 격전이었다.** 임진왜란의 마지막 절정이었던 이 노량해전에서 적·아의 피해는 급증했다. 노량을 선점한 조·명 연합수군은 풍상 쪽에 위치하여 화공전을 펼침으로써 왜 수군에 큰 피해를 주었지만, 적·아 구분이 어려운 야간과 새벽 시간대의 해상전투로 인해 조선의 장수 이순신, 이영남, 이언량 등, 그리고 명나라의 70살 노장 등자룡 등 장수들이 전사했다.

이순신의 선 굵은 행보를 다시 생각해보자. 지난 정유년 이후 이순신은 뜻하지 않은 직위해제와 하옥, 혹독한 심문과 석방, 백의종군과 어머니의 죽음, 칠천량 패전 소식으로 인해 육체적·정신적으로 매우 피폐해졌다. 다시 정신을 가다듬어 마련한 명량해전 승리에도 불구하고 전략적 후퇴를 거듭하며 조선 수군의 재건을 위해 부단히 노력한 결과, 다시 전세를 회복하는 듯했지만 안타깝게도 무술년 마지막 노량해전에서 왜적의 흉탄에 맞아 전사하고 말았다. 그나마 다행인 것은 이순신의 충정(忠情)이 조선 수군과 백성들은 물론, 류성룡, 이원익, 이덕형, 이항복 등 당대의 명신들에게 감명을 주고, 늦게나마 조정에 알려져 당대의 선무일등공신(宣武一等功臣)에 책록(冊錄)되었다는 사실이다.

노량해전의 양상을 재정리하면, 당시 사천에 있었던 왜의 시마즈 요시히로(島津義弘, 도진의홍) 수군은 순천 왜교성의 고니시 유키나가(小西行長, 소서행장)를 탈출시키기 위해 다치바나 무네시게(立花宗茂, 입화종무) 등과 합세하여 일본의 정예 수군을 구성하여 이순신과 진린이 이끄는 조·명 연합수군과 노량에서 전투를 벌였다. 시마즈는 노량해전 초기 조·명 연합수군의 포위에 걸려든 시점에도 기민하게 움직여 조·명 연합수군의 약점인 진린 방향을 맹렬하게 물어뜯었으나, 진린의 명 수군이 뚫리기 전에 이순신의 조선 수군에게 먼저 후미가 쪼개지면서 점차 패퇴하게 된다. 노량해전의 결과, 조·명 연합수군은 왜 시마즈 수군의 군선 200여 척을 격침시켰고, 100여 척을 나포하였으며, 왜군은 약 15,000~20,000명 정도가 사망했을 것으로 추정된다. 다행히도 지난해 칠천량해전에서 조선 수군 수천 명을 도륙했던 적 주력인 시마즈의 수군을 상대로 노량해전에서 앙갚음했으니, 칠천량해전에서 불귀의 객이 된 호국영령(護國英靈)들도 그제야 지하에서 편안히 눈을 감았을 것이다.

후대의 노량해전 평가

위대한 리더는 사후에도 그 영향력이 크다. 임진왜란이 발발한 지 200년이 되는 1792년, 정조는 우리나라 역사에서 문무겸전의 대표적인 인물로 이순신을 높이 평가했는데, 정조는 이순신을 "**천고 이래의 충신이요 명장**"이라고 손꼽으면서 "제갈공명과 자웅을 겨룰만한 전략가이기에 흠모하는 마음이 일어난다"고 하였다.

"내가 절의(節義, 절개와 의리) 있는 인물에 대해 높이 장려하고 표창하여 일찍이 소홀히 한 적이 없었다. 이순신의 경우는 참으로 천고 이래의 충신이요 명장이다. 그가 만약 중국에 태어났더라면 촉한의 제갈공명(諸葛孔明)과 자웅을 겨룬다고 하더라도 과연 누가 우세할지 장담할 수 없을 것이다. 더구나 임진왜란 때 왜구를 토벌한 공로는 백세토록 영원히 그 덕택을 입고 있고, 변방의 방비를 규획(規劃, 계획 정립)하는데 방략(方略)이 두루 갖추어져 있으며, 그의 명성과 의열(義烈, 의로운 마음이 열렬함)은 아직도 사람에게 늠연히(위엄있고 기개가 높음) **흠모(欽慕)하는 마음을 일으키게 한다. (후략)**

정조는 이순신에 대한 '신도비문(神道碑文)'을 직접 작성하였다. 임진왜란이 발발한 지 200년이 지난 시점에서 조선의 국왕이 직접 적은 신도비문은 이순신과 같은 장수가 또 나타나기를 바라는 염원에서 특히 의미심장하게 다가온다. 또한, 정조는 "원균이 이순신의 절제를 받는 것을 수치스럽게 여기고 이순신을 중상(中傷)하였다"고 언급하면서, 원균을 선무일등공신에 올린 선조와는 입장(立場)

의 차이를 보였다.

그런 정조가 임진왜란 최후의 해전인 '노량해전'을 '해상전투의 백미(白眉)'라고 손꼽았다. 때는 바야흐로 무술년(1598년) 음력 11월 18일(양력 12월 15일) 저녁, 검푸른 겨울 바다가 점점 거칠어지고 다가올 운명이 한 치 앞을 알 수 없었으며, 이날 남해와 하동 사이의 노량 바다에서 "단 한 척의 왜선도 돌려보낼 수 없다(片帆不返, 편범불반)"던 이순신이 하늘에 축원하고 왜적과의 마지막 해전을 치른다. 가장 치열하고 처절한 아비규환(阿鼻叫喚)의 전장으로 바꿔놓은 노량해전을, 정조는 **"해전의 장대함이 자고로 이보다 큰 적이 없었다"** 고 하면서 이순신의 공적을 높이 평가하고 이순신을 '문무겸전의 상징(象徵)'으로 손꼽았다.

"(마지막 노량해전에서) 이충무공이(명 수군제독) 등자룡(鄧子龍)과 함께 (왜 수군장수) 석만자(石曼子, 시마즈 요시히로(島津義弘))를 협공할 때 창해(滄海)가 치솟아 오르고 **풍운(風雲)이 아연실색(啞然失色, 뜻밖의 일에 너무 놀라 얼굴빛이 변함)**하였으니, 수전(水戰)의 장대함이 자고로 이보다 큰 적이 없었다. 일찍이 그(이순신)에 대한 기실문(紀實文, 실제를 기록한 문서)을 보았는데 초라하여 보잘것없었다. 그래서 내가 그의 비문을 지어 그의 공로를 기술하여 드러내려고 하였다. 대체로 우리나라의 인물 중에 **문무를 겸비한 사람을 꼽는다면 충무공(이순신) 한 사람만이 해당한다고 하겠다.**"

특이하게도 일제 강점기에 **원한경(호레이쇼 언더우드)** 박사는

1933년 〈Korean Boats and Ships〉라는 책을 저술했는데, 이 책의 제6장에 '임진왜란과 이순신'에서 정유년 이순신의 백의종군 이후 후임자 원균이 비겁하게 싸우지도 않고 패하여 전사하고 그의 함대는 괴멸되었다고 기술하면서 **"이제 모든 사람들의 기대는 다시 이순신에게 쏠리게 되었다"**고 하였다. 또 "이순신은 명량에서 불과 13척의 전선으로 훌륭한 전략을 세워 300여 척의 적 함대를 격파하였는 바, 그것은 자연의 이점인 조류와 바람을 충분히 활용하고 불굴의 용기로 그의 명성에 놀란 왜군을 무찌를 수 있었다"고 하였다. 그리고 1598년 노량해전에서 **이순신의 죽음**을 마치 영국의 **넬슨 제독**이 빅토리함 갑판 상에서 전사한 것과 같다고 하였으며, 또한 승리를 완전히 감지하고 임종을 맞이하는 '**바이킹의 죽음**'에 비유하였다.

이순신 사후에 떠오른 "제2의 대마도 정벌" 논의

1598년(무술) 11월 19일, 이순신이 노량해전에서 전사한 날, 바로 그날 류성룡이 삭탈관직(削奪官職)되었다. 소생하는 조선의 운명을 예견한 역사는 참으로 모질다. 이순신이 전사하는 날에 류성룡을 삭탈관직시키니 말이다. 하지만 조정의 만사를 처리하던 류성룡은 당대의 천재 율곡 이이의 추천을 져버리지 않았기에 이순신을 발탁할 수 있었다고 본다. 또 조선의 미래를 심모원려(深謀遠慮)의 마음으로 내다보았기에 〈징비록(懲毖錄)〉을 적어 훗날을 경계하였다.

만일 노량해전 이후에도 이순신이 살아있었다면, 조선과 일본의 강화(講和, 싸움을 그만두고 서로 화의함)는 그리 빨리 전개되지 않았을지도 모른다. '독송사'를 일기장에 적은 이순신은 비록 화친이 이뤄진다고 하더라도 목숨이 살아있는 한 그들(화친론자들)의 계책을 따르되, 자신이 그사이에 간여하여 사력을 다해 사태를 수습하고, 만에 하나라도 나라를 살릴 수 있는 방도를 찾을 것이라고 말했다. 이순신은 온전한 나라를 7년 동안 전란에 휩싸이게 하여 수려한 금수강산이 왜놈들의 발에 짓밟히고 조선 팔도에 인정이 끊어져 같은 백성이 서로를 의심하게 만들고 방방곡곡을 쑥대밭으로 만든 원흉(元兇)들을 쉽게 용서하지는 않았을 것이다. 또 아는가? 차후에 중국과 연합하여 일본 본토를 공격하는 '제2의 대마도 정벌'을 감행했을지도 모를 일이다.

역사에서 실제로 "제2의 대마도 정벌"에 대한 논의가 있었다. 최근 출간된 김영진의 〈임진왜란〉에 따르면, 무술년(1598년) 왜군이 퇴각하고 그에 따른 명군(明軍)의 철수에 대한 논의가 본격화되기 전인 12월 중순, 왜군의 앞잡이였던 대마도에 대한 정벌이 제기되었다. 그렇지만 비변사는 일단 정벌에 회의적이었다. 전쟁의 위험이 따르고, 승패를 기대하기 어렵고, 과거에도 실패하거나 큰 성과가 없었고, 더욱이 나라가 피폐하여 강성한 왜군을 이기기 힘들다는 것이었다. 그러나 전라도관찰사 황신(黃愼)이 대마도 정벌을 요청하는 상소를 올렸고, 좌의정 이덕형(李德馨) 또한 명군 제독 유정(劉綎)에게 계첩을 보내 대마도 정벌의 필요성을 제기하였다.

선조도 상당한 관심을 갖고 비변사(備邊司)로 하여금 조속한 논의를 지시했다. 비변사는 원수(怨讎)에 대한 보복의 필요성에 대해서는 이견이 있을 수 없으나, 전쟁은 만전(萬全)을 기해야만 한다는 입장이었다. 대마도 정벌은 명군(明軍)에 의지하지 않을 수 없는데, 그 경우 명의 장수가 혼자 결정할 수 없고, 명나라 조정의 승낙을 받아야 하며, 그러는 사이 시간이 지체될 것이다. 또 지금 시급한 것은 선박의 건조, 수군의 증강, 성곽과 무기의 수리, 군사훈련 등을 통해 만일의 사태에 대비해야 한다는 것이었다. 명군이 협조하지 않는 상태에서 대마도 정벌은 불가능했다. 그리하여 대마도의 정벌 문제는 더 이상 제기되지 못했다. 나중에 이덕형은 명군의 최종 철수가 임박한 시점에서 대마도 정벌을 위한 명군의 잔류를 제기했으나 의미를 갖지는 못했다.

[칼럼 29] 이순신의 후계자
- 자신의 잣대가 아닌 객관적 잣대로 인사를 봐야한다

유능한 해상전투지휘관의 발굴

미국 해군의 〈함대전술(Fleet Tactics)〉이 말하는 해전사의 가장 중요한 불변요소는 '**유능한 해상전투지휘관의 발굴**'이다. 현재 전 세계에서 가장 강력한 해군력을 보유한 미국 해군조차 더 많은 시간을 들여 지휘관으로 하여금 "**최선을 다해 전투 리더들을 발굴하여 그들을 바다로 보내 그곳에서 훈련시켜라**" 하고 강조한다. 항해병과 모든 해상지휘관이 각자 자기보다 유능한 장교를 2명씩 찾아내어 그들이 모든 방면에서 전쟁에 대비한 태세를 갖출 수 있도록 도와주는 것을 제1의 목표로 삼으라고 말한다. 이 새로운 해상전투지휘관의 발굴이 이루어지면 그 밖의 것은 모두 저절로 이루어지게 될 것이라고 말이다. Key Point는 "Searching for New Naval Leader!"

이순신의 후계자, 류형

무술년(1598년) 11월 19일, 노량해전에서 결국 이순신은 죽음을 맞이한다. 이순신의 갑작스러운 죽음으로 이순신의 전략·전술 또한

영원히 잠이 들고 말았다. 살아생전 해상전투지휘관, 통제사 이순신은 과연 유능한 다음 해상전투지휘관을 발굴하였는가?

여기에 대한 답변은 **한음 이덕형(漢陰 李德馨, 1561~1613)과 이순신의 대화**에 힌트가 숨어있다. 무술년(1598년) 좌의정 이덕형은 명나라 육군대장 유정의 접반사(接伴使)로 순천 지역에 내려와 활동하고 있었다. 접반사 이덕형은 통제사 이순신을 불러 전황에 대해 논의하던 중 후계자(後繼者)를 은밀히 물어본다. "**공의 부하로서 가히 공을 대신할 만한 사람이 누구입니까?**" 그러자 이순신은 바로 "**류형보다 나은 사람은 없습니다**"라고 답하였다. 그 뒤에 또 물었을 때도 이순신은 "충의와 담략이 류형보다 나은 이가 없소. 관직은 비록 낮으나 크게 쓸 만하오"라고 했다. 이순신은 **류형(柳珩, 1566~1615)**을 후계자가 될 만한 인재로 낙점하여 깊이 인식하고 있었다.

이순신은 자신이 신뢰하던 류형에게 그의 속마음(죽음에 대한 생각)을 토로한 적이 있었다. "자고로 대장이 조금이라도 공(功)을 이룰 마음을 갖는다면 대개는 몸을 보전하지 못하는 법이다. **나는 적이 물러가는 그 날에 죽는다면 아무런 유감도 없을 것이다**[吾死於賊退之日 則可無憾矣, 오사어적퇴지일 즉가무감의]."[72]

또 한번은 이런 일이 있었다. 무술년(1598년) 조·명 연합수군이 순천 왜교성을 공격하는 와중에 진린이 이끄는 명 수군의 전선 3척이 썰물에 미처 빠져나오지 못한 채 갯벌에 얹히게 되었다. 일본군

353

은 화공을 준비하고 개미떼와 같이 몰려오고 있었다. 진린은 어찌 할 바를 모르고, 이순신도 뾰족한 계책이 나오지 않았다. 이때 류형은 모든 배를 그 3척의 고물(함미)에 매고 한꺼번에 힘을 합쳐 노를 젓도록 하여 마침내 갯벌에서 빠져나오게 하였다.

또 노량해전을 며칠 앞둔 시점에서 순천의 적과 사천의 적들이 서로 봉화를 올리며 응하는 모습을 보고서 류형은 이순신에게 건의하기를, "(순천의) 적들이 구원병을 불러들여 우리와 싸우게 해놓고 (그 틈을 타서) 빠져나갈 계획을 하는 모양입니다. 이제 만일 구원하러 오는 적병을 급히 물리치면 돌아가는 길을 끊을 수 있을 것입니다" 하였다. 통제사 이순신도 "그렇다"라고 말하고, 드디어 계획을 정하고 진린 도독에게 알리니, 진린도 비로소 놀라고 두려워하여 스스로 책망하였다. 이순신은 진을 바다 가운데로 옮기고 기다리니 과연 사천의 적군이 다 와서 싸우게 되었다.

마지막 노량해전에서 류형은 적의 탄환 6발을 맞았다. 3발은 투구를 뚫었고, 2발은 바지를 스쳤으며, 1발은 오른쪽 갈비를 뚫었으나 부상을 잊은 채 싸움에 전념했다. 그래서 사람들은 '신의 도움'이라고 말했다. 이 싸움에서 통제사 이순신이 흉탄에 맞아 전사했다고 하므로, 류형은 소리를 내지 않고 통곡하면서 싸움을 독려하였다. 해전이 끝난 후 류형은 부산진첨사로 발탁되었다가 부임하기 전에 경상우수사로 임명되었으며, 후일에는 이순신처럼 제5대 삼도수군통제사가 되었다.

이순신의 리더십을 다시 끌어올려야 한다

이순신이 무장으로서 아랫사람을 눈여겨본 것은 바로 충의(忠義)와 담략(膽略). 풀어서 충성(忠誠)과 절의(節義)와 담력(膽力)과 지략(智略)이었다. 그러나 우리는 이보다 많은 이순신의 후계자 발굴과 양성, 리더십의 승계에 관한 내용을 역사에서 찾아보기가 어렵다. 그 부분이 아쉽다. 이것이 필자가 꿈속에라도 이순신에게 물어보고 싶은 것이다.

무술년(1598년) 11월 19일 새벽, 밤하늘에 큰 별 하나가 떨어진다. 이순신은 노량에서 분전하며 군사들을 독려하다가 절명(絶命)하였다. 길고 긴 7년간의 전쟁이 비로소 끝이 났다. 임진왜란 후 선조는 이순신과 함께 싸운 진린을 만난 자리에서 죽어서 나라를 지킨 이순신의 충심에 큰 감동이 일었던 것 같다. 그 후 선조는 1600년 좌의정 이항복에게 명하여 남도를 돌며 이순신의 업적을 정리하라고 지시하였으며, 이순신을 선무일등공신으로 책록하고 우의정으로 추증하였다. 이순신은 왜란이 종결됨과 동시에 안타까운 죽음을 맞이함으로써 **'불후의 영웅'**이 되었지만, 조선은 7년간의 왜란을 겪으며 아름다운 금수강산이 초토화되고, 백성들 간에 인륜이 사라져 사람이 더 이상 사람을 서로 믿지 못하는 한 번도 경험하지 못한 나라로 변하였으며, 결국 선조는 그의 아들 광해군 시대에 이르러 **반정의 수모**를 당하게 되었다.

이순신의 경우는 또 어떤가? 무술년(1598년) 음력 11월 18일 밤, 남해의 노량바다에서는 무슨 일이 있었는가? 이날 보름이 지난 겨울밤은 밝은 달빛에 차가운 바닷물을 온통 핏물로 물들이게 했다. 며칠 전 진린 제독은 밤하늘의 장군성(將軍星)이 흔들리는 것을 보고 이순신에게 제갈량이 사용한 기도법으로 목숨을 구원하라고 돕는다. 진린이 읽은 천문(天文)은 이순신의 목숨이 경각에 달렸다는 것이다. 하지만 이순신은 오직 적에 대한 걱정뿐이다. 자신의 목숨은 "필사즉생(必死則生)", 정유년(1597년) 명량에서부터 이미 죽음을 각오하였기에 자신의 것이 아니라고 보았다. 오히려 이순신은 하늘에 기도한다. "**적선을 단 한 척도 돌려보낼 생각이 없습니다. 이 원수를 모조리 무찌른다면 죽어도 여한이 없겠습니다.**" 이순신의 기도를 들었던가. 하늘은 노량에서 적들을 처참하게 응징한다.

그러나 자정에서 새벽까지 진린과 이순신이 한 번씩 서로를 구원하며 치열하게 싸우는 사이 적의 흉탄이 이순신의 가슴에 꽂히고, 이순신은 즉시 자신의 모습을 가리게 하고, 유언을 남긴다. "**싸움이 한창 급하니, 나의 죽음을 알리지 말라. 군사들을 놀라게 해서는 안 된다.**" 이순신은 죽는 그 순간까지도 자신을 돌보지 않았다. 하늘은 또 그렇게 이순신을 데리고 갔다. 마지막 순간까지도 이순신은 혼신의 노력으로 적을 응징하였다. 이것이 이순신의 지속가능성이다. 불멸의 이순신은 죽어서도 영원히 죽지 않고 우리 안에 살아있다. 그러나 이순신의 지속가능성은 한계가 있었다. 이순신의 정신은 남아 있었지만, **이순신의 전략·전술**은 제대로 승계되지 못하고 차가운 노량의 바다에서 건져 올리지 못하였다. 그래서 **어쩌면 지금이 해저(Sea Bottom)에 가라앉은 이순신 닻 리더십을 끌어올려야 하는 그 어느 때보다 중차대한 시점일 것이다.**

[칼럼 30] 이순신 닻 리더십
- 리더는 앵커처럼 먼저 뛰어든다

우리가 미지의 바다를 항해할 때에 우선 잘 아는 항구에는 계류하면 되지만, 잘 모르는 정박지에는 수심을 고려하여 얕은 바다에 닻을 내려야 한다. 미지의 바다에 보기 좋게 앵커를 내리듯 우리의 알 수 없는 인생의 바다에서 어디에 닻을 내리고 정착하여 업(業)을 도모할 것인가 하는 것은 살아가는데 중요한 이슈이다. 하지만 **"이순신 닻 리더십"**을 이해하여 내 것으로 소화한다면 우리네 인생의 목적지를 찾아 검푸른 미지의 바다를 항해해 나갈 때 가장 강력한 무기를 장착하는 셈이 될 것이다.

리더십이란 무엇인가?

오늘날 리더십에 대한 관심이 사회 전반에 확산되고 있는 이유는 결코 정치, 군사 분야의 리더십에 대한 관심이 증대된 것 때문만은 아니다. 오히려 온갖 종류의 단체와 조직(학교, 기업, 소상공업체, 시민단체 등)의 생존 및 성공과 실패가 그 책임을 지고 있는 리더의 자질과 역량에 달려있다고 생각하는 인식이 증대했기 때문이다.

영어로 'Lead'라고 하면 무엇인가를 '**이끄는 행위**'를 말한다. 리더는 이끄는 사람이고, 리더는 이끌 수 있는 특별한 능력과 권한을 가지고 있어야 한다. 'Lead'의 어원은 인도유럽어의 'Leith'에서 온 것인데, 이 말은 '**문지방을 넘는다**(to step across the threshold)'라는 뜻이 있다고 한다. '문지방을 넘는다'는 것은 이쪽 세계에서 저쪽 세계로 옮겨가는 것을 의미한다. 현재의 확실한 세계에서 문지방 넘어 경험하지 못한 불확실한 세계로 발을 들여놓는 것이다. 이는 곧 **우리가 익숙하고 안전한 세계를 떠나 낯설고 불안정한 세계로의 여정(旅程, journey)을 떠나는 것이다**.[73]

리더십(Leadership)은 누구에게나 있다. 그들만의 이야기가 아니다. 다만 영향력의 차이가 있을 뿐이다. 사람들에게 더 많은 **영향력(Influence)**을 행사할수록 그 리더십은 크고 위대한 것이다. 이렇게 리더십은 작게는 각자 개인에서부터 나아가 가정과 집단, 조직의 리더, 사회와 나라의 리더에 이르기까지 변화를 원하는 다양한 사람들에게 요구되는 **바람, 기대(期待, Expectation)**라고 보면 적절할 것이다.

리더십(Leadership)은 구성원들이 리더와 함께 이렇게 했으면 좋을 것 같다는 기대들이 모여 그 집단의 **리더(Leader)**로 하여금 험난한 바다의 파도 속에서 항로를 개척하며, 그와 구성원이 탄 배(Ship)를 안전하게 목적지에 도착하도록 안내하는 것이다. 결국 **리더십이란 다른 사람의 사고, 감정, 행동에 의미심장한 영향을 미치는 능력이다**. 이를 위해서 리더는 같은 목표를 가진 팔로워들과 적절하게 소통하면서 주어진 환경, 상황 등을 적시적이고 면밀하게 분석하여 조직과 구성원들을 잘 이끌고 나아갈 수 있도록 바람직한 영향력을 미치게 된다. "Leader is New Influencer."

윗물이 맑아야 아랫물이 맑듯이 리더십은 리더가 모범을 잘 보이는 데서 출발하며(Leader leads by examples), 타고난 리더들은 하나같이 예를 들어 설명을 잘한다. 리더는 본질적으로 뒤에서 미는 사람(Push-man)이 아니라 앞에서 끌고 마치 배의 앵커(Anchor, 닻)처럼 먼저 뛰어드는 사람인 것이다. 한마디로 리더십의 시작은 '이끎'이다.

리더는 앵커처럼 먼저 뛰어드는 사람

필자가 아는 해군 제독 중에도 리더는 앵커처럼 위험한 순간에 먼저 뛰어드는 사람이라고 말하셨던 분이 계셨다. 조학제 제독. 조 제독은 현역 복무 중 〈미 해군 리더십〉을 번역하여 한국 해군에 전파하였고, 〈혼블로워〉, 〈평상시의 지휘관, 유사시의 지휘관〉, 〈선장의 의무〉, 〈시어도어 루즈벨트의 해군 외교〉 등 리더십 관련 서적을 번역하셨다. 조 제독이 국방대학교 관리대학원장일 때 필자는 국방대학교 리더십 석사과정 학생 장교로 해군 대위에서 소령으로 막 진급하였는데, 조 제독은 필자의 소령 계급장을 직접 달아주셨고, 종종 테니스 운동을 함께 했던 추억이 있다. 진급 행사일에 차담회가 있었는데, 그때 조 제독의 말씀 중 기억에 남는 것이 있다. "**리더는**

회피하거나 주저하는 사람이 아니다. 오히려 앵커처럼 먼저 뛰어드는 **사람**"이라는 것과 "앞으로 고급장교로서 어려운 결정의 순간이 찾아오면 날이 시퍼렇게 선 칼날 위를 걷는다는 생각으로 집중하고, 자신의 신념과 다른 경우가 발생하면 차라리 모자를 벗어 던져라"라고 하였다. 조학제 제독은 또 리더라면 평소에는 "After You(먼저 하세요)"라 말하고, 유사시에는 "Follow Me(나를 따르라)"라고 해야 한다고 힘주어 말했다. 조학제 제독의 말씀이 워낙 강렬하여 20여 년이 훌쩍 지난 지금도 기억이 생생하다.

어찌 보면 리더십의 실천은 딱 세 가지로 결정이 난다. ① 먼저 해서 보이고, ② 잘 따라 하도록 도와주고, ③ 잘했으면 칭찬과 격려를 해주는 것이다. 이러한 마음을 가지고 당신의 리더십을 출발하면 그 나머지는 기술(Skill)과 반복 숙달(Practice)로 함양(涵養)하는 것뿐이다. 그렇다고 절대로 쉬운 과정은 아니다. 리더십의 개발은 결국 개인이 자신의 경험을 계속해서 성찰(省察)하는 것과 관련이 있는 것이다. **리더십은 '자기성찰(Self-monitoring)의 결과'이다.**

리더는 그의 말과 개인적인 모범을 통해 상당히 많은 사람들의 행동, 사상, 감정에 큰 영향을 미치는 인물이다. 그래서 리더들은 이성적인 판단과 함께 감정적인 호소를 통해서 팔로워들에게 영향을 준다. 좋은 리더십이란 **감동(感動, Move)**을 통해서 다른 사람의 감정을 움직일 수 있어야 한다. 또 팔로워들을 행동으로 옮기도록 격려해야 한다.

리더십이란 먼저 자기 결단을 통해 자기를 이끄는 동안, 그 결과로 다른 사람들이 감동하여 따르게 되는 현상이다. 리더십을 다른 사람을 이끄는 문제라고만 이해한다면 끝내 해답을 찾지 못하게 된다. 그보다는 내가 어떻게 한 인간으로서 나 자신의 삶을 잘 이끌어갈 것인가를 고민하는 과정에서, 함께 하는 사람들이 나에게 동조하게 되는 사회적 현상으로 리더십을 바라봐야 하며, 그런 의미에서 리더십은 '끌림과 울림', 이른바 '공명(共鳴, resonance)'인 것이다.[74] 결국 **리더십은 공자가 말한 '충서(忠恕)'의 개념과 일치하며, 나의 진심과 남을 헤아림에 있다.** 리더의 삶이 만들어 내는 진한 감동이 진동(振動)되어 주변 사람들의 삶에 커다란 파문(波紋)을 일으킬 때 비로소 **리더십 현상**이 발생하는 것이다. 먼저 나 스스로 좋은 사람이 되려는 노력을 해야 한다. 그래야 **긍정의 파문**이 점점 퍼져 나간다.

예술적 리더, 이순신?

필자는 〈세종과 이순신, K 리더십〉에서 이순신 제독을 카리스마를 갖춘 예술적 리더에 가깝다고 설명하였다. **리더십의 개념(概念, Concept) 또한 바람, 기대, 이끎, 끌림, 자기성찰, 감동, 공명, 통찰이며, 종합예술이라고 보면 좋겠다.** 흔히들 예술(藝術, Art)이란 논리적인 분석이 불가능한 영감(靈感, Inspiration) 또는 직관(直觀, Intuition)에 많은 것을 의존한다. 하지만 예전에는 신비롭고 종잡을 수 없는 현상으로 인식되었던 리더십에 대해 이제는 분석이 가능하고 논리적으로 설명할 수 있게 되었다.[75] **다분히 예술적이던 리더십을 어느 정도 과학적으로 해석하게 되었다.**

이제까지 우리는 충무공 이순신 제독이 보여준 특별한 재능과 믿을 수 없는 카리스마에만 사로잡혀 이순신 제독의 리더십 지혜를 제대로 이해하지 못하였다. 이제는 영웅의 신비성에서 과감히 탈피하고 마법사와 같은 이미지를 벗겨내어 우리가 현실적으로 예측 가능한 리더십 사례들을 다시 살펴봐야 한다. 그래서 앞에서 우리는 해군의 Seaman's Eye로 본 새로운 관점의 이순신 리더십을 살펴보았다. 이것은 **'성웅 위인전의 새로운 패러다임 전환(paradigm shift)'** 이다. 하지만 필자는 여기에 더하여 이순신의 리더십을 제대로 심화하여 습득할 필요가 있다고 생각했다. 그래서 지금이 바로 충무공 이순신 제독의 리더십 DNA를 제대로 체득하고 함양하여야 할 때라고 본 것이다.

정유년(1597년) 칠천량해전에서의 패전 소식을 전해 들은 이순신은 전라도 장흥 회령포에서 패주한 10여 척의 함선에 탄 병사들과 마주했다. 이들은 오랜 정전으로 싸우지 않다가 막상 야간에 해상전투가 발생하자 전쟁공포증(Warphobia)과 트라우마(PTSD)가 극에 달해 있었다.[76] 하지만 다시 해상전투지휘관이 된 통제사 이순신은 결코 실망하지도, 또 포기하지도 않았다. "국사(國事)가 이 지경에 이르렀는데, 어찌 한 번 죽음을 아끼겠는가"라며, 오히려 병사들의 심금을 울리는 짧지만 강력한 '회령포 연설'을 하여 부하들을 이성적으로 깨우치고 감정에도 호소하면서 패잔하여 상처 입고 지쳐 있는 그들에게 기사회생(起死回生)의 힘을 실어주었다. 그리하여 바닷물이 소용돌이치는 명량(鳴梁)에서 적을 물리쳐 수군들이 칠천량 패전의 트라우마를 극복하고 다시 '부활의 기쁨'을 맛보게 하였다.

리더십은 예술이라는 측면에서 볼 때, 이순신은 'Artistic Leader'에 가까워 보인다. 다른 사람은 도저히 할 수 없는 일들이 마에스트로(Maestro) 이순신에게는 다이내믹한 예술로 승화된다. 요즘 말로 멀티태스킹(Multi-tasking)에 능한 예술적 리더, 이순신이다. 하지만 우리는 해상전투지휘관 이순신을 제대로 파악하고 그의 리더십을 심화 학습할 필요가 있다. 이순신을 예술적 리더라고만 단정할 수 없는 이유이다.

닻(Anchor)에 대한 이해

닻(Anchor)은 통상 정박이 필요한 해역에서 배를 해저에 고정하도록 설계된 크고 무거운 기구물이다. 선박에서 운용하는 닻은 바람과 조수, 해류에 의한 배의 표류를 차단하는 역할을 한다. 이것은 케이블(훗줄이나 쇠사슬)로 배에 연결되어 해저에 파고들어 배를 빨리 고정함으로써 앵커는 제 기능을 달성한다.

앵커의 초창기 형태는 큰 돌이나 돌이 가득 찬 바구니였으며, 고대 그리스인들에 의해 사용되었다. 배가 커지면서 큰 배를 고정할 수 있는 좀 더 효율적인 철제 후크 형태의 앵커들이 필요했고, 이것은 어떤 변형이 닥쳐도 해저를 파고 고정하는 형태로 만들어졌다. 닻이라는 발명품은 고대 프리지아의 미다스 왕과 토스카나 지방의 선원들에 의해 다양한 형태로 만들어졌다. 후크(Hook)에 닻팔(Arm)이 두 개로 늘면서 두 개의 머리를 가진 형태로 변화되었고, 이런 형태가 오늘날 우리가 알고 있는 일반적인 앵커의 형태로 개선

되었다.

일반적인 형태는 아래 그림에서 보는 "**어부의 닻**(Fisherman's Anchor)"이다.

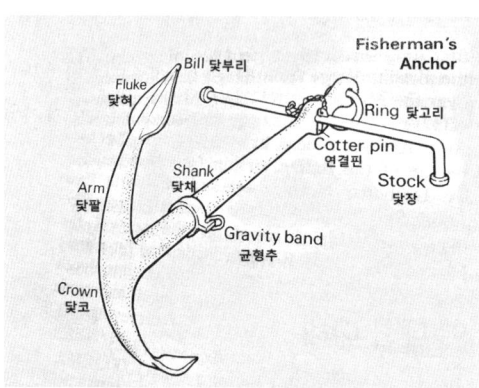

어부의 닻(Fisherman's Anchor) 구성을 살펴보면, 가장 먼저 입수하는 'Crown(닻코)'이 있고, 양쪽 'Arm(닻팔)'에 연결된 'Fluke(닻혀)'가 있으며, Fluke(닻혀)의 끝단에는 'Bill(닻부리)'이 있다. 앵커의 중심기둥인 'Shank(닻채)'와 무게를 추가할 수 있는 'Gravity Band(균형추, Balanced Band)'가 있고, 앵커의 'Shank(닻채)'와 수평축의 'Stock(닻장)'을 관통하는 'Cotter Pin(연결핀, Keep Pin)'이 있으며, 앵커 맨 윗부분의 'Ring(닻고리)'이 'Hawser(홋줄)'에 연결되어 있다.

앵커 각 부분의 세부 기능을 살펴보면, 'Crown(닻코)'은 앵커를 뒤집어보면 왕관(Crown)처럼 가장 높은 곳에 있고, 또 가장 먼저 물에 들어가는 부분이다. 해저의 바위에 부딪쳐도 깨지지 않아야 하고, 뻘과 모래에도 잘 박혀야 한다. 'Fluke(닻혀)'는 앵커가 물속으로 들어가 바닥(Bottom)에 박히거나 해저 바위를 휘감아 꽉 잡는 혀 같은 부분으로 닻혀의 파지력(把持力)이 좋아야 한다. 'Gravity Band(균형추)'는 앵커가 가벼울 경우, 배가 물살에 밀리거나 주묘(走錨)가 발생할 수 있으므로 닻채에 추가로 채워서 무게를 더하는 부분이다. 'Shank(닻채)'는 앵커의 중심기둥이며, 닻혀(Fluke)의 파지력을 단단히 고정하는 역할을 하는 부분이다. 'Cotter Pin(연결핀)'은 앵커의 닻채(Shank)와 닻장(Stock)을 관통하여 연결하는 부분이다. Stock(닻장)'은 앵커가 해저에 잘 박히고 나서도 조류에 의해서 이리저리 움직일 수 있는데, 그것을 한번 더 잡아서 단단히 고정하는 부분이다. 'Hawser(홋줄)'은 앵커를 바다에 넣을 때 연결하는 물체로 앵커가 배와 연결되는 구성품이지만, 홋줄(Hawser)이 없거나 끊기면 배가 조류에 떠내려가므로 없어서는 안 될 생명줄이다. 'Ring(닻고리)'은 앵커의 최종적인 부분으로 앵커의 전체 무게를 감당하며, 홋줄과 연결하여 배를 정박지에 고정하는 부분이다.

그 밖의 앵커로는 크게 군함과 대형 상선에서 많이 쓰이는 스톡리스 앵커(Stockless Anchor), 소형 요트나 선박에서 많이 쓰이는 CQR 앵커, 어선에서 많이 쓰이는 댄포스 앵커(Danforth Anchor)가 있다. 스톡리스 앵커(Stockless Anchor)는 말 그대로 닻장(Stock)이 없고, 자체 기울어진 앵커로서 고대부터 이어져 온 앵커의 "최초의 진정한 개선"이라고 불렸다. 스톡리스 앵커는 대형 상선과 해군 군함에서 광범위하게 채택되어 사용되고 있다. 스톡리스 앵커는 앵커 무게보다 보관 용이성과 기계적 작동이 더 중요하게 적용되어 큰 선박에 보편화되었다. CQR 앵커, 즉 소형보트용 앵커는

1930년대 초 개발되어 발전했다. 이 앵커는 대칭이 아니었고 효과적으로 보관하려고 활 롤러 디자인을 적용했다. 이것은 소형보트와 요트에 실용적이지만 대형 운송에는 실용적이지 않다. **댄포스 앵커**는 1940년대 개발되어 앵커 무게에 비해 매우 우수한 파지력(고효율)을 제공하지만, 다른 측면에서는 성능이 떨어지는 단점 때문에 좋은 범용 앵커가 되지 못하였다. 주로 어선들의 소형 앵커로 쓰이고 있다.

오늘날 '앵커'라고 하면 '뉴스 진행 방송인'을 말하는데, 아마도 붙박이로 고정되어 가장 먼저 새로운 뉴스를 시청자들에게 전달하기 때문이라고 생각한다. 앵커는 이렇게 "Seamanship의 표상"으로, "바다 항해자가 새로운 정박지에 도착했을 때 맨 먼저 내려 배를 묘박(錨泊)하는 도구이며, 리더가 어떤 일에 맨 먼저 뛰어드는 것을 상징한다"고 볼 수 있다. 그리고 우리가 잘 아는 **뽀빠이**(Popeye) 팔뚝의 앵커 문양[⚓]은 남성미 넘치는 바다사나이, 마도로스들의 문신(紋身, Tatoo)으로 크게 애용되고 있으며, 세계적인 해운 회사들의 CI 도안으로도 많이 쓰이고 있다.

이순신 닻 리더십(AAL : Admiral Yi's Anchor Leadership)

위의 내용은 필자의 책, 〈세종과 이순신, K 리더십〉에서 리더십 관련 내용을 정리한 것이다. 하지만 이순신의 〈난중일기〉를 읽거나 필자 나름의 소명(召命)인 "우리 역사의 귀중한 리더십 유산을 후세에 알차게 알리자"를 생각했을 때 **내면의 울림**이 계속 있었다. 그것은 **"해군의 감각으로 전쟁과 이순신 제독을 다시 살피라"**는 것이다.

그래서 필자는 이제까지 다른 사람들이 만들어 놓은 이순신에 대한 견해를 받아들이되, **해군 장교의 Seamanship과 Seaman' Eye**[77] 곧 해군 항해병과 장교의 시각으로 이순신과 그의 전쟁을 바라보는 **패러다임 전환(Paradigm Shift)**을 시도해 보았다. 그동안 생각의 되새김질[推致, 추치]을 통해 잘 안 풀릴 때는 생각을 미루어두었다가 몇 달 후 다시 꺼내어 다시 또 헤아렸다. 그렇게 같은 생각을 거듭하며 장기간의 몰입(沒入)이 있었고, 아이디어가 확장되는 결정적인 경발(警發)과 통찰(洞察)은 우연찮게도 재미있는 MLB 야구 중계를 보면서 자연스럽게 만들어졌다.

이순신 닻 리더십(AAL : Admiral Yi's Anchor Leadership)은 "리더는 앵커처럼 먼저 뛰어드는 사람"이라는 이끎의 생각(Thought of Leading)과 "항해자가 새로운 정박지에 도착했을 때 맨 먼저 앵커를 내려 배를 묘박(錨泊)"하는 앵커의 기능(Function of Anchor)에서 아이디어를 얻은 것이다. 앵커 부품의 구성은 가장 기본적인 앵커인 "Fisherman's Anchor(어부의 닻)"에서 가져왔다.

이순신 닻 리더십은 10개의 리더십 핵심요인(10 Leadership Key Factor)으로 구성된다. ① 기욕(嗜慾), ② 충의(忠義), ③ 담략(膽略), ④ 인내(忍耐), ⑤ 성실(誠實), ⑥ 진심(眞心), ⑦ 소통(疏通), ⑧ 창의(創意), ⑨ 몰입(沒入), ⑩ 통찰(洞察)이 그것이다. 이 10개의 리

더십 핵심요인은 필자가 30년 넘게 충무공 이순신 제독의 리더십과 그 인생의 우여곡절을 반추(反芻)한 결과이며, 우리 바다에서, 전투함 위에서, 그리고 육지에서 교육 훈련을 통해 해군 항해과 장교로서 검증해 온 것들이다. 또 〈세종과 이순신, K 리더십〉의 이순신 리더십 DNA를 분석한 결과를 토대로 재구성하였다.

이 리더십 핵심요인들은 앵커의 각 위치에서 각각의 기능을 하듯이 서로 연결되어 유기적으로 기능하고 있으며, 이처럼 충무공 이순신 제독의 리더십 또한 10개의 핵심요인이 유기적으로 작동하여 크게 시너지를 일으켜 발현되었다고 판단한 것이다.

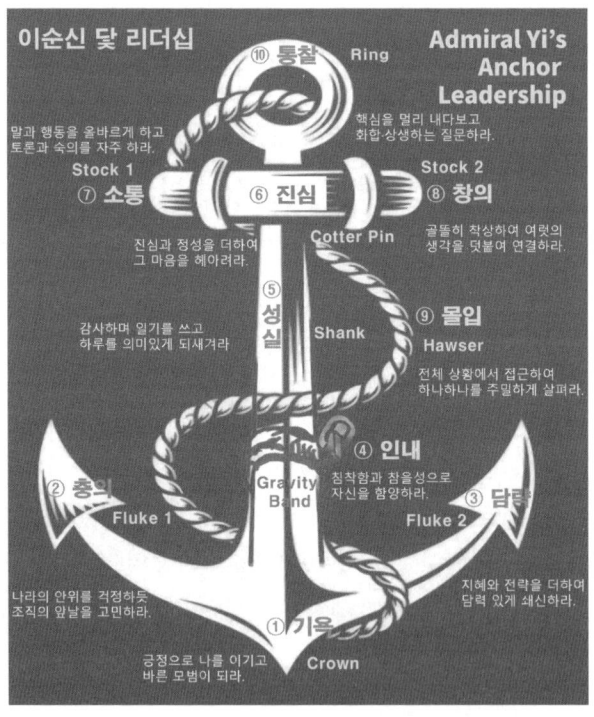

리더십 마인드	〈세종과 이순신, K 리더십〉 내용 중 이순신 리더십 DNA(핵심 키워드, 176)	비고
태도	성실함, 열정, 근성, 영특·활달, 청렴함, 신중함, 근면함, 단정함, 언행을 삼감(근신), 수양, 과감하게 처리, 용맹함, 담기와 담력, 유유자적, 태연함, 참을성, 꼿꼿함, 전우애, 강직, 효성 지극함, 우애가 깊음, 불의에 저항, 침착함, 적개심, 필승의 의지, 책임감	태도 DNA 26개 발굴
공부	독서, 지식, 전문성, 문무겸전, 방향 전환, 특별한 기회, 멘토, 절박함, 뚜렷한 의지, 손자병법, 절차탁마, 호연지기, 단련, 진형도, 인정, 〈난중일기〉, 평정심, 증손전수방략, 전략적 혜안, 척후, 주도면밀, 장단, 속오, 약속, 통론형세, 독송사, 웅변, 충정, 결의, 일편단심	공부 DNA 30개 발굴
창의	몰입, 지혜, 창조, 아름다운 거절, 적을 유인하는 지략, 두려움 없는 담략, 결정적인 타이밍, 유비무환, 전쟁 준비에 박차, 부하들과의 동화, 약속과 기율, 출동 준비, 기공법의 정수, 벌모의 상징, 거북선 개발, 동고동락, 하룻밤의 전술토의, 능동적 몰입, 적정 정보, 전략적 직관, 방책 고민, 승부수, 신속 변경, 상황에 대한 몰입, 동심협공, 생각의 소용돌이, 이기는 싸움, 선승구전, 솔선수범, 전의 고양, 전력 보전, 진정한 몰입(몽중여일), 멀티태스킹	창의 DNA 33개 발굴
소통	공감&경청, 배려&존중, 팀워크, 상대에 대한 생각, 관계, 동고동숙, 감동, 신선한 충격, 탐문, 배회경영, 우연의 일치, 진솔한 소통, 운주당, 활쏘기, 적중, 수양기재, 심신의 균형, 주선, 종일토론, 기대 이상, 동분서주, 아이디어, 진해루의 결의, 전투의지, 위로, 동기, 회령포 연설, 직관의 웅변가, 소신의 문장가, 생기 불어넣기, 상유십이, 운명공동체, 불차탁용, 선택, 신의 한 수, 인연, 친밀감, 텔레파시, 동심협력, 연출, 인격, 신구차, 매력, 연합작전, 전략 수립	소통 DNA 45개 발굴
성과	위기관리, 변혁성, 지속가능성, 당산나무, 수호신, 거안사위, 전투 성과, 행동계획 예측, 카리스마, 영감, 통찰력, 현장 상황, 임기응변, 학익진, 일제회전, 신바람, 현장 리더십, 제해권, 현존함대 전략, 전력증강, 둔전 경영, 남해대장정, 천운, 혼연일체, 극적인 승리, 군신, 마에스트로, 변혁적인 혼신의 리더십, 영문제무, 엄과 정, 충의와 담략, 기세와 절도, 진심, 예술적 리더, 화력집중, 선제공격, 전투기동, 전투정찰, 화력발사, 지휘통제, 필사즉생, 후계자 발굴	성과 DNA 42개 발굴

리더십 단계	리더십 핵심요인	이순신 닻 리더십 DNA (핵심 키워드 176개 재분류)	Anchor Function
1단계 기본 (78)	기욕 (嗜慾)	열정, 영특·활달, 특별한 기회, 뚜렷한 의지, 지혜, 동고동락, 솔선수범, 감동, 기대 이상, 동기, 친밀감, 카리스마, 신바람	Crown (14)
	충의 (忠義)	청렴함, 꼿꼿함, 전우애, 불의에 저항, 적개심, 필승의 의지, 책임감, 독송사, 충정, 일편단심, 전쟁 준비에 박차, 선승구전, 전의 고양, 진해루의 결의, 전투의지, 운명공동체, 불차탁용, 수호신, 거안사위, 충의와 담략	Fluke 1 (20)
	담략 (膽略)	신중함, 과감하게 처리, 용맹함, 담기와 담력, 강직, 방향 전환, 손자병법, 진형도, 증손전수방략, 척후, 장단, 결의, 적을 유인하는 지략, 두려움 없는 담략, 유비무환, 기공법의 정수, 방책 고민, 승부수, 신속 변경, 동심협공, 연합작전, 전략 수립, 현장 상황, 임기응변, 학익진, 일제회전, 현존함대 전략, 기세와 절도, 화력 집중, 선제공격, 전투기동, 전투정찰, 화력발사, 지휘통제	Fluke 2 (34)
	인내 (忍耐)	근성, 언행을 삼감(근신), 수양, 참을성, 침착함, 단련, 평정심, 활쏘기, 수양기재, 당산나무	Gravity Band (10)
2단계 심화 (57)	성실 (誠實)	성실함, 근면함, 단정함, 독서, 절차탁마, 〈난중일기〉, 약속과 기율, 출동 준비, 멀티태스킹, 동분서주, 지속가능성, 전력 증강, 둔전 경영, 엄과 정	Shank (14)
	진심 (眞心)	태연함, 효성 지극함, 절박함, 인정, 아름다운 거절, 공감&경청, 배려&존중, 상대에 대한 생각, 우연의 일치, 진술한 소통, 위로, 회령포 연설, 생기 불어넣기, 인격, 천운, 진심	Cotter Pin (15)
	소통 (疏通)	우애가 깊음, 속오, 약속, 웅변, 부하들과의 동화, 하룻밤의 전술토의, 관계, 동고동숙, 배회경영, 운주당, 주선, 종일토론, 직관의 웅변가, 소신의 문장가, 텔레파시, 동심협력, 연출, 신구차, 남해대장정, 영문제무	Stock 1 (20)
	창의 (創意)	전문성, 창조, 거북선 개발, 생각의 소용돌이, 신선한 충격, 아이디어, 변혁성, 예술적 리더	Stock 2 (8)

3단계 경지 (41)	몰입 (沒入)	멘토, 주도면밀, 몰입, 결정적인 타이밍, 능동적 몰입, 상황에 대한 몰입, 진정한 몰입(몽중여일), 팀워크, 적중, 선택, 인연, 영감, 현장 리더십, 혼연일체, 극적인 승리, 마에스트로, 필사즉생	Hawser (18)
	통찰 (洞察)	유유자적, 지식, 문무겸전, 호연지기, 전략적 혜안, 통론형세, 벌모의 상징, 적정 정보, 전략적 직관, 이기는 싸움, 전력보전, 탐문, 심신의 균형, 상유십이, 신의 한 수, 위기관리, 전투 성과, 행동계획 예측, 통찰력, 제해권, 군신, 변혁적인 혼신의 리더십, 후계자 발굴	Ring (23)

이순신 닻 리더십 10개의 리더십 핵심요인은 이순신의 사후 동시대 사람들이 전하는 이순신의 모습과 비교해도 상당 부분 일치한다. 아래의 〈선묘중흥지〉에서 말하는 이순신에 대한 평가를 이순신 닻 리더십 10개의 리더십 핵심요인과 비교하여 살펴보자.[78]

이순신은 천품이 영특하고 날래며 도량이 깊고 진중하였다(**기욕, 인내**). 군사를 다루되 간명하면서도 법도가 있어 한 사람도 함부로 죽이지 않으므로, 삼군(여기서는 전라·경상·충청 수군)이 한 뜻이 되었다(**충의**) 비록 자신의 기력을 믿고 남에게 지기를 싫어하는 고집이 센 자라고 하더라도, 그의 모습을 보고는 저절로 굴복하였다(**담략**) 싸움에 임해서는 마음과 기색이 편안하고 한가로워 항상 여유가 있어서, 합당한 것을 보면 나아가고, 어려움을 알면 물러나되, 반드시 세 번 나팔을 불고 북치며 군대의 위력을 과시하면서 돌아섰다(**담략**) 군중에 있을 적에, 군의 사무가 번잡하고 많아서 장부나 문서가 산처럼 쌓여도 좌우로 결재하며 붓대가 물 흐르듯이 내려갔고(**성실**), 정탐하는 척후병을 멀리 보내고, 경비를 삼엄히 하여 적이 오게 되면 반드시 먼저 알았다(**담략**) 그 때문에 온 군중이 정돈되고 여유로워 평상시와 같았다(**충의, 몰입**).

밤마다 군사를 쉬게 하고 자신은 반드시 화살의 깃을 다듬었는데, 언제나 군사에게는 빈 활만을 주고 적이 앞에 접근하기를 기다린 뒤에야 화살을 나누어 주었다(**성실**). 또 몸소 적의 칼날을 무릅쓰고 총탄이 좌우에 떨어져도 동요하지 않았으며(**담략**), 장병들이 부축하고 멈추도록 간하면, 그는 말하기를 "내 목숨은 하늘에 달렸는데, 어찌 너희들만 수고롭게 하겠는가?"라고 하였다(**진심, 소통**). 싸움에서 이겨서 상품을 얻으면 곧 여러 장수에게 골고루 나누어 주고 하나도 아끼지 않았다(**진심, 소통**) 장병들이 두려워하면서도 사랑하여 각기 제 힘을 다하여 전후 수십 번 싸움에 한 번도 곤욕을 당한 적이 없었다(**충의, 몰입**).

그렇기 때문에 남쪽 바다를 진압하여 안정시켜서 적의 한쪽 팔을 절단하였으니(**창의**) 실로 중흥(中興)하는 업적의 기초를 닦아 이름이 천하에 들리고, 사람마다 추앙하여 중흥의 제일 명장으로 일컬었다(**통찰**). 이순신이 노량에서 죽었다는 소식을 듣고 이에 이르러 호남·영남 사람들은 친척을 여읜 듯이 슬퍼하고, 영구(靈柩)를 맞아 통곡하며, 제사 올리는 일이 천리에 잇대었다. 삼년상을 하는 이도 있었고, 혹은 곳곳마다 재(齋, 명복을 비는 불공)를 베풀며 말하기를, "우리 목숨을 살리고 우리 원수를 갚은 이는 오직 공(이순신)이시다(**충의**)"라고 하였다. (후략)

그리고 필자는 문무겸전(文武兼全)에 능한 충무공 이순신 제독의 리더십을 독자들이 셀프리더십의 함양과 실천 측면에서 충분히 배우고 터득할 수 있다고 보았다. 이를 다시 단계적인 과정으로 접근하여 보면, 1단계(기본, Basic Course)는 평소에 소양(素養)을 쌓는 기본과정으로 ① 기욕(嗜慾), ② 충의(忠義), ③ 담략(膽略), ④ 인내(忍耐)를 배우는 것이고, 2단계(심화, Advanced Course)는 집중적으로 함양(涵養)하는 심화단계로 ①~④를 포함하여 ⑤ 성실(誠實), ⑥ 진심(眞心), ⑦ 소통(疏通), ⑧ 창의(創意)를 익히는 것이며, 3단계(경지, Master Course)는 리더 스스로 제반 현상을 성찰(省察)하는 경지단계로, ①~⑧을 포함하여 ⑨ 몰입(沒入), ⑩ 통찰(洞察)을 통해 길고 멀리 심모원려(深謀遠慮)하는 것이다.

단계	이순신 닻 리더십 10 핵심요인	비고
1단계 : 기본과정 (Basic Course)	① 기욕(嗜慾)	평소 소양하는 리더십
	② 충의(忠義)	
	③ 담략(膽略)	
	④ 인내(忍耐)	
2단계 : 심화과정 (Advanced Course)	⑤ 성실(誠實)	집중적으로 함양하는 리더십
	⑥ 진심(眞心)	
	⑦ 소통(疏通)	
	⑧ 창의(創意)	
3단계 : 경지과정 (Master Course)	⑨ 몰입(沒入)	제반 현상을 성찰하는 리더십
	⑩ 통찰(洞察)	

이순신 닻 리더십 10 핵심요인(AAL 10 Leadership Key Factor)

위에서 언급한 이순신 닻 리더십 10개의 리더십 핵심요인에 대해 **앵커의 기능**과 **이순신의 행적**을 함께 살펴보자. 리더십 핵심요인들과 앵커의 기능을 연결하여 쉽게 이순신 닻 리더십을 이해하고자 하였다.

① **기욕(嗜慾)**은 천성(天性)과 태도, 마음가짐에 관한 것이다. 앵커의 기능으로 보면 'Crown(닻코)'에 해당한다. 앵커를 뒤집어보면 왕관(Crown)처럼 가장 높은 곳에 있고, 또 가장 먼저 물에 들어가는 부분이다. 해저의 바위에 부딪쳐도 깨지지 않아야 하고, 뻘과 모래에도 잘 박혀야 한다. 그래서 강인하고 적극성을 지닌다. **기욕(嗜慾)**은 자신이 좋아하고 즐기려는 욕심이다. 옛사람들은 '절기금욕(絶嗜禁慾)'이라 하여 즐기고 취하고 싶은 욕구를 끊고 금함으로써 허물과 누의 끼침을 덜어내라[所以除累, 소이제루]고 했고, 금욕적인 사람이 될 것을 주문하였다. 그러나 이때는 주색(酒色), 도박, 도벽, 물욕 등의 부정적인 기욕을 말하는 것이고, 이에 반해 내 몸과 마음이 좋아하여 즐겁게 몰입하게 되는 극기, 호기심, 친화력, 자애심, 공경심 등 긍정적인 기욕은 장려해야 할 일이다. 여기서는 긍정적인 감각으로서의 기욕에 주목한다. 이항복의 '고 통제사 이공 유사'에 보면, 이순신을 만나 본 동시대 사람들은 하나같이 이순신을 긍정적인 기욕이 넘치는 사람이라고 말했다.

"국가에 이롭고 군(軍)에 보탬이 되는 일에 대해서는 마치 기욕(嗜慾)을 따르듯이 아무것도 돌보지 않고 용감하게 달려들어서 털끝만한 것도 빠뜨리지 않았다."

① 기욕(嗜慾)이 넘치는 이순신은 호기심이 많고 친화력 있는 어린 시절을 보내면서 활달하고 영특하게 자라났으며, 세상에 나가서는 행실이 지혜롭고 하는 일마다 신바람을 일으켰으니, 그를 보는 사람들이 그의 열정과 솔선수범, 친밀한 매력에 감동하여 따르게 됨으로써 실제 현장에서의 임기응변과 승리를 통한 그의 카리스마를 만들 수 있는 발판이 되었다. 이는 비단 해전에서의 승리가 가져온 결과만이 아니다. 그 안에 기욕이 발동한 활발발(活潑潑)함이 가져오는 긍정회로(肯定回路)의 가동과 인간적인 감화가 있었던 것이다.

일례로 영·정조 시대 **성대중(成大中, 1732~1812)**이 지은 〈**청성잡기**〉에 보면, 전라좌수사로 부임한 기욕의 이순신이 바다를 방비하는 요해처(要害處)를 잘 알지 못해서 날마다 포구의 남녀 백성들을 좌수영 뜰에 모아놓고 저녁부터 새벽까지 짚신도 삼고 길쌈도 하는 등 그들이 하고 싶은 대로 하게 하면서 밤만 되면 술과 음식으로 대접하고 평복 차림으로 그들과 격의 없이 즐기면서 대화를 유도하였다고 한다. "어느 항구는 물이 소용돌이쳐서 들어가면 반드시 배가 뒤집힌다더라.", "어느 여울은 암초가 숨어있어 그쪽으로 가면 반드시 배가 부서진다"라고 하면, 이순신은 일일이 기억했다가 다음 날 아침 몸소 나가 살폈으며, 급기야 왜군과 전투를 하게 되어서는 번번이 배를 끌고 적들을 험지로 유인하여 왜선을 쳐부수고 승리를 얻을 수 있었다는 얘기이다. 비록 훗날 쓰여진 다분히 미화된 글이지만, 이 얘기는 효종 시대 거유(巨儒) **송시열(宋時烈, 1607~1689)**의 주된 스토리텔링 대상이었다.

이순신은 그 가문이 비록 몰락 양반 가문이었지만, 비교적 부유한 가운데 자라면서 물욕이 적었고, 세상을 살아가는데 소신과 담략이 있었기에 욕심을 부리지 않고, 의지에서 나오는 담담한 기욕, 즉 긍정 정서를 함양하여 몸 밖으로 뿜어내었다. 그리하여 그를 만나본 사람들은 호걸(豪傑)을 보았다고 한다거나, 기욕을 따르듯이 용감하게 달려들었다고 평가했으며, 이를 통해 평상시에는 현장을 직시하여 군사들의 심정을 감동케 하고, 또 전장에 나가서는 임기응변으로 기와 정을 휘돌려서 매전필승(每戰必勝)의 신화를 써 내려감으로써 기욕이 넘치는 리더로서 조선의 수호신(守護神)이 된 것이리라.

② 충의(忠義)와 ③ 담략(膽略)은 이순신이 예하 무장(武將)들을 평가하는 판단기준(判斷基準)이다. 그것은 **이순신 또한 충의담략이 몸에 배어 있었다**는 말일 것이다. 앵커의 기능으로 보면 **Crown과 연결된 Arm 끝단의 'Fluke(닻혀)'에 해당한다**. 앵커가 물속으로 들어가 바닥(Bottom)에 박히거나 해저 바위를 휘감아 꽉 잡는 혀 같은 부분으로 닻혀의 파지력(把持力)이 좋아야 한다. 충의(忠義)와 담략(膽略)은 군인뿐만 아니라 우리 모두의 마음을 감싸 잡는 파지력 강한 닻혀(Fluke)인 것이다. 여기서는 다시 ② 충의(忠義)와 ③ 담략(膽略)으로 구분하여 살펴보자.

② 충의(忠義)로운 이순신은 그의 말과 행동의 언행모범(言行模範)으로 잘 알 수 있다. 충의(忠義)는 충성(忠誠)과 절의(節義)이고, 절의는 다시 절개(節槪)와 의리(義理)를 말한다. 이순신의 충성은

나라를 걱정하는 마음에서 출발하였는데, 이순신의 시에 그의 충성심이 잘 드러난다. "서해어룡동, 맹산초목지"

님의 수레 서쪽으로 멀리 가시고 (天步西門遠, 천보서문원)
왕자들 북쪽에서 위태로운데 (君儲北地危, 군저북지위)
나라를 근심하는 외로운 신하 (孤臣憂國日, 고신우국일)
장수들은 공로를 세울 때로다 (壯士樹勳時, 장사수훈시)

바다에 맹세하니 물고기와 용이 느끼고 (誓海魚龍動, 서해어룡동)
산에 맹세하니 풀과 나무도 아네 (盟山草木知, 맹산초목지)
이 원수 모조리 무찌른다면 (讐夷如盡滅, 수이여진멸)
내 한 몸 이제 죽는다 마다하리요 (雖死不爲辭, 수사불위사)

이제는 충성심(忠誠心)이라 하지 않고 애국심(愛國心)이라 부른다. 요새는 손흥민, 이강인처럼 해외에 나간 우리 선수들이 국위선양을 하고 있다. 그래서 손흥민이 골을 넣으면 태극기를 꺼내 들고 열렬히 응원하는 우리나라 사람들을 보게 된다. 해외에 나가면 애국심이 자동으로 발현하는 것이다. 필자는 아직도 태극기를 보면 가슴이 뭉클하다. 하지만 우리의 국력이 더 커졌으면 좋겠다고 생각하면서 애국심은 잘 생겨나지 않는 게 현실이다. 그러나 우리는 70년이 넘는 시간 동안 정전(停戰)된 채 북한과 대치하고 있는 분단국가이다. 남자는 모두 20대에 군대에 가야 하고, 여자는 스스로 선택할 수 있다.

이순신은 군인(軍人)이면서 공복(公僕, 공무원)의 모범사례였다.

그의 청렴함과 책임감, 꼿꼿함과 당당함에는 절대 바늘 하나 들어 갈 틈이 없었다. 전쟁 준비에 박차를 가하는 모습이나 경상도 출전을 준비하면서 진해루의 결의를 통해 적개심을 일깨우고 전의를 고양시키는 모습, 싸움에 임해서는 먼저 이겨놓고 싸우는 선승구전(先勝求戰)의 치밀함은 이순신의 충정에서 비롯된 것이다. 또한, 이순신이 적은 "독송사"를 보면, 그의 절개와 나라에 대한 의리를 고스란히 읽을 수 있다. 이순신은 나라를 걱정하는 충정을 통해 "거안사위(居安思危)", "유비무환(有備無患)"의 목표를 달성하였다.

③ 담략(膽略) 있는 이순신은 보통 사람 이상의 호흡력(呼吸力)이 있었다. 담략(膽略)은 말 그대로 담력(膽力)과 지략(智略)이다. **이순신의 담력(膽力)**은 실로 남다르다. 이순신의 집안사람 얘기를 적은 **윤휴(尹鑴, 1617~1680)**는 '통제사 이충무공의 유사'에서 "공은 큰 체구에 용맹이 뛰어나고 붉은 수염에 담기(膽氣)가 있는 사람이었다. 평상시에도 본디 비분강개(悲憤慷慨, 슬프고 분해서 의분(義憤)이 북받침)하여 적을 죽이면 반드시 간(肝)을 취하였다."고 했다(어디까지가 진실인가라는 생각이 들 정도로 담력이 센 사람으로 이순신을 묘사하였다). 이순신은 신중하고 용맹하여, 일을 과감하게 처리하는 강직함과 두려움이 없는 담략의 소유자였다.

이순신의 지략(智略)은 또 어떤가? 이순신은 풍부한 지략으로 주어진 상황에서 최선의 솔루션을 찾아내는 임기응변(臨機應變)에 능한 장수로 선승구전(先勝求戰)을 실현한 당대 병법의 대가였다. 그가 계미년(1583년)에 최전방 접경지역에서 오랑캐 울지내를 꾀어 사로잡는 지략으로 조정에 이순신의 이름이 회자되었으며, 또 그가 발포만호 시절 상관을 놀라게 하는 진형도(陣形圖)를 그린 것이나, 척후와 장단, 약속 등 〈증손전수방략〉의 전략·전술을 따라 해전을 이행하고 완수한 것, 정유년 9월 절체절명의 순간, 손자병법과 오자병법을 운운하며 명량에서 적을 물리친 것 등은 정조(正祖)가 이순신 제독을 중국의 제갈량(諸葛亮)과 함께 논하는 이유가 있는 것이다.

④ **인내(忍耐)**는 순정만화 '캔디'의 주제가처럼 들린다. "괴로워도 슬퍼도 나는 안 울어. 참고, 참고 또 참지, 울긴 왜 울어." **인내는 앵커의 기능으로 보면 닻채(Shank)에 두르는 'Gravity Band(Balanced Band, 균형추)'에 해당한다.** 앵커가 가벼울 경우, 배가 물살에 밀리거나 주묘(走錨)가 발생할 수 있으므로 닻채에 추가로 채워서 무게를 더하는 부분이다. 인내도 마찬가지이다. 사람의 본 기조인 성실함에 참을성과 근성, 언행을 삼가는 근신과 수양을 더해 침착함을 단련시켜 평정심을 유지하는 수양기재인 셈이다. 인내란 시간이 흘러가기만 기다리는 것이 아니라 그 시간을 어떤 마음가짐과 행동으로 채우느냐에 따라 그 의미가 비로소 피어난다.

④ 인내(忍耐)에 찬 이순신은 이렇게 참고 이겨냈기 때문에 조선의 수호신, 당산나무가 되었다. 첫 번째 출전의 옥포해전에서 이순신은 우왕좌왕하는 예하 장수들에게 "가벼이 움직이지 마라. 태산같이 무겁게 행동하라"면서 침착하게 적과의 교전을 치를 것을 주문하였다.

이순신은 3번의 큰 부상을 겪었다. 28살 때 무과시험 중 낙마하여 다리가 부러졌었고, 녹둔도 둔전관 시절에는 유시(流矢)를 다리에 맞고도 여진족을 쫓아가서 포로된 사람들을 일부 복귀시켰으며, 임진년 사천해전에서는 선두에서 선창에 진입하다 왜적이 쏜 유탄(流彈)을 왼쪽 어깨에 맞고도 싸움을 계속하였다. 7년 간의 전쟁 중 이순신은 5년 이상을 주장(主將)으로 최전방에서 임무를 수행했다. 그만큼 공무에서 오는 피로감이 극에 달하였을 것이다. 당시는 지금처럼 정보의 전달이 원활하지 않았기 때문에 주장인 이순신은 겉으로는 활발하게 기욕적인 모습을 보였겠지만, 〈난중일기〉를 보면 늘상 혼자 속으로 참고 인내하며 적막한 바다와 달을 쳐다보며 지휘고독(指揮孤獨)을 즐겼다. 이순신은 그 힘들고 바쁜 가운데에도 여유작작(餘裕綽綽)하며 유소불위(有所不爲)하는 진득하게 인내하는 모습을 보였다.

요즘 세대는 참을성이 없다고 기성세대들은 말한다. 젊은이들이 생각하고 말하는 데 너무 거리낌이 없다는 것이다. 자신에게 잘못이 없으면 합당한 변론을 하는 것이 마땅하다. 그러나 옛사람들은 "분사난(忿思難)"이라고 했다. 분하다고 곧장 화를 내면 그것으로 어려워질 뒷일을 생각해보라는 말이다. 자신만이 옳다고 언성을 높이고 화를 내면, 돌아오는 것은 관계가 퇴색되는 것은 물론 짜증과 질시의 시선이 곧장 뒤따라온다. 다시 생각해보고, 인내를 배워볼 필요가 있겠다.

⑤ 성실(誠實)은 몸이 행동하는 근본이 된다. 성실은 앵커의 기능

으로 보면 'Shank(닻채)'에 해당한다. 앵커의 중심 기둥이며, 닻혀(Fluke)의 파지력을 단단히 고정하는 역할을 하는 부분이다. 성실함 또한 그 사람을 알아보는 가장 중요하고 기본적인 잣대이다. 그래서 **성실(誠實)이란 리더의 근본이라고 한다.** 또한 기질(氣質, 기력과 체질)이 성실하지 못하면 변화가 될 수 없고, 다른 것들도 미루어 알 수 있게 된다. 그러므로 리더는 그 뜻을 성실하게 해야 한다. 이것은 먼저 자기 자신을 속이지 않는다는 것이다. 사람은 악취를 싫어하고 예쁜 여자를 좋아하듯 '자겸(自謙, 스스로 흡족함)'하게 되는데, 그러므로 리더가 될 사람은 반드시 그 홀로 있을 때를 삼가 해야 한다(愼獨, 신독). 성실하다는 것은 마음과 일에 진심을 보이는 것이요, 정성(精誠)을 다하는 것이다. 정성이 없으면 이루어질 것이 없다.

⑤ 성실(誠實)맨 이순신은 1,500일이 넘는 기간 동안 진중에서 〈**난중일기**〉를 썼다. 이것 하나만으로도 그가 얼마나 성실하고 근면한 사람인지를 알 수 있는 바로미터이다. 이순신은 일본과의 강화기에는 한산도를 거점으로 주요 요해처(要害處, Choke Point)인 견내량을 수비하면서 판옥선을 계속 제작하여 전력을 증강하는 한편, 군사들의 군량 해결을 위해 둔전(屯田)을 경영하고, 소금을 굽고 물고기를 잡아 파는 등 어염(漁鹽)의 정책을 시행하여 군량과 전쟁 장구를 확보하였고, 동분서주하며 자신을 혹사시켰다.

⑥ 진심(眞心)은 자기 마음을 다하는 것이다. 진심은 앵커의 기능으로 보면 'Cotter Pin(연결핀, Keep Pin)'에 해당한다. 앵커의 닻채

(Shank)와 닻장(Stock)을 관통하여 연결하는 부분이다. 진심이 발현되어야 사람과 사람을 서로 연결하고 소통하게 할 수 있다. 진심은 성실과 구분이 다소 힘들다는 오해를 받고 있지만, 우리는 성실과 진심은 서로 확연히 다르다는 것을 잘 알고 있다. **"사람이 온다는 건 실로 어마어마한 일이다. 한 사람의 일생이 오기 때문이다."** 정현종의 시, '방문객'의 일부이다. 사람과의 바람직한 관계를 위해 더 진심으로 애쓰고 노력하라고, 그래서 세상이 좀 더 따뜻해지도록 서로 협력하면서 살아가라고 말한다. 리더의 진심은 리더의 삶이 만들어 내는 진한 감동이 진동(振動)되어 주변 사람들의 삶에 커다란 파문(波紋)을 일으켜 리더십 현상을 만들어 낸다. 진심이 통해야 사람들을 움직일 수 있는 것이다.

⑥ 진심(眞心) 어린 이순신은 모친에 대한 효성이 지극하고 조카들까지 거둬 기르는 등 인정이 많았으며, 같은 문중인 율곡 이이와의 만남도 그가 전형(銓衡)하는 자리에 있기에 아름다운 거절을 선택하였다. 이순신은 평소 "사람을 접대함에서는 온화하고 소탈하며 곡진하여 간격이 없었고, 일을 당해서는 과감하게 처리하여 조금도 굽히지 않았으며, 사람들에게 형벌을 주고 상을 주는데, 있어서는 일체 귀세(貴勢, 세도가)나 친소(親疎, 가깝고 멂)를 가지고 자신의 뜻에 경중(輕重)을 두지 않았다"고 하는 소신이 있었다. 한마디로 삶에 진심이었다. 그리하여 칠천량 패전 이후 도망친 장병들을 위로하며 진솔하게 위로하였고, 회령포 연설을 통해 **"오직 한 번의 죽음이 있을 뿐이다."** 라고 말하며 생기를 불어넣었다.

⑦ 소통(疏通)은 사람들과의 관계에서 통용되는 말로써 서로 막히지 아니하고 잘 통하며, 뜻이 서로 통하여 오해가 없는 것을 말한다. 소통은 앵커의 기능으로 보면 'Stock(닻장)'에 해당한다. 앵커가 해저에 잘 박히고 나서도 조류에 의해서 이리저리 움직일 수 있는데, 그것을 한 번 더 잡아서 단단히 고정하는 부분이다. 소통과 창의는 일을 추진하는 큰 동력이다. 진심이 이 둘을 연결시키며, 소통과 창의를 통해 타인과 구별되는 특성을 갖게 되며, 닻장(Stock)처럼 일과 사람을 명확하게 잡을 수 있도록 돕는다.

소통을 원활하게 하기 위해서는 사람과 사람 사이의 **커뮤니케이션 능력**이 중요하다. 의사소통 능력, 즉 언제 어디에서 어떻게 말해야 하는지 아는 능력이 중요한 이슈이다. 또한, 소통의 문제는 말하는 사람과 듣는 사람 간 **'신뢰의 잔고'**와 관련이 있다. 말하는 사람이 아무리 어눌하게 하더라도 듣는 사람이 모두 이해하는 이유는 둘 사이에 신뢰의 잔고가 충분하기 때문이다. 그러므로 소통을 잘하려면 평소에 신뢰의 마일리지를 잘 쌓아야 한다.

⑦ 소통(疏通) 케미 이순신은 부하들과 우애가 깊고 서로를 잘 동화시켰다. 특히 군중에서 운주당을 운영하며 전술토의를 자주 하였고, 주요 인사들과는 종일토론을 하면서 멈추지 않고 소통하였다. 전쟁 이전부터 이곳저곳을 돌아다니며 전투준비태세를 확인하면서 그들과 동고동락하였고, 진해루의 결의와 상유십이 장계에서 보듯이 이순신은 직관의 웅변가이자 소신의 문장가로 소통을 통한 '문무겸전(文武兼全)과 영문제무(令文齊武)'의 장수였다.

⑧ 창의(創意)는 새로우면서 유용한 것을 만들어내는 능력을 말한다. 창의도 앵커의 기능으로 보면 위의 'Stock(닻장)'에 해당한다. 조직은 끊임없이 새로운 제품과 서비스 아이디어, 제조 또는 물류 프로세스, 또는 마케팅 캠페인을 개발하기 위해 스마트하고 창의적인 사람을 찾고 있다. 창의적인 사고는 완전히 이성적이거나 의식적인 과정이 아니다. 대부분의 경우 우리는 상상력을 무의식적으로 발휘하게 된다. 상상력과 창의력은 우물과 비슷하다. 독서를 통해 지식이라는 마중물을 부어주고, 현재 벌어지고 있는 문제에 대한 관찰과 상상이라는 펌프질을 해주면, 지하수가 빨려 올라오듯 생각의 물결이 올라온다. 이 과정에서 현안과 아이디어가 연결되는 융합이 일어나고 창의가 폭발한다. 목욕탕에서 "유레카"를 외친 고대 그리스의 아르키메데스처럼 사람들은 어떤 오래된 문제에 대한 해결책을 별안간 생각해내기도 한다. 사람들은 이런 무의식적인 과정을 통해 창의적인 사고를 했다. 예를 들면, 아인슈타인은 아침에 면도하면서 가장 좋은 아이디어를 얻게 된다고 말한 적이 있으며, 위대한 발명가 에디슨은 잠이 들려고 할 때 머릿속에서 일어나는 정신의 활동이나 특이한 심상들을 포착하여 자신을 깨우는 테크닉을 개발했다고 하였다.

   ⑧ 창의(創意) 경발(警發) 이순신, **거북선**으로 대표되는 이순신의 창조물은 그가 얼마나 군인이자 뱃사람으로서 전문성을 갖추고 생각의 소용돌이를 일으켰는지를 잘 알려준다. 이순신은 승자총통의 짧은 포신을 개선하여 정사준이 **정철총통**을 개발하였고, 늘 새로운 아이디어와 변혁성을 추구하여 예하 장수들에게 신선한 충격

을 주었다. 임진년 9월 초 적진의 심장인 **부산포를 기습 침투**하여 적선 100여 척을 작살내고, 적들의 뇌리에 조선 수군의 위용을 과시한 것이나, 계사년 7월 중순 왜적들의 서진을 차단하기 위해 **한산도로 이진**하여 견내량을 굳게 지킨 것 등은 이순신의 창의성이 빚어낸 결과들이다.

⑨ 몰입(沒入)은 주위의 방해물을 차단하고 특정 활동에 완전히 집중하는 심리적 상태이다. 몰입은 앵커의 기능으로 보면 앵커를 바다에 넣을 때 연결하는 'Hawser(홋줄)'에 해당한다. 앵커가 배와 연결되는 구성품이지만, 홋줄(Hawser)이 없거나 끊기면 배가 조류에 떠내려가므로 없어서는 안 될 생명줄이다. 한편, 사람이 몰입된 상태에서는 시간 감각이 왜곡되고 자아의식이 사라지며, 활동 자체에서 즐거움을 느끼는 특징이 있다. 몰입은 삶의 호기심을 생성하는 요소로서 리더십 요인의 모든 부분에 상호작용하여 그 완성도를 높이는 결과를 초래하므로 우리 삶에 없어서는 안 되는 홋줄(Hawser)인 셈이다. 통상 군함은 닻장(Stock)이 없는 스톡리스 앵커(Stockless Anchor)에 쇠사슬(Anchor Chain)을 연결하지만, 여기서는 Fishermen's Anchor(어부의 닻)의 기능을 고려하여 홋줄(Hawser)로 표현하였다.

사람이 자신의 삶에 커다란 의미를 부여하려면, 가치 있는 무언가를 성취하고, 자신이 가진 능력을 마음껏 펼치는 삶을 살아야 한다. 또 그래야 인생의 마지막 날 자신의 삶을 뒤돌아보아도 한 치의 후회가 없을 것이다. 자신의 숨은 능력을 마음껏 끄집어내어 믿기지 않는 성취를 이루는 것이 바로 **자아실현**이다. 또 그 결과가 세상을 더 나은 곳으로 만드는데 조금이라도 기여한다면 더 말할 나위가 없이 좋은 것이 된다. 결국, 삶의 궁극적 추구는 자아실현의 문제로 귀결된다. 이 문제를 해결해 주는 것이 바로 '**몰입(沒入)**'이다. 몰입은 생존을 위한 삶, 행복을 추구하는 삶, 자아실현의 삶을 동시에 추구할 수 있는 방법이기 때문이다. 내가 좋아하는 일을 스스로 집중하여 행동에 옮기는 것을 '**내가 몰입한다**'고 표현한다. 개인의 행복과 성장의 핵심적인 동력이 바로 '**몰입 상태**'라는 것이다. 몰입 상태는 삶을 더 풍요롭고 열정적이고 의미 있는 것으로 만드는 힘이 있다. 자아를 강화해주고 자아가 지닌 다양한 특성들을 성장하게 한다는 점에서 바람직하다.

⑨ 몰입(沒入) 젖은 이순신은 멘토인 장인(방진)의 도움으로 무장의 길로 접어들었다. 그가 20대 초반에 10년 이상을 주도면밀하게 몰입하였기에 **아웃라이어(평범을 뛰어넘은 비범인)**가 된 것이다. 무장이 된 이순신은 싸움에서 결정적인 타이밍을 놓치지 않고 능동적 몰입을 하여 유인작전을 통한 **한산대첩**을 완성하였고, 또 주어진 환경과 상황에 대한 몰입, 진정한 몰입(몽중여일) 등을 펼쳐 **명량해전**에서 극적인 승리를 거두었다.

⑩ **통찰(洞察)**은 특정 상황이나 문제의 본질을 깊이 이해하고, 원인과 결과를 직관적으로 파악하는 능력을 의미한다. 이는 단순한 지식 습득을 넘어 복잡한 관계를 분석하고, 창의적 해결책을 도출하는 데 핵심적이다. 통찰을 앵커의 기능으로 보면 'Ring(닻고리)'에

해당한다. 앵커의 최종적인 부분으로 앵커의 전체 무게를 감당하며, 홋줄과 연결하여 배를 정박지에 고정하는 부분이다. 통찰도 닻고리(Ring)처럼 그 사람의 전체를 지탱하는 힘이고, 나아갈 방향을 제시하는 역할을 한다.

시대를 앞서가기 위해서는 세상이 어떻게 흘러갈지를 남보다 더 정확하게 예측할 수 있어야 한다. 이때 필요한 참의 명제는 우리가 **역사(歷史, History)**를 통해서 얻을 수 있다. 역사란 곧 과거 수백 년 혹은 수천 년 동안 인류가 겪은 중요한 경험적 사실들이기 때문이다. 사고력과 창의력만 있으면 이러한 경험적 사실로부터 끄집어낼 수 있는 참의 명제는 무한하므로, 마음만 먹으면 언제든 **새로운 깨달음**을 얻을 수 있다. 그리고 이를 통해 현재를 어떻게 살아야 할지, 미래가 어떻게 흘러갈지 **통찰(洞察, Insight)**할 수 있다.

통찰은 문제 해결과 개인 성장에 필수적인 능력으로, 이 통찰력을 강화하기 위해서는 먼저 다양한 관점을 수용하여 한 가지 시각에 국한되지 않고 다각적으로 사고하며, 관련 분야 간 연결점을 찾도록 노력하고, 자기성찰을 통해 자신의 사고 과정과 감정을 반성하며, 편견을 인식하고 수정하는 습관을 길러야 한다. 그리고 새로운 지식에 대한 지속적인 학습과 경험을 통해 인지적 유연성을 키우고, 창의적 사고를 자극해야 한다. 통찰은 메타인지(Metacognition)와 관련이 깊다. 메타인지는 자신의 인지과정에 대하여 한 차원 높은 시각에서 관찰·발견·통제하는 정신작용이라 할 수 있는데, 자기 스스로 객관적으로 바라보고 평가할 줄 알아야 한다는 것이다.

1939년 아인슈타인은 루스벨트 대통령에게 보낸 편지에서 우라늄에 연쇄 핵반응을 일으키면 엄청나게 강력한 폭발물을 제조할 수 있다는 사실을 밝혔다. 이러한 아인슈타인의 메시지는 핵무기 제조 작업을 공식적으로 승인받는 결정적 요인으로 작용했다. 1943년 말, 책임자 로버트 오펜하이머의 맨해튼 프로젝트(핵폭탄 개발 계획)는 결정적인 단계까지 진척되었다. 이 작업은 물질과 에너지의 관계를 규명한 아인슈타인의 혁명적인 통찰(洞察)이 없었다면 상상할 수도 없는 일이었다.

⑩ 통찰(洞察) 장원(長遠) 이순신은 지식과 지혜가 풍부하여 **문무겸전(文武兼全)**의 대명사였으며, 바쁜 일상 중에도 늘 유유자적하며 호연지기를 하면서도, 통론형세의 **전략적 혜안**을 지니고 적정(敵情)을 수집하고, 전략적 직관으로 **이기는 싸움**을 하며, 전력을 증강하고 또 보전하였다. 오랜 최고지휘관 신분에도 활쏘기를 통해 심신의 균형을 유지하였으며, 통찰력과 위기관리능력도 뛰어나 **바다의 수호신**이라 불린 변혁적인 혼신의 리더였다.

첫 옥포해전 장계에 보면 **이순신의 통렬한 반성**이 눈에 띈다. "왜적을 막는 방책에 있어서 수군이 해상에 나가 작전을 펼치지 않고 육전에서 성을 지키는 방비에만 전력하였기 때문에, 우리나라의 수백 년 기업이 하루아침에 적의 소굴로 변해버렸다. 생각이 이에까지 미치니 목이 메어 말이 나오지 않는다"고 통탄하였는데, 이후 해상 전투지휘관 이순신은 무장이자 바닷사람으로서의 통찰(Insight)을 통해 "**바다에서 오는 적은 바다에서 막자**"는 비전(Vision)을 당연하지 않은 것에서 수십 차례 해전 승리를 통해 당연한 것으로 만들어

놓았다.

 이상에서 우리가 살펴본 이순신 닻 리더십은 이순신 개인의 리더십 10 핵심요인을 도출하는데 초점을 맞추어 앵커의 기능과 함께 이순신의 행적을 통해 그 요인들을 살펴보았다. ① 기욕이 넘치는 이순신, ② 충의로운 이순신, ③ 담략 있는 이순신, ④ 인내에 찬 이순신, ⑤ 성실맨 이순신, ⑥ 진심 어린 이순신, ⑦ 소통 케미 이순신, ⑧ 창의 경발 이순신, ⑨ 몰입 젖은 이순신, ⑩ 통찰 장원 이순신에 이르기까지 이순신 닻 리더십은 참으로 '해군 장병들의 리더십 바이블(Leadership Bible)'이라 할 만하다.

 이순신의 삶을 돌이켜볼 때, 해상전투지휘관 이순신이 주연인 이 리더십 다큐멘터리는 수군의 휘하 장수, 장인들, 격군과 포수, 피로인 등 수많은 조연과 함께 어우러져 완성한 작품이다. 현대를 살아가는 우리는 당장 "이순신 닻 리더십"이 필요하지 않을지도 모른다. 하지만 코로나19로 인한 팬데믹 대공황이 발생한 것처럼 우리 삶의 어느 한순간, 특히 위기의 상황에서 **이순신 닻 리더십의 강력한 면역체계**를 내 안에 갖추었다면, 얼마나 기쁘고 좋은 일인가? 또 우리에게 잠재해 있는 이순신에 대한 다양한 이야기를 제대로 파악하여 그것을 Seaman's Eye로 통찰하여 새롭게 조명하고 색다르게 구성하였으니, 얼마나 이채롭고 재미있는 일인가?

 끝으로, **해군들이 좋아하는 불후의 명곡**, "앵카송(Anchor song)"을 불러본다. 여기서 충무(忠武)는 충무공 이순신 제독을 말하며,

앵카송이 노래하듯이 이제는 우리가 이순신 닻 리더십을 잘 익혀서 **충무처럼 빛날 순간이다.**

"동이 트는 아침바다 갈매기떼 춤추고~
달이 뜨는 저녁하늘 앵카송이 퍼진다~
푸른 바다 오대양을 주름잡는 사나이 캉캉~
너와 나는 충무처럼 길이길이 빛난다. 예예예예~
동이 트는 아침바다 갈매기떼 춤추고~
달이 뜨는 저녁하늘 앵카송이 퍼진다~

❊ 이순신 리더십 에피소드(2)
: 이순신의 예하 장수

임진년 전라좌수사 이순신 그리고 계사년 8월 이후 삼도수군통제사 이순신과 예하 장수들의 호흡, 팀워크, 전투력, 소통 등을 모두 지면에 망라할 수 없기에 대표적인 예하 장수 10명을 선별하여 이순신과 그들의 관계 중심으로 리더십 에피소드를 정리하였다. 필자가 뽑은 10명의 대표 예하 장수는 정운, 권준, 어영담, 배흥립, 이순신(李純信), 김완, 송희립, 송여종, 안위, 류형이다.

① **정운(鄭運, 1543~1592)**은 신묘년(1591년)에 멀리 떨어져 있는 녹도진이 적의 길목에 있는 요충이라 특명하여 녹도만호가 되었으며, 본디 **강직하고 정의감에 불탔고,** 행실이 **청렴**하였다. 녹도만호로 부임하여 성보를 수선하고 기계를 수리하여 위급할 때 쓰도록 준비하였고, 임진년(1592년) 2월 이순신의 예하 포구 점검에서 칭찬을 받았다.

왜란이 발발하자 전라좌수사 이순신이 격문을 보내 예하 장수를 소집하니, 어떤 장수가 "적의 기세가 날카로우니 가볍게 외양으로 나가지 말고 일단 여기에서 진을 치고서 우수사 이억기가 오는 것을 기다려도 늦지 않다"고 말하자, 정운이 말하기를, "**영남이 이미 함락되고 승세를 탄 적이 호남을 침범하기 전에 급히 역습하는 것이 호남을 방어하는 것이요, 이것은 또한 영남을 구원하는 것이기도 하오**" 하였다. 이에 이순신이 크게 깨달아 곧 군사를 이끌고 전진하였는데, 정운은 제1차 출전인 옥포해전에서부터 제3차 출전인 한산대첩에 이르기까지 후부장, 척후장 등으로 참전하여 혁혁한 전공을 세웠다.

그러나 제4차 출전 부산포해전에서 앞장서 전투를 독려하다가 그만 적이 쏜 대철환에 머리를 맞고 전사하였다. 이순신은 통곡하며 "**국가가 오른팔을 잃었다**" 하고 통곡하며 글을 지어 제사하고, 녹도 이대원 사당에 배향해 주기를 청하는 장계를 조정에 올렸다.

② **권준(權俊, 1547~1611)**은 조선 개국공신 권근(權近)의 후손으로 태종의 부마였던 권규(權硅, 세종의 여동생 경안공주의 남편)의 6대손이며, 1579년 식년 무과 갑과 3등으로 출사하였다. 순천부사(종3품)를 오래 했다. 이순신이 좌수사가 되기 2년 전(1589년)에 전라도순찰사 이광(李洸)의 군관 겸 조방장(종4품)으로 잠시 있었는데, 이때 둘이 만나 함께 술을 마시다가 권준이 "순천, 이 고을이 아주 좋은데, 그대가 한번 나를 대신해 보겠소" 하면서 거만한 빛을 보이니, 이순신은 그저 웃고 말았다고 한다. 이런 해프닝이 있어서인지 **이순신이 전라좌수사가 되자 둘은 서로 일을 같이 의논하고 신임하는 사이가 되었다.**

임진왜란이 발발하기 전 전라도순찰사가 육군 중위장으로 순천부사(권준)을 임명하여 이순신은 제승방략에 의한 통솔권의 침해를 받아 제1차 출전에 동행하지 못하였고, 결국 제2차 출전에 참가한 권준은 전라좌수군의 중위장을 맡아 **이순신 휘하의 핵심 참모 겸 지휘관**으로서 이순신과 함께 작전을 수립하고 전투를 수행하여 많은 전과를 올렸다. 특히 **능숙한 활 솜씨**로 당포해전에서 적추를 쏘아 떨어뜨리는 기염을 토한다. 웬만한 담력과 실력이 없이는 이루기 힘든 것이었다.

③ **어영담**(魚泳潭, 1532~1594)은 이순신이 경상도로의 출전을 고민할 때 결정적인 역할을 한 사람이다. 땅에는 길이 있고 바다에는 바닷길이 있다. 경상도의 바닷길을 몰랐던 이순신에게 광양현감 어영담은 전쟁 이전 경상도 해역의 해로와 지형에 대해 **빠삭하게** 알고 있는 지장이었다. 그리하여 이순신은 임진년 경상도 해역에 대한 출전을 감행하여 매전필승하였다. 이순신은 한 장계에서 **"호남 한쪽이 이제까지 보전하게 된 것은 이 사람(어영담)의 일부분의 힘이 아닌 것이 없습니다"**라고 평가했다.

어영담은 계사년(1593년) 윤11월 광양현감 직에서 파직되고 말았다. 이에 이순신은 파직된 어영담을 그의 조방장으로 요청하는 장계를 올렸고, 이후 어영담은 이순신의 조방장으로서 전쟁에 임하였고, 갑오년(1594년) 3월 **제2차 당항포해전에서 주장의 임무**를 훌륭하게 완수하였다. 그러나 그해 4월 불행하게도 역병에 걸려 자신의 포부를 다 펴지도 못한 채 병사하고 말았다.

④ **배흥립**(裴興立, 1546~1608)은 어릴 적부터 효성이 지극하여 소문났고, 수령으로 경영에 자질이 있어 군현 사람들의 인망이 있었다. 배흥립은 좌수사보다도 먼저 무과 급제한 선배인데, 전방에 근무하기보다는 지방 현감을 주로 하면서 보냈다. 기축년(1589년)에 흥양현감으로 부임한 배흥립은 제 분수를 알고 전쟁 준비를 잘하여 전쟁 이전부터 이순신의 신망을 받았다. 왜란이 발발하자 흥양현에 직접 작성한 **초유문**(招諭文)을 전파하여 흔들리는 민심을 다독이며 멸사봉공의 정신으로 충성을 강조하였고, 선조의 파천(播遷) 소식을 듣고는 비분하여 **충심**(忠心)이 묻어나는 시를 적었다.

행조가 서쪽으로 간 아득한 길을 바라보니 / 行朝西望路漫漫(행조서망로만만)
나라의 신료가 되어 고통이 매한가지라 / 爲國臣僚痛一般(위국신료통일반)
대비에 공이 없으면 외려 죽어야 할 것이니 / 備圍無功猶效死(비어무공유효사)
바다 위에 가을 달이 가엾게 비춰주네 / 海天秋月照寒心(해천추월조한심)

제1차 출전에서부터 전부장으로 참전하여 매 전투에서 전공을 올렸으며, 임진년 9월 녹도만호 정운이 죽었을 때 이순신이 정운 공을 이대원 사당에 배향해 달라고 올린 장계에서 이순신의 속마음이 드러났는데, 이때 이순신은 예하 장수 중 정운, 권준, 이순신(방답첨사), 어영담, 배흥립의 이름을 거론하며, 이들과 서로 같이 죽기를 기약하고 모든 일을 같이 의논하여 계획하였다고 보고하였다. 배홍립은 임진년 연말에 도순찰사 권율의 예하 장수로 파견되어 이듬해 **행주대첩에 참전**한 후 좌수영에 복귀하였으며, 이순신에게 행주대첩의 전말과 왜적의 실상을 제공하였다.

갑오년(1594년) 장흥부사가 되어 이순신 곁을 떠났다가 을미년(1595년)에 **삼도수군통제사 이순신의 조방장**으로 돌아와 근무하였다. 배흥립은 이순신이 파직된 뒤에도 원균 휘하에서 조방장을 계속하면서 김완과 함께 조선 수군을 지켰으며, 칠천량해전에서 고군분투하였지만, 다행히 목숨을 건져서 나중에 이순신이 군사를 수습할 때 합류하여 통제사 이순신을 보좌하였다. 배흥립은 충의와 담략을 갖춘 무장으로 문무를 겸전하였으면서도 크게 자신을 드러내지 않고 이순신을 보필한 장수였다. 무장으로써〈동포집(東圃集)〉이라는 문집을 남겼다.

⑤ **이순신(李純信, 1554~1611)**은 이순신과 동명이인으로 자(字)는 입부(立夫)이며, 세종의 맏형 양녕대군의 후손이다. 젊었을 때 무예를 익혀 무과에 급제하였고, 함경도 혜산진 첨절제사가 되어 오랑캐를 무찔렀지만, 모략에 의해 이억기 등과 함께 파면되었다가 임진년(1592년) 1월 전라좌수영 방답진의 방답첨사로 부임하였다. 좌수사 이순신은 방답첨사 이순신의 억울한 마음을 잘 헤아렸고, 방답첨사는 **용맹하고 담략**이 있었기에, 이순신은 제1차 출전 당시 순천부사(권준)가 부재한 중에 중위장의 막중한 임무를 방답첨사 이순신에게 부여하였고, 방답첨사 또한 주어진 임무를 잘 수행하였다.

제2차 출전 당항포해전에서 기지를 발휘하여 적 잔당을 처단하였으며, 제3차 출전 한산대첩에서 적을 유인하는 임무를 수행하는 **용맹과 민첩함**이 있었다. 전라좌수사 이순신 휘하에서 중위장, 전부장으로 활약한 전공이 커서 절충장군(정3품)에 올랐고 곧 충청수사가 되었지만, 다시 **모함**을 받고 고령진 첨사로 좌천되었다가 또다시 추천되어 육전에 투입, 수원에 주둔하며 한성 방어의 책임을 맡았다.

정유년(1597년) 원균의 칠천량 패전 후 통제사 이순신이 복직되자 입부 이순신은 다시 경상우수사가 되어 이순신의 곁을 지켰으며, 통제사 이순신과 노량해전에서 결사적으로 싸웠다. 통제사 이순신이 전몰(戰歿)한 뒤에는 **경상우수사 입부 이순신**이 전군을 인솔하여 개선하였다.

⑥ **김완**(金浣, 1546~1607)은 골격이 장대하고 날렵하여 **용맹스러운** 가운데 선비의 기풍이 있었다. 다만 과거(科擧, 문과시험)에 운이 없었던 그는 **무과로 방향을 전환**하여 손자병법에서부터 육도삼략에 이르기까지 담론하였으며, 이순신보다 한 해 늦은 1577년 무과에 급제하였다. 1589년 조정의 선전관을 지냈으며, 신묘년(1591년)에 사도첨사로 보직되어 이순신의 예하 장수가 되었다.

〈난중일기〉에서 보듯이 임진년 2월 이순신의 전비태세점검에서 지적을 받은 김완은 제1차 출전에서 우척후장으로 참전하였는데, 한산도에 이르러 **이순신으로부터 "절제하라"는 자숙의 훈계**를 듣고 크게 깨달아 옥포해전에서 전공을 올렸으며, 이후 전투에서 전공을 많이 세워 조정으로부터 표범 가죽으로 만든 두건과 흰 삼베를 하사받기도 하였다. 〈이충무공전서〉에 보면 김완에 대해 "왜적의 전함과 맞서 싸울 적에 남 먼저 북을 치고 용기를 북돋우니 모든 군사가 더욱 용기를 내어 싸웠는데, 그것은 김완에 힘입은 바가 많다. 하물며 생선과 소금을 흥정하여 잘 팔고 양곡과 미숫가루를 잘 비축하여 군사들을 배고프지 않게 한 공은 정말 놀랍다"고 그 활약상을 전하였다.

정유년 2월 이순신이 파직되고 원균이 통제사가 되었을 때도 복병대장 김완과 조방장 배홍립은 조선 수군을 지켰으며, 칠천량해전에 참전하여 고군분투하면서 적선 수 척을 격침시켰는데, 이후 김완은 왼쪽 다리에 탄환을 맞고 물속에 뛰어들었다가 결국 적의 포로가 되어 일본으로 압송되었다. 천신만고 끝에 일본 큐슈에서 탈출에 성공하여 무술년(1598년) 4월말에 부산 동래에 도착, 5월 초 양산군수에게 자초지종을 설명하고 조정에 보고되었으며, 선조는 **"우리나라의 소무[海東蘇武, 해동소무]"**라 칭찬하고, 특별히 함안군수에 보직시켰다. 문무겸전의 김완은 〈용사일록(龍蛇日錄)〉을 남겼다.

⑦ **송희립(宋希立, 1553~1623)**은 어려서부터 남이 따를 수 없는 용맹을 지녔으며, 항상 나라를 위해 몸 바칠 뜻을 품고 있었다. 어버이를 봉양하고 형을 섬기는데 효도와 우애를 다하였다. 무과에 급제하여 지도만호가 되었으며, 임진왜란이 임박하자 **그의 형 송대립과 함께 이순신에게 찾아갔다.** 이순신이 평상시에 그의 용맹함을 듣

고 있었으므로 송희립이 도착하자 크게 기뻐하며 참좌(參佐, 막하 군관)를 삼았다.

송희립은 임진왜란 초기부터 **좌수사 이순신의 막하 군관**으로서 이순신의 두터운 신임을 받았다. 특히 그의 전술에 대한 식견은 모두가 탄복할 정도였다고 한다. 그는 경상도 출동을 적극 주장할 만큼 의기도 강했고, 해전마다 많은 전과를 거두기도 하였으며, 특히 무술년(1598년) **조·명 연합작전 시에는 현장에서의 전술 운용**에 탁월한 능력을 발휘하였다. 그해 가을 당시 조·명 연합수군은 사로병진작전(四路竝進作戰)의 일환으로 순천왜성(예교성)을 공격하고 있었는데, 수륙합공(水陸合攻)이 명 육군제독 유정의 무성의로 인해 성과를 거두지 못한 채 답보상태였었다. 이때 이순신의 참좌 송희립은 아래와 같은 계책으로 통제사 이순신을 기쁘게 하였다.

"왜적이 이미 요새지에 웅거하고 있으므로 힘으로 빼앗기는 어렵습니다. 지금 명나라 군사와 우리 군사가 바다와 육지에서 나란히 내려와 만약 육군이 예교로 다가가고 수군이 장도를 움켜쥐고 영남의 바닷길을 막아 안과 밖에서 왜적의 허리와 등을 중단한다면 사천의 왜적은 틀림없이 돕지 못할 것입니다. 설령 도우려고 하더라도 피차 사이에 전령이 통하지 않으니 서로 응할 수가 없습니다. 왜군의 사기가 떨어지고 양식이 바닥이 나서 기세가 꺾이고 군색해짐을 기다려 사방에서 진격하면 소서행장을 가히 사로잡을 수 있을 것입니다."

이런 얘기가 전한다. 노량해전에서 통제사 이순신의 대장선에서 열심히 싸우던 송희립이 탄환을 이마에 맞아 넘어지자, 통제사 이순신이 이 소식에 놀라 몸을 돌리다 탄환에 맞아 목숨을 잃었다. 송희립이 이 말을 듣고 곧 일어나서 기운을 가다듬고 배 안을 돌며 군사를 독려하고 옷을 찢어 이마를 싸매고 용기백배하여 독전하였는데, 자신처럼 일어날 줄 알았던 이순신은 이미 전사한 뒤였다는 것이다. 한편 통제사 이순신은 죽기 전 자기의 죽음을 부하들이 알지 못하도록 하라고 했지만, 큰아들 회와 조카 완은 소리 내어 곡(哭)을 하려고 하였다. 이때 송희립이 전투 상황의 심각함을 알아차리고, 이들의 입을 막아 곡을 못 하도록 하고, **통제사 대신 북채를 잡고 전투를 독려함**으로써 전투를 승리로 이끌었다고 한다(제장명, 〈이순신 파워인맥〉 중에서).

⑧ **송여종**(宋汝悰, 1553~1609)은 어려서부터 무예를 닦아 전라도 태인현의 업무교생(業武校生)이었다가 **낙안군수(신호)의 대변군관(待變軍官)**으로 참전하였다. 송여종은 적을 무찌를 때마다 **충성심을 분발**하여 남들보다 앞서 돌진하고 목숨을 바칠 각오로 힘써 싸워서 왜적의 머리를 베고 전공이 모두 일등에 참여한 자였다. 이렇게 송여종의 **용맹과 담략**을 잘 아는 이순신은 **부산포해전의 승첩 장계**를 주어 **행재소(의주)에** 보고토록 하였는데, 송여종은 적의 진영을 돌고 돌아 낮이면 숨고, 밤이면 움직여 죽을 고비를 여러 번 넘겨 마침내 행재소에 당도하였다. 이를 가상히 여긴 선조는 술까지 내리면서 그 자리에서 남쪽의 수령 자리를 주라고 지시하였고, 이윽고 정운 장군의 후임으로 녹도만호로 제수되었다.

갑오년(1594년) 3월 제2차 당항포해전에서 전공을 세웠고, 4월 **한산도 진중에서 치른 무과시험에서 급제**하였으며, 더욱 분발하여 명량해전에서도 혁혁한 공을 세웠다. 무술년(1598년) 7월 **절이도해전**에서 통제사 이순신은 명나라 진린 제독이 보는 가운데 왜 적선 100여 척을 상대하여 50여 척을 격침시키는 커다란 전과를 올렸는데, 이때 녹도만호 송여종은 6척의 적선을 사로잡았고, 적 수급 69급을 베는 등 가장 큰 공을 세웠다.

⑨ **안위(安衛, 1563~1644)** 는 힘과 용기가 있었고 무예를 겸비하였다. 1589년(선조 22년) 기축옥사 당시 정여립의 5촌 조카라는 이유로 무고(誣告)되어 평안도 용천군에 유배되었는데, 임진왜란으로 도성이 함락되자 배소(配所, 귀양지)를 이탈한 뒤 평양부에 도착해 어느 병사의 막하에 배속되었다. 임진년(1592년)에 영유무과(永柔武科)에 올라 이항복의 특천으로 대동찰방이 되었다. 갑오년(1594년) 경상우수영의 거제현령이 되어 왜군의 정황에 대한 중요한 정보를 통제사 이순신에게 보고한 바 있다. 계속 거제현령으로 복무하면서 적정(敵情)을 잘 살피고 제공하여 이순신과 많은 교감을 나누었다.

정유년(1597년) 칠천량 패전에서 경상우수사 배설의 휘하에서 영등포만호(조계종)와 함께 배를 빼돌려 조선 수군의 전멸을 모면했으며, 이순신이 다시 삼도수군통제사가 되자 그의 휘하에서 왜적의 대응에 매진하였다. 거제현령 안위는 명량해전에서 홀로 분전하고 있던 이순신의 대장선을 도와 가장 먼저 적진에 돌진하였으며, 이러한 안위의 용기있는 행동이 전 수군 장졸들을 자극하는 상당한 효과를 미쳐서 치열한 명량의 싸움에서 역전승할 수 있었다. 지금은 이순신의 〈난중일기〉가 알려지면서 사람들에게 겁쟁이라는 의심도 받고 있으나, 실제로 안위는 통제사 이순신으로부터 명량해전에서의 공로를 인정받아 조정에 보고되었으며, 조정에서는 안위에게 〈무경칠서〉를 하사하고, 곧 전라병사로 임명하였다.

이순신 사후 안위는 1600년 좌의정 이항복이 삼남을 순회하며 이순신의 유사(遺事)를 작성하고자 할 때 가장 적극적으로 참여하여 가산을 덜어 일이 완수되도록 도왔고, 이윽고 전라좌수사, 충청수사에 올랐다. 1636년 병자호란 때에는 74세의 노구를 이끌고 출전하여 북쪽으로 올라가다가 충청도 은진에서 청(淸)과 강화가 성립되었다는 소식을 듣고 통곡하며 되돌아간 충신(忠臣)이었다.

⑩ **류형(柳珩, 1566~1615)**은 임진년(1592년, 선조 25) 선전관에 임명되었다. 이순신의 〈난중일기〉 계사년(1593년) 7월 1일에 **선전관 류형(柳珩, 1566~1615)**이 등장한다. 그때 이순신은 류형을 처음 만났는데 **단번에 신뢰하게 된다.** 그리고 이튿날 전라우수사(이억기)와 배를 타고 선전관(류형)을 함께 대접하였으며, 점심을 먹고 나서 헤어져 돌아갔다고 적고 있다. 이순신과 류형의 첫 만남은 이렇게 이순신이 아직 삼도수군통제사가 되기 전이었지만 류형을 첫눈에 신뢰하였고, 선전관 류형은 임진년 해전의 영웅인 이순신을 바로 대면하여 얘기하는 기회를 얻었으며 더불어 무장으로서의 꿈을 키웠다.

갑오년(1594년) 무과에 급제하였다. 정유년(1597년) 명량해전 이후 해남현감 류형은 통제영에 군량이 떨어졌다는 말을 듣고 쌀 50섬을 싣고 가서 통제사 이순신을 만나고, 또 **해남현의 수군을 통제영에 부속시켰다.** 해남현의 제도(시스템)가 여러 도에서 으뜸으로 평가를 받음으로써 이때부터 이순신은 류형을 쓸 만한 인물임을 깊이 알게 되어 **마음을 기울여 서로 의지했다.** 류형도 기쁜 마음으로 이순신에게 순종하여 나랏일에 충성을 다하니, 군중의 기밀을 번번이 묻고 의논하여 두 사람의 마음이 서로 합치하였다.

무술년(1598년) 조·명 연합수군이 순천 왜교성을 공격하는 와중에 진린이 이끄는 명 수군의 전선 3척이 썰물에 미처 빠져나오지 못한 채 갯벌에 얹히게 되었다. 일본군은 화공을 준비하고 개미떼와 같이 몰려오고 있었다. 진린은 어찌할 바를 모르고, 이순신도 뾰족한 계책이 나오지 않았다. 이때 류형은 모든 배를 그 3척의 고물(함미)에 매고 한꺼번에 힘을 합쳐 노를 움직여 마침내 갯벌에서 빠져나올 수 있게 하였다.

이즈음 좌의정 이덕형이 순천 지역에 내려와 통제사 이순신을 불러 전황에 대해 논의하던 중 이순신에게 후계자를 묻는데, 이순신은 자신의 부하 중 류형보다 나은 사람이 없다고 답한다. "**충의와 담략이 류형보다 나은 사람이 없소. 관직은 비록 낮으나 크게 쓸만하오.**"

노량해전을 며칠 앞둔 시점에서 순천의 적과 사천의 적들이 서로 봉화를 올리며 응하는 모습을 보고는 류형은 통제사 이순신에게 건의하기를, "만약 사천의 적을 맞아 쳐서 돌아갈 길을 끊는다면 소서 행장도 사로잡을 수 있을 것입니다" 하였다. 그리하여 이순신은 진을 바다 가운데로 옮기고 기다리니 과연 사천의 적군이 다 와서 싸우게 되었다. 노량해전에서 류형은 적의 탄환 6발을 맞았다. 3발은 투구를 뚫었고, 2발은 바지를 스쳤으며, 1발은 오른쪽 갈비를 뚫었으나 부상을 잊은 채 싸움에 전념했다. 그래서 사람들은 신의 도움이라고 말했다. 이 싸움에서 통제사 이순신이 흉탄에 맞아 전사했다고 하므로 류형은 소리를 내지 않고 통곡하면서 싸움을 독려하였다. 해전이 끝난 후 류형은 부산진첨사로 발탁되었다가 부임하기 전에 경상우수사로 임명되었으며, 후일에는 이순신처럼 삼도수군통제사를 역임하였다.

별지 3

이순신의 해전에 대한 현대적 해석[79]

기원전 노선 시대의 살라미스 해전 이후 **바다에서의 전투**는 전쟁 양상을 판가름하는 중요한 결전(決戰)이었다. 범선 시대 이후에는 바다에서 함포를 얼마나 많이 싣고 화력을 집중할 수 있는가에 따라 전투의 향배가 결정되었다. 그러다가 20세기 초 쓰시마해전과 유틀란트해전 등 거함 거포 시대의 해상전을 지나면서 해상에서 수상함 간의 전투는 점차 줄어들었다. 이제는 **해양으로부터 육지로의 전력 투사**(戰力 投射, projecting force), **해양에서의 무력 현시**(顯示, presence), **억제**(抑制, deterrence)의 일환으로 **해군력의 운용 개념**이 전략적으로 변하였다. 특히 잠수함에 의한 SLBM의 발사는 위치의 노출을 최소화하면서 적을 위협하는 최고의 수단으로 판단되고 있다.

임진왜란 이순신의 시대에서부터 현재에까지 통용되는 **해군의 영향력 행사 수단**은 ① 한산대첩, 트라팔가르해전, 유틀란트해전 같은 함포사격에 의한 직접적인 적함 공격, ② 인천상륙작전, 걸프전 같은 함포사격에 의한 지상작전 지원, ③ 1962년 미국의 쿠바 봉쇄 등 해상봉쇄(Naval Blockage)에 의한 적의 고립화, ④ 노르망디 상륙작전, 인천상륙작전 같은 상륙돌격에 의한 지상작전의 개시, ⑤ 증원군과 추진보급의 방호, ⑥ 청해부대 등 해상교통로(SLOC, Sea Lane Of Communication)의 방호, ⑦ 평화 유지를 위한 현시 또는 억제 등을 들 수 있다.[80]

이러한 **해군력 운용의 궁극적인 목적은** 물론 **육상(점령, 조차, 제압 등)**에 있으며, 오늘날에는 항공기, 미사일, 군사위성 등 장거리 탐지·타격 수단을 포함하여 육상과 해상 전투요소 간의 전술·전략적 상호운용성이 훨씬 높아졌다. 이제 해군 대 해군의 전투는 더 이상 함정 대 함정의 전투가 아니다. 단 현재 우리나라와 같은 대치상황은 특수한 예외일 수 있다.

동서고금을 막론하고 **전쟁은 인간(리더십)이 승패를 좌우한다.** 또한, 함정의 무기체계는 전략·전술의 운용에 깊은 영향을 미치며, 결정적인 해전은 목적(purpose)이 아니라 하나의 수단(means)이다. 목적은 항상 해전 그 너머에 있다. 다시 말해서, 해전을 통해 상대를 직접적으로 굴복시키거나 육지를 점령하는 목적을 달성하기보다는 결정적인 해전으로 상대에게 심각한 타격을 입혀서 상대가 세력을 뒤로 물리거나, 전략을 수정하고 철회하거나, 공격보다는 방어하도록 강요하는 하나의 수단이라는 것이다.

그러므로 **전쟁을 바라보는 관점은** ① **리더십,** ② **무기체계,** ③ **전략·전술의 삼위일체(trinity)로서** 이를 고려한 유기적이고 복합적인 사고(thinking)가 **필요하다.** 해전은 특히 그렇다. 이 트리니티는 앞의 설명과 같이 마치 손흥민 선수가 출전하는 축구 경기를 연상하면 이해된다. ① 리더십은 감독과 주장의 역할, ② 무기체계는 손흥민을 비롯한 선수들의 자질과 역량, 팀워크와 시너지, ③ 전략·전술은 4-4-2, 3-5-2 등의 전술 패턴과 공수 전환, 임기응변(기공법과 정공법) 등이다.

이순신의 리더십, 그 혼신의 노력

지금으로부터 지난 2세기 동안의 논쟁 중 하나는 "전쟁 수행이 어느 범위까지 과학(science)이나 예술(art)이 될 수 있는가"하는 것이었다. 그만큼 적·아 최고사령부의 리더십과 무기체계와 전략·전술의 과학적인 측면과 예술적인 측면이 전쟁의 승패를 결정지었다고 해도 과언이 아니다. 우리는 이순신에게서도 과학과 예술의 범주를 넘나드는 그의 눈부신 활약을 목격하였다. 특히 이순신이 보여준 리더십의 신비와 카리스마는 그 힘겨웠던 시절 함께했던 사람들의 목소리를 통해 더욱 소중하게 전해 들을 수 있었다. 수면 위로 드러난 이순신의 리더십 바로 아래의 수면 속에는 조선을 풍비박산(風飛雹散) 내버린 큰 재난과 치명적인 위험이 도사리고 있었으며, 사활이 걸린 전투의 폭력성으로 인해 많은 희생을 감내해야만 했다. 이것은 매우 불행한 역사적 사건이 되었으며, 중세 한·일 관계에 큰 흠절(欠節)이었다.

우리에겐 '혼블로워(Hornblower)'로 알려진 포레스터(C. S.

Forester)의 장편소설은 위대한 가상 영웅, 호레이쇼 혼블로워(Horatio Hornblower)를 만들어냈다. 19세기 해가 지지 않았던 영국, 넬슨의 시대에 범선(帆船)의 정밀한 항해 묘사와 함상 생활의 애환, 혼블로워의 모험과 리더십, 세계사를 좌우한 영국 해양력의 운용 등을 확인할 수 있는 유명한 해양소설이다. 만일 혼블로워가 실존 인물이었다면 위궤양을 얻어 육지로 후송되었을 것이라고 한다.[81] 그만큼 전장 지휘관의 스트레스는 위궤양과 신경성 위염을 촉발한다. '마상의 황제'라 일컫는 나폴레옹도 전장의 스트레스로 인해 생긴 위장병으로 심한 고통을 겪었으며, 이순신도 왜란의 소용돌이 속에서 신경성 위염으로 인해 고통받아 온백원을 처방해 몸을 다스렸다. 그만큼 7년간의 왜란은 이순신의 육체를 상당히 손상케 하였다. 그럼에도 불구하고 이순신은 일신상의 문제는 접어두고 항상 나라에 대한 근심과 왜적에 대한 대비를 우선하였다. 그래서 우리가 주목해야 하는 것은 **이순신이 생각하는 도리(道理)**가 과연 무엇이며, 또 **이순신이 보여준 의지와 인내력의 크기**이다.

이순신의 리더십은 기욱이 넘치는 자기 긍정에서 출발한다. 영문제무(令文齊武)로서 엄(嚴)과 정(情)을 아우르는 인도(人道)를 보였고, **충의(忠義)와 담략(膽略)**의 도리(道理)를 펼쳐 보였다. 누구보다 먼저 전장에 뛰어들고, 승리의 순간에는 기세(氣勢)와 절도(節度)로서 적을 과감하게 제압하였고, **위기의 순간에는 진심을 담아 혼신(渾身)의 열정**을 불태워 상하가 함께 극복하였다. 그래서 이순신의 리더십을 한마디로 표현하기는 쉽지 않다. 그만큼 다양한 국면에서 믿음직스럽고 담략이 깃든 **카리스마 리더이자 예술적 리더**의 모습을 드러냈다.

조선 수군의 우월한 무기체계

 조선 수군의 판옥선은 전후좌우 기동이 원활하고 총통을 얹어 운용할 만큼 견고했다. 그러나 배 밑부분이 둥글어 먼바다에서 운용이 힘들고 속도가 느린 편이었다. 조선 수군은 이런 판옥선의 특성을 활용하여 적선을 만나면 우리가 추격하기보다는 원거리에서 유인하여 적을 에워싸고 사거리가 긴 총통을 발포하여 적에게 타격을 주었다. 그러나 이러한 조선 수군의 전술 패턴은 임진년 이후 서서히 왜적에게 노출되었으며, 그들은 이순신 함대와의 해전을 꺼려 피하였다. 왜적은 조총과 칼을 주 무기로 하므로 조선의 전선에 재빠르게 근접기동하여 총포를 쏘면서 배에 올라서 칼을 휘두르며 등선육박전(登船肉薄戰)을 펼쳤다. **판옥선과 거북선**은 최종적으로 적선과 부딪혀 깨부수고 불을 던져 분멸하는 **당파전술(撞破戰術)**에도 능하였다. 우리의 전선은 주재료가 소나무로 되어 있어 선체가 단단하지만, 일본의 안택선과 관선은 가벼운 삼나무로 되어 있어 해상에서 빠르기는 하나 충격에 약하였다.

 판옥선은 원거리에서 총통을 발사하였고, 천자·지자·현자총통의 사정권을 통과하여 접근하는 왜선에 대해서는 화전, 장·편전 등과 총통에 철환과 조란환(鳥卵丸)을 잔뜩 넣고 화포를 발포하여 산탄총과 같은 효과를 노렸다. 또한 마름쇠를 잔뜩 넣고 화포를 쏘아

인명을 살상했다. 한마디로 조선 수군의 화력은 무시무시한 것이었다. 또 우리 전선에 접근한 적이라면, 이들이 배에 기어 올라오는 것을 최대한 저지하면서 수마석과 뜨거운 물, 유황 등을 퍼부어 적의 배와 잔적을 섬멸해 버렸다. 섣불리 칼을 뽑아 들고 적들과 백병전을 하는 무리수는 최후의 수단인 것이다. 돌격정인 거북선이 있을 때는 좀 더 수월한 공격이 가능한데, 우선 거북선을 적진 깊숙이 침투시켜 화포를 발사하여 적 선두와 내부를 교란시킨 후 판옥선에서의 총통 공격으로 연계하여 적의 허점을 노려 무찔렀다. 그러나 애석하게도 거북선은 칠천량해전에서 적의 제물(祭物)이 되었다. 이순신과 나대용이 만든 거북선은 그렇게 사라져갔다.

해전의 불변요소와 이순신의 전략·전술

우리는 이미 별지 1. 〈전수기의 10조〉를 통해 본 이순신의 전쟁술에서 이순신의 전략·전술을 짚어보았다. 이순신은 먼저 적정을 유심히 살피면서 척후와 요망을 잘 운용하였고, 적·아의 장단을 파악하여 적의 장점에 아측의 단점을 멀리하고, 적의 단점에 아측의 장점을 접목하여 한산대첩 등 쾌승을 이루었으며, 분수와 속오를 알아 진형을 잘 갖추고 위계를 분명히 하였고, 약속을 통해 상하 모두가 전투에서 군령이 제대로 집행되도록 하였으며, 통론형세를 잘 알아 전략적 혜안과 지략을 실천하였던 바다의 수호신이었다.

역사적으로 볼 때 해전에서의 가장 효과적인 공격 방법은 전 함선이 가진 화력을 전투와 동시에 집중하는 것이었다.[82] 해상에서의 전투는 육상보다 집중의 효과가 나타날 가능성이 크다. 해상에는 고지, 강이라는 장애물, 숲의 엄폐물이 없기 때문이다. 또 하나의 효과적인 공격은 정찰 수단을 동원하여 협조된 선제공격(first concerned attack)을 실시하는 것이다. 다시 말해서 바다에서의 효과적인 공격은 ① 우세한 화력집중과 ② 정찰과 정확한 타이밍에 의한 선제공격하는 것이다. 임진왜란 때 조선 수군이 승리한 해전을 생각하면 조선 수군은 우수한 장거리 화포를 활용하여 화력집중을 잘했고, 반면에 정유재란 때 일본 수군은 조선 수군으로 하여금 장거리 기동을 유발하게 하여 우리의 전력을 탈진 상태로 소모케 하고 기습에 의한 선제공격으로 목표를 달성하였다.

임진왜란 때의 함선은 인력으로 노를 저어야 하는 무동력선이었다. 바다에서의 해전은 노를 젓는 격군의 힘과 돛에 의한 바람의 힘을 조정하여 재빠른 기동과 화력을 집중하는 노동력과 화력, 그리고 팀워크의 전투였다. 산업혁명 이후 증기선과 동력선이 출현하면서 동력에 의한 기동 능력이 상당히 우수해졌고, 노를 젓던 인력들이 무장 화력을 운용하는 병력으로 전환되었다. 해전에서는 세월이 지나도 변하지 않는 중요한 요소가 몇 가지 있는데, ① 전투기동, ② 화력발사, ③ 전투정찰, ④ 지휘·통제가 그것이다.

① 전투기동(battle maneuver)

전투기동은 함정이 정해진 위치로 이동하는 전술적 기동이다. 전투정찰 및 화력 발사를 위하여 세력을 배치하는 지휘·통제 활동이다. 기동의 목적은 유리한 전투태세를 확립하는 데 있으며, 기동의 역할은 주로 포격이 개시되기 전에 이루어졌다. 역사적으로 해상에서 유리한 위치를 확보하려는 노력은 계속되었으며, 유리한 위치 확보를 위해서는 속력과 시간이 필요하고, 해상전투지휘관은 전투기동을 위한 통찰력을 구비해야 하였다.

이순신의 해전에서 '전투기동'과 관련된 불변요소를 살펴보면, ㉠ 전투를 예상하여 기동한다는 것은 항상 그러했던 것처럼 전투의 중요한 일부이다. **기동은 대규모로 이루어지고 있다.** 옥포해전, 당포해전, 한산대첩(한산도해전, 안골포해전), 부산포해전 등 이순신의 함대는 20여 척의 판옥선으로 전투를 수행하고, 40여 척의 작은 협선들로 허장성세를 이루는 경우가 많았으며, 특히 제2차 출전 당항포해전 이후에는 **이억기 함대와 연합하여 협동작전을 수행하여** 기동하였다. 주요 기동 진형은 경계진, 첨자진, 장사진, 학익진 등 이었다.

㉡ 해상에서 기동의 목적은 적에 비해 유리한 위치를 확보하는 데 있다. 거점(strong point)과 같은 지리적 의미의 **절대적 위치**는 해상에서는 육상에서만큼 중요하지 않다. 물론 **지리적 의미의 절대적 위치**가 긴요한 **전략적 중요성**을 가질 수는 있다. 이순신은 한산도해전과 안골포해전, 부산포해전에서는 해상에서 유리한 위치를 확보하였고, 계사년 **한산도 이진**으로 병목을 꽉 쥐고 눌러앉아 적의 서해안 진출을 차단하였다.

② 화력 발사(firepower)

화력 발사는 적의 세력 운용 능력을 파괴하는 역량을 말한다. 역사적으로 각국의 해군은 군함의 생존성과 전투지속력을 증가시킴으로써 적의 화력에 대비하였다. **우리가 보유한 중무기의 사정(射程)이 적의 사정을 능가한다면** 그때에는 적의 유효사정 밖에서 적을 파괴하는데 충분할 정도의 전력을 집중하여 공격을 가하여야 한다. 또한 유효화력을 집중하여 임무를 달성하는데 충분한 양의 발사 수단을 보유하고 있어야 한다는 것은 더욱 중요하다. 그리고 **열세한 전력으로는 모험을 피하고 선제적인 기습공격 방법을 강구해야 한다.** 그렇지 않을 경우에는 직접적인 해상전투를 피하고 회피(evasion), 생존(survival), 침식(erosion) 등의 전략을 채택해야 하며, 이러한 전략을 구사함에 있어서는 행운과 노련한 기술이 뒤따라야 한다. 그리고 화력을 구사함에 있어 전쟁의 불확실성에 항시 유의하고, 아군의 무기를 견뎌낼 수 있는 적의 능력을 과소평가하지 말라는 것이다.

이순신의 해전에서 '화력 발사'와 관련된 불변요소를 살펴보면, ㉠ **유효화력의 선제발사**는 가장 중요한 전술적 목표가 된다. 이순신의 초기 해전은 적에 대한 화력집중을 통해 선제공격에 의한 기습의 효과를 달성하는 것이었다. 첫 해전인 옥포해전에서는 척후선을 제대로 활용하여 선제공격으로 적을 제압하였고, 당항포해전에서는 독 안에 든 쥐를 잡듯 적선에 화력을 집중하는 전과를 창출하였다.

㉡ **연속사격의 조건**에서는 순수 유효 세력의 근소한 우위로도 전세를 결정지을 수 있을 뿐만 아니라, 적으로부터 그에 상응하는 피

해를 받지 않고도 성공을 거둘 수 있을 것이다. 이순신 함대는 판옥선에 천자·지자총통을 싣고 대장군전, 쇠철환, 조란환 등을 방사하였고, 또 연속발사(Salvo)를 통해 적을 원거리에서 제압하였고, 근거리로 접근하여 화포와 화살의 질사(迭射)로 인명을 살상하고, 마지막은 당파전술로 적선을 분멸(焚滅)시켜 끝장내 버렸다.

③ 전투정찰(scouts)

전투정찰은 정찰(reconnaissance), 감시(surveillance), 정보전(information warfare) 등을 동원하여 정보를 수집한다. 전투정찰을 통해 적의 위치, 취약점, 전투력 그리고 무엇보다도 적의 의도에 관한 전술적 정보를 획득하게 된다. 반대로 대정찰수단(antiscouts)은 적의 전투정찰 활동을 파괴, 차단, 지연시키는 방해활동으로 '경계(screening)'라고 부른다.

〈손자병법〉'용간(用間)' 편에는 "총명한 군주와 현명한 장수가 움직이기만 하면 적을 이기고 출중하게 공을 세우는 것은 먼저 적정(敵情)을 알고 있기 때문이다. 먼저 적정을 안다는 것은 귀신에게 물어서 취할 수 있는 것도 아니고, 유사한 사례에 비추어 알 수도 없으며, 일정한 법칙에 의해 파악되는 것도 아니다. 반드시 사람을 통해서 적정을 알아야 한다"고 말하고 있다.[83] 이순신의 소통에 등장하는 중남과 용이, 제만춘 등 포로된 사람들과의 대화도 적정을 면밀히 파악하기 위한 이순신의 노력이었다.

이순신의 해전에서 '전투정찰'과 관련된 불변요소를 살펴보면, ㉠

대항세력, 대정찰 그리고 정찰, 감시 대항책의 목적은 아군의 화력이 효과를 발휘할 때까지 적의 화력 발사를 지연시키거나 그 효과를 감소시키기 위한 것이다. 이순신은 옥포해전 때부터 척후(斥候)를 잘 활용하였다. 당항포해전에서도 먼저 척후를 들여보내 적선의 동태를 살폈으며, 한산대첩에서도 먼저 척후를 들여보내 적 함대 전체를 유인하여 넓은 바다로 끌고 나오는데, 성공하였다. 또 한산도로 이진한 계사년 8월 이후에는 고성의 벽방산, 거제의 영등포 및 대금산에 요망군을 배치하고 사도첨사와 방답첨사를 복병대장으로 삼아 감시 업무를 철저히 하면서 적정을 세심하게 살폈다. ⓒ 방어는 해전에서 전투를 좌우하지 못하며 패배를 늦춰주는 지구력 이상의 역할을 거의 하지 못하였다. 명량해전의 승리 후에도 이순신은 고군산열도에까지 적정을 살피며 전략적 후퇴를 거듭하였다. 다행히 겨울철이 다가와 월동의 어려움을 알고 일본 수군이 경상도로 물러났기 때문에 이순신은 고하도와 고금도로 서서히 내려오면서 통제영을 건설하여 동진하게 된다.

④ 지휘·통제(command & control)

지휘·통제 중 지휘(指揮)는 부대에게 요구되는 것이 무엇인가를 의사결정하고, 통제(統制)는 요구되는 것을 실행에 옮기는 것이다. 지휘는 지휘관과 참모, 그리고 기동상황이나 복잡한 전투정보의 전시 등을 할 수 있는 물적장비(NTDS 상황판) 등에 의해 구체화되며, 통제는 통신장비, 작전명령, 함대 전술교리, 전술신호서 등에 의해 구체화된다. 지휘의 첫 번째 목적은 통제를 유지하는 것이며, 가능한 한 혼란이 없도록 하는 것이다. 질서가 생기면 세력의 집중이 뒤따른다.

전술지휘관은 자신의 전력(함정)을 화력 발사, 대항세력 출격대응, 전투정찰 및 경계에 각각 배치함으로써 지휘·통제를 구사한다. 리더의 의사결정은 주변 환경에 대한 탐지, 자군 부대의 정보 처리, 요망되는 상태에 대한 비교 분석, 지휘관의 결심과 전투 행동으로 주기(cycle)를 그리며 순환한다. 특히 **시간(Time)과 타이밍(Timing, 적시성)은 중요한 요소이다.** 시간은 지속의 개념이며, 타이밍은 지휘관이 심호흡을 한번 한 후 전술적 지휘를 내리는 그 결정적 순간을 의미하는데, 시간은 단축이 가능한 양적인 개념이며, 타이밍은 선택의 순간을 뜻한다.

한편, 마틴 반 그레벨트(Martin van Greveld)는 〈전쟁에서의 지휘(Command in War)〉에서 고대부터 현재에 이르기까지 지상전의 역사를 기술하면서, 모든 지휘체계가 다루어야 할 핵심 문제로 '**전쟁의 불확실성**'을 지적하였다. 그에 따르면, 전쟁의 불확실성을 극복하기 위하여 어떤 방법을 채택해야 하는지를 알려주는 기술적 의사결정론이 존재하지 않으며 또한 존재한 적도 없다는 것이다.

이순신의 해전에서 '지휘·통제'와 관련된 불변요소를 살펴보면, ㉠ **해군은 손상을 복구하는데 육군에 비해 훨씬 오랜 시일이 소요된다.** 이러한 사실은 해상에서 공격이 전세를 지배한다는 사실과 더불어 해군이 육군에 비해 모험을 극력 피하도록 하는 한 원인이 되었다. 칠천량해전 후 명량해전 전후의 상황이 그랬다. 칠천량해전의 패배로 인해 조선 수군은 궤멸 수준으로 파괴되었다. 대규모 판옥선의 손실과 안타까운 군사들의 죽음, 그리고 살아남은 패잔병들의 육체적·정신적 손상을 복구할 시간적 여유가 없었다. 그래서 정확히 두 달 만에 치른 명량해전에서 이순신의 승리는 그만큼 가치가 크다고 하겠다. **손상된 전력의 긴급 복구가 어렵다.** 이것이 바로 이순신이 명량해전 후에도 전선을 물리며 적정을 살핀 이유이다.

ⓒ **시간과 적시성(timing)**은 정찰, 감시와 적에 대응하는 각종 대항책 운용에 있어서 결정적인 고려사항이었다. **이순신의 타이밍은** 옥포해전, 당항포해전, 한산대첩과 부산포해전, 명량해전, 노량해전에서 결정적 순간을 맞이하였으며, 특히 **명량해전은 이순신 몰입의 하이라이트였다.** ⓒ 판단과 어떤 이론적인 기획과정을 실제에 적용하면서 **열세 세력의 지휘관은** 승리를 쟁취하기 위해서는 **기꺼이 위험을 감수할 자세가** 되어 있어야 한다. 명량해전에서 이순신은 혼신의 노력을 다했다. 잠을 자면서까지 몰입하여 꿈에서 신인이 나타나 이렇게 하면 이기고 저렇게 하면 진다고 알려주었다. 이순신의 대장선 한 척이 울돌목에서 버틴 시간은 위험을 감수하고 상황을 역전시키는 골든타임으로, 이순신의 **필사즉생(必死則生)**이었다.

유능한 해상전투지휘관의 발굴 (이순신칼럼 29편 참고)

미국 해군의 〈함대전술(Fleet Tactics)〉이 말하는 해전사의 가장 중요한 불변요소는 '유능한 해상전투지휘관의 발굴'이다. 현재 전 세계에서 가장 강력한 해군력을 보유한 미국 해군조차 더 많은 시간을 들여 지휘관으로 하여금 "**최선을 다해 전투 리더들을 발굴하여 그들을 바다로 보내 그곳에서 훈련시키라**"고 강조한다. Key Point는 "Searching for New Naval Leader!"

불멸의 이순신은 죽어서도 영원히 죽지 않고 우리 안에 살아 있다. 그러나 이순신의 지속가능성은 한계가 있었다. 이순신의 정신은 남아있었지만, **이순신의 전략·전술**은 제대로 승계되지 못하고 차가운 노량의 바다에서 건져 올리지 못하였다. 그래서 **앞으로 우리가 할 일**은 해저(Bottom)에 가라앉은 **이순신 닻 리더십**을 건져 올려서 또 **온고지신**(溫故知新)의 마음으로 제대로 익혀서 **온축(蘊蓄)**하고, 대한민국 해군의 미래에 충무공 이순신 제독과 같은 해상전투지휘관을 많이 배출해야 하는 것이다.

에필로그

"당신의 바다에 가장 먼저 닻을 던져라"

[무술일기] 1598년 11월 17일, 어제 복병장 발포만호 소계남과 당진포만호 조효열 등이 왜의 중간 배(중선) 1척이 군량을 가득 싣고 남해에서 바다를 건너 올 때 한산도 앞 바다까지 쫓아갔다. 왜적은 언덕을 따라 육지로 올라가 달아났고, 포획된 왜선과 군량은 명나라 군사에게 빼앗기고 빈손으로 와서 보고했다.

이순신의 〈난중일기〉 마지막 장이다. 이날의 일기를 끝으로 이순신은 더 이상 일기를 쓸 수가 없었다. 바로 다음 날 11월 18일 밤에서부터 11월 19일 아침까지 노량해전이 터졌기 때문이다. 위 11월 17일 일기에 보이는 왜의 중선은 이미 11월 16일 이전에 사천과 남해의 일본 잔당들과 밀약을 마치고 복귀하는 왜선이었으며, 11월 18일이 되자 왜선 500여 척이 노량과 남해 일대에 집결하였다. 그리하여 이순신은 다급히 순천 왜교성의 해안봉쇄(海岸封鎖)를 풀고, 18일 전 함선을 이끌고 노량으로 결사전(決死戰)을 치르러 바닷길을 가르며 동으로 나아가게 된다. 바야흐로 노량해전(露梁海戰)의 시작. 조·명 연합수군과 일본 정예수군 간의 대혈투(大血鬪)는 조·명 연합수군의 승리로 끝이 났지만, 조선의 주장 이순신과 명나라의 노장 등자룡 등 여러 장수들이 전사하였고, 순천 왜교성의 고니시 유키나가(소서행장)는 대혈투의 틈바구니를 빠져나가 일본으로 도주하였다.

이순신은 마지막 죽는 그 순간까지도 국토를 참절한 적을 결코 용납하지 않는 참 군인이었다. 이순신은 백척간두의 위기 상황에서 조선을 구하였고, 몸은 비록 죽었으나 그의 숭고한 정신은 역사에 길이 남았다. 우리가 살펴본 이순신 닻 리더십은 앞으로 우리가 살아가는데 떳떳한 삶의 기준이 될 것이다. 그리고 해군 장병들에게는 함정의 자이로(Gyro)처럼 자기 삶의 중심을 잡아줄 것이라 확신한다. "과연 앵커 타투가 유행할까?"

역사는 반복된다. 16세기 조선의 상황과 현재 우리나라의 상황을 비교해보자. 한반도 주변 땅은 대체로 변함이 없다. 하지만 한반도를 둘러싼 안보 상황은 크게 변하였다. 이른바 한·미·일의 자유민주주의 국가 대 북·중·러의 공산주의 국가 간의 치열한 각축장이다. 그 시대 이순신은 무장이자 바닷사람으로서의 통찰을 통해 임진왜란을 겪으면서 '**바다에서 오는 적은 바다에서 막자**'는 비전(Vision)을 수십 차례 해전을 통해 당연하지 않은 것에서 당연한 것으로 만들어 놓았다. 오늘날 우리 해군은 각고의 노력 끝에 주변국에 버금가는 해군력을 유지하고 있다. 우리 해군이 주변국에 대해 억지력(抑止力)을 가지려면 최고의 함정과 전력비의 우세만이 전부가 아니다. 우리 해군의 전략·전술을 개발하고, 유능한 해상전투지휘관을 많이 양성해야 한다. 그리고 여기에 **이순신 닻 리더십**을 심어서 **21세기형 해상전투지휘관 이순신을 탄생시켜야 한다.** 그래야 주변국 해군이 감히 넘보지 못하는 대한민국 해군이 될 수 있는 것이다.

돌이켜보면 필자의 청춘도 지금의 여느 젊은이들처럼 조그만 바람에도 이리저리 흔들리는 슬픔과 고통이 혼재했다. 고등학교 3학년 때 어머니가 돌아가시면서 큰 시련과 풍파를 맞았고, 적응도 쉽지 않았던 해군사관학교 4년의 생도생활은 정말 힘겨운 나 자신과 싸움이었다. 이후의 해군 장교 생활 또한 결코, 만만치 않았다. 필자의 해군 경력은 그리 대단한 것이 아니다. 하지만 평범한 필자도 이렇게 이순신의 책을 낼 정도로 노력하였다는 것을 보여주고 싶었다. 그래서 일부러 저자 소개란에 해군 경력을 거의 다 적었다. 그나마 해군 생활 중 나름 리더십이라는 분야를 주로 공부할 기회를 얻었고, 또 고민할 수 있어서 큰 축복이었다. 하지만 해군 생활의 고비는 언제나 찾아왔고, 그 고비마다 이순신 제독을 생각하면서 다시 힘을 기르고 정신을 집중할 수 있었다. "거짓말처럼 해상전투지휘관 이순신을 생각하면 내 삶의 태도가 바뀌게 된다."

필자가 해군에서 해상전투지휘관을 경험한 적이 있었다. 때는 1997년 해상고등군사반(93기) 교육차 대전 해군대학에서 해군의 전투전술을 공부하던 시기였다. 교육과정의 마지막에 학생장교들이 청·홍군으로 나뉘어 '전쟁연습(War Game)'을 하게 되었는데, 항해과 막내였던 필자는 선배들의 추대로 졸지에 청군 해상전투전단장의 직책을 수행하게 되었다. 능수능란한 운용자(Operator) 선배들의 도움으로 서해상의 교전에서 홍군을 제압하고 승리를 쟁취하였는데, 전쟁연습 교관의 매서운 질문이 아직도 뇌리에 남아있다. 그는 결전 당일 실탄이 동이 난 고속정들을 적함과 충돌하게 한 것은 다소 무모한 시도였으며, 이들을 후방으로 돌려서 함정을 존속시킬 필요가 있지 않았느냐는 것이었다. 당시 해상전투지휘관(필자)은 처음 경험하는 해상전에서 앞으로 일어날 상황을 선배 참모들에게 묻고, 미리 지시할 사항을 판단하여 적시에 집행하는 것을 우선으로 삼았기 때문에, 교관의 좀 더 멀리 내다보는 통찰이 아깝다는 말이 비록 전투에서는 승리했지만, 그 과정에서 무리한 함정 기동을 지시했음을 반성하였다. '실제 전투였다면, 고속정을 적함과 충돌하여 장렬히 전사하라고 지시했겠는가?' 전쟁연습에서의 해상전투지휘관 경험은 이후 함정 근무와 해군 생활에 큰 도움이 되었다.

바다를 항해하다 보면 생전 처음 보는 풍경들, 물고기들, 사람들을 만나게 된다. 그런고로 필자는 해사생도 4학년 때의 원양훈련을 잊을 수가 없다. 우리나라를 떠나 세상의 바다로 나가서 폭풍우를 뚫고 대서양까지 가보고 나니, 그만큼 마음도 성장하여 그 이후의 삶에 큰 자신감으로 작용했던 것 같다. 인생의 독특한 경험은 승부수를 던지게 한다. 그때 필자는 원양훈련을 통해 느낀 감정을 해군사관학교를 졸업하며 모교의 로고로 역동성 있게 만들어 학교 측에 제공한 적이 있다. 물론 채택되지 않았다. 여기에도 앵커가 들어간다. 그리고 선비 사(士)자가 들어간다. 이 로고는 두 개의 앵커로 외부 틀을 잡고, 중앙의 태극 문양 안에 생동감 있는 선비 사(士)자를 넣어서 흔들리는 바다에서도 안정된 자세로 나아가는 느낌을 주었다(아래 그림 참조).

 이 글에서 필자는 "이순신 닻 리더십"이라고 표현했지만, 독자들도 이제는 이순신을 떠올리면 자신만의 이미지가 형성되었을 것이다. 독자들은 지금 이때에 이순신을 생각하면서 결심을 고민해야 한다. 그래야 새로운 통찰이 생겨날 것이다. 이순신이 독자들에게 주는 꿈과 용기, 희망을 잘 성찰하면 주체할 수 없는 에너지로 함양시킬 수 있는 것이다.

 "당신의 바다에 가장 먼저 닻을 던져라"

 "Bon Voyage"

서평

지금의 세계는 한 나라가 휘두르는 일방적인 리더십으로 인해 더욱 혼란스러운 국제 정세와 사회 전반에 디지털혁명, AI 혁명의 최첨단 분야가 속속 등장하면서, 각계각층에서는 각자 올바른 방향을 찾으려고 궁리하는 매우 중요한 시기입니다. 더욱이 한국 사회의 특수성을 고려할 때, 보다 현명하고 진실한 리더십이 요구되고 있으며, 여기에 적응하고 대응해야 하는 평범한 직장인으로서 실로 지금이야말로 리더십에 대한 의미를 곱씹을 때가 아닌가 생각하게 됩니다.

필자와의 오랜 인연으로 『이순신 닻 리더십』을 먼저 접하였고, 동시대가 아닌 조선시대 이순신 장군의 리더십을 한 기업인으로서 색다른 측면에서 들여다보게 되었습니다. 처음에는 구국의 영웅인 이순신 장군에 대한 얕은 지식으로 읽기 시작하였으나, 읽으면 읽을수록 다양한 역사적 사료와 필자의 해군 장교 시절 풍부한 경험이 가미된 감각적인 해석으로 이순신 장군의 리더십을 좀 더 친근하고 객관적으로 이해할 수 있었습니다. 마치 현장지휘관을 제가 옆에서 지켜보는 느낌이랄까요.

또 다른 관점은 이순신 장군의 리더십이 과연 우리 조직과 부합하는지를 눈여겨본 것인데, 조선시대 수군에서의 리더십이 과연 현대 사회에 어느 정도 연계될 수 있을는지 내심 궁금하기도 했습니다. 다행히 이순신 장군의 리더십은 시대를 초월하여 그 시대뿐 아니라 현대의 우리 조직에도 필요하다는 것을 새삼 느꼈습니다. 필자가 말하는 것처럼 리더십의 본질은 나로부터 시작하여 나로 끝맺음할 수 있는 "닻 리더십"이란 것을 말이죠.

이 책은 이순신 리더십의 핵심 요소를 일관되게 서술, 해석, 요약하여 줌으로써 많은 부분 쉽게 이해할 수 있도록 했습니다. 그중에서 가장 공감이 가는 리더십 덕목의 하나는 '본인의 전문성을 확보하라'는 것입니다. 스스로 일의 즐거움(嗜慾, 기욕)에 빠져들어 전문성과 경쟁력을 기른다면 어떨까요? 젊은 세대들이 가볍게 생각하는 직업에 대한 일면을 다시금 생각하게 하는 것 같습니다.

또한 이순신의 상황을 명확하게 파악하는 통찰력과 임기응변, 판단한 내용을 조직의 공용 언어로 약속하여 방향을 제시하고, 계층 간 끊임없는 대화와 신뢰를 바탕으로 한 소통과 커뮤니케이션, 조직의 사기를 생각하는 적절한 보상과 함께, 리더 개인의 절제, 솔선수범, 그리고 조직의 끊임없는 훈련과 반복·숙달을 통한 새로운 창의 등으로 '이순신 닻 리더십'의 핵심을 전개하는 서술이 돋보였습니다. 이는 현대 조직사회에서도 꼭 필요한 리더십 핵심 요인이기에 더욱 눈에 띕니다.

이 책을 읽고 있으니, '평화를 원한다면, 전쟁에 대비하라'는 역설적인 문구가 계속 떠오르고 떠나질 않습니다. 이순신 장군은 누구나 갈망하는 평화를 위해서는 최악을 대비하는 철두철미한 사전 준비가 필요하다고 역설하고 몸소 실천했는데, 이는 지금 어지러운 세상을 대하는 우리들에게 앞으로 어떻게 살아가야 할지 명확한 방향을 제시한다고 생각합니다.

끝으로 현시대에도 통용되고도 넘칠 수밖에 없는 시대를 초월한 이순신 장군의 철학을 좀 더 깊게 이해할 수 있도록 '리더십의 닻'을 내린 필자에게 감사하며, 이 책을 접하는 모든 이들이 '이순신 닻 리더십'이라는 보편 타당성의 리더십 철학으로 자기 중심을 굳게 잡고, 험한 세파를 당당히 헤쳐 나가기를 기원합니다.

강신민(대영엠텍 연구소장)

『이순신 닻 리더십』은 우리에게 색다른 이순신을 만나게 한다. 영웅 이순신을 신화 속 위인이 아닌, 피와 땀으로 전장을 누빈 인간적 리더로 되살려내었다. 그래서 새로운 시각인 Seaman's Eye를 통해 해상전투지휘관 이순신을 생각하게 한다. 이 책을 읽는 내내 영화 "Master and Commander"의 주연 배우, 러셀 크로우가 떠오르기도 하고, 소설 "Hornblower"의 주인공, 호레이쇼 혼블로워가 연상되었다. 이순신이 내 곁에 살아 숨 쉬는 느낌이다.

그리하여 나에게 이순신은 지금도 살아 숨 쉬는 뜨거운 역사라는 것을 이 책, 『이순신 닻 리더십』은 증명하였다. 무엇보다 이순신이 보여준 위기 앞에 흔들리지 않는 통찰, 부하들과 함께하는 소통, 불굴의 담대함과 창의가 어우러져 오늘을 사는 우리에게도 진정한 용기의 길잡이가 될 것이다.

강윤진(KEYSTONE CG 대표)

사람과 고전이 연결되면 사람의 생각이 무한히 확장된다고 합니다. 무인이 쓴 고전에는 현실적 고뇌와 미래를 바꿔낸 해법이 있다고 합니다. 이순신 장군이 쓴 〈난중일기〉 속 영감을 저자 특유의 통찰로 풀어 쓴 이 책은, 읽는 내내 현대인이 하루하루 직면하는 문제를 슬기롭게 풀어가도록 생각의 깊이를 더합니다. 더불어 AI가 사람의 생각을 추론하는 수준으로 진화한 지금, 이순신의 대화를 읽는 것만으로도 독자들이 AI와 추론하는 대화의 수준을 높일 것이라 확신합니다.

김경묵(인문학공장 공장장, 〈이도 다이어리〉 저자,
전 삼성전자 수석 디자이너)

우리나라의 대표적인 리더는 세종대왕과 이순신 장군입니다. 시대가 흘러도 두 리더의 위대함은 쉽게 변하지 않죠. 아니 시대가 지날수록 위대함이 더 빛나고 두 리더의 리더십이 더 필요함을 느낍니다.
우리가 어떤 리더의 책을 읽고, 어떤 리더를 바라보느냐에 따라 나의 미래와 내가 속한 조직의 미래가 결정된다고 생각합니다. 이미 세종과 이순신의 리더십을 한 권의 책으로 펴냈던 국정호 작가가 이번에는 이순신 리더십 이야기를 별도로 책을 냈습니다. 기존에 많이 나왔던 이순신 리더십 책과는 차별화된 것입니다.
저자는 해군사관학교를 졸업한 후 이순신 장군처럼 바다에서 나라를 지켰고, 해군충무공리더십센터 창립멤버로 이순신 리더십 연구와 교육을 담당했으니, 이미 문무를 겸비했다고 할 만합니다. 또 전역 후에는 국방 무기체계 관련 업무에 종사했으며, 다양한 단체에서 세종과 이순신을 연구해 왔으니, 참으로 그 노력이 은근하고 경력부터 남다르다고 할 수 있겠습니다.

저는 현장 경험을 매우 중요하게 여깁니다. 현장에서 깊이가 나오기 때문이죠. 국정호 작가가 과거 함정 지휘관으로서 바다를 지킨 경험과 마음이 이 책에 잘 녹아있고, 이순신 리더십을 지금 시대에 맞게 잘 표현했습니다. 왜 우리는 위기의 순간마다 이순신 동상을 쳐다보게 될까요?

저는 국정호 작가와 세종 리더십 공부를 오랫동안 해왔습니다. 국 작가가 성실한 자세로 파고드는 탐구 정신에 늘 감탄하고 있었는데, 작가는 지금도 청년 해군 장교와 같은 기백을 가지고 매사에 임하는 듯 보입니다. 이런 바른 정신으로 이순신 리더십을 제대로 알리기 위해서 쓴 책이기에 이순신 리더십에 관심 있는 사람들에게 자신있게 추천합니다.

김성엽(해군OCS장교중앙회 부회장, 전 하나은행 임원)

익히 알려진 역사를 소재로 글을 쓰는 것은 매우 조심스럽다. '또?'라는 인식이 작용할 수 있어서 독자의 눈길을 끌어당기기가 쉽지 않기 때문이다. 그래서 역사를 소재로 글을 쓰려면 독자를 끌어당길 만한 새로운 해석이나 세상에 드러나지 않았던 사실을 제시해야 한다.

그런 점에서 『이순신 닻 리더십』은 성공했다. 내일을 내다보는 젊은이들이 자기 계발을 위해 리더십에 관심을 갖는 시대에, 묵직하게 닻을 내린 이순신 장군의 리더십이 정확하게 그려졌고, 해군에서 근무했던 저자의 바닷길 경험이 곳곳에서 부족함 없이 드러났기 때문이다.

그동안 이순신과 임진왜란에 대해 많은 이야기가 있었지만,『이순신 닻 리더십』만큼 정밀하게 리더십을 분석한 책은 없던 것 같다. 뿐만 아니라 이순신의 해전도 이처럼 생생하게 분석하고 묘사한 책도 보지 못했다. 대개는 어느 곳에서 어떤 전투가 위급하게 벌어졌다는 식의, 어딘가 어색하게 만들어진 '위급한' 얘기들이었다. 하지만 '이순신의 닻'은 달랐다. 한편으로는 소용돌이치는 죽음의 물살을 읽고, 다른 한편으로는 패배의 기억 때문에 기력을 잃은 군사들을 독려하면서 전투에 몸을 던지던 장군의 모습이 떠오른다. 꼼꼼하게 전투 현장을 분석한 해군 출신의 저자가 아니었다면 나올 수 있는 글이 아니었다.

경험할 수 없었던 바닷길과 깊이 닻을 내린 이순신 장군의 리더십을 소개해 주셔서 감사하다. 더불어 〈Seaman's Eye〉의 시각이 있다는 사실도 깨닫게 해줘서 다시 한번 고맙게 생각한다. 잘 보았다. 다음 책도 기대가 된다.

오규원(작가, 세종병법 소설 〈파저〉 저자)

『이순신 닻 리더십』은 충무공 이순신 제독의 전 생애와 전장 경험을 바탕으로, 그 속에 담긴 리더십 원리를 현대적으로 재해석한 책이다. 저자는 단순히 성웅으로서의 위인상을 전하는 데 그치지 않고, 실제 전장에서 발휘된 지휘관으로서의 결단과 고뇌를 구체적으로 드러내어 독자들이 "현장의 리더 이순신"을 만날 수 있도록 안내한다. 이 점에서 이 책은 역사서이자 동시에 리더십 교본으로서의 가치를 지니고 있음을 강조하고 싶다.

무엇보다 인상 깊은 점은 저자가 제시하는 '닻(Anchor) 리더십'의 개념이다. 닻은 바다 위의 선박을 흔들림 없이 해저에 고정케 하는 장치이자, 항해의 출발을 가능케 하는 첫 행동이다. 저자는 이 상징을 통해 "리더는 가장 먼저 뛰어드는 사람이며, 조직을 흔들림 없이 지켜주는 존재"라는 메시지를 설득력 있게 풀어낸다. 또한 닻을 구성하는 부품을 10가지 리더십 요인과 연결하여, 이순신 장군이 보여준 기욕(克己), 충의, 담략, 인내, 성실, 진심, 소통, 창의, 몰입, 통찰의 덕목을 구조화했다. 이는 추상적인 미덕을 단순히 나열하는 수준이 아니라, 실제 행동과 연결될 수 있도록 설계된 점에서 주목할 만하다.

이 책의 강점은 사료 해석과 경험적 통찰의 결합에 있다. 저자는 〈난중일기〉, 장계 등 역사적 기록을 면밀히 분석하면서도, 해군 장교로 복무한 자신의 경험과 'Seaman's Eye'를 더해 설명한다. 이를 통해 독자는 전투 현장의 긴박함과 지휘관의 고민을 생생하게 체감할 수 있으며, 동시에 리더십의 원리를 보다 구체적으로 이해하게 된다. 예컨대 명량대첩을 단순히 영웅적 승리로 보는 것이 아니라, "조직이 전의를 상실했을 때 리더가 어떻게 몰입과 언어적 리더십으로 사기를 회복시켰는가"라는 시각으로 조명한 부분은 현대 조직에도 직접적으로 적용이 가능한 교훈을 제공한다.

또한 이 책은 보편성과 특수성을 동시에 제시한다. 보편성은 리더가 지녀야 할 핵심 원칙, 즉 책임·헌신·결단·도덕성의 가치에서 확인할 수 있으며, 특수성은 해군이라는 조직적 맥락에서 나타난다. 바다는 불확실성과 고립의 공간이다. 따라서 해군 리더십은 타군에 비해 더욱 강한 신뢰와 결속, 그리고 위기 상황에서의 순간적 결단을 필요로 한다. 저자가 강조하는 '닻 리더십'은 바로 이러한 해군 리더십의 특성을 압축적으로 보여주며, 군(軍)이라는 조직을 포함한 다른 조직 리더들에게도 위기관리의 보편적 교훈을 제공한다.

종합적으로『이순신 닻 리더십』은 이순신 제독을 통해 리더와 팔로워, 즉 조직 구성원 모두에게 깊은 통찰을 제공하는 책이다. 저자가 강조하듯, 이순신은 신화적 존재이기 이전에 감정의 기복을 겪고, 부하와 더불어 먹고 자며, 두려움과 고뇌 속에서도 결단을 내린 한 명의 리더였다. 바로 그 인간적 면모 속에서 우리는 위대한 리더십의 본질을 발견하게 된다. 저자는 마치 최근의 현실을 예견한 듯 오늘날 불확실성과 위기가 일상화된 사회에서 이 책은 리더라면 누구나 스스로에게 물어야 할 질문을 던진다. "나는 내 조직을 지켜내는 닻이 될 수 있는가?"

『이순신 닻 리더십』은 리더십 전문가에게는 연구의 확장을, 현장의 리더에게는 성찰의 기회를, 젊은 세대에게는 도전의 용기를 주는 귀중한 역작이라 평가할 수 있다.

이주용(중원대학교 국가안보융합학과 교수, 예. 해군 대령)

2005년 의무 복무를 위해 해군 정훈장교로 임관한 저는 3년간 임진왜란 해전사 강의와 조선시대 총통 복원 발사 시연 등을 담당하는 해군 교육사령부 충무공리더십센터 교관직의 영예를 얻었습니다. 부임 당시 '충무공수련원'이었던 부대명은 리더십 교육·연구를 토대로 한 새로운 국방 패러다임 전환을 내세운 당시 국방부의 기조에 따라 2006년 '충무공리더십센터'로 바뀌었고, 해군사관학교를 거쳐 국방대학교를 비롯한 유수 대학에서 리더십을 전공한 항해병과(현 함정병과) 출신 엘리트 장교들이 대거 이 부대로 영입됐습니다. 초대 센터장인 박재훈 대령의 엄정하되 자상한 지휘 아래 실무 교관들은 똘똘 뭉쳤습니다.

동해 1함대 1전단 인사참모를 마치고 부임한 국정호 당시 소령이 그 중심에 있었습니다. 군사학과 리더십 분야는 물론이고 역사와 철학, 정치학 등 분야를 넘나드는 폭넓은 지식의 해박함을 어느 누구도 따라갈 수 없었던 기억이 납니다. 그가 '이순신 닻 리더십'을 출간했다는 소식을 듣고 남다른 기대감이 앞섰던 이유입니다. 리더십을 전공한 우리 해군 함정병과 장교 출신이 충무공 이순신 제독 리더십을 풀어쓴 경우는 이번이 처음입니다.

출간 소식을 접하고 반가움을 감출 수 없었습니다. 충무공 이순신 제독의 진수를 제대로, 또 알기 쉽게 설명했기 때문입니다. '필사즉생 필생즉사(必死則生 必生則死, 죽고자 하면 살 것이고, 살고자 하면 죽을 것이다)', '금신전선 상유십이(今臣戰船 尙有十二, 신에게는 아직 12척의 전선이 있습니다)' 같은 비장한 어록 때문에 충무공 이순신이라고 하면 결기 충만한 용장(勇將) 이미지만 떠올리는 사람들이 적지 않습니다.

하지만 임진왜란 7년 전쟁을 관통하는 이순신 제독의 전략은 '이길 방도를 미리 정해놓고 싸운다'는 선승구전(先勝求戰)에 가깝습니다. 백병전에 능한 왜군 병력을 태운 무른 재질의 배를 좁은 바다가 아니라 넓은 바다로 유인해 멀찌감치 거리를 두고 총통을 발사해 분멸(焚滅)하는 원거리 해전이 지장(智將) 이순신 전략의 핵심에 가깝습니다. 앎을 향한 욕심이 많은 독자들은 이런 내용들을 설명한 '이순신의 장단 : 선승구전'(별지 1)부터 먼저 읽기를 추천합니다. 그럼, 충무공 이순신 제독을 새로운 관점에서 이해할 수 있습니다.

성웅(聖雄) 이미지의 오랜 틀보다 "같은 목표를 가진 팔로워들과 적절하게 소통하면서 주어진 환경, 상황 등을 적시적이고 면밀하게 분석하여 조직과 구성원들을 잘 이끌고 나아갈 수 있도록 바람직한 영향력을 미친다"(이순신칼럼 30)는 리더십의 관점에서 바라볼 수 있습니다. 저자는 충무공 이순신 제독의 리더십을 배가 새로운 정박지에 도착했을 때 가장 먼저 내려 배를 해저에 고정시키는 '닻'에 비유합니다. 단순히 희생적인 일에 먼저 뛰어드는 살신성인(殺身成仁, 자기를 희생해 옳은 도리를 지킨다)의 열사가 아니라, 조직이나 국가의 비전·목표를 달성할 실행 전략을 제시하는 '현실의 영웅' 이순신을 저자의 소개로 만날 수 있습니다.

충무공 이순신과 임진왜란 해전사를 둘러싼 '불멸의 이순신' 등 드라마와 '명량', '한산', '노량' 등 영화도 이 책을 읽고 다시 보길 권해봅니다. 더욱 입체적으로 이순신을 이해할 수 있습니다. 내친김에 7년 전쟁의 진면목을 옹골차게 이해하고 싶다면 이민웅 해군사관학교 명예교수의 명저 '임진왜란 해전사'(2004)까지 곁에 두고 수험생 모드로 충무공 이순신 제독과 임진왜란 7년사를 '열공'해 보는 것도 추천합니다.

정석우(조선일보 기자, 전 해군충무공리더십센터 교관)

『이순신 닻 리더십』은 우리가 어릴 때부터 익숙한 이순신의 위대하고 영웅적이며 서사적인 관점이 아닌 한 인간으로서 전장에 임하는 지휘고뇌(指揮苦惱)와 구사한 세부 전략·전술을 해상전투지휘관의 관점에서 재조명하였다. 『이순신 닻 리더십』은 전쟁 승리를 넘어 인내와 진심, 성실, 소통으로 민심(民心)과 군심(軍心)을 하나로 응집할 수 있도록 집대성하였다.

이 책에서 해상전투지휘관 이순신의 특징은, 첫째, 엄정한 약속(約束, 명령)의 군기를 바탕으로 신상필벌을 공정하게 집행하여 절대적인 신뢰를 구축하였다. 둘째, 이순신 특유의 인내가 빚어낸 위기 극복 능력이다. 임진왜란 중 두 번의 파직과 투옥으로 치욕적인 상황에서도 백의종군하여 명량해전에서 판옥선 13척으로 왜적선 133척을 물리치는 기적 같은 승리를 이끌었다. 셋째, 탁월한 전략적 통찰력(Insight)이다. 이순신은 임진년 판옥선 및 거북선 등 신형 전함과 학익진 등 다양한 전술을 적재·적소에 적용하였고, 정유년 울돌목 등 다양한 지형, 조류, 기상을 냉철하게 분석하여 불리한 전세(戰勢)를 역전시켜 명량해전에서 승리하였다. 넷째, 사명감과 희생정신이다. "죽고자 하면 살고, 살고자 하면 죽는다"는 신념 아래, 이순신은 끝까지 해상에서 전투를 지휘하다가 장렬히 전사하였다.

이렇게 먼저 위험에 뛰어들어 솔선수범하는 『이순신 닻 리더십』은 인내·성실·진심·통찰 등 조화를 이루며, 오늘날 조직에서도 충분히 적용이 가능한 모범적인 리더십 실천 사례라고 할 수 있다. 이 책은 저자의 해군 장교로서 해상 근무 경험을 바탕으로 Seamen's Eye로 살펴보고 펼쳐냄으로써 아주 흥미진진하고 새롭게 다가온다.

최영규(해군 대령, 전 방위사업청 잠수함사업팀장)

참고자료

소서(素書)

　　세간에 비밀스러운 글인 황석공(黃石公)의 "소서(素書)"이다. 2022년에 작고한 조순 전 경제부총리가 어릴 적 암기했던 비서(秘書) 3종 중 하나가 '황석공소서(黃石公素書)'라고 알려지면서 주목을 받았다. 황석공 도인은 이 글을 장량(張良)에게 내려주며 후에 뜻을 이룬 뒤 "이 글을 전할 인물이 아닌 자에겐 절대 물려주지 말라 외려 화(禍)를 부른다"고 했다고 한다. 물려줄 인물이 없었든지 장량은 자신의 무덤에 묻어 두었다고 한다. 천하가 어지러웠을 때 천하를 통일하고 난세를 평정하였던 장량과 같은 도와 지혜를 터득할 수 있다고 한다. 총 6장으로 구성되며, 이순신도 공부했다는 소문이 무성하다(출처 : 난세를 살아가는 지혜, 소서(素書) / 작성자 인학당).

❀ **소서(素書)** : 소서는 글자 그대로 본디, 바탕, 근원이 담긴 글이며, 진시황이 죽고 기울어질 대로 기울어진 진나라 말기 황석공이라는 신비스런 노인으로부터 옛 한나라의 후손인 젊은 장량이 공손한 예를 다해 받아 공부한 글이며, 소서의 가르침을 닦은 장량은 후에 한 고조(유방)를 도와 천하통일의 대업을 이루게 된다.

❈ **황석공(黃石公)** : 진나라 말기의 숨은 도인군자이며, 장량의 인물을 알아보고 그에게 소서를 전해주어 새로운 시대를 열게 하고 천하를 안정시키게 한 도인이다. 장량에게 책을 주며 "이 글을 읽으면 제왕의 스승이 될 수 있으며, 10년 후에는 그 뜻을 이룰 것이다. 그리고 13년 뒤에 제수 북쪽에서 나를 만날 것인데, 곡성산(또는 황산) 아래 누런 돌이 나이니라" 하고는 홀연히 사라졌다고 한다.

❈ **장량(張良)** : 기원전 210년 진나라 말기 천하가 그야말로 난세 혼란의 시기였을 때 **한 고조를 도와 그의 책사가 되어 천하를 통일하게 한 결정적인 인물이다.** 결승천리(決勝千里 : 천리 밖에서 이미 승리를 결정짓는다), 성공불거(成功拂去 : 공을 세우고 나면 물러난다), 장자방(張子房) 등 그의 도의 이치 및 전략, 처세 등을 비유한 말들이 많이 있다. 장량은 황석공의 예언대로 소서를 공부한 뒤 한 고조의 스승이 되어 10년 뒤 대업을 이루고, 13년 뒤 곡성산 아래 누런 돌인 황석공을 만나게 된다.

❈ **제1장 원시(原始) 道의 시작**

부도덕인의예 오자 일체야(夫道德仁義禮 五者 一體也)
도·덕·인·의·예, 이 다섯 가지는 모두 하나요, 일체 즉 한 몸과 같은 것이다.
도자 인지소도 사만물 부지기소유(道者 人之所蹈 使萬物 不知其所由)

도(道)라는 것은 사람이 밟아 따르며 나아가야만 하는 것이니, 만물로 하여금 그 만물이 어디서부터 말미암은 것인지 그 유래를 알지 못함이다.

덕자 인지소득 사만물 각득기소욕(德者 人之所得 使萬物 各得其所欲)

덕(德)이라는 것은 사람의 얻을 바인 것이니, 만물로 하여금 각기 그 바라고 구하는 바에 따라 얻게 됨이다.

인자 인지소친 유자혜 측은지심 이수기생성(仁者 人之所親 有慈惠惻隱之心 以遂其生成)

인(仁)은 사람이 무릇 아끼고 가깝고 친함을 말하는 것이니, 자비롭고 은혜롭게 측은지심으로 그 인을 널리 이루어 나감을 말한다.

의자 인지소의 상선벌악 이입공입사(義者 人之所宜 賞善罰惡 以立功立事)

의로움(義)이란 사람이 가져야 할 마땅함인 것이니, 의당 선행을 상주고 악행을 벌함으로써 공을 세우고 일을 이룸이다.

예자 인지소리 숙흥야매 이성인륜지서(禮者 人之所履 夙興夜寐 以成人倫之序)

예(禮)란 사람이 무릇 행하여 나갈 바이니, 심신을 삼가하며 아침이면 일어나고 밤이면 자는 것과 같은 자연의 질서와 같이 인륜의 그 질서를 이루어 나감이다,

부욕위인지본 불가무일언(夫欲爲人之本 不可無一言)

무릇 사람이 사람다운 근본 및 도리를 이루고자 한다면 위의 도덕인의예(道德仁義禮) 다섯 가지 중 어느 한 가지라도 없이 어찌 이룰 수 있겠는가? 단 한 가지도 없으면 안 되는 것이다,

현인군자(賢人君子) 명어성쇠지도(明於盛衰之道)

현인군자는 성하고 쇠하는 도의 이치에 밝아야 하고,

통호성패지수(通乎成敗之數)

일의 성패의 수(數)에 통해야 하며,

심호치란지세(審乎治亂之勢)

난을 다스리는 즉 치란(治亂)의 그 동정(動靜)과 세(勢)를 살필 줄 알며,

달호거취지리(達乎去就之理)

물러나고 나아가는 때를 알아야 함이다(즉 일을 시작하기 전의 준비, 그리고 시작 후 전개되는 과정 속, 그리고 일을 모두 마친 뒤, 즉 매사 모든 일의 각 과정에서 취해야 할 군자의 도를 말함이다).

고(故) 잠거포도 이대기시(潛居抱道 以待其時)

고로 현인군자는 그 도를 안으로 잘 가라앉히고 품고 유지하며, 밖으로 펼 때가 올 때를 조용히 기다리다가

약(若) 시지이행즉능극인신지위(時至而行則能極人臣之位)

만약 그 때가 오게 되어 도를 행하게 되면, 인신지위 즉 백성과 신하의 각 그 위치에 맞는 질서의 자리를 지극히 세우고 실천함이요,

득기이동즉능성절대지공(得機而動則能成絶代之功)

계기나 기회를 얻은 즉 동하여 움직여 무릇 절대적 공(功)을 이룰 것이니라.

여기불우 몰신이이(如其不遇 沒身而已)

허나 만약 그 때를 만나지 못하면 그저 몸을 숨기고 멈추어 있을 뿐이다.

시이 기도 (是以 其道)

이와 같이 그 도로써

족고이명중어후대(足高以名重於後代)

후대에 그 도의 높고 중함을 알게 함으로 족함이다.

우 제1장 언도불가이무시(右 第一章 言道不可以無始)

이상 제1장 원시 편은 도(道)라는 것은 원시(原始), 즉 근원·근본됨의 시작이 없이는 불가함을 말함이다.

❈ 제2장 정도(正道), 준(俊), 호(豪), 걸(傑)

덕족이회원(德足以懷遠)

덕은 널리 멀리까지도 품을 만하고,

신족이일리(信足以一異)

신뢰와 믿음은 각기 다름을 하나로 합할 만큼이며,

의족이득중(義足以得衆)

의로움은 대중의 마음을 얻기에 충분하며,

재족이감고(才足以監古)

재능 재주 능력은 옛 선조의 본보기가 될 만하며,

명족이조하(明足以照下)

밝음은 능히 고루 아래까지를 비출만 하니,

차 인지준야(此 人之俊也)

이는 준인(俊人)의 바른 도이다.

행족이위의표(行足以爲儀表)

행동은 가히 모범·본보기가 됨이 충분하고,

지족이결혐의(智足以決嫌疑)
지혜로움은 뭇 사람들로부터 의심받고 손가락질 받지 않을 만하며,
신가이사수약(信可以使守約)
신뢰를 보면 가히 한번 약속을 하면 반드시 지키는 자이며,
렴가이사분재(廉可以使分財)
청렴함을 보면 가히 자신의 재산을 능히 어려운 백성들과 나눔이 있으니,
차 인지호야(此 人之豪也)
이는 호인(豪人)의 바른 도이다.
수직이불폐(守職而不廢)
맡은 바 직분과 임무에 오로지 불철주야 최선을 다해 임하며,
처의이불회(處義而不回)
의당 올바른 일에 처했을 시에는 뒤를 돌아보는 주저함이 없으며,
견혐이불구면(見嫌而不苟免)
괜한 오해와 의심을 받음에는 구차히 면피하려 변명하지 않으며,
견리이불구득(見利而不苟得)
재물과 이익, 돈이 될 것이 눈에 보인다고 해서 구차하게 구하려 하지 않으니,
차 인지걸야(此 人之傑也)
이는 걸출한 사람(傑人)의 바른 도이다.
우 제2장(右 第二章) 언도불가이비정(言道不可以非正)
위의 제2장 준(俊), 호(豪), 걸(傑)과 같은 도(道)는 자신 스스로 심신에 바름(正)이 없다면 결코 이루지 못함을 말함이다.

❀ 제3장 구인지지(求人之志) 뜻을 구하다.

절기금욕 소이제루(絕嗜禁欲 所以除累)
즐기고 취하고 싶은 욕구를 끊고 금함으로써 허물과 누의 끼침을 덜어냄이요,
억비손악 소이양과(抑非損惡 所以禳過)
올바르지 않은 것과 악행을 누르고 하지 않으려 함은 조심하고 조심하며 허물됨을 짓지 아니함이요,
폄주궐색 소이무오(貶酒闕色 所以無汚)
주색을 삼가함은 빠져들어 심신이 물들고 더럽혀지지 않게 함이요,
피혐원의 소이불오(避嫌遠疑 所以不悞)
쓸데없는 구설과 의심되는 일을 피하려 함은 그릇됨이 없게 하려 함이다.
박학절문 소이광지(博學切問 所以廣知)
학문을 간절히 묻고 배우며 익힘은 세상의 이치를 널리 알고자 함이요,
고행미언 소이수신(高行微言 所以修身)
행동은 높고 삼가하며 말은 낮추고 조심함으로 자신을 닦아 나가고자 함이다.
공검겸약 소이자수(恭儉謙約 所以自守)
공손하고 검소하며 겸손하고 절약함으로써 자신을 지켜 나감이며,
심계원려 소이불궁(深計遠慮 所以不窮)
깊게 계획하고 멀리 사려함은 장차 궁색함이 없게 함이다.
친인우직 소이부전(親仁友直 所以扶顚)

어짊으로 친하고 정직함으로 이웃 벗들과 지냄은 무너지고 넘어지지 않게 서로 힘이 되려 함이요,

근서독행 소이접인(近恕篤行 所以接人)

다가가 용서하고 포용하며 행실을 돈독히 해 나감으로 사람들과 소통하고 교감으로 맺어 감이요,

임재사능 소이제무(任材使能 所以濟務)

적재적소에 인재들을 잘 쓰이게 함으로써 맡은 바 소임을 잘 수행해 나감이 됨이요,

단악척참 소이지란(癉惡斥讒 所以止亂)

악행과 간교한 아첨, 이간질을 척결함으로써 난을 다스리고 그치게 함이다.

추고험금 소이불혹(推古驗今 所以不惑)

예전의 일을 되돌아보아 본받고 반성하며 지금에 새김은 다시 미혹됨이 없게 함이요,

선규후도 소이응졸(先揆後度 所以應卒)

법보다 먼저 상황을 헤아리고 살핌을 먼저 함은 뜻밖의 상황을 대응함이며,

설변치권 소이해결(設變治權 所以解結)

다양하게 설득과 이해를 가지고 응하며 권한을 다스려 나감은 막힌 것을 풀고 또 풀면서 새롭게 맺고 결속하게 함이요,

괄낭순회 소이무구(括囊順會 所以無咎)

필요한 물품을 챙겨 들고 곳곳을 찾아다니며, 감독하고 관리하며 순회를 행함으로써 맡은 바 소임에 허물이 없게 함이다.

궐궐갱갱 소이입공(橛橛更更 所以立功)

다시 또 다시 계속해서 근무에 최선의 노력을 다하고, 경계와 방심을 늦추지 않음으로써 공을 하나씩 세워 나감이요,
자자숙숙 소이보종(孜孜淑淑 所以保終)
힘쓰며 힘쓰고 삼가하고 삼가함은 이룬 그 공을 잘 마지막까지 마무리를 잘 짓고 유지하며 잘 지켜지게 하기 위함이다.
우 제3장 언지불가이망구(右 第三章 言志不可以忘求)
위의 제3장은 찾고자 갈구하고자 함을 잠시라도 잃는다면 자신의 뜻을 세움은 불가함이라.

❀ 제4장 본덕종도(本德宗道) 도와 덕을 근본 뿌리로 두라.

부지심독행지술(夫志心篤行之術)
무릇 마음에 뜻을 품고 이를 돈독히 행하고자 하는 방법으로는
장막장어박모(長莫長於博謨)
장구한 것은 넓고 다방면의 지혜를 모아 도모하는 것만한 것이 없다는 것을 알며,
안막안어인욕(安莫安於忍辱)
욕된 것을 인내함만한 편안함은 없으며,
선막선어수덕(善莫善於修德)
선한 것의 으뜸은 덕을 닦고 펴는 것이며,
락막락어호선(樂莫樂於好善)
삶의 즐거움은 그저 선행함 자체를 좋아하는 것 외엔 없음이라.
신막신어지성(神莫神於至誠)

신성하고 신명스러움엔 지극한 정성만한 것이 없으며,

명막명어체물(明莫明於體物)

밝고 밝음은 직접 몸소 겪어보고 체득한 것만한 밝음이 없으며,

길막길어지족(吉莫吉於知足)

길한 것은 스스로 만족하는 것만큼 길한 것이 없으며,

고막고어다원(苦莫苦於多願)

고통은 이것저것 많은 것을 원하는 것만한 고통이 없는 것이고,

비막비어정산(悲莫悲於精散)

슬픔은 정신이 이리저리 헤메고 흩어짐만한 것이 없다.

병막병어무상(病莫病於無常)

병은 꾸준하며 일정함이 없이 막살아가는 것으로부터 인한 병듦만한 것이 없으며,

단막단어구득(短莫短於苟得)

짧게 끝나는 것은 구차하게 얻은 것만큼 짧은 것이 없으며,

유막유어탐비(幽莫幽於貪鄙)

비열하게 탐한 것만큼 까마득히 아득하게 흩어지는 허망한 것을 가져옴이 없으며,

고막고어자시(孤莫孤於自恃)

고독하고 외로운 것은 나 혼자만 잘났다고 하는 자세로 인한 외로움과 고독함 만한 것이 없으며,

위막위어임의(危莫危於任疑)

위태로움은 의심이 가면서도 임무를 맡기는 것만큼 위험한 것이 없다.

패막패어다사(敗莫敗於多私)

일의 실패·패망은 사사로움과 사사로운 감정에 일을 그르치는 것만

한 것이 없는 것이다.
우 제4장(右 第四章) 언본종불가이리도덕(言本宗不可以離道德)
위의 제4장은 뜻을 마음에 품고 이를 돈독히 행하여 나가기 위한 근본과 으뜸에 도와 덕을 떠나서는 결코 이루지 못한다는 것을 말함이다.

❀ 제5장 준의(遵義) 의를 따르다.

이명시하자 암(以明示下者 闇)
잘못을 밝혀야 하는 사람이 아랫사람을 보고 지나침은 일을 더욱 숨기고 어둡게 만들게 되고,
유과부지자 폐(有過不知者 蔽)
허물과 잘못이 있어도 알지 못하는 자는 자꾸 덮고 가리게 되며,
미이불반자 혹(迷而不返者 惑)
헤매고 방황됨 속에서 제자리로 돌아오지 않는 자는 수렁과 미로에 빠진 듯 미혹됨이요,
이언취원자 화(以言取怨者 禍)
말로써 타인의 원한을 만드는 자는 곧 재앙을 부르는 것이며,
령여심괴자 폐(令與心乖者 廢)
명령·지시에 마음이 하나가 되지 않고 어그러짐이 있는 자는 곧 버리고 못 쓴 폐업이 됨이요,
후령유전자 훼(後令謬前者 毀)
정책과 지시·법령이 앞뒤가 맞지 않고 오락가락 갈팡질팡인 자는

즉 그 정책과 그 관련한 일은 이미 훼손된 것이 되며,

노이무위자 범(怒而無威者 犯)

나무람과 꾸짖음에 위엄이 없이 행해짐에는 되려 반대로 범함을 당할 일을 일으키게 됨이요,

호직욕인자 앙(好直辱人者 殃)

남을 직선적으로 모욕주고 정곡을 찔러 망신을 자꾸 주는 자는 결국 자신에게 재앙을 불러옴이다.

육살소임자 위(戮殺所任者 危)

남을 잘못되게 하거나 심지어 죽이고 깎아내려서 자신의 자리나 일을 받은 자는 곧바로 위태로움이 되는 것이다.

만기소경자 흉(慢其所敬者 凶)

공경하고 받들어 행할 일에 게으름과 나태함을 떠는 자는 흉함이 되는 것이요,

모합심리자 고(貌合心離者 孤)

하고자 하는 마음 없이 겉으로만 수습하는 자는 결국 외롭게 됨이요,

친참원충자 망(親讒遠忠者 亡)

간사하고 아첨하는 자들과는 친하고, 질책하고 간언하는 충신을 멀리하는 자는 즉 망하게 될 것이며,

근색원현자 혼(近色遠賢者 惛)

현인은 멀리하고 색만 가까이하는 자는 흐리고 어둡고 혼미해지게 됨이요,

여알공행자 난(女謁公行者 亂)

여인의 말만 듣고 아울러 여인이 원하고 청하는 대로 공공연히 공

적인 일을 추진함은 곧 세상에 어지러운 난리를 불러일으킴이다.

사인이관자 부(私人以官者 浮)

사사로운 인연으로 공적인 자리나 조직이 이루어짐은 뿌리 없는 뜬 조직이 된다.

능하취승자 침(凌下取勝者 侵)

아랫사람을 능멸하고 억눌러 취한 승리나 의사결정은 되려 침범을 일으킨다.

명불승실자 모(名不勝實者 耗)

명분 없이 이기고 얻은 실리는 이내 소모되어 진다.

약기이책인자 불치(略己而責人者 不治)

자신은 빠지고 남들에게만 책임을 전가하는 자는 다스리지 못한다.

자후이박인자 기(自厚而薄人者 棄)

스스로에겐 후하고 타인에게는 야박한 자는 이미 사람들에게 버려지고 꺼리어 멀리하게 된다.

이과기공자 손(以過棄功者 損)

잘못과 허물로 애쓴 공을 버려지게 하는 자는 손해가 됨이요,

군하외리자 윤(群下外異者 淪)

무리들 가운데 나만이 유독 다름을 드러내는 자는 수렁에 빠지게 됨이요, (또는 뭇사람들에 각기 다른 마음을 가지게 하는 자는 마찬가지 수렁의 늪에 들어감이다.)

기용불임자 소(旣用不任者 疎)

이미 등용한 자를 믿고 맡기지 않음은 듬성듬성 구멍이 난 듯 관계와 조직이 엉성해진다.

행상인색자 저(行賞吝色者 沮)

상을 베풂에 인색한 자는 사기가 그치고 저하 됨이다.

다허소여자 원(多許小與者 怨)

많은 것을 공약하고 실상은 지키지 못하고 적게 하는 자는 원망을 낳게 한다.

기영이거자 괴(旣迎而拒者 乖)

이미 환영해 맞이하고는 거절하는 자는 어그러짐과 단절됨이다.

박시후망자 불보(薄施後望者 不報)

야박하게 베풀고서는 바라는 것은 많은 자는 보답이 불가함이요,

귀이망천자 불구(貴而忘賤者 不久)

귀하게 되었다고 예전의 천했던 시절의 교훈을 잊는 자는 그 귀함이 오래 가지 못함이요,

염구원이기신공자 흉(念舊怨而棄新功者 凶)

옛 서운함과 원한을 가슴에 품고 지우지 못하고, 새로운 일과 공을 세울 것을 져버리는 자는 흉함이 된다.

용인부득정자 태(用人不得正者 殆)

인재를 등용함에 바른 자를 구하지 않는 것은 곧 위태로움이요,

강용인자 불축(强用人者 不畜)

강함으로만 사람을 등용하는 자는 모여 쌓이기 어렵고, 억지로 사람을 쓰는 자는 기르기 어렵다.

위인택관자 난(爲人擇官者 亂)

특정인을 위해 자리(관직)를 택해 만드는 것은 어지러운 난리를 일으킴이요,

실기소강자 약(失其所强者 弱)

강하게 할 바와 그때를 잃은 자는 약함이요,

결책이불인자 험(決策而不仁者 險)
정책을 수립함에 어질지 못하고, 백성을 사랑하는 애민이 없는 자는 험하며 간악한 것이다.

음계외설자 패(陰計外泄者 敗)
은밀한 비밀을 밖으로 새게 행동하는 자는 곧 패함이요,

후렴박시자 조(厚斂薄施者 凋)
거두는 것은 많게 하고, 베풂은 야박한 자는 시듦이다. 세금은 과하게 거둬들이고, 거둔 세금이 골고루 후하게 베풀어지지 않음은 곧 그 경제나 살림은 시들게 됨이다.

전사빈 유사부자 쇠(戰士貧 遊士富者 衰)
목숨을 바쳐 생사를 넘나들며 전투를 벌이는 전사들은 가난하게 살고, 하는 일도 없이 놀고 먹는 자들은 오히려 부유하게 산다면 그 집단 그 국가 그 사회는 곧 이미 시들고 기울어 가는 쇠한 세상이다(또 열심히 임무에 최선을 다해 노력하는 사람은 갈수록 가난해지고, 거꾸로 노력도 안 하는 자들이 노력도 없이 불로소득을 통해 오히려 갈수록 부를 취득해 가는 국가 사회는 이미 기운 빠진 생기 활력을 잃은 노쇠한 세상 그 자체이다).

화뢰공행자 매(貨賂公行者 昧)
뇌물이 공공연히 행해지는 사회는 곧 날이 어두워진 세상인 것이요,

문선홀략 기과불망자 포(聞善忽略 記過不忘者 暴)
남의 선행은 가벼이 지나쳐 잊어버리고, 남의 허물과 잘못은 꼭 기억해 잊지 않는 자는 한마디로 포악하고 난폭한 자이다.

소임불가신 소신불가임자 탁(所任不可信 所信不可任者 濁)
임무를 맡기고는 믿지를 못하고, 믿음이 가는데도 임무를 맡기지

아니하는 자 곧 흐린 물처럼 탁해진 것이다.

목인이덕자 집(牧人以德者 集)

덕으로써 사람들을 대하고 맡은 바 일을 하는 자에겐 인재와 따르는 사람들이 모여듦이요,

승인이형자 산(繩人以刑者 散)

오로지 법만 따지며 형벌로써만 포승줄로 사람을 대하고 다스리며 일하는 자에겐 인재와 사람들이 산산이 흩어짐이다.

소공불상 대공불립(小功不賞 大功不立)

작은 공로라도 존중하고 인정해서 그 상을 인정함이 없다면 큰 공이 이루어지기는 불가하다.

소원불사 대원필생(小怨不赦大怨必生)

작은 원한을 헤아려 풀어내지 않는다면 반드시 큰 원한이 생긴다.

상불복인 벌불감심자 반(賞不服人 罰不甘心者 叛)

상을 주고 벌을 내림에 백성들의 마음을 얻고 달래고 공감을 사지 못한다면, 결국 배신감과 반감을 낳게 된다.

상급무공 벌급무죄자 혹(賞及無功 罰及無罪者 酷)

공이 없는 곳에 상을, 죄가 없는 자에게 벌을 주는 것은 세상이 가혹함이요, 독이며, 한이 된다.

청참이미 문간이구 망(聽讒而美 聞諫而仇 亡)

아첨하는 자는 아름답게 여기고, 충언하는 자는 원수로 여기는 자라면 즉 망할 자이다.

능유기유자 안(能有其有者 安)

능히 있는 것을 잘 있게 하는 자는 편안함이라 함이요,

탐인지유자 잔(貪人之有者 殘)
남의 있는 것을 탐하는 자는 잔인함이다.
우 제5장(右 第五章) 언준이행지자 의야(言遵而行之者 義也)
위의 제5장은 이와 같은 이치를 따르고 행함을 하는 자는 곧 의(義)라 이름이다.

❀ 제6장 안례(安禮) 마음을 편히 정하고 예를 행하다.

원재불사소과 환재불예정모(怨在不赦小過 患在不預定謨)
원한은 작은 허물을 용서하지 않음에 있고, 환란은 계획을 세울 시 미리 예측하지 않은 데에 있으며,
복재적덕 화재적악(福在積德 禍在積惡)
복은 덕을 쌓고 쌓이는 것에 있음이요, 반대인 재앙과 화는 악을 쌓고 쌓인 것에 있다. 즉 덕이 쌓여 복이 됨이요, 악이 쌓여 화가 됨이다.
기재천농 한재타직(飢在賤農 寒在惰織)
굶주림과 배고픔은 농사를 천시함에 있고, 추위에 떨고 삶은 옷감 짜는 일을 게을리함에 있다.
위재실사 안재득인(危在失事 安在得人)
위태로움은 일을 그르치고 빠뜨리고 오인하고 틀어지며 잃어버림에 있는 것이요, 편안함은 사람을 얻음에 있다.
부재영래 빈재기시(富在迎來 貧在棄時)
부(富)는 오는 때를 잘 준비하고 맞아들임에 있으며, 가난함(貧)은 때를 준비하지 못하고, 그 때를 잊고 멀리하고 돌보지 않았으며 버

렸기 때문이다.

상무상조 하다의심(上無常躁 下多疑心)

윗사람이 늘 분주하고 발을 동동 구르듯 조급해 보이지 않으면, 아랫사람들은 슬슬 무엇들하고 있나 의심스런 마음을 가지게 되고,

경상생죄 모하무친(輕上生罪 侮下無親)

윗사람을 가벼이 여기면 죄를 짓는 일이요, 아랫사람을 업신여김은 친함이 사라지게 됨이라.

근신부중 원신경지(近臣不重 遠臣輕之)

가까이 있는 신하들이 중히 처신하지 않으면 아래 먼 신하들도 가벼이 처신하게 되며,

자의불신인 자신불의인(自疑不信人 自信不疑人)

스스로를 의심하는 자는 다른 사람을 믿기 어렵고, 스스로에게 확신과 신념이 있는 자는 사람을 의심하지 아니한다.

왕사무정우 곡상무직하(枉士無貞友 曲上無直下)

굽은 자에겐 바른 친구가 없음이요, 반듯하지 못한 상사에겐 곧은 아랫사람이 없음이다.

위국무현인 난정무선인(危國無賢人 亂政無善人)

위태로운 나라에는 현인이 없고, 어지러운 정치에는 선량한 자 그리고 선량한 민심을 만나기 어렵다.

애인심자구현급(愛人深者求賢急)

널리 사람을 아끼는 마음이 깊은 자는 그들을 위해 일할 현인을 구하려 백방으로 구하려 하고,

낙득현자양후인(樂得賢者養厚人)

현자를 만나고 맞이하길 즐거움으로 하는 자는 백성들이 넉넉하고

풍요롭게 걱정없이 살게 하고자 한다.

국장패자 사개귀(國將霸者 士皆歸)

나라가 장차 부강해지려면 유능한 인재들이 모여들게 되고,

방장망자 현선피(邦將亡者 賢先避)

나라가 망하려 하면 어진 자들이 먼저 떠나간다.

지박자 대물불산(地薄者 大物不産)

땅이 척박하면 좋고 큰 생산물을 낳기 어렵고,

수천자 대어불유(水淺者 大魚不遊)

물이 얕으면 큰 물고기가 머물기 어렵고,

수독자 대금불서(樹禿者 大禽不棲)

벌거숭이 나무엔 큰 새가 머물지 못하며,

림소자 대수불거(林疎者 大獸不居)

숲속의 수풀이 우거지지 못하면 큰 짐승이 머물지 못함이다.

산초자 붕, 택만자 일(山峭者 崩, 澤滿者 溢)

산이 경사지고 가파르면 무너지게 됨이요, 연못에 물이 가득하게 되면 넘치게 됨이다.

기옥취석자 맹(棄玉取石者 盲)

옥을 버리고 돌을 취하는 자는 소경 같은 자이며,

양질호피자 욕(羊質虎皮者 辱)

양의 기질인 자가 겉으론 호랑이처럼 하고 있음은 부끄럽고 욕된 일이다.

의불거령자 도(衣不擧領者 倒)

옷깃을 들고 거들어 입지 않으면 넘어지고,

주불시지자 전(走不視地者 顚)

달릴 때 땅을 보지 않는 자는 넘어짐이다.

주약자 옥괴, 보약자 국경(柱弱者 屋壞, 輔弱者 國傾)

기둥이 약하면 집이 무너지듯이 나라를 도울 대들보들이 약하면 그 나라는 기울어지기 마련이다.

족한상심 인원상국(足寒傷心 人怨傷國)

발이 차면 심장이 상한 것이고, 백성들 원한은 나라가 상한 것이다.

산장붕자 하선휴(山將崩者 下先隳)

산이 붕괴되려면 먼저 아래가 무너지는 것이요,

국장쇠자 인선폐(國將衰者 人先弊)

나라가 쇠해지려면 먼저 백성들 삶부터 피폐해진다.

근고지후 인곤국잔(根枯枝朽 人困國殘)

뿌리가 마르면 가지가 썩게 되고, 백성이 곤궁해지면 국가가 잔멸되어 감이다.

여복거동궤자 경(與覆車同軌者 傾)

뒤집혀질 수레에 함께 올라탄 자는 기울어짐이요.

여망국동사자 멸(與亡國同事者 滅)

망할 나라와 함께 일을 도모하는 자는 멸망됨이다.

견이생자 신장생(見已生者 慎將生)

이미 일이 일어난 남을 보았으면 장차 또 그리될 것을 삼가며,

오기적자 수피지(惡其跡者 須避之)

과거 해왔던 발자취에 증오를 느낀다면 모름지기 그 발자취를 피하여야 하며.

외위자 안, 외망자 존(畏危者 安, 畏亡者 存)

위태로워지지 않을까 두려워하고 걱정하는 자는 편안함이 됨이요,

망할까 늘 걱정하고 두려워하는 자는 곧 생존함이다.

부인지행(夫人之行)

무릇 사람의 행실에

유도즉길 무도즉흉(有道則吉 無道則凶)

도가 있은 즉 길함이요, 도가 없은 즉 흉함이 된다.

길자 백복소귀, 흉자 백화소공(吉者 百福所歸, 凶者 百禍所攻)

길함은 백 가지 복이 돌아옴이요, 흉함은 백 가지 화가 공격해 들어옴이다.

비기신성 자연소종(非其神聖 自然所鐘)

이것은 신이나 성인이 아닌 자연이 울려주며, 또 울려 퍼져 나오는 바인 것이다.

무선책자 무악사(務善策者 無惡事)

선한 정책을 수립하고 실천하는 자는 그릇되고 악한 일들이 일어나지 않으며,

무원려자 유근우(無遠慮者 有近憂)

먼 곳까지 염려해서 정책을 수립하지 못하는 자는 곧 멀지 않아 근심되는 일이 발생 됨이다.

동지상득(同志相得) 동인상우(同仁相憂) 동악상당(同惡相黨)

뜻이 같으니 함께 얻음이 있음이요, 어짊이 같은 자는 서로 근심을 해주고 나눔이요, 같은 악한 자들은 서로 패거리 붕당을 만듦이다.

동애상구(同愛相求) 동미상투(同美相妬) 동지상모(同智相謀)

함께 사랑하니 서로 구함이요, 같이 아름다움은 서로 질투하고, 지혜로움이 같은 자들은 서로 도모하는 바가 있으며,

동귀상해(同貴相害) 동리상기(同利相忌) 동성상응(同聲相應)

같이 귀하면 서로 해하려 하고, 취할 이익이 같으면 서로 꺼리게 되며, 소리가 같으면 서로 응하게 되며,

동기상감(同氣相感) 동류상의(同類相依) 동의상친(同義相親)

기가 같으면 서로 느낌을 함께 하게 됨이요, 같은 무리끼리 서로 의지함이 있음이요, 같은 의로움엔 서로 친함이 있음이며,

동란상제(同難相濟) 동도상성(同道相成)

같은 어려움엔 서로 구해줌이 있으며, 도가 같으면 서로 완성하고 이룸이요,

동예상규(同藝相規) 동교상승(同巧相勝)

재주가 같으면 서로 규제하고, 기교가 같으면 서로 이기려 한다.

차내수지소득 불가여리위(此乃數之所得 不可與理違)

이런 여러 가지를 얻는 바에 이치를 어기고는 불가하다.

석기이교인자 역(釋己而教人者 逆) 정기이화인자 순(正己而化人者 順)

자신은 놔주고 남을 가르치는 자는 곧 이치에 거스른 것이요, 자신을 바르게 하면서 남을 교화하는 자는 곧 이치에 맞음이다.

역자난종 순자이행(逆者難從 順者易行)

거스름은 어려움을 굳이 좇아가는 일이요, 순리에 따라 자신을 바르게 해가며 교화해 나감은 외려 쉬이 가는 길이니,

난종즉난 이행즉리(難從則亂 易行則理)

어려운 길로 가다 보면 곧 어지러운 일이 생기게 됨이요, 순리대로 가는 즉 곧 다스림이 되는 것이다.

여차 이신이가이국 가야(如此 理身理家理國 可也)

이와 같이 한다면 자신을 다스리고, 가정을 다스리며, 나라를 다스리는 것이 진실로 가능함이다.

우 제6장 언안이리지지위례(右 第六章 言安而履之之謂禮)
위의 제6장은 마음을 편히 하며 이와 같이 이행해 나가는 것을 일러 예(禮)라 말함이다.

[참고문헌]

〈도서류〉

1. 강웅천 등, '16세기 성리학 유토피아', 민음사, 2014.
2. 국정호, '세종과 이순신, K 리더십', 해드림출판사, 2022.
3. 게리 비숍, '시작의 기술', 웅진지식하우스, 2019.
4. 김광웅, '창조! 리더십', 생각의나무, 2009.
5. 김범, '사람과 그의 글', 테오리아, 2020.
6. 김영진, '임진왜란', 성균관대학교출판부, 2021.
7. 김완, '해소실기 국역본', 용사일록, 영천전통문화연구소, 1985.
8. 김종대, '이순신, 신은 이미 준비를 마치었나이다', 시루, 2012.
9. 노승석, '난중일기 유적편', 여해, 2019.
10. 노병천, '도해 손자병법', 연경문화사, 2001.
11. 대산 김석진, '대산 주역강의', 주역입문, 한길사, 1999.
12. 로버트 루트먼스타인 등, 박종성 옮김, '생각의 탄생(Spark of Genius)', 에코의 서재, 2007.
13. 리사 펠드먼 배럿, 변지영 옮김, '이토록 뜻밖의 뇌과학', 길벗, 2021.
14. 마커스 버밍엄, 도널드 클리프턴, 박정숙 옮김, '위대한 나의 발견 강점혁명', 청림출판, 2010.
15. 마틴 셀리그만, 김인자, 우문식 옮김, '긍정심리학', 물푸레, 2014.
16. 마틴 반 크레벨트, 권영근 역, '전쟁에서의 지휘', 연경문화사, 2001.
17. 말콤 글래드웰, '아웃라이어', 김영사, 2019.
18. 미하이 칙센트미하이, 이희재 옮김, '몰입의 즐거움', 해냄, 2008.
19. 박정기, '어느 할아버지의 리더십 이야기', 지혜의가람, 2016.

20. 박현모, '세종학 원론', 한국학중앙연구원, 2010.

21. _____, '정조평전', 민음사, 2019.

22. 박혜일 등, '이순신의 일기', 서울대학교출판부, 1998.

23. 백기복 외, '리더십의 이해', 창민사, 2016.

24. 서애 유성룡, 이재호 옮김, '징비록', 역사의아침, 2007.

25. 성백효 역주, '논어집주', 전통문화연구회, 2012.

26. _____, '맹자집주', 전통문화연구회, 2014.

27. _____, '대학·중용집주', 전통문화연구회, 2013.

28. _____, '소학집주', 전통문화연구회, 2019.

29. 신창호, '퇴계 이황의 함양과 체찰', 미다스북스, 2010.

30. 아프샤니 나흐반디, 백기복 등 역, '리더십 과학인가 예술인가?', 선학사, 2000.

31. 에드거 F. 퍼이어, '아메리칸 제너럴십', 국방부, 2004.

32. _____, '아메리칸 애드미럴십', 국방부, 2005.

33. 오시림, '신사임당', 제4장 율곡소전, 민성사, 1992.

34. 윤정구, '진성리더십', 라온북스, 2016.

35. 웨인 휴스, 조덕현 옮김, '해전사 속의 해전', 신서원, 2009.

36. 이민웅, '이순신 평전', 책문, 2012.

37. _____, '임진왜란 해전사', 청어람미디어, 2004.

38. 이시형, '공부하는 독종이 살아남는다', 중앙북스, 2009.

39. 이에인 딕키 등, 한창호 옮김, '해전(海戰)의 모든 것', 휴먼앤북스, 2010.

40. 이창준, '리더십, 문을 열다', 플랜비디자인, 2021.

41. 이한우, '선조, 조선의 난세를 넘다', 해냄, 2007.

42. _____, 『이한우의 설원 하』, 21세기북스, 2022.

43. 임원빈, '이순신의 병법을 논하다', 신서원, 2005.

44. 임창희, '조직행동', 학현사, 2000.

45. 조던 피터슨, 강주헌 옮김, '12가지 인생의 법칙', 메이븐, 2021.

46. 조벽, '인성이 실력이다', 해냄, 2017.

47. 조지 베일런트, 이시형 감수, 이덕남 옮김, '행복의 조건', 프런티어, 2010.

48. 존 니콜슨, 제인 클라크, 노혜숙 옮김, '더 높이 튀어오르는 공처럼', 오푸스, 2010.

49. 제장명, '이순신 백의종군', 행복한나무, 2011.

50. ＿＿＿, '이순신 파워인맥', 행복한나무, 2008.

51. 찰스 두히그, 강주헌 옮김, '습관의 힘', 갤리온, 2012.

52. 최두환 역주, '초서체 난중일기', 해군사관학교, 1997.

53. 최병순, '군 리더십', 북코리아, 2010.

54. 탈 벤-샤하르, 노혜숙 옮김, '하버드대 행복학 강의 해피어', 위즈덤하우스, 2010.

55. 하워드 가드너, 임재서 옮김, '열정과 기질, Creating Minds', 북스넷, 2009.

56. ＿＿＿＿＿＿, 송기동 옮김, '통합과 포용, Leading Minds', 북스넷, 2018.

57. 한상복, '배려', 위즈덤하우스, 2006.

58. 한성환 엮음, '지도자의 자격', 꿈결, 2012.

59. 한영우, '율곡평전', 민음사, 2020.

60. 한호림, '진짜 싸울 수 있는 거북선', 디자인하우스, 2019.

61. 해군작전사령부, '군사 명언·명구집', 해군인쇄창, 1997.

62. 홍양호 편찬, 해천서당 편역, '새로 풀어쓴 해동명장전', 해천서당, 2014.

63. 홍자성, 김원중 옮김, '채근담', 휴머니스트, 2021.

64. 황농문, '공부하는 힘', 위즈덤하우스, 2013.

65. ＿＿＿, '몰입', 알에이치코리아, 2007.

66. C. S. Forester, 조학제 옮김, '혼블로워', 연경미디어, 2004.

67. Richard L. Hughes 등 저, 정재삼 등 역, '리더십', 교육과학사, 2019.

67. Wayne P. Hughes. Jr, 해군대학 역, '함대전술(Fleet Tactics)', 해군대학, 2004.

[한국고전종합DB 및 참고 고전서]

1. 김성일, '학봉전집'   2. 김육, '잠곡유고'   3. 남효온, '추강집'
4. 류성룡, '서애집'   5. 성대중, '청성잡기'   6. 유득공·윤행임, '이충무공전서'
7. 윤휴, '백호전서'   8. 이광, '우계집'   9. 이긍익, '연려실기술'
0. 이덕형, '죽창한화'   11. 이이, '율곡전서'   12. 이항복, '백사집'
13. 장유, '계곡집'   14. 정약용, '경세유표'   15 정조, '홍재전서'
16. 정탁, '약포집'   17. 국조보감 : 선조 편 등
18. 조선왕조실록 : '선조실록', '선조수정실록', '정조실록', '순조실록' 등

[기타 참고]

1. 이순신의 장계(http://www.choongmoogongleesoonsin.co.kr/)

　- 옥포파왜병장(玉浦破倭兵狀) (1592.05.10.)

　- 당포파왜병장(唐浦破倭兵狀) (1592.06.14.)

　- 견내량파왜병장(見乃梁破倭兵狀) (1592.07.15.)

　- 부산포파왜병장(釜山浦破倭兵狀) (1592.09.17.)

　- 수군에 소속된 고을의 수령들은 해전에만 전속시켜 주기를 청하는 계본 (1593.04.06.)

　- 왜선을 구축한 일을 아뢰는 계본 (1593.07.01.)

　- 해전과 육전에 관한 일을 자세히 아뢰는 계본 (1593.09.)

　- 흥양 목관을 교체해 주기를 청하는 계본 (1594.01.10.)

　- 당항포 승첩을 아뢰는 계본 (1594.3.10.) 등

2. 네이버 지식백과

- '계해약조', '이돈수(李敦守)', '유교', '효', '이순신(李舜臣), 자신과 나라의 역경을 극복한 명장'(인물한국사), '이경록(李慶祿)', '중양절', '조헌(趙憲) - 서인의 돌격형 관료이자 의병장', '펠로폰네소스 전쟁 전사자에 대한 페리클레스의 추도 연설', '류형(柳珩)', '마틴 루터 킹 주니어 목사 "나에게는 꿈이 있습니다" 연설',

3. 위키백과 : '왜구', '척계광', '태도', '서익', '난중일기'
4. 나무위키 : '등자룡', '시마즈 요시히로', '열정', '선거이', '전단', '이준경'
5. 위키실록사전 : '오종도'
6. 한국민족문화대백과사전 : '송희립', '안위'
7. 구글, 괜찮은 블로그, '성격과 태도의 차이 : 명확하게 다른 개념이다.' (2020.04.12.)
8. 조선일보

   - topclass, '이순신 장군 일대기 만화책으로 펴낸 미국인 작가 온리 콤판 - 서양인이 본 이순신

     장군 그릴 겁니다.' (2010. 7월호)

   - 조선비즈, '김시덕의 임진왜란 열전', (2015.03.01.)

   - 조선비즈, '김시덕의 임진왜란 열전', 김응서 vs 고니시 유키나가① (2015.07.03.)

   - 노승석, '부귀영화 연연않고 나의 길 가리라… 충무공 한시 2편 발굴' (2009.3.22.)

9. Angela Lee Duckworth의 TED 강연 (2013.04)
10. 해군대학, 해양전략 제75호, '임진왜란과 이순신 장군의 해전', 최재수(한국해양대 교수), (1992. 6.)
11. 정진술, '한산도해전 연구', 임란수군활동연구논총, 해군군사연구실. 1993.
12. 현충사관리소, '충무공과 현충사', 2021.

미주

1) 〈증손전수방략〉은 왜란 한 해 전인 신묘년(1591년) 여름 류성룡이 20여 조목의 병법이론을 엮은 책으로, 이 책을 이순신에게 보냈으나 원본을 분실하였다. 갑오년(1594년) 10월 1일 류성룡이 난리 이후 겪은 내용을 모아 다시 10조를 만들어 〈전수기의 10조〉라고 책명을 바꾼다. 이는 주로 화포 발사방법, 수중 무기 설치, 육상전, 지형의 요새이용 방법 등을 다루었다. (노승석 역, "난중일기 유적편", p. 33.)

2) 18세기 조선의 르네상스를 이끈 정조(正祖)도 문(文)에 대하여 힘씀이 있는 사람은 반드시 무력(武力)을 갖추어야 한다고 보았다. 특히 정조는 세종과 이순신에 대한 언급을 여러 차례 했다. 정조의 생각에 "문과 무는 부족한 것을 서로 보완하는 효과가 있다. 따라서 문약에 흐르지 않게 하고 무력을 남용하는 데에 이르지 않게 해야만 관대하면서도 질박한 인재가 많이 배출될 수 있다"고 보았다. 이는 문약해지면 잘못된 것을 떨쳐 일어날 수 있는 용기를 갖지 못하게 되어 끊고 맺는 결단력을 상실할 위험이 있다는 것이고, 무력을 남용하면 군사를 위태롭게 하고 무예를 더럽히는 잘못을 범할 수 있다고 본 것이다. 그래서 우유부단함과 무모함을 모두 피하기 위해서는 문과 무를 함께 익혀야 하며, 두려움이나 유혹에 직면했을 때 과감히 물리치는 무의 힘을 기르되, 싸움을 없게 하기 위해[止戈, 지과] 싸움을 하는 문의 지혜도 발휘하는 군자의 도를 배워야 한다고 하였다. (박현모, '정조평전', pp. 236~237.에서 요약)

3) 좌수영 예하에는 5관 5포의 관할체계가 있었다. 5관은 순천부, 광양현, 흥양(고흥)현, 보성군, 낙안군이며, 5포는 방답진, 여도진, 사도진, 발포진, 녹도진이다. 방답진은 돌산도에 있고, 나머지 4개의 진포는 모두 고흥반도에 있다.

4) 필자는 당시 이순신 함대의 기동진형과 기동전술에 첨자진 또는 경계진이 있었다고 판단했다. 당시의 기동진형이 문서상 확인이 안 된다고 해서 조선 후기에 임진왜란 중 명나라의 기효신서(紀效新書)가 도입되면서 거기에 보이는 첨자진이 조선 수군에 만들어졌다는 것은 필자의 시각으로는 말이 안 되는 논리이다.

5) 우리 역사상 최초로 이순신의 생애(生涯)에 대해 적은 글은 임진왜란을 겪고 난 2년 뒤인 1600년 당시 좌의정이었던 백사 이항복(白沙 李恒福, 1556~1618)이 저술한 '고 통제사 이공 유사(故 統制使 李公 遺事)'라고 생각된다. 그러므로 이순신 사후 곧바로 동시대 사람들이 느낀 이순신의 모습을 살펴보는 것이 후일에 이순신의 조카 이분(李芬)이 쓴 〈행록〉보다 좀 더 객관적이고, 동시대인들의 생생한 증언들과 생각들이 직접적으로 피부에 와 닿기 때문에 현장감이 살아 있을 것으로 판단하였다.

6) 황농문, "몰입", pp. 187~198.

7) 김원중 역, 〈손자병법〉, pp. 94~95.

8)   위 책, p. 124.

9)   이민웅 외,『이충무공전서』, (서울: 태학사, 2023), 제3권, 우산집, 변백사제장사론, p. 470.

10) 심모원려(深謀遠慮)는 깊은 꾀와 장래에 대한 생각이 있다는 말이다.

11) 장량(張良)은 중국 초한쟁패기부터 전한(前漢) 한고제(漢高祖) 시대의 정치가이자 전략가이다. 본래 한(韓)나라의 귀족 출신으로, 유방의 막료로 활약하며 그의 천하통일에 크게 공헌했다. 이 공으로 유후(留侯)에 봉해졌는데, 중국사를 대표하는 책사로 유명하다.

12) 정조, '홍재전서' 제171권, 일득록11, 인물 중에서 발췌.

13) 이민웅 외, 위 책, 제3권, 행록, p. 48.

14) 이순신의 현조부(5대 조부) 이변(李邊)은 세종 시대 대제학과 중추부 영사를 지낸 인물이다. 이변은 문신이면서도 중국어에 능통해 대명 외교 업무를 총괄했던 당대 최고의 외교관이었다. 이변에 대한 세종의 총애가 깊어 늘 "김하와 이변이 대명 외교에는 최고"라고 칭찬을 아끼지 않았다. 이후 이변은 계유정난(癸酉靖難)에 참여하기도 했다. 성종실록 4년(1473년) 10월 10일자 기사에 나타난 이변의 졸기(卒記)를 읽다 보면 세종 대에서 세조 대에 이르기까지 그의 관록과 함께 그의 성품을 잘 알 수 있다. 이변은 한문 해석과 동시통역의 전문성, 엄정한 업무 수행력, 그리고 꼿꼿한 성격 등이 묘사되어 있다. 여기서 한 가지 더 주목할 부분은 이순신의 공명정대함이 가계(家系)의 내력이 아닌가 하는 느낌이다. 이변은 성품이 엄하고 곧아서 상관의 뜻에 구차하게 같이하지 아니하여 일찍이 이조참의가 되어 무릇 주의(注擬, 인사 천거)할 때에 반드시 먼저 큰 소리로 말하기를, "참의도 역시 이조의 당상관(堂上官)인데, 사람을 잘못 쓰면 어찌 홀로 죄를 면할 수 있겠는가?"하며, 논의에서 꺼리거나 피하는 바가 없었다고 하는 대목은 훗날 이순신이 병조정랑 서익과의 시비(是非)에서 물러서지 않은 장면과 오버랩된다. (출처 : 국정호, "세종과 이순신, K 리더십", pp. 273~276. 참고)

15) 부월(斧鉞)은 작은 도끼와 큰 도끼이다. 싸움터에 출정하는 대장 또는 군직(軍職)을 띤 사람에게 임금이 손수 주던 물건이다.

16) 오늘날 한국인들이 떠올리는 임진왜란의 영웅이라고 하면 이순신, 권율, 김시민 등을 들 수 있을 것이다. 하지만 사람들에 따라, 시대에 따라 누구를 전쟁 영웅으로 생각하는지는 서로 다르다. 앞서 거론한 세 명이 임진왜란의 영웅으로 확립된 데에는 류성룡이 '징비록'에서 이들의 행적을 대서특필한 것이 적지 않은 역할을 했다. '징비록'은 이미 17세기부터 조선 내에서 널리 읽혔고, 18세기에는 일본으로, 19세기 말에는 중국 청나라로 건너갔다. 이에 따라 '징비록'의 임진왜란 관(觀)은 이들 세 나라에서 공유하는 것이 되었다. 물론 이순신은 당파와 국가를 초월하는 전쟁 영웅이지만, 류성룡의 '징비록'이 일본과 청나라에 전해지기 전까지는 두 나라에서 오늘날과 같은 높은 평가를 받지 못했다. 그러므로 이순신을 오늘날과 같이 세계사적 전쟁 영웅으로 부각시킨 것은 류성룡의 '징비록'이라고 해도 과언이 아니다. (출처 : 조선일보, 조선비즈, '김시덕의

'임진왜란 열전', 김응서 vs 고니시 유키나가① (2015.07.03.))

17) 이준경(李浚慶, 1499~1572)은 문인으로 명종 8년(1553년) 여진족이 침입하자 순변사가 되어 진압하여 북방을 안정시켰고, 명종 10년(1555년) 을묘왜변 당시 도순찰사가 되어 왜변을 진압하기도 했으며, 나이 든 장수들이 너무 몸사린다며 '권관 제도' 도입을 주장해 관철시킨 '문무겸전의 명재상'이다. 실제로 그는 화포 개량 등에 관심을 기울여 3세대 총통을 도입하기도 했다. 이로 인해 임진왜란 때 수군의 화포는 명종 당시의 개량형이 주력을 이루게 된다. 을묘왜변 진압 이후에는 겸판서로서 병조를 맡았다가 우의정을 거쳐 좌의정에 올랐다. 원칙주의자였기에 청탁은 받지 않았고, 명종 9년(1554년) 이조판서에 있을 때는 덕흥군이 찾아와 청탁했다가 "왕자가 사대부의 집에 드나드는 것은 옳지 못하다"라는 말을 듣고 쫓겨나기도 했다. 〈국조인물고〉에는 을묘왜변 이후 이준경이 정승에 오르자 어떤 선비가 "좋은 때로다. 이 아무개가 정승에 올랐도다"라고 칭찬했다는 일화가 실려 있다. 명종 20년(1565년), 문정왕후가 사망하자 윤원형이 면직되었고, 이준경이 뒤이어 영의정에 올랐다. 영의정에 오르자마자 백관을 이끌고 윤원형을 탄핵하였다. 명종 승하 시 선조(하성군)를 옹립한 원임 정승이었다. 그의 졸기에는, 이준경은 어릴 때부터 뜻이 높고 비범하였으며 체격이 웅대하여 많은 선비 사이에 이름이 있었는데, 정광필(鄭光弼)과 김안국(金安國)으로부터 큰 기대를 받았다. (출처 : 나무위키, 이준경 & 선조수정실록 선조 5년 7월 1일 이준경의 졸기 중에서 요약.)

18) 출처 : 현충사관리소, '충무공과 현충사', p.19.에서 인용.

19) 절차탁마(切磋琢磨)는 〈시경〉에 나오는 말로, 학문을 갈고 행실을 닦는다는 말이다. 절(切)은 칼과 톱으로 대나무를 자르고, 차(磋)는 줄과 대패로 대나무를 다듬고, 탁(琢)은 망치와 끌로 대나무를 필요한 형상으로 만들고, 마(磨)는 모래와 돌로 매끄럽고 윤택하게 만드는 것이다. 이에 그 대상이 옥이나 돌이 될 수도 있고, 군자는 스스로 학문을 닦을 때를 비유한다. (출처 : 성백효 역주, '대학·중용집주', pp.40~41.에서 인용)

20) 식년무과(式年武科)는 당시 3년마다 시행되는 정식 무과 시험이었다. 무과(武科)의 시험과목은 고정되지 않고 탄력적으로 운영하였으나 대체로 초-중-종장(終場)으로 구분하여 첫날 초장에는 보사(步射)로서 편전이나 장전을 시험했고, 이튿날 중장은 말을 타고 하는 기창(騎槍), 기사(騎射), 격구(擊毬)를 시험했고, 마지막 날 종장에서는 〈무경칠서(武經七書)〉와 〈사서(四書)〉 1경과 〈통감(通鑑)〉을 시험하였다. 즉 활쏘기와 말타기의 숙련도, 무략(武略)과 경사(經史)에 대한 이해도를 시험하여 무관을 선발했던 것이다.

21) 임관 후 10년간 이순신의 경력 : 종9품 동구비보 권관, 종8품 훈련원 봉사, 종4품 발포 만호, 종8품 훈련원 봉사, 종9품 건원보 권관, 종6품 사복시 주부, 종4품 조산보 만호를 거친다. 이순신은 훈련원의 말직을 두 번씩이나 경험했는데, 조선 시대의 경우 파직(罷職)도 쉽고, 복직(復職)도 다소 융통성이 있었다.

22) 대감, 영감, 나리, 장군 등의 통상명칭은 다음과 같이 구분한다. 당상관 정2품 이상은 '대감'이라고 부르고, 정3품과 종2품은 '영감'이라고 부른다. 나머지는 모두 '나리'라고

부른다. 그리고 무관의 경우, 정1품부터 종4품까지는 '장군'이라 칭하였다.

23) 이민웅, '이순신 평전', pp. 46~55.에서 요약.

24) 졸속(拙速)은 〈손자병법〉, '작전' 편에 나오는 말로, "전쟁은 다소 미흡한 점이 있더라도 속전속결해야 한다는 말은 들었어도 교묘한 술책으로 지구전을 해야 한다는 것을 보지 못했다"에서 비롯되었다. '졸속'은 미흡하더라도 빨리 끝내는 속전속결을 말하며, 손자는 단기결전(短期決戰)을 강조했다. (출처 : 노병천, '도해 손자병법', 작전 편, p.60에서 인용)

25) 녹둔도(鹿屯島)는 두만강 하구에 생긴 섬으로 당시에도 배를 타고 들어갈 수 있는 곳이었다. 한강의 여의도처럼 토사가 쌓여 만들어진 섬으로 넓고 비옥했기 때문에 둔전으로 활용했다. 둔전이란 군인들이 군량을 마련하기 위해 주변 경작지에 직접 농사를 지어 스스로 식량을 조달하던 땅을 말한다. (이민웅, 위 책, p. 55.에서 인용)

26) 현군(懸軍)은 본대를 떠나 적지에 깊이 들어가는 것을 말하는데, 적의 복병이 있을 경우 몰살을 당할 수도 있는 급박한 상황이므로 현장에서의 장수의 기지와 명확한 판단이 우선된다.

27) 선거이(宣居怡, 1550~1598)는 이순신보다 5살 어렸지만, 이순신보다 먼저 1569년, 20세의 나이에 선전관으로 등용되고 1570년에 무과에 급제하였다. 1586년에 함경도 병마절도사 이일의 계청군관(啓請軍官, 임금께 보내달라고 주청한 군관)으로 있다가 다음 해에 이순신과 함께 녹둔도에서 여진족을 막는 공을 세운다. 류성룡은 선거이를 범장(호랑이 장수)이 조선 땅에 나타난 것과 같아 든든하다고 하였다. 임진왜란이 발발한 후 이순신을 지원하였고, 동년 12월 임진왜란 중 최대 격전 중 하나인 오산 독산산성 전투에서 크게 부상을 당했다. 1593년에는 권율과 함께 행주대첩에서 공을 세웠다. 선조실록에는 '선거이 장군이 있었기 때문에 행주대첩이 가능했다'고 하였다. 동년 9월에 함안에서 왜군을 상대하다가 부상을 당했다. 이후 충청 병사(충청도 병마절도사)가 되었다가 충청수사가 되었다. 전쟁이 한동안 교착상태에 빠져 있을 때에는 한산도에 내려와 이순신을 도왔고 장문포 해전에도 참전하였다. 정유재란이 발발하자 남해, 상주 등지에서 활약하다가 1598년 2월에 7도 병마절도사로서 참전한 울산성 전투에서 전사하였다. 예조에서 내린 금석문에는 '바다에는 이순신, 육지에는 선거이'라고 기록하였다. 1595년(을미년) 9월 14일 〈난중일기〉를 보면, 충청수사 선거이와 이별하는 술잔을 들고서 밤이 깊어서야 헤어졌는데, 이때 작별하며 준 시에, "북쪽에 갔을 때도 같이 일하고, 남쪽에 와서도 줄곧 같이 하더니 오늘 밤 이 달 아래 한 잔을 나누고 나면 내일이면 우리 서로 헤어져야 하리" 두 영웅, 선거이와 이순신은 정유재란의 마지막 해인 1598년에 세상을 떠났다. 1598년 9월 선거이가 먼저 울산성에서 적탄에 맞아 전사하고 이어 두 달여 뒤에 이순신이 노량해전에서 적탄에 맞아 전사함으로써 이 두 장수는 죽음의 때를 거의 같이하면서 나라를 지켰다. (출처 : 나무위키, 선거이 편)

28) 최병순, '군 리더십', 전장 리더십 행동 연구, pp. 181~202.에서 요약.

29) 이민웅, 위 책, p. 63.에서 인용.

30) 불차탁용(不次擢用)은 관계(官階)의 차례를 밟지 않고 특별히 벼슬에 올려 쓰는 것을 말한다.

31) 서애 류성룡의 이순신의 능력과 자질을 알아보는 혜안과 주도면밀한 노력으로 이순신을 파격적으로 승진시켜 나라의 대임을 맡겼다. 이는 조선 후기에 이르기까지 류성룡의 이순신 천거를 최고의 인재 추천 사례로 예를 들면서, 재상들의 인재 추천을 촉구하는 기사가 〈조선왕조실록〉에 여러 차례 나온다. (이민웅, 위 책, pp. 67~68.에서 인용.)

32) 무경칠서는 손자병법(孫子兵法), 오자병법(吳子兵法), 사마법(司馬法), 육도(六韜), 울요자(尉繚子), 삼략(三略, 황석공서), 이위공문대(李衛公問對) 등 7책을 이른다.

33) 분상(奔喪)은 먼 곳에서 부모가 돌아가셨다는 소식을 듣고 급히 집으로 돌아가는 것을 말한다.

34) 금토패문(禁討牌文)은 1594년(갑오년) 3월 명나라 칙사인 담종인이 일본과의 강화협상을 위해 '조선군은 왜군과 싸우지 말라'는 취지로 쓴 문서이다.

35) 이민웅 외,『이충무공전서』, (서울: 태학사, 2023), 제3권, 부산기사에서, p. 465.

36) 성백효 역주, '소학집주', pp. 98~99.에서 인용. 주자(朱子)는 부모가 과실이 있다고 하더라도 '간이불역(諫而不逆)' 즉, 간곡히 도리를 들어 간해야지 당돌하게 과실을 들추어 부모의 분노를 촉발시키지 않아야 한다고 하였다.

37) 남솔(濫率)은 예전에, 고을의 수령이 부임할 때 식솔의 수를 제한하였는데, 그 제한된 인원수 이상으로 가족을 거느리던 일을 말한다.

38) 한국고전종합DB 홈페이지, http://db.itkc.or.kr (검색일: 2024.10.20.) 정조,『홍재전서』, 제173권 일득록13.

39) 전쟁술(戰爭術)은 통상 불변의 전쟁 원리를 도출하여 체계화한 것으로, '전쟁의 불변원칙'이라고 한다. 이순신의 전쟁술은 임진왜란 당시 이순신이 병법, 전략과 전술을 포함한 전쟁의 기본 원리를 이해하고, 이를 실제 상황에서 적용한 전쟁방식이다.

40) 노승석 역,『난중일기 교주본』, (서울: 여해, 2021), p. 58.

41) 노승석(2021),『상게서』, p. 58. 각주 74.

42) 한국고전종합DB 홈페이지, http://db.itkc.or.kr (검색일: 2024.10.20.) 정조,『홍재전서』, 제171권 일득록11. 인물.

43) 전단은 중국 전국시대 제나라 임치(臨淄) 사람으로 연나라가 제를 침략할 때 전단이 안평(安平)에서 그의 종인(宗人)들을 시켜 적군의 수레 축을 끊고 철롱(鐵籠)을 붙여 항거했다.

44) 진(晉)나라의 성자(成子)가 초(楚)와의 싸움에서 섶을 끌어 먼지를 일으켜 크게 이겼다.

45) 초나라 항우(項羽)가 제(齊)를 구원하려고 장수 용저(龍且)를 보내 제·초의 군사와 한(漢)의 군사가 유수(濰水)에서 대치했다. 한나라 한신이 밤에 사람을 시켜 1만여 개의 모래주머니를 만들어 강물을 막았다가 적군이 반쯤 건너올 때 거짓 패한 척하고 달아나자, 용저가 추격했다. 그러나 한신은 막았던 모래주머니를 터서 싸움에 크게 이기고 용저를 죽이고 제나라 왕을 사로잡았다.

46) 한국고전종합DB 홈페이지, http://db.itkc.or.kr (검색일: 2024.10.10.) 류성룡, 『서애집』, 제14권, 잡저.

47) 한국고전종합DB 홈페이지, http://db.itkc.or.kr (검색일: 2024.10.10.) 류성룡, 『서애집』, 제14권, 잡저.

48) 조덕현 역,『해전사 속의 해전』, (서울: 신서원, 2009), p. 242.

49) 이민웅 외,『이충무공전서』, (서울: 태학사, 2023), 제1권, 당항포승첩을 아뢰는 계본, p. 393.

50) 류성룡,『상게서』, 제14권, 잡저.

51) 이민웅 외(2023),『상게서』, 제1권, 조진수륙전사장, p. 332.

52) 이민웅 외(2023),『상게서』, 제1권, 견내량파왜병장, p. 263.

53) 문이원,『거스르지 않는다. 제갈량의 〈장원〉 읽기』, (서울: 문헌재, 2019), p. 24.

54) 이민웅 외(2023),『상게서』, 제1권, 부원경상도장(2), p. 225.

55) 이민웅,『이순신 평전』, (서울: 책문, 2012), p.128.

56) 노영구,『조선 후기의 전술』, (서울: 그물, 2016), p. 255. 첨자진(尖字陣)은 말 그대로 첨(尖)자 형태를 이룬다. 출항 시 첨자찰 대형을 짓고 일제히 앞으로 향하다가 초선(척후)이 경보를 알리면 각 병선은 일자로 늘어선다. 필자는 조선 전기에도 이러한 전술기동이 가능했을 것으로 판단한다. 그래서 이순신의 출동 기동진형을 첨자진 또는 경계진으로 보았다.

57) 해군군사연구실,『임란수군활동연구논총』, (진해: 해군사관학교, 1993), '한산도해전 연구', p. 176.

58) 이민웅 외(2023),『상게서』, 제1권, 청주사속읍수령전속수전장, p. 314.

59) 정공법과 기공법으로 구분되며, 정공법은 아군의 숫자가 많고 사기가 올랐으며, 무기체계가 우수할 때 적과 정면승부하는 것이고, 기공법은 손자병법에서 말하는 적의 무방비한 곳을 택하여 공격하고, 적이 뜻하지 않은 곳을 노려서 공격하는 것[攻其無備 出其不意, 공기무비 출기불의]으로, 주로 기습작전의 요체이다.

60) 이민웅 외(2023),『상게서』, 제1권, 견내량파왜병장, p. 274.

61) 이민웅 외(2023),『상게서』, 제1권, 부산파왜병장, p. 280.

62) 한국고전종합DB 홈페이지, http://db.itkc.or.kr (검색일: 2024.10.10.) 정약용,『다산시문집』, 제14권, 발. 전수기의(戰守機宜)에 발함.

63) 제장명, "한산도 통제영 시기 수군 운용과 주요 해전,"『해양안보논총』, 제1권 1호, 2018. p. 116.

64) 제장명(2018),『상게서』, p. 122.

65) 이근대원 이일대로(以近待遠 以逸待勞)는 〈손자병법〉 '군쟁' 편에 나오는 말로, 가까운 곳에서 적이 멀리서 오는 것을 기다리며, 편안한 자세로 적이 피로해지기를 기다린다는 말이다. 멀리서 온 적이 피로에 지치면 그때 공격한다는 뜻이다.

66) 김원중,『손자병법』, (서울: 글항아리, 2011) p. 211.

67) 이한우 옮김,『이한우의 설원 하』, (서울: 21세기북스, 2022) p. 580.

68) 제장명, '이순신 백의종군', pp.16~59.에서 요약.

69) 경리 양호(楊鎬)가 부총병 해생(解生) 등을 시켜 적병을 직산(稷山)에서 크게 격파하였다. 적이 남원을 함락시키고부터 승승장구하여 경기 지방을 핍박하였다. 경리 양호가 평양에서 그 소식을 듣고 도성으로 달려와 제독을 불러 싸우지 않은 상황을 꾸짖고, 제독과 함께 계책을 정해 정용(精勇)한 기사(騎士)를 몰래 뽑아 해생·우백영(牛伯英)·양등산(楊登山)·파귀(頗貴)로 하여금 거느리고 직산에서 맞아 치게 하였다. 해생 등은 직산의 소사평(素沙坪)에 복병해 있다가 적병이 미처 대오를 정렬하기 전에 돌격하니, 적이 흩어져 도망하였는데, 죽은 자가 매우 많았다. 또 유격(遊擊) 파새(擺賽)를 보내어 2천의 기병을 이끌고 따르게 하여 네 장수와 합세해서 추격하여 또 격파하였다. 이날에 경리와 제독이 상(선조)에게 강가로 나아가 보기를 청하자, 상이 부득이하여 행차하였다. 인심이 흉흉하고 놀라 백성들이 짐을 꾸려놓고 대기하였고, 내전은 전쟁을 피해 서쪽으로 행차하였는데, (직산전투에서 승리했다는) 첩보가 이르러서야 서울이 조금 진정되었다. (출처: 국조보감 선조조, 정유년 9월)

70) 이민웅 등, '명량해전 당일 울돌목 조류·조석 재현을 통한 해전 전개 재해석', 한국군사과학기술학회지, 2011.4월.

71) 참절(僭竊)은 어떤 국가의 영토의 전부 또는 일부를 점거하여 그 국가의 주권 행사를 사실상 배제하고 국가의 존립, 안전을 침해하다의 뜻이다.

72) 박혜일 등, '이순신의 일기', p. 228.

73) 이창준, '리더십, 문을 열다', pp. 28~29.에서 요약.

74) 이창준, '위 책', p. 30.에서 요약.

75) 물론 모든 리더십 현상이 과학적으로 설명하게 된 것은 아니지만, 이제 보다 좋은 리더 또는 보다 효과적인 리더가 될 수 있는 방법을 제시할 수 있고, 또 사람들에게 리더십훈련을 제공할 수 있게 되었다. 더구나 리더십이란 주제는 조직적으로 설명하고 배울 수 있는 과학적인 성격을 갖게 되었다(출처 : 아프샤니 나흐반디, 백기복 등 역, '리더십 과학인가 예술인가?', p.12.).

76) 외상후스트레스장애(PTSD, post-traumatic stress disorder)처럼 전쟁터에서 나와 안전한 환경으로 복귀했는데도 뇌가 거짓 경보를 계속해서 울린다면? 이 경우마저 합리적이라고 볼 수 있다. 인간의 뇌는 현재 존재한다고 믿는 위협으로부터 주인을 보호하고 있다. 문제는 주인 뇌의 믿음이다. 믿음은 새로운 환경에 잘 맞추지 못한다. 주인의 뇌가 아직 조정하지 못한 것이다. 따라서 우리가 정신질환이라고 부르는 것은 한편으로 눈앞의 환경이나 다른 사람들의 욕구 또는 향후 자신의 최선의 이익과 일치하지 않을 수 있다. 그래서 전쟁 후 큰 심리적 위협에 휩싸인 사람에게 평소와 같은 정신상태를 당장에 요구하는 것도 좋은 방법은 아니며, 또한 그런 외상후스트레스장애(PTSD)에 노출된 사람에게는 충분한 휴식과 안정이 필요하다고 본다. (출처 : 리사 펠드먼 배럿 저, 변지영 옮김, '이토록 뜻밖의 뇌과학', p. 54.에서 인용.)

77) 해군 장교의 Seamanship과 Seaman's eye는 해군 장교로서 가지는 바다에서의 항해술과 조함에서의 스킬뿐만 아니라 바다의 해군 장교로서 스스로 떳떳하고 당연하게 여기는 의리, 오랜 시간 바다에서 생활하며 터득하여 생긴 뱃사람의 눈에만 보이는 것 등을 포괄하는 개념이다. Seamanship과 Seaman's eye는 예를 들면, '함장은 배가 위험에 처하면 끝까지 배에 남는다'라든지, 항해 중 상호 대함경례를 하며 상대 함정의 안녕을 기원한다든지, 국제해상충돌예방법규가 말하는 선박조종 및 항법에 대한 수칙, 예를 들면 피항원칙(조종성능이 우수한 선박이 불량한 선박을 피한다. 피항선과 유지선의 의무를 확인한다. 마주보는 선박은 상대방의 좌현을 보면서 우현으로 피한다. 안전속력은 타효가 가능한 최저속력이다 등), 등화 및 형상물, 음향 및 발광신호 등에 대한 규정을 잘 이해하고 바다에서 그에 준하여 행동하는 것 등이다.

78) 이민웅 외(2023), 『상게서』, 제3권, 선묘중흥지에서, pp. 412~413.

79) 여기에 언급한 내용은 〈함대전술〉이라는 미국 해군의 전술 참고서를 참고하여 기존의 연구와는 다른 패러다임에서 접근하였다. 읽는 독자들은 다소 생소하겠지만 다양한 시각에서 이순신의 전략전술을 바라볼 필요를 느낀다. 또 여기에 대해서는 현대 해군 전술을 잘 이해하는 사람들에 의해 지속적인 연구가 있어야 한다고 생각한다. 단편적인 접근이 아닌 임진왜란 당시의 전술과 현대적 전술 개념을 포함한 다양한 접근 등 추가적인 연구가 요구된다.

80) Wayne P. Hughes. Jr, 해군대학 역, '함대전술(Fleet Tactics)', pp.38~40.에서 인용 및 수정.

81) Wayne P. Hughes. Jr, 해군대학 역, '위 책', pp. 30~31.에서 인용. (C. S. Porester, 조학제 옮김, '혼블로워', 참고)

82) Wayne P. Hughes. Jr, 해군대학 역, '위 책', pp. 195~221.에서 인용.

83) 노병천, '도해 손자병법', p. 310.에서 인용.